Welt der Spiele 360°

Welt der Spiele 360°

Sammelband des Zentrums für Angewandte Spieleforschung der
Donau-Universität Krems

Herausgegeben von:

Natalie Denk
Alexander Pfeiffer
Étienne Rembold
Thomas Wernbacher

Lektorat: Verena Wernbacher
Satz, Umschlaggestaltung: Martin Reitschmied
Verlag: Edition Donau-Universität Krems

©2017 Donau-Universität Krems
donau-uni.ac.at/ags

ISBN Taschenbuch: 978-3-903150-12-6
ISBN Hardcover: 978-3-903150-11-9
ISBN e-Book: 978-3-903150-10-2

Inhaltsverzeichnis

1.   Spiel & Perspektiven 1

1.1. Positive Effekte von digitalen Videospielen 2
      Manuel Ninaus

1.2. Spielend Schlüsselkompetenzen generieren 15
      Claudia Zechmeister

1.3. Beyond Yarn-Balls & Sequeaking Bones 31
      Katharina Gollonitsch / Michelle Westerlaken

1.4. Leute, Ihr könnt das auch! 52
      Markus Heiss / Ralph J. Möller

2.   Spiel & Pädagogik 65

2.1. Unwanted distractions or beneficial tools? 66
      Suzana Porc

2.2. MedienSpielPädagogik im elementaren Bildungsbereich 85
      Regina Romanek

2.3. Ein Plädoyer für eine (längst überfällige) Bildungsrevolution .. 103
      Dominik Steidl

2.4. Let's Play – Wenn Schule ein Spiel wäre… 114
      Thomas Kockmann

2.5. Bildung – Spiel – Schule 131
      Sieglinde Landauer

2.6. Möglichkeiten und Grenzen gemeinsamen digitalen Spielens von
      Eltern mit ihren Kindern 144
      Karina Kaiser-Fallent

2.7. Das Spiel als Freiraum beim Denken und Fühlen 157
      Gerda Liska

3.   Spiel & Politik 169

3.1. Komplexe Simulationen als Abbildungen der Realität 170
      Wolfgang Gruber

3.2. Runtastic into a SuperBetter Life! 183
      Isabella Andric

ii

3.3. (Serious) Digital Games für politische Bildung........................192
    Sonja Gabriel

3.4. Games and Citizen Engagement...206
    Vanessa Camilleri, Alexiei Dingli, Matthew Montebello

3.5. Urheberrecht – Let's Play zulässig? 226
    Johannes Öhlböck

4. Spiel & Kultur 231

4.1. Videospiele – Eskapismus für Alle! 232
    Martin Fischer

4.2. Wenn die Pflichterfüllung zur Freizeitbeschäftigung wird........241
    Étienne Rembold

4.3. Auf den Spuren der digitalen Zwerge 251
    Tom Hildgen

4.4. Videospiel: Das Kunstwerk der Gegenwart? 276
    Ivan Davidov

4.5. 20 Jahre Machinima – Das Erbe der Rangers 289
    Thomas Veigl

5. Autorinnen und Autoren 315

Vorwort

Wäre das Zentrum für Angewandte Spieleforschung ein Aufbaustrategiespiel, so hätten wir den Grundstein für Rathaus Level 1 im November 2006 gelegt. Herbert Rosenstingl hatte in diesem Jahr als erster Student bei Zentrumsgründer Michael Wagner den Lehrgang „Computer Game Studies, MA" belegt. Während Herbert noch mitten in der klassischen Heldenreise war, startete schon der 2. Durchlauf des Universitätslehrgangs. Sechs weitere mögliche Helden wurden in die Ausbildungswarteschlange eingereiht. Michael Wagner führte bereits bei diesem Lehrgang die Tradition ein, eigene Student/innen als Referent/innen einzuarbeiten und so bereicherte Herbert Rosenstingl noch während seines Studiums den Lehrgang mit einem Vortrag zum Thema „Spiel und Jugendschutz".

Im Mai 2008 wurden die Held/innen vor eine erste große Mission gestellt. Diese führte an das MIT Game-Lab nach Boston, wo ein Modul des Studiums absolviert werden konnte. Ende 2008 kam dann auch schon der Ausbau des Rathauses auf Level 3, der weitere Möglichkeiten im Spiel freischaltete. So konnte eine zweite und dritte Kaserne errichtet werden. Die zweite Kaserne war die Übernahme des Universitätslehrgangs „Educational Technology, MSc" – eine Kooperation mit dem Institut für Medienbildung in Salzburg. Um ein Angebot für die steigende Zahl an Pädagog/innen zu schaffen, die sich mit digitalen und analogen Spielen im Unterrichtskontext auseinandersetzen, wurde der Universitätslehrgang „MedienSpielPädagogik, MA" ins Leben gerufen. Parallel dazu wurde der dritte Durchlauf von „Game Studies" gestartet. Hier waren relevante Player wie Thomas Wernbacher, Thomas Cap, Bernd Dillinger und als erste Studentin im „Fernlehrmodus" Sonja Gabriel mit dabei. Bei „MedienSpielPädagogik" waren u.a. Horst Pohlmann und Jürgen Sleegers in einer Pionierrolle. Sie sollten dann 2010 die Lehrgangsleitung „Deutschland" des Universitätslehrgangs „Handlungsorientierte Medienpädagogik", unserer vierten Kaserne, übernehmen. 2010 stieß eine weitere Heldin ans Zentrum, Karin Kirchmayer, die bis heute die Lehrgänge und ihre Truppen auf organisatorischer Ebene im Griff hat. Mitte 2010 iv

übernahm Doris Rusch die Leitung des Zentrums von Michi Wagner und übergab das Zepter Anfang 2011 an mich.

2013 wurde die erste Iteration des Universitätslehrgangs „MedienSpielPädagogik" nach dem Prinzip der „mobilen Uni" in Zell am See durchgeführt; 2015 mit demselben Konzept in Luxemburg. Seit 2015 gibt es unsere fünfte und sechste Kaserne und das Rathaus ist mittlerweile zu einer beachtlichen Größe herangewachsen. Im Universitätslehrgang „Game Based Media & Education, MSc" steht eine intensive wissenschaftliche Vertiefung im Vordergrund und bei „Transmedia Design & Gamification, MA" wird der Hypertrend Gamification wissenschaftlich aufbereitet.

Heute – 10 ½ Jahre nach dem „ein Personen Start" von „Game Studies" – sind wir bei ca. 150 aktiven Studentinnen und Studenten aus neun verschiedenen Ländern angelangt. Und wir blicken im Bereich der universitären Lehre weiter positiv in die Zukunft mit spannenden Plänen zu neuen Studienprogrammen.

Neben der Lehre ist natürlich Forschung und Entwicklung ein wichtiger Zweig geworden. So verfügt das Zentrum über ein Labor, in dem unsere Alchemist/innen fleißig an Innovationen im Bereich der Spieleforschung tüfteln. In den Anfangsjahren des Zentrums waren wir bei bekannten Projekten wie die der YPD Challenge oder Ludwig dabei. Mit jeder Ausbaustufe unseres Labors kamen neue Aufgaben und Herausforderungen hinzu, sodass wir nun zu unserem 10-jährigen Jubiläum stolz auf über 20 abgeschlossene und ca. 8 aktive Forschungsprojekte blicken können. Hierbei gehört natürlich der Kern des Alchemist/innen-Teams besonders hervorgehoben: Natalie Denk, Thomas Wernbacher, Nikolaus König, Martin Reitschmied und Manuel Ihl. Étienne Rembold steuert seine Zauber aus der Ferne bei, wie etwa beim vorliegenden Sammelband.

Der stetige Auf- und Ausbau unseres Zentrums wurde auch möglich, da wir in einer sehr feinen Gilde angedockt sind. Wir grüßen unsere Mitstreiter/innen des Departments für Kunst- und Kulturwissenschaften und bedanken uns bei unseren Gildenmeisterinnen Anja Grebe und Eva Maria Stöckler.

Ich selbst war übrigens beim 2. Durchlauf von „Game Studies" mit dabei und bin ein stolzer Alumnus des Zentrums. Mit mir hatte damals auch Andreas Wochenalt abgeschlossen. Gemeinsam mit Herbert waren wir somit die „ersten Drei".

In diesem Buch möchten wir auf 10 Jahre Zentrum für Angewandte Spieleforschung zurückblicken und das mit den Aufsätzen unserer Student/innen, Absolvent/innen, Vortragenden und Freund/innen des Zentrums feiern.

Viel Spaß beim Schmökern,

Alex Pfeiffer

Leitung des Zentrums für Angewandte Spieleforschung der Donau-Universität Krems

1. Spiel & Perspektiven

1.1. Positive Effekte von digitalen Videospielen
Eine psychologische und neurowissenschaftliche Perspektive

Manuel Ninaus

Heutzutage sind Videospiele allgegenwärtig. Ob auf Smartphones, Handhelds, im Webbrowser, am PC oder auf Spielekonsolen – digitale Spiele sind für jeden schnell und nahezu überall verfügbar. Laut der Interactive Software Federation Europe (ISFE, 2012) spielen 25% der EuropäerInnen mindestens einmal pro Woche ein Videospiel. Einer Statistik aus den USA zufolge spielen sogar 91% der Kinder zwischen 2 und 17 Jahren Videospiele (NPD Group, 2011). Spielen ist eine äußerst belohnende Aktivität und ist vor allem mit Unterhaltung verbunden. Daher ist es wenig verwunderlich, dass die meisten Personen Videospiele als reines Unterhaltungsmedium ansehen. Aktuelle wissenschaftliche Studien zeigen jedoch immer öfter, dass sich digitale Spiele auch positiv auf die Kognition der Spieler und Spielerinnen auswirken können. Außerdem wurden in den letzten Jahren Videospiele vermehrt auch im Bildungsbereich und beim Training von Kindern und Erwachsenen eingesetzt. In diesem Kapitel wird daher ein Überblick zu kognitiven Verbesserungen auf Grund von Videospielen gegeben und erklärt, wie diverse Spielelemente die kognitive Leistung in „Nicht-Spiel" Anwendungen verbessern können.

In den Medien werden meist negative Effekte von Spielen berichtet, wie etwa Spielsucht oder der Zusammenhang zwischen sogenannten „Killer-Spielen" und Aggressivität bzw. Gewalt. Insbesondere werden diese negativen Effekte bei Kindern und Jugendlichen geschildert. Es ist zutreffend, dass sich die meisten wissenschaftlichen Untersuchungen mit den negativen Aspekten von digitalen Spielen beschäftigen (z.B.: Anderson et al., 2010; Ferguson, 2013; Lemola et al., 2011; Przybylski, Deci, Rigby, & Ryan, 2014; Przybylski, Ryan, & Rigby, 2009). Jedoch hat eine erst vor Kurzem veröffentlichte Meta-Analyse gezeigt, dass die negativen

Auswirkungen von gewalttätigen Videospielen, wie erhöhte Aggression, reduziertes prosoziales Verhalten, verschlechtere akademische Leistung, depressive Symptome und Aufmerksamkeitsdefizite, minimal sind (Ferguson, 2015). Außerdem zeigt sich, dass das Spielen von prosozialen Spielen (z.B.: Super Mario Sunshine, Nintendo) wiederum im Zusammenhang mit reduzierter Aggression und erhöhtem prosozialem Verhalten steht (Gentile et al., 2009; Greitemeyer & Mügge, 2014).

Durch den immer größer werdenden Einfluss von digitalen Spielen auf unsere Gesellschaft hat sich die Forschung auch immer mehr für die positiven Effekte von digitalen Videospielen interessiert, um eine objektive Sicht auf dieses Medium zu etablieren. Diesbezüglich gab es insbesondere in den letzten Jahren äußerst interessante und einflussreiche wissenschaftliche Studien. Die auch immer größer werdende Akzeptanz von Videospielen zeigt sich vor allem dadurch, dass Spiele auch immer häufiger in den Bereichen Bildung und Training eingesetzt werden (z.B.: Cole, Yoo, & Knutson, 2012; Kiili, Ninaus, Koskela, Tuomi, & Lindstedt, 2013; Mekler, Brühlmann, Opwis, & Tuch, 2013; Ninaus et al., 2015; Prins, Dovis, Ponsioen, ten Brink, & van der Oord, 2011). Spielen an sich ist eine äußerst belohnende Tätigkeit und daher wurde in den letzten Jahren versucht, die belohnenden Elemente von Spielmechaniken auszunutzen und diese in konventionelle „Nicht-Spiel"-Anwendungen zu integrieren. Das sogenannte „spiel-basierte Lernen" und „Gamification" haben unter anderem das Ziel, Lernen und die Lernleistung mit spiel-basierten Ansätzen und Mechaniken zu verbessern und dabei die Motivation und das Interesse der Lerner und Lernerinnen zu erhöhen. Diese und ähnliche Ansätze verstehen Spiele nicht nur als reines Unterhaltungsmedium, sondern zielen darauf ab, positive und motivierende Aspekte von Spielen und Spielmechaniken für ernsthafte Anwendungen zu nutzen.

Besonders im Bereich des kognitiven Trainings, dem Lernen, oder bei Interventionen im Bildungsbereich sind Spiele und spiel-basierte Ansätze äußerst vielversprechend, da sie die Nutzer und Nutzerinnen dazu motivieren, die Anwendungen weiter zu verwenden (z.B.: Erhel & Jamet, 2013; Ninaus et al., 2013) und dabei Lernerfolge und kognitive Verbesserungen zu erzielen. Der motivationale Anreiz von diversen Spiel-elementen oder Spielen ist noch nicht vollständig geklärt, aber allgemeine Aspekte, wie das sofortige Feedback und die aktive Interaktion in Spielen werden als zentral erachtet (Garris, Ahlers, & Driskell, 2002). Der Selbstbestimmungstheorie zufolge (Deci & Ryan, 2000) kann der intrinsisch motivationale Anreiz von Spielen dadurch erklärt werden, dass Spiele und diverse Spielemechaniken grundlegende psychologische Bedürfnisse von

Kompetenz, Autonomie und Bezug befriedigen (Przybylski, Rigby, & Ryan, 2010). Die Befriedigung dieser Bedürfnisse führt nicht nur zu erhöhter wahrgenommener Motivation, sondern bewegt Menschen dazu, die befriedigende Tätigkeit weiterhin auszuführen. In einer spielbasierten Lernumgebung würde dies bedeuten, dass die Lerner und Lernerinnen mehr Spaß an der Anwendung haben, sich länger mit den Lerninhalten beschäftigen und dadurch bessere Lernleistungen erzielen können.

Speziell das sofortige Feedback und die aktive Interaktion in Spielen tragen dazu bei, grundlegende psychologische Bedürfnisse zu befriedigen und dabei ein belohnendes Erlebnis für die Anwender und Anwenderinnen zu generieren. Außerdem hat sich gezeigt, dass sofortiges Feedback eine äußerst wichtige Komponente für erfolgreiches Lernen sein kann. Das langfristige Behalten von Inhalten profitiert viel stärker von Lernen mit Feedback-Charakter (z.B.: Tests, Frage-Antwort Anwendungen, etc.) als vom simplen Wiederholen des Lehrinhalts (Karpicke & Roediger, 2008). Das Feedback über beispielsweise die Richtigkeit einer Antwort in einer Lernaufgabe ist entscheidend für erfolgreiches Lernen. Herkömmliche Lernmethoden verfügen oftmals nicht über ausreichende Feedback- und Interaktionsmöglichkeiten. Das Lernen mit einem Buch oder der Verschriftlichung eines Lehrinhalts (z.B.: Skriptum, Präsentationsfolien, etc.) führt meist dazu, dass der Lerner und die Lernerin Inhalte lediglich wiederholen. Innovative digitale Lösungen wie Lernspiele oder Lernplattformen haben oft viele Spielmechaniken und Feedback-Elemente, die das Lernen unterstützen und verbessern können. Man geht davon aus, dass spiel-basiertes Lernen über diverse Spielmechaniken (z.B.: Feedback) auf das mesolimbische und mesokortikale dopaminerge Belohnungssystem wirkt und darüber die Lernleistung verbessert (Cohen Kadosh, Dowker, Heine, Kaufmann, & Kucian, 2013; Howard-Jones, Demetriou, Bogacz, Yoo, & Leonards, 2011). Der Neurotransmitter Dopamin ist zentral für belohnungsassoziierte Prozesse (Schultz, 2006; Wise, 2004) und wurde oft in Zusammenhang mit verbesserter Lern- und Erinnerungsleistung gebracht (Flagel et al., 2011; Grace, 2010).

Sowohl positives als auch negatives Feedback wirken auf die Belohnungszentren des Gehirns, welche eine bedeutende Rolle bei kognitiven, emotionalen und Motivierungsprozessen spielen. Bei Aktivierung dieser Zentren, beispielsweise durch Feedback in einer digitalen Lernumgebung, wird der Neurotransmitter Dopamin ausgeschüttet (Bunzeck & Düzel, 2006; Li, Cullen, Anwyl, & Rowan, 2003). Lerninhalte, die zeitlich nahe eines Feedbacks präsentiert werden, werden daher durch die Dopaminausschüttung besser gelernt und memoriert (Grace, 2010;

Lisman, Grace, & Duzel, 2011). Bereits Ende der 90er Jahre wurde gezeigt, dass auch das Spielen von Computerspielen zu einer Dopaminausschüttung im menschlichen Gehirn führt (Koepp et al., 1998). Daher und aufgrund der oben erläuterten Befunde ist es wenig verwunderlich, dass sich mittlerweile Lernspiele oder gamifizierte Anwendungen im Lernkontext großer Beliebtheit erfreuen. Innovative Lösungen, die den Anziehungsfaktor und Spaß von Spielen für Lernzwecke auszunutzen, sind äußerst vielversprechende Alternativen zu herkömmlichen Lernansätzen.

In den letzten Jahren wurden einige interessante Studien veröffentlicht, die nicht nur eine verbesserte Lernleistung bei Verwendung von spiel-basierten Ansätzen zeigen (für eine umfangreiche systematische Literaturanalyse siehe Boyle et al., 2015), sondern auch eine verbesserte kognitive Leistung in unterschiedlichen Aufgaben (Mekler et al., 2013; Ninaus et al., 2015; Prins et al., 2011). Mekler und Kollegen (2013) erweiterten eine einfache Bildannotations-Aufgabe mit Spiel-Elementen (Punkte, Level und Bestenlisten). Personen, die daraufhin mit der Spielversion der Bildannotations-Aufgabe konfrontiert waren, produzierten signifikant mehr Annotationen, als Personen die eine herkömmliche Bildannotations-Aufgabe ohne Spiel-Elemente erhielten. Auch in kognitiv sehr herausfordernden Aufgaben, wie etwa beim Training vom Arbeitsgedächtnis, zeigen sich Vorteile bei Implementation von Spiel-Elementen. Kinder mit einer Aufmerksamkeitsdefizit-/Hyperaktivitätsstörung (ADHS) zeigten beispielsweise bei einem Arbeitsgedächtnistraining mit Spielelementen erhöhte Motivation, verbesserte Trainingsleistung und trainierten öfter als Kinder mit ADHS, die ein konventionelles Arbeitsgedächtnis-Training erhielten (Prins et al., 2011). Aber auch gesunde Erwachsene profitieren von der Implementation von einfachen Spielelementen in herkömmlichen Arbeitsgedächtnistrainings (Ninaus et al., 2015).

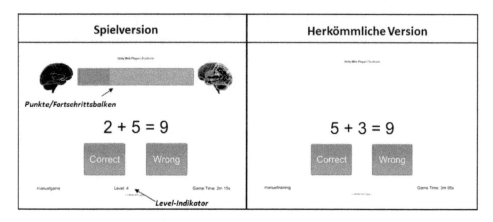

Abb. 1.1-1 Beispiel für eine einfache Implementation von Spielelementen in eine kognitive Aufgabe; Links: kognitive Aufgabe mit Spielelementen; Rechts: herkömmliche kognitive Aufgabe ohne Spielelemente; für umfangreiche Beschreibung der zugrundeliegenden Studie siehe Ninaus et al., 2015; Pereira et al., 2015.

Die erwähnten Studien zeigen, wie bereits kleinste Veränderungen (z.B.: Implementation von Punkten, Fortschrittsbalken, Level-Indikatoren, Bilder & Animationen; siehe Abb. 1.1-1) an einer herkömmlichen kognitiven Aufgabe die Leistung und Motivation von Personen erhöhen können (Mekler et al., 2013; Ninaus et al., 2015; Prins et al., 2011). Die Integration von einfachen Spielmechaniken ist eine einfache und vielversprechende Option für zukünftige Anwendungen, um bessere Erfolge bei Interventionen im Bildungsbereich, bei kognitiven Trainings und Lernaufgaben zu erzielen. Dennoch sind wir gerade erst am Beginn zu verstehen, welche Effekte unterschiedliche Spielelemente auf die Spieler und Spielerinnen haben und wie man optimal von der Implementation von solchen Elementen profitieren kann.

Ein weiterer relevanter Aspekt im Zusammenhang von Spielen und Kognition ist die Tatsache, dass sich auch Unterhaltungsspiele positiv auf die Kognition der Spieler und Spielerinnen auswirken können. Da aber Spiele und deren Mechaniken sehr heterogen sind, ist es schwierig, generelle Faktoren zu identifizieren. Daher ist vorweg zu erwähnen, dass Videospiele sehr unterschiedliche Effekte haben können. Daphne Bavelier, eine Wissenschaftlerin, die sich unter anderem mit Ego-Shootern beschäftigt, hat dies sehr gut verdeutlicht, indem sie argumentierte, dass man genau so wenig sagen kann, was die Effekte von Videospielen sind, wie man sagen kann, was die Effekte von Nahrung sind (Bavelier et al., 2011). Dies soll klar verdeutlichen, wie unterschiedlich Spiele und somit auch deren Effekte sein können. Man würde ja auch nicht behaupten, dass Gemüse den gleichen

Effekt auf unseren Körper hat wie Fleisch, und dennoch handelt es sich bei beidem um Nahrung, die regelmäßig konsumiert wird. Genauso wenig würde man behaupten, dass Komödien oder Romanzen ähnliche Effekte haben wie Horrorfilme.

Mittlerweile gibt es Millionen von unterschiedlichen Spielen, die in hunderte unterschiedliche Spielegenres eingeordnet werden können. Um daher eine Aussage bezüglich der Effekte von Spielen machen zu können, muss man das jeweilige Spiel bzw. zumindest das Spielgenre genau analysieren und differenziert betrachten. Interessanterweise gibt es reichlich Forschung zu den in den Medien oft negativ behafteten Ego-Shootern und deren positive Effekte auf die Kognition der Spieler und Spielerinnen (z.B.: Dye, Green, & Bavelier, 2009; Green & Bavelier, 2003, 2006, 2007). Wissenschaftliche Studien haben ergeben, dass Videospiele tatsächlich eine ganze Reihe von kognitiven Fähigkeiten verbessern können. Dies widerspricht eindeutig der landläufigen Meinung, dass das Spielen von Videospielen intellektuell anspruchslos ist. Insbesondere in dem Genre der „Shooter" Videospiele (z.B.: Halo, Microsoft Studios; Call of Duty, Activision), welches oft in Zusammenhang mit aggressivem Verhalten und antisozialem Verhalten gebracht wird, gibt es überzeugende Befunde. Eine beträchtliche Anzahl an Studien weist auf einen direkten Zusammenhang zwischen „Shooter"-Spielen und räumlichen Fähigkeiten hin (als Übersichtsartikel siehe Green & Bavelier, 2012). Dabei handelt es sich nicht bloß um reine korrelative Zusammenhänge. Die Forschergruppe um Daphne Bavelier teilte Studienteilnehmer und Studienteilnehmerinnen ohne Spielerfahrung zufällig in zwei Gruppen ein. Eine Gruppe wurde aufgefordert, für eine vorgegebene Zeitspanne einen „Shooter" zu spielen, während eine andere Gruppe ein anderes Spielgenre als Training erhielt. Bei der „Shooter"-Gruppe zeigten sich signifikante Verbesserungen gegenüber der anderen Gruppe hinsichtlich Aufmerksamkeit, der räumlichen Auflösung bei visueller Verarbeitung sowie verbesserte Leistung in mentalen Rotationsaufgaben (Green & Bavelier, 2012). Bei genauerer Betrachtung des typischen Spielgeschehens in Shootern sind diese Effekte auch äußerst einleuchtend. Von den SpielerInnen wird durchgehende Aufmerksamkeit auf die virtuelle Welt gefordert, um nicht von GegnerInnen überrascht zu werden. Außerdem ist es gleichzeitig notwendig, sich zu orientieren, um potentiell gefährliche Situationen zu identifizieren und gegebenenfalls zu meiden. Auch die Interaktion mit digitalen Landkarten ist notwendig, um sich in der Spielwelt besser und somit sicher und effizient zurechtzufinden. Im Feuergefecht ist es des Weiteren notwendig, oft mehrere Gegner und Gegnerinnen in der virtuellen

Welt visuell zu verfolgen, um die potentiellen Ziele oder Gefahren nicht aus den Augen zu verlieren. Mit ähnlichen Situationen sind wir täglich im echten Leben konfrontiert. Beispielsweise sind beim Autofahren sehr ähnliche kognitive Vorgänge notwendig und obwohl es bisher dazu keine Forschung gibt, könnten Ego-Shooter ein interessantes Training für die Aufmerksamkeit und das simultane Monitoring der Umwelt sein. Außerdem argumentiert die Forschergruppe um Daphne Bavelier, dass das Spielen von actionreichen Videospielen unter Umständen helfen kann, altersbedingte kognitive Verschlechterungen zu verlangsamen (Green & Bavelier, 2003, 2006a; Green, Li, & Bavelier, 2010).

In diesem Zusammenhang gibt es eine äußerst interessante wissenschaftliche Studie, die das Ziel hatte, ein Unterhaltungsspiel mit einem kommerziell vertriebenen kognitiven Training (Lumosity) hinsichtlich der kognitiven Effekte zu vergleichen (Shute, Ventura, & Ke, 2015). Dazu wurde das innovative 3D-Puzzle Unterhaltungsspiel Portal 2 (Valve Corporation), welches aus der Ego-Perspektive gespielt wird, gewählt. In Portal 2 muss der Spieler oder die Spielerin durch die Erstellung von Portalen Logik-Puzzles lösen. Mit den erstellten Portalen kann man Hindernisse überwinden, um ein Spiellevel zu lösen. Die primäre Mechanik besteht darin, mit einer Portal-Kanone zwei unterschiedliche Portale zu erstellen. Diese Portale sind im Raum miteinander verknüpft, d.h., wenn der Avatar im Spiel durch das erste Portal schreitet, kommt er beim zweiten Portal wieder heraus. Das erlaubt es dem Spieler oder der Spielerin Gravitation und Momentum auszunutzen, um sich oder andere Gegenstände über weite Distanzen zu befördern. Um diese Mechanik angemessen auszunutzen und die Puzzles zu lösen, ist es notwendig, räumliche, physikalische und zeitliche Aspekte der Spielwelt zu berücksichtigen und diese auszunutzen. Die Teilnehmer und Teilnehmerinnen der Studie wurden dann zufällig entweder der Portal 2-Gruppe oder der kognitiven Trainings-Gruppe (Lumosity) zugeordnet. Personen der beiden Gruppen mussten daraufhin mit der jeweiligen Intervention (Portal 2 vs. Lumosity) 8 Stunden lang spielen bzw. trainieren. Während sich bei der kognitiven Trainings-Gruppe in keiner der erhobenen kognitiven Maße Verbesserungen zeigten, wies die Portal 2-Gruppe signifikante Verbesserungen in räumlichen Fähigkeiten auf. Diese Ergebnisse beweisen eindrucksvoll, dass ein Unterhaltungsspiel, welches nicht dazu entwickelt worden ist, kognitive Fähigkeiten zu verbessern, einen größeren positiven Effekt auf die Kognition der Anwender und Anwenderinnen ausübt, als ein kommerziell vertriebenes kognitives Training (Shute et al., 2015).

Solche Studien erweitern nicht nur den wachsenden Anteil an wissenschaftlichen Studien, die sich mit den positiven Effekten von Videospielen auf Kognition beschäftigen, sondern bestätigen auch das immense globale Interesse an digitalen Spielen. Mehr und mehr ForscherInnen beschäftigen sich aber nicht nur mit den kognitiven Effekten von Videospielen, sondern auch mit motivationalen, emotionalen und sozialen Effekten. Obwohl es diesbezüglich noch vergleichsweise wenig Forschung gibt, weisen aktuelle Studien immer wieder auf positive Effekte in unterschiedlichsten Domänen hin (Boyle et al., 2016; Granic, Lobel, & Engels, 2013). Nichtsdestotrotz wird es zukünftig notwendig sein, unterschiedliche Spielgenres und deren Effekte gründlicher zu betrachten. Ein besseres Verständnis von unterschiedlichen Spielelementen wird außerdem dazu beitragen, motivierende, innovative, und effiziente Lernumgebungen zu entwickeln. Generell ist zu sagen, dass die positiven Effekte von Unterhaltungsspielen und Spielelementen in Lernumgebungen nicht länger zu leugnen sind. Seien es die Leistungs- und Motivationssteigerung durch Implementation von Spiel-Elementen in herkömmlichen kognitiven Aufgaben oder die kognitiven Verbesserungen, die mit dem Spielen von digitalen Unterhaltungsspielen einhergehen: Digitale Spiele sind ein elementarer Bestandteil unserer Gesellschaft und haben oft zu Unrecht einen schlechten Ruf. Es ist notwendig, eine objektive Sicht auf Spiele und deren Mechaniken zu fördern, um die Entwicklung von innovativen Anwendungen weiter voranzutreiben.

Literatur

Anderson, C. A., Shibuya, A., Ihori, N., Swing, E. L., Bushman, B. J., Sakamoto, A., … Saleem, M. (2010). Violent video game effects on aggression, empathy, and prosocial behavior in Eastern and Western countries: A meta-analytic review. Psychological Bulletin, 136(2), 151–173. http://doi.org/10.1037/a0018251

Bavelier, D., Green, C. S., Han, D. H., Renshaw, P. F., Merzenich, M. M., & Gentile, D. a. (2011). Brains on video games. Nature Reviews. Neuroscience, 12(12), 763–8. http://doi.org/10.1038/nrn3135

Boyle, E. A., Hainey, T., Connolly, T. M., Gray, G., Earp, J., Ott, M., … Pereira, J. (2016). An update to the systematic literature review of empirical evidence of the impacts and outcomes of computer games and serious games. Computers & Education, 94, 178–192. http://doi.org/10.1016/j.compedu.2015.11.003

Boyle, E. A., Hainey, T., Connolly, T. M., Gray, G., Earp, J., Ott, M., ... Riberio, C. (2015). An update to the systematic literature review of empirical evidence of the impacts and outcomes of computer games and serious games. Computers & Education, -.
http://doi.org/http://dx.doi.org/10.1016/j.compedu.2015.11.003

Bunzeck, N., & Düzel, E. (2006). Absolute Coding of Stimulus Novelty in the Human Substantia Nigra/VTA. Neuron, 51(3), 369–379.
http://doi.org/10.1016/j.neuron.2006.06.021

Cohen Kadosh, R., Dowker, A., Heine, A., Kaufmann, L., & Kucian, K. (2013). Interventions for improving numerical abilities: Present and future. Trends in Neuroscience and Education, 2(2), 85–93.
http://doi.org/10.1016/j.tine.2013.04.001

Cole, S. W., Yoo, D. J., & Knutson, B. (2012). Interactivity and reward-related neural activation during a serious videogame. PloS One, 7(3), e33909. http://doi.org/10.1371/journal.pone.0033909

Deci, E. L., & Ryan, R. M. (2000). The "What" and "Why" of Goal Pursuits: Human Needs and the Self-Determination of Behavior. Psychological Inquiry, 11(4), 227–268.
http://doi.org/10.1207/S15327965PLI1104_01

Dye, M. W. G., Green, C. S., & Bavelier, D. (2009). Increasing Speed of Processing With Action Video Games. Current Directions in Psychological Science, 18(6), 321–326. http://doi.org/10.1111/j.1467-8721.2009.01660.x

Erhel, S., & Jamet, E. (2013). Digital game-based learning: Impact of instructions and feedback on motivation and learning effectiveness. Computers and Education, 67, 156–167.
http://doi.org/10.1016/j.compedu.2013.02.019

Ferguson, C. J. (2013). Violent video games and the Supreme Court: Lessons for the scientific community in the wake of Brown v. Entertainment Merchants Association. American Psychologist, 68(2), 57–74. http://doi.org/10.1037/a0030597

Ferguson, C. J. (2015). Do Angry Birds Make for Angry Children? A Meta-Analysis of Video Game Influences on Children's and Adolescents' Aggression, Mental Health, Prosocial Behavior, and Academic Performance. Perspectives on Psychological Science, 10(5), 646–666.
http://doi.org/10.1177/1745691615592234

Flagel, S. B., Clark, J. J., Robinson, T. E., Mayo, L., Czuj, A., Willuhn, I., ... Akil, H. (2011). A selective role for dopamine in stimulus-reward learning. Nature, 469(7328), 53–57. http://doi.org/10.1038/nature09588

Garris, R., Ahlers, R., & Driskell, J. E. (2002). Games, Motivation, and Learning: A Research and Practice Model. Simulation & Gaming, 33(4), 441–467. http://doi.org/10.1177/1046878102238607

Gentile, D. A., Anderson, C. A., Yukawa, S., Ihori, N., Saleem, M., Lim Kam Ming, ... Sakamoto, A. (2009). The Effects of Prosocial Video Games on Prosocial Behaviors: International Evidence From Correlational, Longitudinal, and Experimental Studies. Personality and Social Psychology Bulletin, 35(6), 752–763. http://doi.org/10.1177/0146167209333045

Grace, A. A. (2010). Dopamine system dysregulation by the ventral subiculum as the common pathophysiological basis for schizophrenia psychosis, psychostimulant abuse, and stress. Neurotoxicity Research, 18(3-4), 367–376. http://doi.org/10.1007/s12640-010-9154-6

Granic, I., Lobel, A., & Engels, R. C. M. E. (2013). The Benefits of Playing Video Games. The American Psychologist, 69(1). http://doi.org/10.1037/a0034857

Green, C. S., & Bavelier, D. (2003). Action video game modifies visual selective attention. Nature, 423(6939), 534–7. http://doi.org/10.1038/nature01647

Green, C. S., & Bavelier, D. (2006a). Effect of action video games on the spatial distribution of visuospatial attention. Journal of Experimental Psychology: Human Perception and Performance, 32(6), 1465–1478. http://doi.org/10.1037/0096-1523.32.6.1465

Green, C. S., & Bavelier, D. (2006b). Enumeration versus multiple object tracking: the case of action video game players. Cognition, 101(1), 217–45. http://doi.org/10.1016/j.cognition.2005.10.004

Green, C. S., & Bavelier, D. (2007). Action-video-game experience alters the spatial resolution of vision. Psychological Science, 18(1), 88–94. http://doi.org/10.1111/j.1467-9280.2007.01853.x

Green, C. S., & Bavelier, D. (2012). Learning , Attentional Control , and Action Video Games. Current Biology, 22(6), R197–R206. http://doi.org/10.1016/j.cub.2012.02.012

Green, C. S., Li, R., & Bavelier, D. (2010). Perceptual Learning During Action Video Game Playing. Topics in Cognitive Science, 2(2), 202–216. http://doi.org/10.1111/j.1756-8765.2009.01054.x

Greitemeyer, T., & Mügge, D. O. (2014). Video games do affect social outcomes: a meta-analytic review of the effects of violent and prosocial video game play. Personality & Social Psychology Bulletin, 40(5), 578–89. http://doi.org/10.1177/0146167213520459

Howard-Jones, P., Demetriou, S., Bogacz, R., Yoo, J. H., & Leonards, U. (2011). Toward a Science of Learning Games. Mind, Brain, and Education, 5(1), 33–41. http://doi.org/10.1111/j.1751-228X.2011.01108.x

ISFE. (2012). Videogames in Europe: Consumer Study – European Summary Report. Brussels.

Karpicke, J. D., & Roediger, H. L. (2008). The critical importance of retrieval for learning. Science (New York, N.Y.), 319(5865), 966–968. http://doi.org/10.1126/science.1152408

Kiili, K., Ninaus, M., Koskela, M., Tuomi, M., & Lindstedt, A. (2013). Developing Games for Health Impact : Case Brains vs Zombies. In Proceedings of The 7th European Conference on Games Based Learning – ECGBL 2013 (pp. 297–304). Porto: acpi.

Koepp, M. J., Gunn, R. N., Lawrence, a D., Cunningham, V. J., Dagher, a, Jones, T., … Grasby, P. M. (1998). Evidence for striatal dopamine release during a video game. Nature, 393(6682), 266–8. http://doi.org/10.1038/30498

Lemola, S., Brand, S., Vogler, N., Perkinson-Gloor, N., Allemand, M., & Grob, A. (2011). Habitual computer game playing at night is related to depressive symptoms. Personality and Individual Differences, 51(2), 117–122. http://doi.org/10.1016/j.paid.2011.03.024

Li, S., Cullen, W. K., Anwyl, R., & Rowan, M. J. (2003). Dopamine-dependent facilitation of LTP induction in hippocampal CA1 by exposure to spatial novelty. Nature Neuroscience, 6(5), 526–531. http://doi.org/10.1038/nn1049

Lisman, J., Grace, A. A., & Duzel, E. (2011). A neoHebbian framework for episodic memory; role of dopamine-dependent late LTP. Trends in Neurosciences, 34(10), 536–547. http://doi.org/10.1016/j.tins.2011.07.006

Mekler, E. D., Brühlmann, F., Opwis, K., & Tuch, A. N. (2013). Do Points
, Levels and Leaderboards Harm Intrinsic Motivation ? An Empirical
Analysis of Common Gamification Elements. In Gamification 2013
Proceedings of the First International Conference on Gameful Design,
Research, and Applications (pp. 66–73). ACM.

Ninaus, M., Pereira, G., Stefitz, R., Prada, R., Paiva, A., & Wood, G. (2015).
Game elements improve performance in a working memory training task.
International Journal of Serious Games, 2(1), 3–16.
http://doi.org/10.17083/ijsg.v2i1.60

Ninaus, M., Witte, M., Kober, S. E., Friedrich, E. V. C., Kurzmann, J.,
Hartsuiker, E., ... Wood, G. (2013). Neurofeedback and Serious Games. In
T. M. Connolly, E. Boyle, T. Hainey, G. Baxter, & P. Moreno-ger (Eds.),
Psychology, Pedagogy, and Assessment in Serious Games (pp. 82–110).
Hershey, PA: IGI Global. http://doi.org/10.4018/978-1-4666-4773-
2.ch005

NPD Group. (2011). The video game industry is adding 2–17-year-old
gamers at a rate higher than that age group's population growth. Zugang
über https://www.npd.com/wps/portal/npd/us/news/

Pereira, G., Ninaus, M., Prada, R., Wood, G., Neuper, C., & Paiva, A.
(2015). Free Your Brain: A Working Memory Training Game. (A. De
Gloria, Ed.)Games and Learning Alliance conference 2014 (Vol. 9221).
Cham: Springer International Publishing. http://doi.org/10.1007/978-3-
319-22960-7-13

Prins, P. J. M., Dovis, S., Ponsioen, A., ten Brink, E., & van der Oord, S.
(2011). Does computerized working memory training with game elements
enhance motivation and training efficacy in children with ADHD?
Cyberpsychology, Behavior and Social Networking, 14(3), 115–22.
http://doi.org/10.1089/cyber.2009.0206

Przybylski, A. K., Deci, E. L., Rigby, C. S., & Ryan, R. M. (2014).
Competence-impeding electronic games and players' aggressive feelings,
thoughts, and behaviors. Journal of Personality and Social Psychology,
106(3), 441–457. http://doi.org/10.1037/a0034820

Przybylski, A. K., Rigby, C. S., & Ryan, R. M. (2010). A motivational model
of video game engagement. Review of General Psychology, 14(2), 154–166.
http://doi.org/10.1037/a0019440

Przybylski, A. K., Ryan, R. M., & Rigby, C. S. (2009). The motivating role of violence in video games. Personality & Social Psychology Bulletin, 35(2), 243–59. http://doi.org/10.1177/0146167208327216

Schultz, W. (2006). Behavioral theories and the neurophysiology of reward. Annual Review of Psychology, 57, 87–115. http://doi.org/10.1146/annurev.psych.56.091103.070229

Shute, V. J., Ventura, M., & Ke, F. (2015). The power of play: The effects of Portal 2 and Lumosity on cognitive and noncognitive skills. Computers & Education, 80, 58–67. http://doi.org/10.1016/j.compedu.2014.08.013

Wise, R. A. (2004). Dopamine, learning and motivation. Nature Reviews. Neuroscience, 5(6), 483–494. http://doi.org/10.1038/nrn1406

1.2. Spielend Schlüsselkompetenzen generieren

Potentialanalyse in der Berufsorientierung anhand digitaler Spiele

Claudia Zechmeister

1.2.1. Einleitung

Repräsentative Studien wie die „JIM-Studie 2015" (Medienpädagogischer Forschungsverband Südwest, 2015) und die „Oö. Jugend-Medien-Studie 2015" (Education Group, 2015) bestätigen, dass Jugendliche einen großen Teil ihrer Freizeit mit digitalen Spielen verbringen. Daher liegt es nahe, auch Computerspiele als Medium in der Berufsorientierung zur Interessens- und Potentialanalyse bei einer computerspielerfahrenen Zielgruppe – vorwiegend Jugendliche und junge Erwachsene – einzusetzen. Durch die gezielte Reflexion und Auseinandersetzung mit der persönlichen digitalen Spielbiographie und auch in pädagogischen Computerspiel-Projekten gestalten sich Transferräume (vgl. Fritz, 2005), wo Kompetenzen sichtbar werden und ein Zugang zu der Lebenswelt der spielaffinen Zielgruppe eröffnet wird. Aufgrund der aktuellen prekären Arbeitsmarktsituation gestaltet es sich für Berufseinsteigende und Arbeitssuchende als große Herausforderung, den gewünschten Beruf zu erlernen oder im ursprünglichen Berufsfeld über einen längeren Zeitraum zu arbeiten (vgl. Hirschbichler & Knittler, 2010, S. 15f). Somit stellt die Generierung und Bewusstmachung von Schlüsselkompetenzen, welche digitale, soziale, kognitive sowie persönlichkeitsbezogene Kompetenzen beinhalten, einen zentralen Aspekt für die Partizipation am Arbeitsmarkt dar.

Dieser Beitrag beschäftigt sich mit der Generierung von Schlüsselkompetenzen anhand digitaler Spiele von computerspielerfahrenen Personen und bietet methodische Anregungen für die Nutzung des kompetenzförderlichen Potentials von digitalen Spielen in der Berufsorientierung.

1.2.2. Vier Phasen oder „Levels" in der Berufsorientierung

Die Arbeits- und Berufsfindungskompetenz ist für die erfolgreiche berufliche Integration von zentraler Bedeutung. Junge Menschen durchlaufen während ihrer beruflichen Orientierung vier Phasen. In der ersten Phase müssen Berufe mit deren Anforderungen erforscht und analysiert werden, um in der zweiten Phase persönliche Interessen, Fähigkeiten und Kompetenzen auszuforschen bzw. zu generieren und sie infolge mit der Kompatibilität zu Berufsfeldern zu prüfen. Erst dann können in der dritten Phase Bewerbungsunterlagen erstellt werden, um den aktiven Bewerbungsprozess einzuleiten. Da persönliche berufliche Vorstellungen von Menschen nicht immer mit den realen Bedingungen der Wirtschaftswelt übereinstimmen, muss in Phase vier eine sorgfältige Reflexion mit einem überarbeiteten Karriereplan vorgenommen werden (vgl. Jung & Oesterle, 2010, S. 191). Das Modell kann auch auf Personen angewandt werden, die bereits in der Arbeitswelt integriert sind oder waren und eine berufliche Umorientierung (oft auch unfreiwillig) anstreben.

1.2.3. Generierung und Bewusstmachung von Kompetenzen

Bei der Kompetenzmessung ist vorerst festzulegen, welche Kompetenzen bewertet werden sollen und ebenso gilt es, zu eruieren, ob die Kompetenzen bereits vorhanden sind. Oft sind vorhandene Kompetenzen nicht direkt sichtbar. Dann bedarf es einer Beobachtung, ob die Kompetenz in Form von konkreten Handlungen identifiziert werden kann. Zur Erhebung wird oft nach ausgeübten Tätigkeiten gefragt oder auch eine Analyse in begrenzten Teilbereichen oder in spezifischen Handlungsfeldern vorgenommen, um Kompetenzen zu evaluieren. Beispielsweise könnte bei einer Person, die lange Zeit komplexe Aufbau-Strategie Computerspiele gespielt hat, der Schluss erfolgen, dass diese über Managementfähigkeiten verfügt. Jedoch stellt diese Schlussfolgerung keine Garantie für diese Kompetenz dar. Zur Erhebung können offene, aber auch gestützte Fragen gestellt werden. Gestützte Fragen geben einen Teil einer möglichen Antwort vor, wodurch sie der Person helfen, sich an Tätigkeiten oder Lebensphasen besser zu erinnern. Bei der Selbsteinschätzung kann die gleiche Methode angewandt werden: Personen erinnern sich an vergangene Handlungen und Tätigkeiten und identifizieren selbst die dazu benötigten Kompetenzen. Es ist jedoch wahrscheinlich, dass Menschen sich kaum objektiv einschätzen können, daher ist auch eine neutrale Fremdperspektive wichtig. Ein einfacheres und zeiteffizienteres Messverfahren stellt das Vorlegen von Kompetenzlisten, meist mit Schlüsselkompetenzen, dar. Diese geben jedoch ein ungenaueres Bild, da die Personen oft an der detailierten Zuordnung scheitern oder sich ihrer Kompetenz nicht bewusst sind. Die Genauigkeit der Messverfahren wird mit einer Kombination von Fremd- und Selbsteinschätzung, mehreren fremdeinschätzenden Personen sowie mit einer qualifizierten Fachperson für die Kompetenzbewusstmachung erhöht (vgl. Gnahs, 2010, S. 54f).

1.2.4. Erforderliche Schlüsselkompetenzen für eine kompexe digitale Lebenswelt

Das Projekt „Definition and Selection of Competencies" (DeSeCo, OECD, 2005) wurde basierend auf dem „Programme for International Student Assessment – PISA" (OECD, 2015) entwickelt. Es stellt eine Erweiterung an Kompetenzbereichen, die für den Lebenserfolg in der heutigen komplexen und technologischen Wissensgesellschaft erforderlich sind, dar. Das DeSeCo-Projekt nennt für den konzeptuellen Referenzrahmen drei sich überschneidende Bereiche für Schlüsselkompetenzen, die sich aus *„interaktiver Medien- und Mittelanwendung, Interagieren in heterogenen Gruppen* und *autonomem Handeln"* zusammensetzen (vgl. OECD 2005, S.5-7).

Nachstehend werden die drei Kompetenzkategorien mit den wesentlichen sozialen-, digitalen- und persönlichkeitsbezogenen Schlüsselkompetenzen, die wiederum in drei Bereiche unterteilt sind, überblicksmäßig aufgelistet:

Kategorie 1: INTERAKTIVE MEDIEN- UND MITTELANWENDUNG

Um den Anforderungen einer globalisierten, dynamischen Welt im ständigen Wandel sowohl in beruflichen als auch in sozialen Bereichen zu genügen, bedarf es technologischer Medienkompetenz, um sich aktiv in allen gesellschaftlichen Lebensbereichen einbringen zu können. Da sich diese Branche sehr schnell weiterentwickelt, ist eine ständige Erweiterung der diesbezüglichen Kenntnisse erforderlich, um diese Mittel und Werkzeuge für die eigenen Bedürfnisse einsetzen zu können.

Kategorie 1A: Fähigkeit zur interaktiven Sprach-, Symbol- und Textanwendung

Kategorie 1B: Fähigkeit zur interaktiven Wissens- und Informationsnutzung

Kategorie 1C: Fähigkeit zur interaktiven Technologieanwendung

Kategorie 2: INTERAGIEREN IN HETEROGENEN GRUPPEN

Für das Überleben, im Blick auf materielle Güter, auf psychische Stabilität und auf soziale Identität in einer globalisierten Gesellschaft, sind soziale Beziehungen unbedingt notwendig. Traditionelle soziale Bindungen treten immer mehr in den Hintergrund, daher sind neue Formen von Bindungen und Zusammenarbeit erforderlich. Netzwerke bilden die Grundlage für soziales Kapital von Einzelpersonen. Alltägliche Aufgaben, wie Lernen, Leben und Arbeiten, werden gemeinsam bewältigt und sind geprägt von gegenseitiger Unterstützung und dem Austausch von Wissen und Gütern. Soziale Kompetenz beinhaltet auch die Empathiefähigkeit, um kollektiv das Leben und Ziele zu meistern.

Kategorie 2A: Fähigkeit zur Beziehungsunterhaltung zu anderen

Kategorie 2B: Kooperationsfähigkeit

Kategorie 2C: Fähigkeit zur Konflikt- und Lösungsbewältigung

Kategorie 3: AUTONOMES HANDELN

Eigenständiges Handeln bedeutet, sich seiner eigenen Identität in der Gesellschaft bewusst zu sein und Sensibilität für die Umwelt und Mitmenschen aufzubringen. Seine eigene gesellschaftliche Rolle zu kennen und Entscheidungen in sozialen, politischen und beruflichen Umgebungen aktiv mitzugestalten, ist wesentlich. Im Umsetzen von eigenen Zielen erleben sich Menschen selbstwirksam und als Teil der Gemeinschaft. Ebenso ist es wichtig, die eigenen Rechte einzufordern und für sich und andere Verantwortung zu übernehmen. Selbständiges Handeln begünstigt die Entwicklung einer gefestigten Identität, verleiht dem Leben Sinnhaftigkeit und ermöglicht selbstreflexives Denken, um Umweltsysteme zu verstehen.

Kategorie 3A: Handlungsfähigkeit im größeren Kontext

Kategorie 3B: Fähigkeit, eigene Lebenspläne und persönliche Projekte zu gestalten

Kategorie 3C: Fähigkeit zur Wahrnehmung von Rechten, Interessen, Grenzen sowie Bedürfnissen (vgl. OECD 2005, S.12-17)

1.2.5. Genre-Vielfalt in digitalen Spielen

Laut der Oö. Jugend-Medien-Studie 2015 werden Strategie- und Aufbauspiele am häufigsten gespielt, gefolgt von Jump and Run sowie Adventure-Spielen. Erst an vierter Stelle der Beliebtheitsskala finden sich, vorwiegend bei Jungen, „Ballerspiele". Mädchen bevorzugen generell Denkspiele und Geschicklichkeitsspiele (vgl. Education Group, 2015).

Der online „Spielratgeber NRW" (Computer Projekt Köln e. V., 2015) bietet unter Einbezug medien- und bildungspädagogischer Aspekte eine gute Auflistung der diversen Genres sowie deren Anforderungen an die Spielerinnen und Spieler. Aus der folgenden ausführlichen Aufzählung geht einerseits die Vielfalt an Spielinhalten und Kompetenzanforderungen hervor und andererseits kann dadurch die Faszination für digitale Spiele nachvollzogen werden.

ADVENTURE: Verschiedene Spielcharaktere werden im klassischen Abenteuerspiel gesteuert und weisen eine in sich geschlossene Geschichte auf. In den Adventure-Spielen liegt der Fokus auf dem Lösen von Rätseln und Aufgaben, dem Sammeln von Gegenständen und Informationen sowie infolge darauf die passende Kombination der Ergebnisse, um im Spiel beziehungsweise in der Geschichte voranzukommen. Fähigkeiten wie beispielsweise Kombinationsgabe, logisches Denken, Konzentration, Geduld und Ausdauer sind von den Spielerinnen und Spielern gefordert. Die Spiele weisen teilweise auch Interaktionen mit anderen Spielfiguren auf. Eine faszinierende Wirkung stellt das Erleben einer interaktiven filmischen Geschichte, das Lösen von komplizierten Rätselketten oder das Zusammensetzen von Puzzleteilen zu einem großen Ganzen dar (vgl. ebd.).

STRATEGIE: Ganze Völker und gesamte Fraktionen werden in diesem Genre gesteuert. Der/die Spielende hat die Verantwortung und Kontrolle für unterschiedliche Wirkungsfelder. Oft sind die Ressourcen begrenzt, mit denen gewissenhaft gehaushaltet werden muss. Die Spiele finden rundenbasiert und in Echtzeit statt. Es gibt unterschiedliche Schwerpunkte, wie beispielsweise den Aufbau einer gut florierenden Wirtschaft oder die Eroberung wie auch die Verteidigung eines Territoriums. Durchsetzungsvermögen, Diplomatie, vorausschauendes ökonomisches und strategisches Planen, Überschauen komplexer Spielbereiche, Treffen von Entscheidungen wie auch Übernahme von Verantwortung zählen zu den geforderten Kompetenzen, die für das Spiel benötigt werden. (vgl. ebd.)

DENKEN UND GESCHICKLICHKEIT: Bei Denk- und Geschicklichkeitsspielen gibt es unterschiedliche Schwierigkeitsstufen. Sie fordern ein hohes Maß an Konzentration, Ausdauer und Frustrationstoleranz. Rasche Erfolgsrückmeldungen werden bei den kniffligen und komplexen Spielen geboten. Neben Geschicklichkeit ist auch operatives Denken gefordert. Elemente verschieben, ordnen sowie Regelwerke aufeinander abstimmen sind oft die Aufgaben in diesem Genre. Für die Attraktivität sorgen häufig Szenen in Comicdarstellung (vgl. ebd.).

EDUTAINMENT: Der Name ergibt sich aus den englischen Wörtern education und entertainment. Dieses Spielgenre hat den Anspruch, pädagogische Inhalte, Lernen und Unterhaltung zu verbinden. Die Spiele wollen Interesse und Motivation beim Lernen anhand von Spaß und Spielen erzielen. Zu diesem Genre zählen auch *Lernprogramme, Serious Games* und *Infotainment-Programme*. Das übergeordnete Ziel besteht im Vermitteln von ernsthaften Wissens- und Lerninhalten in spielerischer Weise (vgl. ebd.).

GESELLSCHAFTSSPIELE: Als Grundlage dienen das Brett-, Karten- oder Würfelspielprinzip, welches auf Bildschirmen dargestellt wird. Oft werden noch zusätzlich zu den üblichen Eingabegeräten (Controller genannt) eine Kamera, mehrere Mikrofone oder eine Tanzmatte für das Spiel benötigt. Diese Spiele weisen eine hohe soziale Komponente auf, da sie zusammen mit der Familie, mit FreundInnen, auf Partys oder bei Familientreffen gespielt werden können (vgl. ebd.).

JUMP AND RUN: Jump-and-Run-Spiele werden auch als Plattformspiele bezeichnet. In diesen muss die Spielfigur geschickt über Hindernisse laufen und hüpfen sowie oftmals auch nebenbei Gegenstände einsammeln oder Gegner besiegen bzw. entkommen. Das wohl berühmteste Beispiel für dieses Genre ist die *Super Mario* Serie (Nintendo). Belohnungen, z.B. in Form von Punkten, und das Erreichen einer nächsten Spielebene stellen den Anreiz dieser Spielkategorie dar (vgl. ebd.).

ONLINESPIELE: Onlinespiele werden auf einem gemeinsamen Server, gemeinsam mit anderen Spielerinnen und Spielern in Echtzeit gespielt. Die Aufgaben sind oft im Team zu bewältigen. Dazu müssen alle Spielenden zum selben Zeitpunkt online sein und entsprechend viel Zeit in die Aufgaben investieren. Folglich wird von den Spielerinnen und Spielern Zeitmanagement und hohe Kooperationskompetenz gefordert. Mehrere Genreformen können hier auch ineinandergreifen (vgl. ebd.).

RENNSPIELE: Mit diversen Fahrzeugen können die Spielenden bei Rennspielen in einer definierten Strecke ihr Fahrzeug steuern. Diese Spiele werden in die zwei Kategorien Renn-Simulation und Fun-Racing unterteilt.

Bei der Renn-Simulation sollen die Rennen sehr realitätsgetreu nachempfunden werden, wobei es beim Fun-Racing eher um den Spaß auf skurrilen oder futuristischen Fahrstrecken mit „crazy cars" geht (vgl. ebd.).

ROLLENSPIELE: Dieses Genre gehört zu den Abenteuerspielen, wo die Spielenden die Geschichte aus der Perspektive eines spezfiischen Charakters erleben können. Am Beginn eines Rollenspiels steht oft eine Charaktergenerierung, bei welcher der eigene Charakter angepasst wird. Dabei wird etwa das Aussehen, Geschlecht, das Volk oder die Klasse des Charakters gewählt. Je nach Auswahl sind die Figuren mit speziellen Fähigkeiten ausgestattet, die im Spiel nutzbringend eingesetzt werden müssen. Genretypisch werden im Spielverlauf unterschiedliche Aufgaben (Quests) bewältigt, Kämpfe ausgetragen oder Dialoge geführt. Die Entscheidungen und Taten der Spielenden haben meist eine Auswirkung auf den Verlauf der Hintergrundgeschichte (vgl. ebd.).

SHOOTER: In Shooter-Spielen müssen sich die Spielenden mit Waffen gegen Feinde verteidigen, sprich, sie müssen ihre Gegner töten. In manchen Spielen ist die Aufgabenstellung auch, mit möglichst wenig Waffengewalt auszukommen. Das Besiegen der Feinde erfordert meist taktisches und strategisches Vorgehen sowie entsprechendes vorausschauendes Denken und Geschicklichkeit. Shooter werden häufig im Mehrspielermodus, wo viel Teamarbeit gefragt ist, angeboten. Diese Spiele werden in der Öffentlichkeit kritisch diskutiert, da sie oft mit realen Gewalttaten in Zusammenhang gebracht werden. Genre-Kombinationen werden oftmals in Shooterspielen vorgefunden (vgl. ebd.).

SIMULATION: Simulationen haben den Anspruch, verschiedene Lebensbereiche möglichst realitätsnah abzubilden und so den Spielenden zu ermöglichen, Erfahrungen darin zu machen. Die Bewältigung der aus der Realität genommenen Aufgabe – etwa das Managment einer Fußballmannschaft oder die Bewirtschaftung eines Bauernhofes – wird dabei zum eigentlichen Spiel. Oft können auch in unterschiedlichen Rollen vielfältige Perspektiven eingenommen werden, somit kann das Erfahrungs- und Kompetenzspektrum erweitert werden (vgl. ebd.).

SPORT: Bei Sport-Spielen werden reale oder fiktive Sportarten nachgespielt, mit Wettkämpfen und Regeln, wie sie auch aus den realen Ausübungen bekannt sind. Fast alle Sportarten sind in dieser Kategorie vertreten. Strategien und Bewegungsabläufe können aufgrund einer Analyse oft gut nachvollzogen und optimiert werden. Das virtuelle Training könnte für die reale Ausübung einer Sportart vorteilhaft sein (vgl. ebd.).

1.2.6. **Klassifizierung von Spielertypen in digitalen Spielen**

Bartle hat in den neunziger Jahren eine Klassifizierung von Spielertypen vorgenommen, in der er vier Typus-Formen aufgrund des Verhaltens in Computerspielen im Einzelspieler- und Mehrspieler-Onlinemodus beschreibt (vgl. Bartle, 1999). Seine Forschung bezieht sich vorwiegend auf Online-Computerspiele, wo viele Spielerinnen und Spieler weltweit gemeinsam auf einem Server ein Spiel spielen. Er teilt die Charaktertypen in vier Kategorien:

Die erste Kategorie stellen die erfolgsorientierten Typen, sogenannte ACHIEVERS, dar. Sie sind sehr zielorientiert, streben ständig nächste Spielebenen und höhere Ränge an. Durch das Sammeln von Punkten und das Verdienen von virtuellem Geld sind sie stark motiviert. Wenn es nötig ist, sind sie auch bereit, Mitspielerinnen und Mitspieler zu „töten", um eigene Gewinne zu erzielen. Sie sind ständig auf den eigenen Vorteil bedacht und machen kaum etwas ohne Gegenleistung.

EXPLORERS sind die EntdeckerInnen – sie erkunden die Spiellandschaft mit dem Ziel, neue spannende Entdeckungen sowie neue Erfahrungen zu machen. Sie sind ständig auf der Suche nach neuen Erkenntnissen, nach der Generierung von neuen Ideen, Strategien und optimierten Lösungsmöglichkeiten. Viel Abwechslung sowie Vielfalt sind für diesen Typus motivierend.

Für den SOCIALIZER-Typ sind Punkte, Ziel oder Gewinn eher nebensächlich. Socializer interessieren sich hauptsächlich für soziale und kommunikative Interaktionen mit anderen Spielerinnen und Spielern. Sie schätzen das gemeinsame Erlebnis wie auch den Austausch und das Knüpfen neuer Kontakte. Durch die Beziehungsgestaltung zu den Mitspielenden als auch durch Diskussionen in Foren und Chats sind sie besonders motivierbar.

Die letzte Kategorie stellen die KILLER-Typen dar, welche eher eine destruktive Spielhaltung aufweisen. Sie wollen nicht nur gewinnen, sondern auch ihre Gegnerinnen und Gegner „sterben" sehen. Sie verursachen oft Stress oder Desaster und beteiligen sich kaum an gemeinsamen Aktionen, die eine Spielgemeinschaft voranbringt. Ihre überwiegende Motivation besteht darin, anderen Spielerinnen und Spielern Schaden zuzufügen. Sehr oft ist ihr Ziel, Schadenfreude zu empfinden und andere beim Scheitern zu beobachten (vgl. ebd.).

Yee kritisiert jedoch die strenge Kategorisierung von Bartle und meint, dass Spielende nicht nur einen Charaktertypus aufweisen, sondern dass in der Realität auch Mischtypen mit unterschiedlichen Zielen und Motivationen auftreten (vgl. Yee 2007, S. 772-774).

Von den Spielenden wird eine virtuelle Identität kreiert und durch diese virtuelle Rolle werden bestimmte Handlungen, Sicht- und Denkweisen vollzogen, jedoch werden die Aktionen auch von den Lebenserfahrungen aus dem realen Leben beeinflusst. Die Synthese von virtueller und realer Identität, die sogenannte projizierte Identität, stellt das Verbindungsstück der beiden Identitäten dar. Über die projizierte Identität findet ein Austausch der beiden Welten statt. Demnach könnten auch Lernerfahrungen aus der virtuellen in die reale Welt einfließen (vgl. Gee, 2007, S. 49ff).

Fritz nennt für Transferbedingungen in erster Linie eine Faszination für die virtuelle Welt, für das Spiel, das eine hohe Konzentration und Aufmerksamkeit erfordert. Je mehr positive Gefühle durch das Spiel ausgelöst werden, desto stärker ist der Transferprozess zu erwarten. Grundlegend muss jedoch eine Bereitschaft und Akzeptanz für den Transfer vorhanden sein. Ein bedeutendes Element ist die Rahmungskompetenz, wonach Spielende den angemessenen Rahmen für Handlungen, die für die jeweilige Welt adäquat sind, finden müssen. Auf Grund dessen ist es wichtig, Grenzen zwischen den Welten setzen zu können, um den Transfer kontrollieren zu können. Bei einer gesunden Entwicklung von Kindern und Jugendlichen ist diese Kontrollkompetenz vorhanden. Fritz gibt auch die Handlungsempfehlung, bewusst Transferräume zu initiieren (vgl. Fritz, 2005). Die methodische Gestaltung von Transferräumen geschieht am besten durch Reflexion über das eigene Handeln in digitalen Spielen, duch Bewusstmachen und die praxisnahe Veranschaulichung, wie sich die Unterschiede zwischen der virtuellen Welt im Spiel und dem realem Leben darstellen.

1.2.7. Kompetenzförderliches Potential in Computerspielen

Gebel, Gurt und Wagner haben 30 populäre digitale Spiele mit einem eigens entwickelten Analyseschema nach kompetenzförderlichen Potenzialen untersucht. Dazu mussten relevante Kompetenzdimensionen festgelegt werden, welche Kriterien zur Beurteilung für das kompetenzförderliche Potenzial von Computerspielen bieten sollen. Zu bedenken ist jedoch, dass nicht alle populären Computerspiele in gleicher Intensität alle Kompetenzkategorien fördern (vgl. Gebel et al., 2005). Es kann angenommen werden, dass diese Kompetenzdimensionen in unterschiedlicher Ausprägung in fast allen digitalen Spielen vorzufinden sind.

Kognitive Kompetenz – *relevante Komponenten:*

Wahrnehmung, Aufmerksamkeit, Konzentration, Gedächtnis, Abstraktion, Schlussfolgern, Strukturverständnis, Bedeutungsverständnis, Handlungsplanung neuer Aufgaben, Problemlösen

Soziale Kompetenz – relevante Komponenten:

Perspektivenübernahme, Empathiefähigkeit, Ambiguitätstoleranz, Interaktionsfähigkeit, Kommunikationsfähigkeit, Kooperationsfähigkeit, Moralische Urteilskompetenz

Medienkompetenz – relevante Komponenten:

Medienkunde, Mediengestaltung, selbstbestimmter Umgang, aktive Kommunikation

Persönlichkeitsbezogene Kompetenz – *relevante Komponenten:*

Selbstbeobachtung, Selbstkritik/-reflexion, Identitätswahrnehmung, Emotionale Selbstkontrolle

Sensomotorik – relevante Komponenten:

Hand-Auge-Koordination, Reaktionsgeschwindigkeit

Die Spielenden selbst nehmen digitale Spiele kaum als Lernfeld wahr, wo Kompetenzen erworben oder trainiert werden können. Die Hauptmotivationen liegen im Spielvergnügen, in der Abwechslung zum Alltag, in Freiheit von Verpflichtungen, in externen Leistungsanforderungen, in der positiv empfundenen Stimmungsregulation und bei online Massenspieler-Plattformen in den sozialen Beziehungen. Das Spielgenre ist weniger für positive Wirkung verantwortlich, vielmehr sind dies Game-Strukturen sowie Belohnungsmechanismen. Jene Aspekte finden sich in allen Genres wieder. Spielbezogenes Wissen und Fähigkeiten sollen Anerkennung finden, um den Grundstein für bewusst gewünschte Transferprozesse in andere Lebensbereiche zu legen (vgl. Fritz et al., 2011, S. 270-273).

1.2.8. Methodische Anregungen zur Kompetenzgenerierung

Wenn die oben angeführten Komponenten, die kompetenzförderlichen Kategorien aus digitalen Spielen, die Spielertypen von Bartle sowie die Spielanforderungen aus den diversen Spiel-Genres den Schlüsselkompetenzen aus dem DeSeCo Projekt gegenübergestellt werden, kann festgestellt werden, dass Gemeinsamkeiten an Kompetenzen zu verzeichnen sind. Nun gilt es, kreative methodische Gestaltungsprozesse zu kreieren, um die genützen Fähigkeiten und Verhaltensweisen von Personen mit digitaler Spielbiographie sichtbar zu machen und handlungsorientierte Projektformate zur Kompetenzgenerierung zu entwickeln. Folgend werden zwei Praxisbeispiele angeführt, die als Anregung für den Einsatz von kommerziellen Spielen dienen sollen. Zur Unterstützung wird im letzten Abschnitt des Beitrages ein Fragenkatalog zur Kompetenzgenerierung anhand der digitalen persönlichen Spielerfahrung sowie anhand digitaler Spielprojekte zur Verfügung gestellt.

1.2.8.1. Praxisbeispiel I: Interview

Eine klassische Methode besteht in Form einer Befragung, wobei in detektivischer Weise nach Schlüsselkompetenzen geforscht wird und gefundene schriftlich festgehalten werden. Zur Generierung von Schlüsselkompetenzen können Fachkräfte in der beruflichen Orientierung eine Befragung durchführen, aber auch die Zielgruppe selbst kann sich gegenseitig interviewen. Die identifizierten Kompetenzen werden beispielsweise in Form eines Kompetenzpasses, eines Zeugnisses mit Schulnoten oder Punkten als auch mit einem Präsentations-Video oder Kompetenz-Portfolio dokumentiert. Im Anschluss können die Ergebnisse einem Publikum oder in einem simulierten Vorstellungsgespäch präsentiert werden.

1.2.8.2. Praxisbeispiel II: Lan-Party

Unter Berücksichtigung der Alterskennzeichnungen USK (USK, 2011) und PEGI (PEGI, 2015) können im Mehrspielermodus über eine Lanverbindung kommerzielle digitale Spiele gespielt werden. Die Zielgruppe kann auch ihre digitalen Lieblingsspiele mitbringen. Im Anschluss, ähnlich wie im ersten Beispiel, wird anhand des Fragenkataloges eine Kompetenzanalyse, in Form von Reflexion oder gegenseitiger Beurteilung, vorgenommen. Ebenso besteht die Option, auch in realen sowie in virtuellen Teams zu spielen. Eine weitere Möglichkeit, digitale Kompetenzen zu fördern, ergibt sich, wenn in unterschiedlichen Räumen unter Einsatz von informationstechnologischen Medien, wie beispielsweise über die Plattform Teamspeak, mit Headset gespielt wird. Die Spielerfahrenen können dabei ihre technischen Fähigkeiten bei der Installation einbringen und diese an nicht erfahrene Peers weitergeben. Somit eröffnet sich die Chance zur Peer-Education in der Medienarbeit. Diese Form der pädagogischen Vermittlung stellt auch eine Entlastung für das pädagogische Personal hinsichtlich der technichnischen Handhabung dar.

1.2.8.3. Fragenkatalog zur Kompetenzgenerierung anhand digitaler Spielerfahrung

Eine offene Fragestellung soll die Spielenden zur Selbst- und Fremdreflexion anregen und motivieren. Die Zielgruppe soll erforschen, welche Fertigkeiten und Kompetenzen beim Spielen ihrer bevorzugten digitalen Spiele zur Anwendung kommen und auch einen Vergleich zur realen Welt vornehmen. Personen mit mangelndem Reflexionsvermögen können zur Unterstützung Kompetenzlisten vorgelegt werden. Jene Kompetenzen gehen aus den oben beschriebenen Abschnitten Spielgenre, Spielertypen, kompetenzförderliches Potential in digitalen Spielen und Schlüsselkompetenzen hervor. Auch das Wording kann für die Zielgruppe individuell adaptiert werden. Wenn Kompetenzen erkannt werden, kann der Grad der Ausprägung mittels einer Skalierung sichtbar gemacht werden. Der Fragenkatalog erhebt keinen Anspuch auf Vollständigkeit, sondern bietet lediglich eine Anregung. Die generierten Antworten können auch Überschneidungen zu anderen Kategorien und/oder Mehrfachzuteilungen vorweisen.

Fragen zu kognitiven Kompetenzen (Wahrnehmung, Aufmerksamkeit, Konzentration, Gedächtnis, Abstraktion, Schlussfolgern, Strukturverständnis, Bedeutungsverständnis, Handlungsplanung, Problemlösen, Lernkompetenz,...)

- Wie viel musst du in Spielen lesen und schreiben? Was musst du lesen?
- Wie würdest du deine Konzentrationsfähigkeit in Spielen beschreiben?
- Hast du bestimmte Spielstrategien, um Spielziele zu erreichen? Wenn ja: welche?
- Gibt es in den Spielen Symbole/Bilder, die SpielerInnen kennen müssen, um das Spiel spielen zu können? Wie unterschiedlich sind diesbezüglich Spiele?
- Welche Aufgaben/Spielziele/Regeln gibt es in den Spielen?
- Was musstest du lernen, um diese Spiele spielen zu können bzw. welche Fähigkeiten sind nötig? Wie hast du das gelernt? (Konkrete Beispiele/Spiele!)

- Wie bewältigst du Herausforderungen? Was machst du, wenn du nicht weiter kommst?
- ...

Fragen zu sozialen Kompetenzen (Perspektivenübernahme, Empathiefähigkeit, Ambiguitätstoleranz, Interaktionsfähigkeit, Kommunikationsfähigkeit, Kooperationsfähigkeit, Moralische Urteilskompetenz,...)

- Bist du in bestimmten Gaming-Online-Netzwerken (Chats/Foren) zum Austausch?
- Wenn ja, bei welchen? Was sind die Themen?
- Wie wird im Spiel kommuniziert? Zu welchem Zweck?
- In welcher Sprache sind die Spiele, die du spielst? Ev. Muttersprache?
- Spielst du lieber alleine oder mit anderen Personen? Was sind die Vor- u. Nachteile?
- Hast du Leute durch Online-Spiele kennen gelernt?
- Was meinst du, ist wichtig, um im Team gut zusammenspielen zu können?
- Wie triffst du Entscheidungen im Spiel?
- Was ist in Spielen erlaubt, was im realem Leben nicht erlaubt ist? Wie geht es dir damit?
- ...

Fragen zur Medienkompetenz (Medienkunde, Mediengestaltung, selbstbestimmter Umgang, aktive Kommunikation, ...)

- Was muss eine Person können, hinsichtlich des Umgangs mit Plattformen, Hardware, Software (PC, Konsolen, ...), um digitale Spiele spielen zu können?
- Welche Vorbereitung/Vorarbeit muss auf den Plattformen gemacht werden, um spielen zu können?
- Wie gehst du vor, wenn du ein neues Spiel bekommst, hinsichtlich Spielregeln und Handhabung? Wie war das früher – gab es im Verlauf deiner „Spielkarriere" Veränderungen?
- Beteiligst du dich in der Fan-Community mit selbst erstellten Medien? (Let´s Plays, Tutorials, Modding,...)
- ...

Fragen zu persönlichkeitsbezogenen Kompetenzen (Selbstbeobachtung, Selbstkritik/-reflexion, Identitätswahrnehmung, Emotionale Selbstkontrolle, ...)

- Was machst du, wenn du dich im Spiel ärgerst?
- Wie reagierst du, wenn der Druck im Spiel steigt? Was geht in dir vor?
- Wie ist die Stimmung bzw. der Umgang unter den Spielenden im Mehrspieler-Modus?
- Gibt es Konflikte im Mehrspielermodus? Wenn ja: Wie gehst du damit um?
- Beschäftigt dich ein Spiel auch noch nach dem Spielen? Wenn ja: Was? Welche Überlegungen stellst du an?
- Welche Fähigkeiten braucht man, um im Spiel erfolgreich zu sein?
- Wie reagierst oder agierst du, wenn du erfolgreich warst oder gewonnen hast?
- Welche Rollen spielst du gerne? Welche Tätigkeiten führst du im Spiel gerne aus?
- Was fasziniert/motiviert dich im Spiel?
- Welche Spielsituationen empfindest du als eine Herausforderung?
- In welchen Spiel-Situationen fühlst du dich gut/schlecht (genaue Beschreibung)? Was unternimmst du dann?
- Haben sich deine Vorlieben/Gewohnheiten im Laufe der Zeit verändert? Wenn ja: Wie?
- ...

Fragen zur Sensomotorik (Hand-Auge-Koordination, Reaktionsgeschwindigkeit, ...)

- Wie schnell ist deine Reaktion in digitalen Spielen? Wie würdest du deine Reaktion im Alltag bewerten?
- Wie lange musst du überlegen, was du am Controller/auf der Tastatur machen musst?
- ...

Fragen zur realen Berufswelt (Die Antworten zu diesen Fragen können erst nach Tagen bewusst werden!)

- Siehst du Gemeinsamkeiten zwischen Spielen und Arbeitswelt? Wenn ja: welche?
- Sind dir Berufe bekannt, wo du Fähigkeiten, die du beim Spielen anwendest, auch beruflich einsetzen könntest?
- Was würde dich motivieren, wenn deine Arbeit ein Computerspiel wäre?
- Gibt es in Computerspielen Situationen, in den du anders reagierst und handelst als in der Realität?
- ...

1.2.9. Fazit

Teilnehmerinnen und Teilnehmer in Berufsorientierungs- und Arbeitsintegrationsprojekten stehen nicht selten vor der Herausforderung, Motivationstiefs zu überwinden sowie Zuversicht und Vertrauen in die eigenen Kompetenzen zu finden. Sowohl analoge als auch digitale Spiele können eine freudvolle Unterstützung zu herkömmlichen Methoden der Potentialanalyse in der Berufsorientierung bieten. Die Generierung von Schlüsselkompetenzen anhand der digitalen Spielerfahrung bei einer digital-affinen Zielgruppe stellt eine innovative und ergänzende Methode zur Kompetenzbewusstmachung in der beruflichen Orientierung dar.

Literatur

Bartle, R. (1999). Hearts, Clubs, Diamonds, Spades: Players who suit Muds. Abgerufen am 3. März 2015 von: http://www.mud.co.uk/richard/hcds.htm.

Computer Projekt Köln e. V. (2015). Beurteilungen. Abgerufen am 26. Jänner 2016 von http://www.spieleratgeber-nrw.de/Beurteilungen.3.de.html.

Education Group (2015). 4.Oö Jugend-Medien-Studie 2015. Abgerufen am 25. Jänner von https://www.edugroup.at/fileadmin/DAM/Innovation/Forschung/Dateie n/Charts_Jugendliche_2015.pdf

Fritz, J. (2005). Wie virtuelle Welten wirken. Abgerufen am 20. Jänner 2016 von http://www.bpd.de/gesellschaft/medien/computerspiele/63699/wie-virtuelle-welten-wirken?p=all.

Fritz, J., Lambert, C., Schmidt, J.-H., & Witting, T. (2011). Kompetenzen und exzessive Nutzung bei Computerspielern: Gefordert, gefördert, gefährdet. LfM (Hrsg.). Berlin: Vistas.

Gebel, C., Gurt, M., & Wagner, U. (2005). Kompetenzförderliche Potenziale populärer Computerspiele. In Arbeitsgemeinschaft Betriebliche Weiterbildung (Hrsg.), E-Lernen: Hybride Lernformen, Online-Communities, Spiele. Quem-Report, Heft 92. Berlin. S. 241-376.

Gee, J. P. (2007). What video games have to teach us about learning and literacy. New York: Palgrave Macmillan.

Gnahs, D. (2010). Kompetenzen-Erwerb, Erfassung, Instrumente. Bielefeld: Bertelsmann Verlag.

Hirschbichler, B., & Knittler, K. (2010). Eintritt junger Menschen in den Arbeitsmarkt. Wien: Kommissionsverlag.

Jung, E., & Oesterle, A. (2010). Beruflich-orientierte Selbstkonzepte und Kompetenzerwerb am Übergang Bildungs-/Ausbildungssystem. In U. Sauer-Schiffer, & T. Brüggemann (Hrsg.), Der Übergang Schule – Beruf. Beratung als pädagogische Intervention (Bd. 3). Münster: Waxmann

Medienpädagogischer Forschungsverband Südwest (2015). JIM-Studie 2015. Jugend, Information (Multi-) Media. Basisstudie zum Medienumgang 12-bis 19-Jähriger in Deutschland 2015. Abgerufen am 20. Jänner 2016 von http://www.mpfs.de/fileadmin/JIM-pdf15/JIM_2015.pdf

OECD (2005). Definition und Auswahl von Schlüsselkompetenzen. Abgerufen am 25. Jänner 2016 von http://www.oecd.org/pisa/35693281.pdf.

OECD (2015). Was ist Pisa?. Abgerufen am 25. Jänner 2016 von http://www.oecd.org/berlin/themen/pisa-internationaleschulleistungsstudiederoecd.htm.

PEGI (2015). PEGI – Pan European Game Information. Abgerufen am 20. Jänner 2016 von http://www.pegi.info/at/index/id/607.

USK (2011). Grundsätze der Unterhaltungssoftware Selbstkontrolle. Abgerufen am 20. Jänner 2016 von http://www.usk.defileadmin/documents/Publisher_Bereich/USK_Grunds aetze_2011.pdf.

Yee, N. (2007). Motivations of Play in Online Games. Journal of Cyber Psychology and Behavior. Vol. 9, Nr. 6, S. 772-775.

1.3. Beyond Yarn-Balls & Sequeaking Bones
Inviting animals as co-players and co-designers

Katharina Gollonitsch / *Michelle Westerlaken*

1.3.1. Abstract

In this article we elaborate on the emerging potential for the inclusion of animals as co-players (designing for) and co-designers (designing with) and suggest that these new practices may contribute to a more inclusive way of addressing and discussing the lives of nonhuman beings that we share our planet with. Our aim is to argue how play and playful design are suitable contexts for the design and development of technologies and practices that allow animals to join the human-animal interaction on their own terms and outline the challenges and questions that this topic might raise. By presenting recent examples within the field of game/play design that include animals, we hope to inspire the reader and open up for new ways of thinking and acting within the field of playful technologically mediated interactions and artefact development with animals. Additionally, we suggest how a more inclusive design approach opens up possibilities for re-thinking human-animal relationships and move towards including animals in participatory design processes in an ethically appropriate manner.

1.3.2. Introduction

Ever since human beings had the possibility to design and develop technology, other living beings on this planet have been involved and affected by our capabilities to make changes and shape the world accordingly. One early example of advanced technological developments that directly involve animals was an experiment proposed by behaviourist Skinner, who had the idea to train pigeons to peck at a target inside a missile in order to steer it in the right direction during WWII (Skinner, 1960). Another famous research project includes the development of technology for animal use with Bonobo Kanzie, who learned to communicate via lexigrams on a language computer with early touchscreen technology (Schweller, 2012).

Next to the direct inclusion of animals, human-centred technological developments causes adaptations in entire ecosystems, changes the ways in which we consume animals on an industrial scale, and raises questions regarding our ethical responsibilities in respect to other species. The keeping of animals, in all contexts, constantly produces such responsibilities that, because of conventional stances and attitudes towards animals, mainly regarded the animals as commodities rather than co-habitants.

Addressing certain traditional ways of thinking about animals and developments in the way they are treated, in recent decades, people from different fields have started to critically reflect upon these anthropocentric practices that involve animals and experimented with new modes of thinking, among them a handful of people within the areas of game design and game/play studies.

1.3.3. Playing with Humans and Other Animals

Originally, the field of humanities sustained a focus on pointing out the demarcation between humans and animals, rather suiting the self-positioning of humans above animals, instead of discussing the similarities between other, non-human, existences. However nowadays, younger fields of research that discuss themes such as posthumanism, post-phenomenology, critical animal studies and intersectionalities with post-colonial/gender studies, question and conquer these long nurtured and established human centred ways of thinking and its consequences.

In order to continue the different ways of animal oppressions that are encouraged within society, people are required to maintain the established hierarchy between humans and animals. It is the construction of "otherness" (Weil, 2012) that nurtures this hierarchy and makes people act along the power structures that derive from this notion. The same is true for all other kinds of oppression, be it sexism, racism or the exclusion of any other "typical" fringe group. We need to distance ourselves from another being or somehow objectify it, to treat it in a different way and convince ourselves that this is acceptable behaviour (Selby, 1995).

Now when it comes to games and playing we know from experience, that equality or a feeling of "togetherness" sometimes suddenly constructs itself within a game or a playful encounter. If we agree to play together, if we join the well-known "magic circle" (Huizinga, 2013), some of the differences between the players (that may seem like obstacles in normal life, like an age difference for example), sometimes just disappear. A game is a new space with new rules, which is being co-constructed by the players, no matter their differences. All parties involved need to contribute to make a *good* game happen. The focus automatically shifts to our similarities and summed up capabilities and how we can use them to achieve the shared goal of a game.

Some kinds of animal play, especially when it comes to mammals, are clearly recognizable to us. We can observe a tug-of-war between fox cubs as playful behaviour. But playful behaviour also exists in animals we might not think of instantaneously and also in ways that we could not have imagined in the past. Even fish and amphibians engage in playful behaviour, like swimming into a rising air column from an airstone and riding it to the surface of a tank (Burghardt, 2005). It has also been shown that young chimpanzees engage in elaborate make-believe games, using branches as dolls. (Kahlenberg & Wrangham, 2010). With some species there is just no other way than acknowledging their cultural capacity, like chimps passing on a tradition of putting grass in their ears for no other apparent reason than self-decoration, over generations (Van Leeuwen, Cronin & Haun, 2014). Recognizing these observations and acknowledging that the theory of games does not exclude *anyone* as a player (Wirman, 2012), animals can not only be treated as equal agents in our playful interspecies encounters but also in design and development processes. Adopting this more inclusive approach opens up possibilities for re-thinking the human-animal relationship, communicating with each other and becoming involved in shared cultural practices, such as play. It is a chance to co-construct a new, shared space, in which animals are not only being brought forward as a topic: they are given a chance to have their say. One just has to find a proper way to ask.

1.3.4. Related Explorations that Involve Animals, Play, and Technology

Over the last decade, several designers and researchers have started to experiment with the inclusion of nonhumans in playful environments. The general aim of our work is to provide playful environments in which the animals are invited to join the playful interactions on their own terms, however, in some existing scenarios the nonhuman is merely used as a component or mechanic to provide entertainment or play with a focus on the human, rather than a system which regards the animal as an actual player.

This phenomenon can be observed in a project from 2006 in which researchers and designers built a simulation of the game *Pac-Man* in which human players could play with real crickets (Lamers & van Eck, 2012). The human players experience a regular digital *Pac-Man* game in which the ghosts are not controlled by computer code, but by real crickets that walk around in a physical maze.

More in line with our objective of inviting animals to become voluntary players, there are also a few playful examples that are more closely aligned to our approaches and aim to involve the animal in the design process. One of these examples is the *Playing with Pigs* project in which the concept-prototype presents a game that allows humans and captive pigs to play together from distance (Driessen, Alfrink, Copier, Lagerweij, & Van Peer, 2014). The pigs can interact with a large touch sensitive display that is placed in the shed and shows moving objects. These moving objects are controlled by the human through a tablet device. The goal for the human is to guide the pig's snout to a target on the screen. Abb. 1.3-1 and Abb.1.3-2 show the prototype of the game called *Pig Chase*. Even though the aim of this project is to provide pigs and humans with a shared gaming experience, it can be questioned to what extend the pigs are in control of the playful interactions and aware of the human presence at distance.

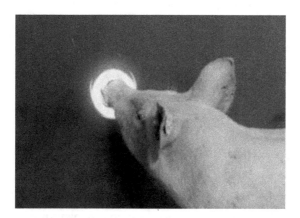

Abb. 1.3-1 Pig Chase - interaction of the pig

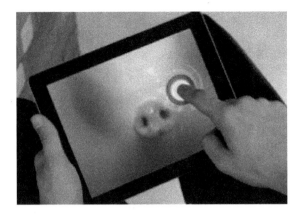

Abb.1.3-2 *Pig Chase* - interaction of the human

During the past few years, digital systems have also been implemented in other captive environments such as shelters or zoos with the goal to enrich the animals' environments or prevent problems related to boredom. One of these research projects is the on-going *TOUCH* project which aims to provide enrichment for captive orangutans, living in a shelter in Borneo, Indonesia, who cannot be reintroduced to their natural environment and to create new possibilities for playful cross-species communication (Wirman, 2013). After researching the orangutan's preferences in terms of their use of technology, custom made playful touch interfaces are now being prototyped and tested with two male orangutans under close human supervision in an experimental study (Wirman, 2013) (see Abb. 1.3-3 and Abb. 1.3-4).

Abb. 1.3-3 TOUCH project - interaction close-up

Abb. 1.3-4 TOUCH project - orangutan interaction

In the domestic sphere, playful technologically mediated devices have been introduced in the form of dog toys such as *Sphero* (Miller, 2014), a robotic ball that can be controlled from a smartphone and automatic feeder systems that include mini games ("CleverPet", 2016). Next to this, the design of mobile and tablet applications for cats has become more popular over the last few years. Most of these include commercial developments that are available for Android and iOS devices and do not produce research on their design, development or testing. These games generally present a moving object on screen that, in some cases, reacts to the input when the animal taps the screen, either with visual or auditory feedback. However, these games do not seem to include the experience and perceptions of the animal in their design, since they include mechanics such as scoring systems, time pressure, and textual interfaces, which are not necessarily understandable for the animal and might break the playful activity. A few researchers have started to investigate the design of tablet games for cats and developed/tested new prototypes that aim to be more inclusive in their design approach (Noz & An, 2011; Westerlaken & Gualeni, 2014). One of these projects includes the tablet game *Felino*, that aims to provide both the human and the cat player with a relevant role during the interaction and thereby create meaningful playful experiences together by allowing the players to experiment with the game mechanics (Westerlaken & Gualeni, 2014) (see Abb. 1.3-5 and Abb.1.3-6).

Abb. 1.3-5 the table game Felino, a digital toy allowing the human player to alter the attributes of the game objects, such as speed, size, and brightness, to align the game to the individual preferences of the cat and human. The cat contributes to the playful interaction by catching fish that release spheres. By collecting these spheres the players can generate a trail behind the game objects that can be moved around freely and generated different types of playful elements that the cat is able to interact with (Westerlaken & Gualeni, 2014a).

Abb.1.3-6 the table game Felino

Next to these research projects and commercial products, a considerable amount of projects has been developed by private individuals in *Do It Yourself* (DIY) communities. Inspired by the relationships people have established with the domestic animals they share their lives with, people use their skills to develop playful artefacts for them. Examples include a puzzle interface that provides dogs with the challenge to find dog treats (see Abb.1.3-7) or an automatic tennis ball launcher (see Abb.1.3-8).

Abb.1.3-7 Youtube user 'Eveline Poot' designed and developed an interactive toy for her highly energetic dog that eats too fast. The treats are distributed over the plastic bottle and the dog can take them out by rotating the bottles with her paws (https://youtu.be/avcYKFOmcZA).

Abb.1.3-8 Youtube user 'lamgngo' developed an automatic ball launcher to allow his dog to play fetch. Rather than a replacement for playing together, the device was developed as a fun project to carry out together with his dog (https://youtu.be/4PcL6-mjRNk).

These projects illustrate the impressive creative and technical capabilities of individuals that develop design ideas by sharing their living environment with animals. Furthermore, the advancement of analogue interactive playful artefacts, such as puzzles that contain hidden food treats, demonstrate how design solutions can be simple in technology and could provide interesting sources of entertainment or enrichment for the animal.

In summary, advances in new technology and interaction possibilities facilitated a number of research projects and commercial developments that include animals in their playful technology. However, the small research area that follows an approach that centres around the animal and takes into account their experiences and perceptions is still exploratory. Despite the establishment of an Animal Computer Interaction (ACI) community that provides academic objectives and a research agenda (Mancini, 2011), a full range of canonical examples in the area of playful interactions and the results of research projects that fit into a more inclusive design approach still need to be presented. In the next two chapters we will reflect on existing practices within this field from two main perspectives. First, we discuss challenges regarding the design and development of playful artefacts in which animals are involved as co-players. Secondly, we suggest to advances this field by adopting design principles in which animals are invited to participate as co-designers.

1.3.5. Designing *for*: Animals as Co-players

Design processes that focus on animal play or human-animal interaction are happening in many different contexts. Developing games or toys for animals looks different in different fields, with diverse advantages and challenges within the developing processes depending on the design and research objectives. As mentioned earlier, there are private projects of pet owners. They have the advantage of grand knowledge of the individual animals involved, based on years of experience and mutual trust. On the other hand, pet keeping is oftentimes filled with misconceptions. Rabbits for example are often interpreted as especially tame when held and petted, when in fact they are freezing, because they are so afraid (Priory Veterinary Surgeons, 2016). Our interest in understanding animals has resulted in more explorations on animal behaviour and perceptions that should be carefully considered when we aim to design and research playful experiences that have animals as players. Moreover, given the fact that animal play and toy/game design for nonhumans are fairly recent research fields, we should remain open to the potential shifting and changing body of knowledge on which we base our design work.

On-going research projects in the field of behavioural science or comparative psychology also include aspects of game development with animals. Here, game prototypes (such as memory-based activities on a touchscreen played by chimpanzees) are used as research tools to investigate questions regarding human or animal cognition. However, from a ludologic point of view, these applications are not necessarily considered as games, for they are not played voluntarily (Huizinga, 2013; Caillois, 2001; McGonigal, 2012). In the commercial sector, toys and games often seem to focus more on the owners than on the animals themselves or are made with little knowledge and research about the species involved in the interaction.

This leads to developments that could be unsuitable or hazardous for the animals as players. Similarly, some recent development projects that involve games and animals are carried out in collaboration with sanctuaries, zoos, or agricultural facilities (as illustrated in the previous section of this text). In this case, the main objectives are often communicated as enrichment purposes or as artefacts that promote social activities and health benefits for the animals. These projects are usually carefully monitored by caregivers and informed by the individual characters of the animals involved. However, it soon becomes clear that there are other values at stake that might cause conflicts with the proposed benefits for the animal: if our efforts demonstrate that happy cows produce more milk; or if games for zoo animals increase the amount of zoo visitors; or if interactive enrichment for animals ensures more efficient physical activity that allows us to keep more species in smaller captive environments. In other words, besides thinking about designing and developing good games that invite animals as players, the ethical considerations and potential conflicts of interests between human (or societal) values and animal welfare should be carefully discussed and taken into account in any design project that involves animals.

Decades of research in the field of game studies gave us more insights in what successful games for humans could look like. It has lead to an understanding of how games have to be adapted to the abilities of the player, provide interesting challenges and should not be too difficult or too easy to play; furthermore, they have to be surprising and offer some sort of reward and feedback (McGonigle 2012; Salen/Zimmerman 2004). Well-balanced games or (playful) activities oftentimes lead into a state of flow (Csikszentmihaly, 2010) where one can end up completely absorbed in the activity they are in. Thinking about applying these valuable design principles to playful design for animals, brings up specific challenges in our aim to meet these standards.

How does one know what exactly is challenging enough for, let's say, a parrot? Designing for another human is already hard enough, so how can we adapt these principles, or add new ones, to successfully design artefacts for the diverse range of animal species that we share our planet with?

When it comes to designing, there is a certain tendency to choose a self-centred approach, which comes more naturally than a user (or player)-centered one (Jacko, 2012). If the player is very different from the designer, truly understanding the player's needs and preferences and letting go of the convenient self-centeredness (and also the anthropocentric mind-set that is immanent in this case) is very challenging.

If we look at existing examples of pet toys or products designed for human-animal interaction, we can see that many of them rather reflect human preferences than those of the animals. Printing a cartoon bone on a dog toy probably does not really make a difference for the dog. Making these toys a bright red colour, which might be nice for owners, does not necessarily make much sense for dogs, for they are unable to perceive it as red, due to their dichromatic colour vision (Miller & Murphy 1995).

Some animal toys are also quite humiliating, with the intension to make the animals look silly (see Abb.1.3-9).

sku: MOO-STACHE-LG

Humunga Stache Durable Dog Toy. Go indognito to the park with this fun toy! For the pooch with a good sense of humor; this shiny black toy is a ball on one end and a giant cartoon mustache on the other. Dogs naturally pick up the ball leaving an outrageously funny mustache sticking out! Dogs also love to hold the ball in their mouth, and shake the mustache back and forth! Get your pup a stache today!! Pets should be supervised when playing with toys as no toy is completely indestructible.

Features:
- Natural rubber
- Non-toxic
- Durable

Sizes:
Ball - 2 in. D
Stache - 6.5 in. L x 1 in. W

Roll over to magnify

Abb.1.3-9 Mustache toy for dogs
(www.muttropolis.com/products2.cfm/ID/9275/name/Humunga-Stache-Durable-Dog-Toy)

Once we start getting a better understanding of animal behaviour and preferences, other products start appearing as mere oppression tools, facilitating poor animal handling, like flying-leashes for parrots or toy cars that are powered by hamsters. These are degrading pets to a source of entertainment for their owners (see Abb.1.3-10)

Abb.1.3-10 The Habitrail Playground Pet Dragster is an enhancement of the infamous hamster ball, where animals are trapped inside and are exposed to hazards such as falling off surfaces or bumping into walls. These products prevent natural behaviour, such as hiding in case of danger. They have been classified as against animal welfare. (Tierärztliche Vereinigung für Tierschutz e.V., 2010) (https://www.youtube.com/watch?v=Mf-DTd1wQ6M)

Additionally, self-moving laser toys for cats are good examples for questionable designs that probably derive from drawing wrong conclusions from animal behaviour and paying too little attention to basic safety guidelines. The intentions were probably good. Cat owners know from experience, that many cats will frantically chase laser-beams, so making a laser-beam toy for physical exercise might seem like a good idea. However, animal science research has demonstrated that chasing lasers could be harmful to a cat´s eyes (Johnson-Bennett, 2016) as well as cause behavioural problems such as frustration for never being able to catch the laser (ibid.) (see Abb.1.3-11).

Abb.1.3-11 Cat examining the FroliCat DART™ lasertoy - Looking at a video of cats playing with laser-toys illustrates the potential health concerns that may arise. As visible, cats will go and look for the source of the light as seen in the picture and will paw at the machine, which can slow down the rotation. (Example video: https://www.youtube.com/watch?v=AF4LlQCe_lk) This could lead to the laser-beam shining right into their eyes.
(https://www.youtube.com/watch?v=vSgE9GK3bg4)

These possible frustration problems also need to be reflected on critically in all projects that involve virtual objects. In game design, we are used to develop abstractions that might not be (fully) understood by the animal player. A solution for this problem could be introducing additional physical components within sessions of virtual play or designing hybrids, where virtual and physical fragments exist alongside each other within a game mechanic (Westerlaken & Gualeni, 2014b).

In summary, designing successful playful artefacts for animals requires a broad base of knowledge from different related fields, carefully considering the shifting and changing grounds on which these insights are based. The animals´ general biology, physiology, social- and playful behaviour, cognitive capabilities and needs all have to be considered. Additionally, personal observations and the study of individual animals are oftentimes advisable. Close collaboration with veterinarians, zoologists or caretakers for proper risk assessment and behaviour prognosis helps to narrow down unpleasant surprises. Next to this, ethical standards and conflicts of interest between society and the humans and animals that are involved should be carefully considered. This approach however, still remains to be a top-down process in which the human is fully in control of the design and development structure, as well as its outcomes. Designing for human-animal interaction poses a challenging, yet rewarding investigation into the reciprocal perception of the species involved. These practises involve the risk that we, as human designers, base our design decisions on failed understanding of the animals' preferences and behaviour. Considering animals as valuable co-players forces us to deal with the (sometimes inevitable) human perspective, shifting the attention towards our similarities and the well-being of our co-player (otherwise she might not want to play with us) and thus dissolving the top-down dynamics. In practice this means one has to address and rethink certain game components people enjoy (like scores, time pressure, or non-material rewards), that are conventional game mechanics from a human perspective. In order to successfully invite animals as players on their own terms, we have to explore different kinds of mechanics and game-elements that align better to their behaviour and preferences.

Learning from our own projects, working with 2 white-faced saki monkeys (Pithecia pithecia) and a game project together with domestic-cats, facilitating interspecies play is largely about developing and sharing a play-space that is neither human nor animal and has new rules that both parties can understand and stick to. The shared playful interaction acts as a third space, that can only exist in a meaningful and successful way if we manage to consider the animals as equal counterparts and aim to act accordingly. Being in this unique situation, trying to develop games, toys or artefacts, we are trying to move towards a process in which we find new ways to ask the animal co-player about the choices he or she would like to make. In order to overcome as much of our human-centred thinking as possible, we are therefore aiming to push things a little further, trying to include the animals we are working with even more into different design and development processes.

1.3.6. Designing *with*: Animals as Co-Designers

Due to the differences in perceptions and experiences of animals and humans, it is very challenging to design engaging playful experiences for animals and, at the same time, being limited to our own human minds and bodies. If we cannot ever truly understand what it is like to be an animal (Nagel, 1974), how can we ever design for them without having an understanding of their playful desires? Therefore, after regarding animals as actual co-players through sharing an understanding of what it means to play together, our next ambition is to facilitate ways in which the animal can take part in the design process itself. Here, drawing from theories in the fields of participatory- and co-design is helpful in exploring the opportunities of regarding animals as co-designers, as well as to identify the need for new research and design methodologies that can invite animals to participate.

As a field, participatory design originated in Scandinavia in the 1970s and 1980s and was motivated by the need to allow software designers and workers to collaborate and develop new technologies that are informed by the end user's lives and working routines (Ehn, 1989). Since then, the field has undergone many changes, but the core aim of examining human activity, collaborating with participants and cooperatively designing artefacts and workflows in an iterative manner, has remained similar (Spinuzzi, 2005). One of the significant changes in the field however, includes an extension of participatory design methods from a focus on the workplace, towards a focus on design engagements in everyday life and pleasurable interactions (Björgvinsson, Ehn & Hillgren, 2010), including game design (Magnussen, Misfeldt & Buch, 2003; Lochrie, Coulton & Wilson, 2011; Prax, 2015). This means that the type of participatory design methods that have been proposed over the last decades, such as workshops, collaborative brainstorming, use scenarios, design games, iterative prototyping, interviews, participant observations, storyboarding, etc. (Kensing & Blomberg, 1998; Spinuzzi, 2005), are becoming increasingly more relevant for the field of game design, especially when the players we design for are radically different from us as designers.

The second relevant change in the field of participatory design includes the shifting focus from human-centred practices with a sole focus on the user, towards a less anthropocentric, more politically involved and more complex process in which the mediation between subjects and objects, humans and nonhumans, nature and culture, is reflected upon in a more holistic manner (Binder, Brandt, Ehn, & Halse, 2015). The shift of focus is informed by theories from the area of posthumanism including work of Science and Technology Studies philosophers like Bruno Latour, Donna Haraway, Karen Barad, and Peter-Paul Verbeek. Among other things, this change means that designers and researchers in the field of participatory design should rethink participatory design processes and methods that are human-centred and have a dominant focus on the (human) end-user of the project. Instead, we should aim to consider and reflect upon the capabilities of nonhuman things (such as artefacts, technologies, nature and our environment) to mediate and give shape to the way in which we experience the world (Verbeek, 2011).

In the context of designing playful experiences together with animals, these two changes open up for a timely inclusion of animals as co-designers and calls for the development and reflection upon new design methods that can allow us to include animals in the design process on their own terms, voluntarily and in an ethically appropriate manner. Taken together with the voluntary and shared nature of play that we described earlier in this paper, we propose that the activity of play is particularly suitable as a starting point for shared design processes in which both humans and animals participate (Westerlaken & Gualeni, 2013). Some participatory design methods, such as interviews, design workshops and discussing use scenarios with participants, are likely problematic when your participants are unable to use human language. However, other existing methods like participant observations, bodystorming (Schleicher, Jones & Kachur, 2010) and iterative prototyping might still be valuable and applicable to participatory design contexts with animals. We therefore suggest participatory design researchers that have an interest in inviting nonhumans as participants, to develop and evaluate an applicable range of methods that can help designers to gain inspiration, feedback and reflections from the animals we wish to design for. Furthermore, the inclusion of animals as actual co-designers can help the field of participatory design to re-think the scope of their field and address some of the critique that has been voiced regarding the continuing anthropocentrism, power dynamics and political complexity of doing participatory design work (Binder, Brandt, Ehn & Halse, 2015).

1.3.7. Conclusions

In this paper, we discussed the rise of an emerging research field that aims to include animals as co-players and co-designers. By outlining examples of different animal species that are involved in on-going design and research projects and presenting the advantages of situating design work within the context of play and playfulness, we propose to establish an actual sub-field of games studies in which relevant challenges, such as design principles and human limitations, can be explored and discussed in an academic setting. The shared, voluntary, and free nature of play between animals and humans provides valuable opportunities for a more diverse research field in which animals are invited to participate. We have presented two levels in which this participation takes place: as co-players and as co-designers.

On the level of co-players, we aim to invite animals to join the playful interaction we design on their own terms, without forcing our own agendas upon them. The design of meaningful artefacts for animals requires an interdisciplinary approach informed by knowledge from fields such as animal sciences, human-animal studies, humanities, design research, human/animal-computer interaction and games studies. Next to this, the lack of general design principles that are readily available for each animal species requires an individual, player-centred approach in which opportunities for playful interactions with a specific animal are explored carefully, without forcing the animal to participate and in collaboration with expert caretakers. Furthermore, ethical considerations and potential conflicts of interest between the humans and animals involved should be analysed and reflected upon.

On the level of co-designers, we propose to embrace the recent developments in the field of participatory- and co-design, which are relevant in the design of playful artefacts and taking a non-human-centred approach to design. We suggest inviting the animal to become a participant in the design process and explore the use of both existing as well as new design and evaluation methods. Through this we aim to find new ways to reflect on iterative design processes with animals and making meaningful design decisions that are influenced by the involved animal individual as much as possible.

With this article, we hope to inspire the reader, as professional designer, researcher, as well as individuals with DIY interests, to become aware of this emerging field in which animals become relevant as players. Once we start recognizing the playful interactions we share with animals, their inventive capabilities to engage in meaningful playful interactions, and new methods to allow them to participate in the design process itself, we are getting one step closer to experiencing less anthropocentric and more balanced engagements with animals.

References

Binder, T., Brandt, E., Ehn, P., & Halse, J. (2015). Democratic design experiments: Between parliament and laboratory. International Journal of CoCreation in Design and the Arts, DOI: 10.1080/15710882.2015.1081248

Björgvinsson, E., Ehn, P., & Hillgren, P.A. (2010). Participatory design and "democratizing innovation". *Proceedings of the 2010 Participatory Design Conference*, pp. 41-50.

Burghardt, G. M. (2005). The Genesis of Animal Play. Testing the Limits. Cambridge, Massachusetts, London, England: The MIT Press.

Caillois, R. (2001). Man, Play and Games. Urbana and Chicago: University of Illinois Press.

CleverPet. (2016). Retrieved February 11, 2016, from getcleverpet.com

Csikszentmihaly, M. (2010). Flow. Das Geheimnis des Glücks. Stuttgart: Klett-Cotta.

Driessen, C., Alfrink, K., Copier, M., Lagerweij, H., & Van Peer, I. (2014). What could playing with pigs do to us? *Antennae: The Journal of Nature in Visual Culture, 30*, 79–102.

Ehn, P. (1989). *Work-oriented Design of Computer Artifacts*. Stockholm, SE: Arbetslivscentrum.

Huizinga, J. (2013). Homo Ludens. Vom Ursprung der Kultur im Spiel. Reinbeck bei Hamburg: Rowohlt.

Jacko, J. A. (ed.) (2012). Human-Computer Interaction Handbook: Fundamentals, Evolving Technologies, and Emerging Applications. Boca Raton, London, New York: CRC Press.

Johnson-Bennett, P. (2016). Should You Use a Laser Light Toy With Your Cat? Retrieved from http://www.catbehaviorassociates.com/should-you-use-a-laser-light-toy-with-your-cat/

Kahlenberg, S. M., & Wrangham, R. W. (2010). Sex differences in chimpanzees' use of sticks as play objects resemble those of children. *Current Biology, Volume 20, Issue 24*, pp. R1067-R1068.

Kensing, F., & Blomberg, J. (1998). Participatory design: Issues and concerns, *Computer Supported Cooperative Work, 7*, pp. 167-185.

Lamers, M. H., van Eck, W. (2012). Why simulate? Hybrid biological-digital games. *Applications of Evolutionary Computation* (pp. 214–223). Springer. Retrieved from http://link.springer.com/chapter/10.1007/978-3-642-29178-4_22

Lochrie, M., Coulton, P., & Wilson, A. (2011). Participatory game design to engage a digitally excluded community. *Proceedings of the 2011 DiGRA International Conference: Think Design Play, 6*, available at http://www.digra.org/digital-library/publications/participatory-game-design-to-engage-a-digitally-excluded-community/

Magnussen, R., Misfeldt, M., & Buch, T. (2003). Participatory design and opposing interest in development of educational computer games. *Proceedings of the 2003 DiGRA International Conference: Level Up, 2*, available at http://www.digra.org/digital-library/publications/participatory-design-and-opposing-interests-in-development-of-educational-computer-games/

Mancini, C. (2011). Animal-computer interaction: a manifesto. *Interactions, 18*(4), 69–73.

McGonigal, J. (2012). Reality is Broken. Why Games Make us Better and How They Can Change the World. London: Vintage.

Miller, L. (2014, June 24). The Sphero - a robotic toy for your dog | Modern dog toys. Retrieved February 11, 2016, from http://puppytales.com.au/2014/06/24/the-sphero-a-robotic-toy-for-your-dog/

Miller, P. E. & Murphy, C. J. (1995). Vision in dogs. *Journal of the American Veterinary Medical Association*, Vol 207, No 12, December 15, 1995 (pp. 1623-1634) Retrieved from http://www.dogica.com/DOGZ/pup/dog-vision-miller-murphy-1-.pdf

Nagel, T. (1974). What is it like to be a bat?, *The Philosophical Review*, pp. 435-450.

Noz, F., & An, J. (2011). Cat cat revolution: an interspecies gaming experience. *Proceedings of the SIGCHI Conference on Human Factors in Computing Systems* (pp. 2661–2664). ACM. Retrieved from http://dl.acm.org/citation.cfm?id=1979331

Prax, P. (2015). Co-creative game design in MMORPGS. *Proceedings of the 2015 DiGRA International Conference, 12,* available at http://www.digra.org/digital-library/publications/co-creative-game-design-in-mmorpgs/

Priory Veterinary Surgeons (2016). Retrieved Febuary 1, 2016 from http://www.prioryvets.co.uk/free-advice/small-furry-fact-sheets/bunny-behaviour

Salen, K., & Zimmerman, E. (2004). Rules of Play. Game Design Fundamentals. Cambridge, Massachusetts, London, England: The MIT Press.

Schleicher, D., Jones, P., & Kachur, O. (2010). Bodystorming as embodied designing. *Interactions, 17*(6), pp. 47–51.

Schweller, K. (2012). Apes With Apps - Using tablets and customized keyboards, bonobos can become great communicators. Retrieved from: http://spectrum.ieee.org/computing/software/apes-with-apps/

Selby, D. (1995). Circles of Compassion: Animals, race and gender. In Selby, D. *EarthKind: A teachers' handbook on humane education,* p. 17-32. Stoke-on-Trent: Trentham Books.

Skinner, B. F. (1960): 'Pigeons in a pelican.', *American Psychologist*, 15(1), p. 28.

Spinuzzi, C. (2005). The methodology of participatory design, *Technical Communication, 52*(2), pp. 163-174.

Tierärztliche Vereinigung für Tierschutz e.V. TVT (2010). Tierschutzwidriges Zubehör in der Heimtierhaltung , Merkblatt Nr. 62.

Van Leeuwen, E. J. C.; Cronin, K. A. & Haun, D. B. M. (2014). A group-specific arbitrary tradition in chimpanzees (Pan troglodytes). Berlin, Heidelberg: Springer.

Verbeek, P.-P. (2011). Moralizing Technology: Understanding and Designing the Morality of Things. Chicago, IL: University Of Chicago Press.

Weil, K. (2012). Thinking Animals. Why Animal Studies Now. New York, Chichester, West Sussex: Columbia University Press.

Westerlaken, M., & Gualeni, S. (2013). Digitally complemented zoomorphism: A theoretical foundation for human-animal interaction design. *Proceedings of the 6th International Conference on Designing Pleasurable Products and Interfaces*, ACM Press, pp. 193–200.

Westerlaken, M., & Gualeni, S. (2014a). Felino: The philosophical practice of making an interspecies videogame. *Proceedings of the Philosophy of Computer Games*. Retrieved from http://gamephilosophy2014.org/wp-content/uploads/2014/11/Westerlaken_Gualeni-2014.-Felino_The-Philosophical-Practice-of-Making-an-Interspecies-Videogame.-PCG2014.pdf

Westerlaken, M., & Gualeni, S. (2014b). Grounded Zoomorphism: an evaluation methodology for ACI design. *ACE'14 First International Congress on Animal Human Computer Interaction*. ACM Press, Article No. 5.

Wirman, H. (2013). Orangutan play on and beyond a touchscreen. *Proceedings of the 19th International Symposium of Electronic Art, ISEA2013, Sydney*. Retrieved from http://ses.library.usyd.edu.au/handle/2123/9678

Wirman, H. (2012). Non-human animal players: Overcoming speciesism in cultural studies of digital game play (abstract), *Paper at the „Crossroads of Cultural Studies"- conference 2012.*

1.4. Leute, Ihr könnt das auch!
Computerspielentwicklung mit einfachsten Mitteln

Markus Heiss / Ralph J. Möller

1.4.1. Einleitung

Ein Computerspiel zu programmieren ist an sich eine einfache Aufgabe: Man benötigt nicht mehr als eine (möglichst gute) Idee sowie Werkzeuge, um eben diese Idee umzusetzen. Die Autoren werden sich in diesem Artikel auf die Umsetzungsphase konzentrieren und Mittel und Wege aufzeigen wie es auch kleinen und kleinsten Teams möglich ist, mit einfachen, vor allem auch kostengünstigen Mitteln und einem kleinen Budget eine Idee zumindest in einen vorzeigbaren Prototyp zu gießen.

Zu Anfang steht (fast) immer die Idee. Jene der Autoren wurde im Laufe eines Seminars an der Donau Universität Krems ausgearbeitet und dreht sich um ein einfaches, jedoch stark computerbasiertes Brettspiel für zwei Personen mit komplexem Regelapparat und einigen herausfordernden Stolpersteinen; vor allem im Bereich der künstlichen Spielintelligenz.

1.4.2. Die Idee „CoverZone"

Im Verlauf der Ausbildung „Game Studies" an der Donau-Universität Krems wurde während eines Seminars den TeilnehmerInnen die Aufgabe gestellt, in 30 Minuten ein Spiel zu konzipieren.

Dabei gab es zwei Einschränkungen:

- Die Darstellung der Spielwelt sollte rein zweidimensional sein.
- Zwei (menschliche) SpielerInnen sollten es an einem Computer spielen können.

Inspiration war vor allem die Einschränkung „zweidimensional". Zusätzlicher Anstoß waren die zur Verfügung gestellten, karierten Schreibblöcke.

Ein erster Entwurf stellte eine Art Schachbrett dar. Dieses wurde mit zwei Gruppen von Spielsteinen befüllt, vergleichbar etwa mit dem Spiel „Dame". Danach wurde ein Teil der Spielfelder „eingezäunt" und überlegt, ob und wie es Sinn machen könnte, einen Teilbereich der Spielfläche als Wertungszone zu definieren.

Daraus entstand folgende Spielidee:

1) Zwei SpielerInnen setzen abwechselnd Spielsteine auf ein quadratisches Spielbrett, wobei jedes Feld nur 1x besetzt sein darf („Setzphase").
2) Nachdem jede/r SpielerIn eine bestimmte Anzahl Steine gesetzt hat, endet die erste Spielphase; die Steine verlassen ihre Plätze nicht mehr.
3) Nun wird (hier kommt erstmalig der Faktor „Computer" ins Spiel) ein Teil des Spielfeldes als Wertungszone bestimmt. Für jeden Stein, den der/ die jeweilige SpielerIn in der Wertungszone hat, erhält er/ sie einen Punkt.
4) Jetzt darf jede/r SpielerIn diese Wertungszone abwechselnd verschieben, drehen oder entlang einer Achse kippen („Zugphase").
5) Nachdem diese zweite Phase zu Ende ist, wird abgerechnet: Wer jetzt mehr Steine in der Wertungszone hat, ist Sieger der Partie.

Ein einfacher erster Pen-and-paper Prototyp illustrierte bereits die gesamte Funktion des Spiels und half, erste Spielregeln zu etablieren, die im Zuge der ersten Probespiele durch SeminarteilnehmerInnen erarbeitet wurden:

Ein Spieler/ eine Spielerin darf keine zwei Spielsteine in direkt benachbarten Feldern platzieren.

In der Zugphase ist es nicht gestattet, den Zug des Gegners/ der Gegnerin zurückzunehmen.[1]

1.4.3. Die Entwicklung

Das Entwicklungsteam besteht ausschließlich aus den Autoren – zwei Personen mit unterschiedlichen Kenntnissen und Begabungen, deren

---

[1] Z.B. darf ich die Zone nicht nach rechts ziehen, wenn der Gegner die Zone gerade nach links bewegt hat

einzige   gemeinsame   Fähigkeiten   die   Grundkenntnisse   der
Softwareentwicklung sind. Für das Entwicklungsteam von großer
Wichtigkeit ist vor allem höchst effizientes Zeit- und
Ressourcenmanagement. Die Ausbildung „GameStudies", in deren Lauf die
Grundidee für das Spiel *CoverZone* entstand, ist berufsbegleitend und
folgerichtig sind die Autoren auch vollberuflich als Softwareentwickler tätig.
Schon von daher war darauf zu achten, vor der eigentlichen Arbeit am
Prototyp nicht erst wochenlange Lernphasen einplanen zu müssen.
Budgetäre Mittel sind in solchen Fällen meist ebenfalls stark begrenzt –
somit war eines der ersten Ziele des Projektteams, den gesamten
Arbeitsaufwand mit den zur Verfügung stehenden Tools *Visual Studio*[2] und
Unity[3] abzudecken.

Die Einfachheit des Entwurfes sollte sich schnell als Vorteil
herausstellen: Der allererste Konzept-Prototyp konnte deshalb
ausschließlich mit den von Microsoft bereitgestellten Tools: *Visual Studio*
mit C# und WPF[4], hergestellt werden, was auch die weitere Arbeitsweise
stark beeinflusste.

C# ist eine universell einsetzbare Programmiersprache. Im Folgenden
soll kurz auf die Vorteile dieser Sprache für kleine Entwicklungsteams
eingegangen werden:

- C# ist syntaktisch eng verwandt mit Sprachen wie C++, PHP oder
  Java bzw. JavaScript – die Lernkurve ist sehr flach.
- C# ist Bestandteil von *Microsoft Visual Studio*, die Express-Edition ist
  kostenlos verfügbar[5] – wenngleich die „großen" Editionen von Visual
  Studio natürlich mehr Funktionalität mitbringen (die man für ein
  Vorhaben wie das hier besprochene allerdings nicht braucht).
- Der wahrscheinlich wichtigste Punkt: C# ist eine in der kommerziellen
  Softwareentwicklung sehr weit verbreitete Programmiersprache, wie
  auch Visual Studio eine der am häufigsten eingesetzten
  Entwicklungsumgebungen ist. Somit haben viele Entwickler gar keine

---

[2] Visual Studio ist eine Softwareentwicklungsumgebung von Microsoft und dient der Entwicklung
von .NET Anwendungen
[3] Unity ist ein weit verbreitetes Entwicklungswerkzeug für 3D Anwendungen und Spiele
[4] Windows Presentation Foundation (WPF) ist eine Technologie, die es ermöglicht, grafische
Oberflächen mit einer XML-ähnlichen Sprache zu programmieren
[5] Laut neuesten Informationen hat Microsoft nicht vor, die kostenlosen Editionen von Visual
Studio abzuschaffen; bei der zum Zeitpunkt der Entstehung dieses Artikels aktuellsten Version ist
allerdings ein Microsoft-Konto für den Betrieb nötig

Einstiegshürde zu überwinden, sie arbeiten einfach in ihrer vom Berufsalltag gewohnten Umgebung weiter.

- Ein netter Bonus: C# hat sich quasi zum Standard in der .NET Entwicklung gemausert, was Hersteller in der Spieleherstellung häufig eingesetzter Tools wie Unity oder Xamarin[6] immer stärker bewegt, die Sprache ebenfalls zu unterstützen. Eine große Zahl an Zusatztools und Add-Ons rundet dieses Angebot ab. [7]

Somit wurde auch ein wesentlicher Punkt abgedeckt: Später soll die Spiellogik nämlich sehr wohl in eine aufwändigere (pseudo-) 3D-Umgebung übernommen werden, um dem Prototyp ein professionelles Aussehen zu geben. Es wäre schwierig, müsste man dann erst eine eigene Schnittstelle schreiben oder, noch schlimmer, den gesamten Code in eine andere Sprache portieren. Und genau hier hilft C#.

1.4.4. Der Start in Visual Studio

- Der Alpha-Prototyp wird ausschließlich mit C# und WPF/XAML erstellt. Die grafische Repräsentation wird von der WPF Engine übernommen, die Spiellogik ist in rein abstraktem C# aufgebaut, vollständig gekapselt und somit portierbar.
- Die Schnittstelle zwischen C# und WPF wird über die in den in WPF/XAML integrierte Oberflächen-Programmlogik übernommen.
- Ziel ist absolute Portierbarkeit – der C# Spiellogik-Code muss vollständig in Unity integrierbar sein.

Um einen solchen Prototypen zu erstellen, benötigt man

- Eine Zeichenebene („Canvas").
- Eine Sammlung grafischer Objekte zur Darstellung des Spielfeldrasters. Die Autoren empfehlen schmale Rechtecke an Stelle von Linien zu benutzen, da diese etwas kompliziert zu handhaben sind und auch in der Darstellung kein zufriedenstellendes Ergebnis liefern.
- Zur Erstellung von Spielsteinen / Token können Kreise in verschiedenen Farben benutzt werden.

---

[6] Xamarin ist ein Multiplattform-Framework für .NET
[7] Viele Anbieter stellen ihre Produkte als sog. NuGet Pakete zur Verfügung, die direkt in Visual Studio heruntergeladen und integriert werden können – ein äußerst einfaches Verfahren

- Die Darstellung des aktuellen Spielstands / Punktewertung und die Spielsteuerung wird mit klassischen Bürosoftware-Objekten wie Textboxen oder Buttons umgesetzt.

- Wenn man nun diese drei Objekttypen miteinander kombiniert, erhält man eine grafische Repräsentation die in etwa so aussehen könnte:

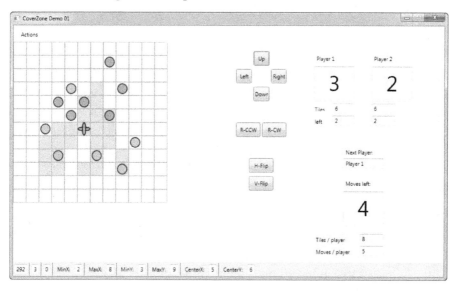

Abb.1.4-1 Prototyp in WPF (Visual Studio 2012)

1.4.5. **Fortsetzung folgt in Unity**

Für die Entwicklung eines plattformübergreifenden und grafisch weiterentwickelten Prototyps bietet sich das bereits angesprochene Framework Unity an. Hier einige der Beweggründe für diese Empfehlung:

- Unity ist in der „Personal Edition" kostenlos und bereits in dieser Edition sind sehr viele Funktionen nutzbar. Falls im Verlauf des Projektes zusätzliche Unity-Funktionen benötigt werden, kann jederzeit auf die kostenpflichtige „Professional Edition" umgestiegen werden. Es sind keine Änderungen am Unity-Projekt dafür erforderlich.

- Als Programmiersprachen unterstützt Unity C#, Boo und Javascript. Als Integrierte Entwicklungsumgebung (IDE) wird unter Microsoft Windows seit Ende 2015 Microsoft Visual Studio Express und unter Apple OS X weiterhin MonoDevelop unterstützt und auf Wunsch gleich installiert.

Um die Integration möglichst problemlos gestalten zu können, wurde bereits während der Entwicklung des Alpha-Prototypen auf folgende Punkte Rücksicht genommen:

- Die WPF User-Interface (UI) und der Spiellogik-Code müssen klar getrennt sein. Jegliche Nutzung von Funktionen, die mit dem Benutzerinterface, welches in Visual Studio erstellt wurde, direkt kommunizieren, verhindert die Übernahme des C#-Codes in Unity. Grund dafür ist die in Unity für die Erstellung eines User-Interface integrierte plattformunabhängige Lösung.
- Ein sich aus dieser Problematik ableitender Grundsatz ist eine klare Trennung zwischen Oberfläche, Logik und Datenstrukturen, welcher in allen Bereichen des Quellcodes umzusetzen ist. Erst diese Vorgehensweise erlaubt es, einen möglichst großen Teil des C#-Codes direkt in Unity zu nutzen und nur wenige Teile implementieren zu müssen. Für das Beispielprogramm CoverZone, welches die Grundlage dieses Artikels darstellt, bedeutete dies, dass lediglich die Oberfläche in Unity neu erstellt werden musste. Alle übrigen Spiele-Logiken konnten direkt genutzt werden.
- Jede Plattformabhängigkeit muss aus dem zu übernehmenden Quellcode entfernt bzw. in andere Bereiche verschoben werden (Binding Layer). Dies betrifft unter anderem Benutzerdialoge, welche bei der Überprüfung der Spielregeln angezeigt werden, um den Spieler/ die Spielerin von einem Ereignis in Kenntnis zu setzen (zum Beispiel „Dieser Spielzug ist nicht möglich" / „Illegal move").

1.4.6. Die Zusammenführung zweier Welten

Neben den Vorteilen, die sich aus der angesprochenen Vorgangsweise bei der Erstellung eines Projekts in Visual Studio und Unity ergeben, sind aber auch einige Punkte anzuführen welche sich bei erster Betrachtung als Hindernisse erweisen könnten – wenngleich es für jedes Hindernis auch eine Lösung gibt:

- Bei der Projektstruktur[8] gibt es zwischen WPF und Unity nahezu keine Gemeinsamkeiten. Daher ist es nicht möglich, mehr als die reinen C#-

---

[8] Visual Studio- und auch Unity Projekte sind Ansammlungen von Dateien, die gemeinsam ein Programm („Solution") aufbauen. Unter der Projektstruktur versteht man die hierarchische Anordnung dieser Dateien. Diese wird von der Entwicklungsumgebung vorgegeben.

Quellcodedateien zu übernehmen, alle erforderlichen Projekteinstellungen sind in Unity erneut durchzuführen.

- Jegliche Benutzerinteraktion (Ein- und Ausgabe) ist aus dem ursprünglichen Quellcode zu entfernen. Der Alpha-Prototyp löst beispielsweise das Erfassen eines Benutzerklicks zum Setzen eines Spielsteins, indem er die Mouse-Position zum Zeitpunkt des Klicks abfragt. Da Unity ein eigenes System zur Verfügung stellt, um Benutzereingaben system- und plattformübergreifend abzufragen, werden hier andere Methoden angewandt.
- Dateien, welche zur Laufzeit geöffnet und gelesen werden sollen, wie etwa Hintergrundgrafiken oder Sprites, müssen sich im sogenannten „Resource Verzeichnis" des Projekts (s.o.) befinden. Unity stellt andere Funktionen zur Verarbeitung solcher Dateien zur Verfügung als Visual Studio, daher sind diese Aufrufe nicht miteinander kompatibel.
- Einige allgemeine Funktionen der .NET-Umgebung stehen trotz der grundsätzlichen Kompatibilität zwischen „allgemeinem" C# und Unity-kompatiblem C# in Unity nicht zur Verfügung bzw. ist es nicht erlaubt, diese aufzurufen. Die entsprechenden Funktionen müssen nun durch andere (Unity-kompatible) Funktionen ersetzt werden. Ist dies nicht möglich, muss man einen Weg um dieses Hindernis finden, etwa, indem man diese Aufrufe in ein Modul auslagert, welches für den Visual Studio Alpha-Prototypen sowie für die Unity-Version getrennt implementiert wird.

Der Unity-Prototyp besteht somit aus drei verschiedenen Spielmodi:

- SpielerIn gegen SpielerIn
- SpielerIn gegen Computer
- Netzwerkspiel[9] (SpielerIn gegen SpielerIn)

---

[9] Um die Flexibilität des übernommenen Quellcodes zu nutzen, wurde als zusätzlicher Spielmodus das Netzwerkspiel implementiert.

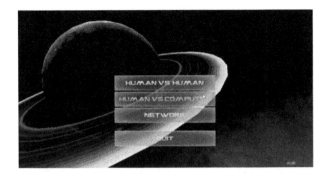

Abb.1.4-2 Hauptmenü des Unity-Prototyps

Der Screenshot (Abb. 2) zeigt bereits eine gänzlich neue Oberfläche, welche vollständig in Unity für das Spiel entworfen wurde. Es ist nicht nötig, Rücksicht auf den bestehenden Alpha-Prototypen zu nehmen, lediglich dieselben Spiel- und Steuerungselemente müssen sich im Spiel wiederfinden.

Hier empfiehlt es sich, vor der Integration des vom Alpha-Prototypen vorhandenen Quellcodes die gesamte Oberfläche zu designen.

Um Funktionen bzw. Klassen für die Oberfläche nutzbar zu machen, müssen diese einige Unity-spezifische Eigenschaften aufweisen. Um zu vermeiden, dass diese Eigenschaften in den übernommenen Quellcodes hinzugefügt werden müssen (womit der Quellcode inkompatibel mit dem Alpha-Prototyp würde), empfiehlt sich die Strategie, in Unity eigene Klassen zu erstellen, welche die vorhandene Funktionalität kapseln und eine Anbindung an die Oberfläche ermöglichen.

Nach der Erstellung des grafischen Konzepts und der soeben beschriebenen Bindeelemente in Unity werden nun die Unity-Elemente mit den zuvor erstellten Objekten aus Visual Studio vereint.

Nun kommen die Vorzüge der hier dargestellten Vorgehensweise zum Tragen, da an dieser Stelle bereits eine fertig implementierte (wenngleich im Alphastadium) und getestete Spiellogik in ein grafisches Konzept eingearbeitet werden kann. Fehlersuche und Qualitätssicherung werden – im Vergleich zur „klassischen" Entwicklung in Unity – deutlich vereinfacht. In erster Linie sind hier Usability-Probleme (wie z.B. fehlende Rückmeldungen des Spiels, die Verhinderung ungültiger Züge oder die Vermeidung von Situationen in welchen der Spieler/ die Spielerin nicht mehr weiterspielen kann) zu erwähnen.

1.4.7.   Spielregeln und Spielmodi

Die eingangs erwähnten Spielregeln werden vor jedem durchzuführenden Zug überprüft und eventuelle Regelverletzungen in der Spieloberfläche angezeigt. Der Zug, der zu der Verletzung führen würde, wird nicht durchgeführt und man bleibt weiterhin an der Reihe. Erst nachdem ein gültiger Spielzug gespielt wurde, wechselt das Zugrecht.

Abb.1.4-3 Hinweis auf einen ungültigen Spielzug

Der einfachste Spielmodus ist „Player vs. Player", dabei führen die spielenden Personen P1 und P2 abwechselnd auf demselben Spielbrett/Computer/Device ihre Züge durch. Alle Züge von P1 und P2 werden anhand der Spielregeln überprüft und wenn diese möglich sind, auch durchgeführt. An der Oberfläche werden die verbleibenden Spielzüge dargestellt und auch der aktuelle Punktestand von P1 und P2 wird nach dem Zug aktuell errechnet und ausgegeben.

Beim Spielmodus „Player vs. Computer" werden alle von P1 durchgeführten Züge der bereits im Alpha-Prototypen enthaltenen Künstlichen Intelligenz (KI) mitgeteilt. Diese errechnet anhand der aktuellen Situation am Spielbrett und unter Berücksichtigung der vorab gewählten Spielstärke den nächsten Spielzug des Computers. Der vom Computer errechnete Spielzug wird anschließend am Spielbrett angezeigt und so für P1 sichtbar gemacht.

Während der Umsetzung im Unity-Prototypen konnte die KI dermaßen beschleunigt werden, dass plötzlich ein neues, bisher nicht vorhandenes Problem aufgetreten ist. In niedrigen Spielstärken erfolgte die Antwort des Computers auf einen Zug des Spielers/ der Spielerin nahezu augenblicklich. Dieses Verhalten kommt für P1 unerwartet und reduziert die „Glaubhaftigkeit" des künstlichen Gegenübers. Als Lösung wurde eine kurze Mindestwartezeit eingeführt und erst danach wurde das oftmals längst verfügbare Berechnungsergebnis am Spielbrett angezeigt. Dieser einfache Trick verbesserte die Spielerfahrung deutlich und gibt auch Menschen, die in einem niedrigen Schwierigkeitsgrad spielen, das Gefühl, dass der Computer erstmal etwas „nachdenken" muss, um eine Antwort auf den abgegebenen Spielzug zu finden.

1.4.8. Spielen im Netzwerk

Der im Unity-Prototyp neu hinzugekommene Spielmodus „Netzwerkspiel" nutzt als Basis das bereits bestehende Spielsystem „Player vs. Player". Um die bestehende Funktionalität um diese zusätzliche Variante auszubauen, waren mehrere Erweiterungen erforderlich:

- Es wurde eine „Lobby" eingeführt, in welche man automatisch hinzugefügt wird, wenn man den Spielmodus „Netzwerkspiel" startet. Sobald man sich in der Lobby befindet, wird automatisch nach anderen potentiellen GegnerInnen gesucht. Wenn jemand gefunden wurde (dazu reicht es aus, in der Lobby zu sein), wird automatisch ein neues Spiel gestartet. Es wird per Zufallsgenerator entschieden, wer den ersten Zug ausführen darf.

- Die Spielzüge werden nicht nur am Spielbrett des eigenen Geräts angezeigt, sondern zusätzlich an das andere Gerät, welches via Netzwerk verbunden ist, übertragen. Um eventuelle Schummel-Versuche zu erschweren, erfolgt die Übertragung zwischen den beiden Geräten verschlüsselt. Die Spielzüge werden auf beiden Geräten auf ihre Gültigkeit hin geprüft. Sollte eines der beiden Geräte den Spielzug nicht akzeptieren, wird der Spielzug verworfen und das Zugrecht wechselt nicht. Diese Vorgehensweise dient dazu, um eventuell gefälschte oder veränderte Spielzüge zu erkennen.

- Das Spielbrett bleibt nach der Durchführung eines Spielzuges auf dem Gerät solange blockiert, bis ein Spielzug mittels Netzwerk übermittelt wurde. Dieses Verhalten steht im Gegensatz zum Spielmodus „Player vs. Player", bei dem immer abwechselnd am selben Spielbrett die Eingabe des Spielzugs erfolgt.

1.4.9. Fazit

Computerspiele zu entwickeln ist eine Aufgabe, die Freude bereitet und Spaß macht. Dennoch zeigt sich bald, dass die Planung der eingesetzten Technologien und die Abstimmung innerhalb des Teams, vor allem, was vorhandene Skills und Schnittstellen angeht, von extrem hoher Wichtigkeit sind.

So bleibt nur zu sagen: Leute, das könnt Ihr auch! Also, probiert es! Jetzt!

Literatur

Blackman, S. (2013). Beginning 3D Game Development with Unity 4, All-in-One, Multi-Plattform Game Development, Second Edition. New York: Apress.

Fowler, M. (1999). Refactoring: Improving the Design of Existing Code. Boston: Addison Wesley.

Fowler, M. (2003). Patterns of Enterprise Application Architecture. Boston: Addison-Wesley.

Fowler, M., Rice, D., Foemmel, M., Hieatt, E., & Mee, R. (2002). Patterns of Enterprise Application Architecture. Boston: Addison Wesley.

Garofalo, R. (211). Separation of Concerns. Sebastopol, California: O'Reilly Media, Inc.

Lämmel, U., & Cleve, J. (2012). Künstliche Intelligenz (4. aktualisierte Auflage Ausg.). München: Hanser.

MSDN: Code-Behind und XAML in WPF. (13. 09 2015). Code-Behind und XAML in WPF. Von msdn.microsoft.com: https://msdn.microsoft.com/de-de/library/aa970568%28v=vs.110%29.aspx abgerufen

Nystrom, R. (2014). Game Programming Patterns. Genever Benning.

Russell, S., & Norvig, P. (2012). Künstliche Intelligenz. Ein moderner Ansatz. München: Pearson.

Unity Technologies. (27. 07 2015). Unity Manual. Von unity3d.com:
http://docs.unity3d.com/Manual/LoadingResourcesatRuntime.html
abgerufe

2. Spiel & Pädagogik

2.1. Unwanted distractions or beneficial tools?

Digital games and their effects on attention and concentration in school.

Suzana Porc

2.1.1. Introduction

Concentration and Attention are basic elements of successful learning and teaching. The most ambitious didactic methods and the most thorough preparation only go so far when students have trouble focusing on what's going on in the classroom. Helping students develop their concentration skills and to maintain their focus throughout the school day is therefore a crucial task for educators, and as every teacher knows, reliable strategies to help achieve this task are invaluable for a successful and effective education.

One strategy that has proven particularly effective in heightening concentration and attention is sports and physical exercise (e.g. Ratey, 2008: 25), up to the point that the attention-heightening effects of sports and exercise have become core arguments for the introduction of a 'daily sports lesson' ("tägliche Turnstunde") in Austrian schools (BSO, 2016). But while the positive effects of regular exercise are undisputed, there are practical and logistic obstacles to these plans (mainly the lack of sufficient suitable rooms and trained personnel for physical education). It is therefore necessary to find alternative strategies to improve students' concentration and attention.

As a teacher of 10-15 year old students (whose attention habits I have tried to manage in so contrary subjects as mathematics and physical education), and as an aunt to a 16-year old nephew (whose gaming habits I have come to observe closely over the past years), I have grown increasingly interested in the possible relations between attention/concentration, physical exercise and computer games, and in the question whether computer games can have positive effects on attention and concentration that can be beneficial to students' learning in school.

This is not an obvious question. Even though the positive effects of computer games on learning processes become more and more apparent (Gee, 2014) and "Digital Game-based Learning" (GBL) has become a central interest for educators and game scholars (e.g. Koenig, Pfeiffer & Wernbacher, 2014), this research focusses mostly on the didactic qualities of computer games as learning tools. But when computer games are not used specifically for learning purposes, they are still regarded as a distraction that has no benefit for the classroom and which should be prohibited rather than encouraged (e.g. Kraus, 2016).

In my master thesis, I have tried to examine whether these reservations are justified, or whether computer games can have positive effects that go beyond their didactic use as learning tools. I was especially interested in the question whether computer games can have positive effects on students' concentration and attention (not only during play, but also shortly after), and whether such positive effects were comparable to those of physical exercise as well as to the more traditional classroom activity of reading. If there were positive effects on concentration and attention, I also wanted to know if these effects could only be shown for computer games that involve physical activity, or if cognitive games also had similar effects.

2.1.2. Study design and Methods

In order to answer these questions, an empirical study was conducted at my school, the NMS Rudolf-Schön-Weg in Vienna. The test persons were 25 students ages 10-11 years from a class I have been teaching in mathematics and sports. Participation in the study was voluntary, and as the participants were underage and the study was conducted at school, it was conducted with permission by the students' parents, the schools' headmaster and the Vienna School Authority ("Stadtschulrat für Wien").

The study itself was divided in four stages: (1) Preparation, (2) Pre-Test, (3) Main-Test and (4) Evaluation:

2.1.2.1. Preparation:

In this first phase, a basic outline of the planned study was sent to the Vienna School Authority and to the headmaster of my school, the NMS Rudolf-Schön-Weg, in order to get permission to conduct the study. Information was also sent to the students' parents ("Elternbriefe") explaining how and why the study was being conducted and that it would be conducted anonymously, and asking parents to consent to their children's participation.

As the study would compare the students' attention/concentration before and after four kinds of activities (sports lessons, reading sessions, and gaming sessions with either physically or cognitively demanding computer games), the materials for these four activities were chosen and prepared. The sports session was planned as a regular physical education lesson involving the common sports game "Dodgeball" ("Völkerball"). For the reading session, the students were to work with materials the School Authority had published specifically to advance reading abilities, including word-puzzles and questions regarding the texts. The Nintendo Wii Game "Just Dance 3" (Ubisoft, 2011) was to be used for the gaming sessions involving physical activity, while the iPad Game "The Room" (Fireproof Games, 2012) was chosen for the sessions involving cognitively demanding computer games.

In order to measure the students' attention/concentration, it was decided that the "attention-burden test d2" ("Aufmerksamkeits-Belastungstest d2") by Brickenkamp (2002) would be used.
This test measures the concentration/attention at a specific task and requires the students to be working on individual sheets, using a pen. All test sheets have 14 rows and each row has 47 signs: either a 'd' or a 'p' with one to four marked strokes (Abb. 2.1-1). The students are asked to cross out as many of the d's with two strokes as possible within 20 seconds before switching to the next row. When evaluating the test sheets, any missed d with two strokes will be counted as an omission error, while any other sign when crossed out will be counted as a 'mix-up' mistake.

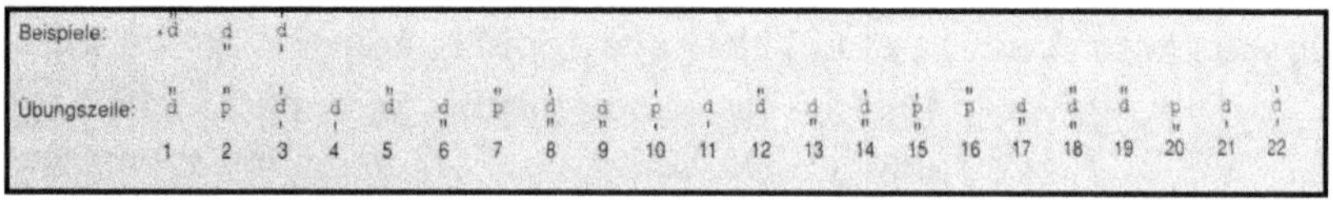

Abb. 2.1-1 Exercise row from d-2 Test (Brickenkamp, 2002)

The 'd2'-test measures concentration changes using a differentiated analysis key which allows to evaluate a number of questions: How high was the overall concentration before and after a specific task? How did the concentration change? Which kinds of errors were made, and how many of them? And what can these errors tell us about the specific effect an activity has had on the students' concentration/attention?

The 'd2'-test accomplishes this differentiated evaluation by measuring the following:

- attention effort - (through correctly stroked out signs/errors),
- speed (quantitative effort) - (the total number of edited signs),
- accuracy (qualitative effort) - (omissions and mistakes),
- total output

For the purpose of my study, the 'd2'-test therefore provided the ideal test for measuring the students' short-term concentration before and after the different activities I had prepared for them.

2.1.2.2. Pre-test:

The pre-test was intended to discover any unforeseen problems with the design of the main test, and to try out the 'd2-test' in the classroom. Because the pre-test had to be done in a shorter time than the main test, and there were no colleagues to assist me with different groups, I decided to conduct the pre-test in a different class with older students. In the pre-test, the whole class took the 'd2'-test before and after a regular sports class; a month later, the class took the 'd2'-test before and after a gaming session. As the gaming session had to be for the whole class, I used an XBOX 360, a PS3 as well as a Nintendo Wii, and the students could also choose to play games on their own smartphones. This was different from the main test, but it was necessary so all students could play at the same time.

However, after the pre-Test I decided that the mixing up of different (gaming) activities would distort the data, and it would be necessary to divide the class of 25 students in four small groups, so all students in a group would be able to do the same task. At the same time, it would be important that the groups would switch, so every group would engage in all of the four activities, because due to the relatively small sample, assigning each of these small groups only one activity would mean that individual students' attributes and interests might distort the results to a high degree. The splitting of students into groups in combination with the switching of activities would also help to avoid the problem that a fixed sequence of activities could possibly corrupt the data, as it might make a difference whether the students had to do a reading lesson first and a gaming session in the end, or if they started with a gaming session and ended with a reading or sports lesson. By splitting up the groups, the sequence for every group would be different. And finally, the splitting into groups would also avoid that the specific day would influence one of the sessions (e.g. if there was a big test the next day, or something exciting had happened shortly before the session) because each group would have their gaming-, reading- or sports-sessions on different days.

2.1.2.3. Investigation:

The main testing was conducted in the course of four weeks each Wednesday in a double lesson (2 hours). The testing was a qualitative sample from a longitudinal section, which has to show the changes in concentration before and after the different sessions. Every Wednesday during these four weeks I divided the students in the same four groups. This was only possible because I had four other teachers who were kind enough to look after my groups. Each group took a 'd-2' test to measure their concentration and attention before and after their respective session to measure possible changes in their concentration level. All tests were coded and evaluated anonymously.

In the first week, group A had a 'traditional' Austrian sport lesson, group B played 'Just Dance' at the Wii console (a digital coordinative moving game), and Group C played a cognitive game called "The Room" on the iPad. (All games were chosen to be age-appropriate and non-harmful due to their content). As a control group, group D had a simulated reading lesson, with readings and exercises like searching words, questions about the texts and word quizzes.

In the following three weeks I repeated the same procedure, but the groups switched their stations, so that at the end of the fourth week, every group had done a reading lesson, a sports session, and had played a movement game as well as a cognitive game. Thus, the concentration effects across the different stations could be evaluated in direct comparison, and distortions of the results based on a specific day or the sequence of sessions could be reduced.

2.1.2.4. Evaluation

After the testing, the results were evaluated and will be presented in the following.

2.1.3. Results & Interpretation

Concentration/attention is not a unidimensional characteristic, but that measuring concentration always means to consider different factors that together determine a measurable concentration/attention value. The d2-test, which was used in the present study, measures concentration effort as a combination of speed and accuracy: how many signs were participants able to edit within a given time frame (speed) and how many errors were made within these edited signs (accuracy). These two factors can be combined in different ways to make up different quantifiable concentration values. One of these values is the "overall performance" ("Gesamtleistung"), which is determined by the number of edited signs (speed) minus the number of errors made (accuracy) and which has been suggested as an indicator for overall concentration (cf. Oehlschlägel & Moosbrugger, 1991). However, this overall performance value is not resistant to falsification, because a participant might reach a high number of edited signs by either skipping signs or marking signs at random, and still produce a number of randomly correct edits. As an alternative, it has been suggested to count the number of correctly marked signs and subtract the number of incorrectly marked signs, in order to reach a "concentration effort" value ("Konzentrationsleistung"), which in contrast to the "overall performance" is resistant to falsification (Brickenkamp, 2002: 19f.).

In addition to the calculation of falsification-resilient values like the "concentration effort", the differentiation between speed and accuracy also allows to distinguish between different forms of concentration. For example, if there is a gain in the overall concentration value (accuracy and speed combined), it can be asked whether this is due to participants working faster, even though they were making more errors (higher speed/lower accuracy), or whether they were working more slowly, but making less errors instead (lower speed/higher accuracy). This differentiation is especially important in the classroom, where it makes a difference to know whether an activity will help students to work either faster or more accurately, depending on the requirements of the school lesson ahead.

The combination of accuracy and speed is also the basis for the d2-test's interpretation model, in which test results are assigned to one of four quadrants in the interpretation graph (Abb.2.1-2): attentive/focused (high speed/high accuracy), accurate/controlled (low speed/high accuracy), fast/skip-syndrome (high speed/low accuracy) and careless/unfocused (low speed/low accuracy). The assignment of results varies according to the participant's age (in the case of the present study, children age 10-11years), because they are dependent on the "norm values" ("Normalwerte") to be expected within a specific age group (Brickenkamp, 2002: 21f.). The benefit of the interpretation graph is not only the distinction between these four general quadrants, because changes in concentration levels do not always occur between different quadrants (at least in the present study, changes between quadrants were rare). But the interpretation model also helps to trace changes occurring within a quadrant and to visualize whether a change of overall concentration effort was due to changes in speed or accuracy.

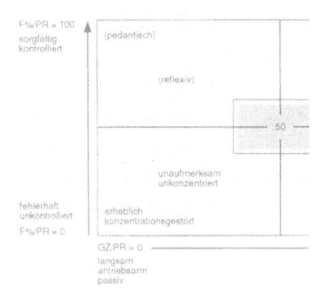

Abb.2.1-2 Interpretation model for the d2-Test (Brickenkamp, 2002: 26)

Finally, the distinction between omission errors and mix-up mistakes in the d2-test is not only necessary to calculate the falsification-resilient "concentration effort" value as an indicator of overall concentration, but it can also be interesting in itself, as it makes a difference whether participants were skipping signs (not marking a d with 2 strokes) or actually confusing signs (marking a sign that is not a d with 2 strokes). Again, this can make an important difference in the classroom, as it is important to know whether an activity either influences students' ability to make less mistakes, or to avoid skipping relevant information. Even though there were no significant changes in the distribution of omission errors and mix-up mistakes in the present study, it is necessary to point out that the relation between both has been evaluated.

2.1.3.1. Overall Concentration Effort

As mentioned before, the value "concentration effort" is far less prone to falsification than the simpler "overall performance" value, and can therefore serve as a general indicator of how students' concentration has changed due to each specific activity.

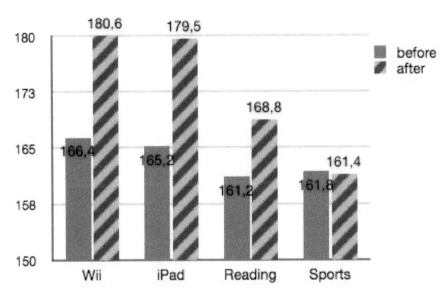

Abb.2.1-3 Overall concentration (averages, across all groups)

As the figure shows, the four activities had very different effects on the students' overall concentration. Disregarding the difference between speed and accuracy, almost all activities seemed to have a positive effect on overall concentration, with the exception of the traditional sports lesson. After playing the physically demanding game "Just Dance", the overall concentration value rose from 166.4 to 180.6 (+14.2); playing the cognitive computer game "The Room" led to a rise from 165.1 to 179.5 (+14.4). The impact of the reading lesson was less strong, but still positive, as overall concentration rose from 161.1 to 168.7 (+7.6). Only the sports lesson had no positive effect, with overall concentration staying almost unchanged from 161.8 to 161.7 (-0.1).

However, these results only show the average values of overall concentration, and are therefore of limited significance for educational practice. In the reality of the classroom, it is also necessary to consider the effects an activity had on the entirety of individual students rather than their average concentration effort. The evaluation of the students' individual results helps to get a more differentiated impression of the different activities' effects on concentration/attention.

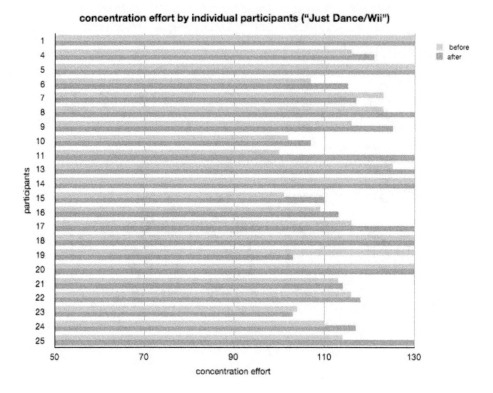

Abb.2.1-4 concentration effort by individual students ("Just Dance")

The individual evaluation of the physically demanding game "Just Dance" (see Abb.2.1-4) show that while the average effect of the activity was positive (+14.2), not all students benefited from these effects.

While the game affected most students' concentration positively, there were three students whose concentration effort was lower than before playing ($F_{7, 19, 23}$). However, this can still be regarded as a positive effect.

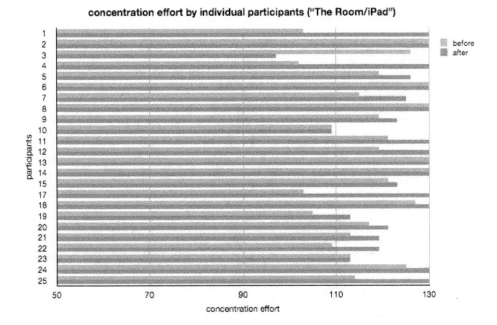

Abb. 2.1-5 concentration effort by individual students ("The Room")

Playing the cognitively demanding game "The Room" had an even greater positive impact (see Abb. 2.1-5): not only was the positive effect on average greater than with any other activity, the effects were also distributed evenly among all students, and only one student had a lower concentration value after playing the game than before (F_3).

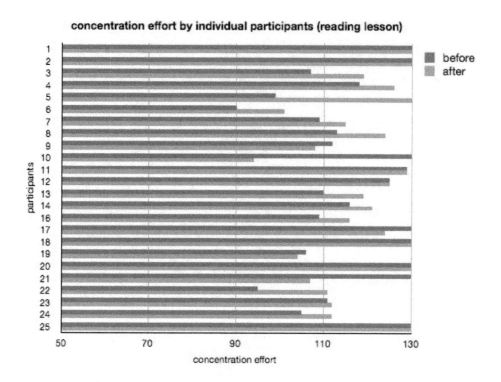

Abb. 2.1-6 concentration efforts by individual students (reading lesson)

While the reading lesson resulted in a higher concentration on average, the individual evaluation shows that this result is due to an uneven distribution of results among students: while many students' concentration effort benefited from the lesson ($F_{3, 4, 5, 6, 7, 8, 13, 14, 16, 22, 23, 24}$), there were also many students whose concentration effort dropped, ($F_{9, 10, 17, 19, 21}$), and in some cases the decrease was quite drastic (esp. $F_{10, 21}$).

concentration effort by individual participants (sports lesson)

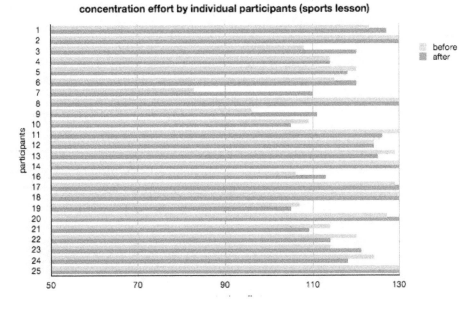

Abb. 2.1-7 concentration effort by individual students (sports lesson)

This uneven distribution was even greater in the case of the sports lesson. While the average results indicated that the sports lesson had almost no influence at all, the individual evaluation shows that while 8 students experienced an increase of concentration effort ($F_{3, 6, 7, 9, 16, 17, 20, 23}$) no less than 7 students experienced a decrease of concentration effort ($F_{5, 10, 11, 13, 17, 19, 21, 22, 24}$).

2.1.3.2. Accuracy and Speed

While the "concentration effort" can give an overview of how the various activities have affected the students' concentration/attention, it does not allow to differentiate between accuracy and speed, which have already been integrated in order to calculate the concentration effort. A higher overall concentration effort after an activity can mean that students were working much faster than before, even though they were making more errors, or that they were making less errors, but managed to edit much less signs than before.

Contrary to the concentration effort, which is calculated based on the number of correctly and incorrectly marked signs, the d2 interpretation model helps to visualize speed and accuracy through the combination of all edited signs (including unmarked signs) and total number of errors. Crosses show the concentration values before an activity, while circles show the results after an activity. Marks in the upper right corner mean that accuracy and speed were on a high level for children aged 10-11, and that the students were highly focused (high speed/high accuracy). Marks in the upper left corner mean that the child worked carefully and controlled, making little errors, but working slowly (low speed/high accuracy). Marks in the lower right corner mean that participants were doing the test fast, but not accurately, making lots of errors (high speed/low accuracy). The last sector (lower left) would show participants that were working slowly, but still inaccurately and making lots of errors (low speed/low accuracy). However, as Brickenkamp points out, such lack of focus should not appear with healthy participants within the right age group, as long as the test is based on the appropriate norm values (Brickenkamp, 2002: 21f.).

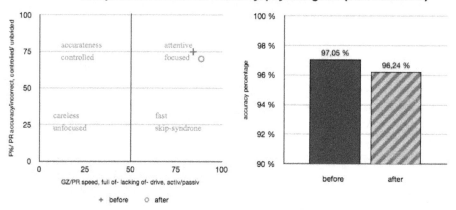

Abb. 2.1-8 Interpretation model (d-2) "Just Dance/Wii" (averages)

As the interpretation model (Abb. 2.1-8, left) shows, the increase of average concentration after playing 'Just Dance' on the Wii console is due to students working faster, but a little less accurately than before. While before the activity, 97.05% of edited signs were marked correctly, the accuracy slightly dropped to 96,24% after the activity (Abb. 2.1-8, right).

Interpretation model and accuracy: cognitive game ("The Room"/iPad)

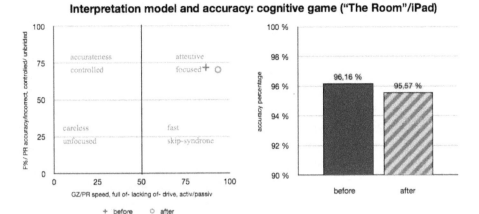

Abb. 2.1-9 Interpretation model (d-2) "The Room/iPad" (averages)

Playing the cognitive game produced similar results: overall concentration increased, but again, students were working much faster, while the accuracy dropped from 96,16% to 95,57% (Abb. 2.1-9).

Interpretation model and accuracy: reading lesson

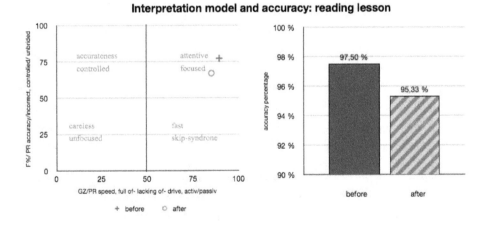

Abb. 2.1-10 Interpretation model (d-2) "reading lesson" (averages)

The evaluation of the reading lesson (Abb. 2.1-10) most strikingly shows the difference between calculating concentration values based on the number of (correctly and incorrectly) marked signs, as in the overall concentration effort value, or calculations that include signs that were not marked (either correctly or incorrectly). While the overall concentration value had indicated a slightly positive impact of the reading lesson, the d3 model shows that students were not only working much slower after the reading lesson, but that the accuracy also dropped from 97.5% to 95.33%.

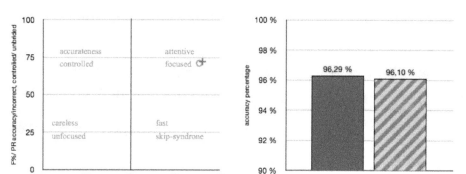

Abb. 2.1-11 Interpretation model (d-2) "PE lesson" (averages)

After the sports lesson (Abb. 2.1-11), students were working only a little more slowly than before, and the accuracy only dropped slightly, from 96,29% to 96,1%. Similar to the overall concentration value, the interpretation model indicates that the sports lesson had almost no effect on speed nor accuracy.

2.1.4. Conclusion

The goal of this study was to see how different activities affect the attention/concentration of students in the short term by comparing the changes in concentration capacity after students played a coordinative digital movement game, a cognitive computer game, doing physical education and a reading lesson. Given that sports and movement are commonly regarded as beneficial to attention and concentration, and that computer games are often under suspicion to have the opposite effect, it was surprising that the findings of this study point in another direction.

One thing that the study has shown was that on average, all four of the tested activities had a positive effect on overall concentration across all groups. But even these positive effects were unevenly distributed: the sports lesson led to the lowest increase in attention/concentration, while the activity of playing games had the greatest positive effect. The positive effect was even greater for the cognitive computer game than for the game involving physical activity. For educational practice, this suggests that computer games might have positive effects that go beyond their use as a didactic tool, and that the still common belief that computer games effect children's cognitive capacities and especially their attention/concentration capacity in a negative way might need to be revised.

However, from an educator's perspective, the average increase in attention/concentration is only of limited significance, because it only shows how an activity affected the class as a whole, not individual students. As a teacher, I cannot afford to only look at the average effects of an activity, without knowing whether these effects are similar for all my students, or if some students are so successful that the struggle of others is not visible in the average result. Looking at individual students showed that the differences between the four activities were even more striking.

Playing games led to an increase in concentration for almost all students (again, the cognitive computer game fared even better than the game involving physical activity). After the reading lesson, about half of the students gained an increase in concentration, but about 20% were affected negatively. The sports lesson was again the most problematic, because while more than a third of the students (32%) experienced a rise in concentration, almost as many (28%) decreased in concentration. For educational practice, this suggests that teachers should be careful when choosing an activity that is supposed to increase concentration and attention, because depending on the activity, this might only be an average increase that distracts from the fact that the activity had a negative effect for many individual students. Judging from the present study, computer games were the only activity that clearly had a positive effect on almost all students, while the reading lesson and especially the sports lesson achieved positive average results at the expenses of many students who were effected negatively.

Finally, the study has examined which kind of performance led to the respective results. While the computer game activities have proven to be the most beneficial in the average as well as individual concentration changes, the evaluation of students' performance in detail shows that students' performance did not rise in all regards after playing the computer games: while students were working faster after playing the computer games, their work was also slightly less accurate. After the regular sports lesson there was a drop in both the accuracy as well as the speed, even though both only dropped slightly. The only activity that led to an increase in accuracy was the reading lesson, even though this was also the only activity after which students worked much slower than before. For educational practice, this suggests that it is important to know which classroom context benefits most from which kind of activity. For example, playing a computer game might make sense before introducing a new topic, when students need to deal with lots of new information, but do not yet have to carefully work on the topic themselves to gather a deeper understanding of its more refined aspects. A task like taking a test, which requires to be careful and precise in order to avoid mistakes, will call for other activities that prepare students for this specific kind of attention. In this case, a traditional reading lesson might be better suited to help students than playing a game or even physical movement.

In summary, the findings of this study suggest that playing computer games might be a useful strategy to heighten short term concentration in the classroom. All in all, gameplay activities have shown a more positive impact on students' concentration and attention than sports and movement in a traditional physical education lesson. This is a surprising result, because while physical activity and sports are usually regarded as beneficial for attention/concentration (e.g. Ratey, 2008: 25), this has not been supported in the present study. This does in no way negate the multitude of other positive effects of physical activity, which is without any doubt an important element of students' health and development, and which should by any means become an increasingly important factor in the future development of school curricula and educational practice. However, when it comes to the short term effects on attention and concentration, playing games might be a much better suited strategy to achieve this goal. This is also good news for teachers who seek such strategies, because contrary to regular physical exercise (especially in the form of dedicated sports lessons), computer games can be implemented in daily classroom activities much more easily.

For future investigations, one obvious concern is the expansion of this study, which was conducted with a relatively small test group and can therefore only deliver first indications on how the examined activities affect short term attention and concentration in the classroom. Additional studies, conducted with bigger samples and/or over a longer period of time are necessary to see if these results hold up to further investigation. In this regard, it will be especially important to examine the long term effects of playing computer games on concentration and attention: even though the present study shows positive short term effects of playing computer games on attention and concentration, the question whether these positive effects persist when computer games are played regularly, or whether habituation effects will diminish these effects will require additional research.

As the present study has found that the cognitively oriented computer game had the greatest positive effect on students' concentration on average and individually, it will also be important to differentiate between different kinds of cognitively demanding computer games. While this study has used one specific cognitively demanding game, there are many different ways in which games can foster cognitive engagement, and it will be important to examine which kinds of cognitive involvement are the most beneficial for students' attention and concentration.

And finally, it will be crucial to see how all these strategies develop as they find their way into the daily practice of the classroom. As more and more educators embrace the opportunities of computer games as a beneficial tool for teaching and learning, we will encounter new problems and challenges, but we will also uncover new benefits and potentials. However, as this study has shown, computer games definitely deserve our attention, not only as didactic tools, but also as measures to help students to focus on and hopefully enjoy their learning experiences. In the end, it is any teacher's goal to support students as best as possible, and if we can achieve this in a way that is not only effective, but also fun, wouldn't that be great news for everyone?

Literature

Brickenkamp, R. & Karl, G. (1986). Geräte zur Messung von Aufmerksamkeit, Konzentration und Vigilianz. In: R. B Brickenkamp (Eds.), Handbuch apparativer Verfahren der Psychologie, (pp.195-211). Göttingen: Hogrefe.

Brickenkamp, R. (2002). Test d2 – Aufmerksamkeits- Belastungstest. Göttingen: Hogrefe.

BSO/Österr. Bundes-Sportorganisation. (2016). Die Bedeutung von Bewegung für Kinder und Jugendliche. Retrieved April 4, 2016, from http://www.bso.or.at/de/sport-in-oesterreich/sport-und-gesellschaft/sport-und-schule/die-bedeutung-von-bewegung-fuer-kinder-und-jugendliche/

Gee, J. P. (2014). What video games have to teach us about learning and literacy. New York, NY: Macmillan.

König, N., Pfeiffer, A., & Wernbacher, T. (2014, October). Gaming Media and Their Application in Educational Practice: An Interactive Toolkit for

Teachers. In ECGBL2014-8th European Conference on Games Based Learning: ECGBL2014 (p. 286). Academic Conferences and Publishing International.

Ratey, J. (2008). Spark The revolutionary new science of exercise and the brain. New York: Little, Brown and Company.

Kraus, Josef. "Lehrervertreter: "Ein Handyverbot in der Schule ist Sinnvoll" - Derstandard.at/2000032836506/Lehrervertreter-Ein-Handyverbot-in-der-Schule-ist-sinnvoll." Interview by Lisa Nimmervoll. Der Standard [Vienna] 15 Mar. 2016: n. pag. Der Standard Online. Web. 15 Mar. 2016.

2.2. MedienSpielPädagogik im elementaren Bildungsbereich
– eine Bestandsaufnahme

Regina Romanek

2.2.1. Einleitung

Kind, Spiel und Pädagogik – Begriffe, die offensichtlich in einem so vertrauten, stimmigen und engen Kontext stehen, dass sie keine kritischen oder emotional begründeten Kommentare alleine aus ihrer Verknüpfung heraus verursachen.

Auch die Hinzufügung des Begriffs „Medien" stellt erfahrungsgemäß noch kaum Reibungspunkte dar. Wie die vierte oberösterreichische Kinder-Medien-Studie der Education Group Linz 2014 feststellte, betonen Eltern weiterhin die Bedeutung von Büchern für Kinder (4.Oö. Kinder-Medien-Studie, 2014).

Kritischer wird die Sicht auf die Verbindung „Kind, Spiel, Pädagogik und das Medium Fernsehen" als das immer noch am intensivsten genützte Medium der frühen Kindheit. So gaben befragte Eltern von 3 bis 10-jährigen Kindern in einer 2014 erstellten Studie an, dass 87% der Kinder das Fernsehen als ihre Hauptfreizeitbeschäftigung erleben (4.Oö. Kinder-Medien-Studie, 2014).

Am kontroversesten und wohl auch am emotionalsten scheint jedoch der Zusammenhang mit digitalen Medien im Sinne von Computernutzung gesehen zu werden.

Die Einbettung dieser Medien in einen Bildungskanon, der im elementaren Bildungsbereich des Kindergartens beheimatet sein soll, erzeugt sehr oft hitzige Diskussionen. Fakten, wissenschaftliche

Erkenntnisse – soweit diese in dem Zusammenhang schon vorhanden sind – Begriffsvermischungen, aber auch eine Emotionalisierung des oft auf den Bereich Computerspiele reduzierten Begriffs spielen dabei eine Rolle.

Das folgende Kapitel stellt eine Bestandsaufnahme der aktuellen Situation der MedienSpielPädagogik im elementaren Bildungsbereich dar. Fakten, wie die Bedürfnisse des jungen Kindes, Lern-/ Spielprinzipien, die Lebenswelt, in der Kinder heute aufwachsen, aber auch die Notwendigkeiten und Chancen, die den Kontakt mit digitalen Medien bedingen sowie gesetzliche Vorgaben zur elementaren Medienbildung werden thematisiert. Wie und ob die sich daraus ergebenden Schlüsse in der Praxis umgesetzt werden, zeigt ein weiterer Abschnitt des Diskurses. Die hierbei angeführten Fallbeispiele stammen aus der langjährigen Berufserfahrung der Autorin als Elementarpädagogin.

Dass digitale Medien immer noch vereinzelt als „neue" Medien bezeichnet werden, obwohl sie nun schon seit circa 25 Jahren Bestandteil unseres Lebens geworden sind, zeigt auf, wie schwer es fällt, epochale Neuerungen in unser Leben zu integrieren. Aus diesem Gesichtspunkt sind auch Diskussionen für und wider den Einsatz digitaler Medien im Elementarbereich als lebendiger Prozess zu sehen.

2.2.2. Medienpädagogik / Medienkompetenz

Wie bei allem Neuen ist es auch im Zusammenhang mit den digitalen Medien nicht einfach, die Vorteile der Nutzung gegen die möglichen Nachteile abzuwägen. Das hängt wohl mit der Tatsache zusammen, dass menschliche Lernprozesse einen viel längeren Zeitraum benötigen, um tiefgreifend verinnerlicht und im Leben tradiert zu werden, als sich die digitale Technik derzeit entwickelt. „Niemand kann tatsächlich sagen, ob die Nutzung digitaler Medien im frühen Kindesalter gut oder schlecht ist. Langzeitstudien gibt es noch keine und werden vielleicht auch nie möglich sein, da sich die Technologien ständig weiterentwickeln und kaum vergleichbar sind" (Buchegger, 2013, S. 6).

Die Positiva, welche Spielangebote via digitalen Medien mit sich bringen, werden in vielfältigen neuen Spiel- und Lernmöglichkeiten und unterschiedlichen, das Leben vereinfachenden, Anwendungsgebieten gesehen. So beeindrucken Kinder etwa an PC- Spielen realistische 3D-Grafiken, die Handlungs- und Entscheidungsmöglichkeiten, die schnellen Ergebnisse, die Wiederholbarkeit, das Rollenspiel, die Aufforderung,

Probleme zu lösen, Wettbewerb oder unterschiedliche Schwierigkeitsgrade ohne große Folgen ausloten zu können (vgl. Gimmler_& Six, 2010, S. 99ff).

Offen bleibt, ob es dem forschenden Geist des Menschen angemessen ist, Entwicklungen, die vielfältige Möglichkeiten, ja virtuelle Welten in sich bergen, nur aus Gründen der Unsicherheit und der Fremdheit des Inhalts abzulehnen. So ist es wichtig, sich mit den erforderlichen Umgangshilfen und Unterstützungsmöglichkeiten hin zu einer verträglichen und förderlichen Integration der medialen Möglichkeiten auseinander zu setzen. Medienpädagogik beschäftigt sich mit erzieherischen Fragen und Themen, die mit der Nutzung von Medien zusammenhängen. Sie ist als wissenschaftliche Disziplin ein Teilbereich im großen Gebiet der Pädagogik. In der Medienpädagogik werden Begriffe wie Medienbildung, Medienkompetenz, Medienwirkung, Transfervorgang und Mediensozialisation verwendet. – Medienpädagogik besteht also aus der Wechselwirkung mit vielen Faktoren.

Die durch eine gute Medienpädagogik vermittelte Medienkompetenz wird unterschiedlich akzentuiert gesehen: So sprechen Buchegger und ihr Team von „Safer Internet" im Vorfeld jeder Mediennutzung von *Kompetenzen*, die im Zusammenhang mit der eigentlichen Medienkompetenz bereits kultiviert werden sollten: Dazu gehören die Selbstkompetenz, bei der es wichtig ist, sich und die Umwelt zu erkennen und mit ihr umgehen zu können, zu wissen, was Angst macht und das ausdrücken bzw. sich über Medien austauschen zu können und auch Nein zu sagen oder zu wissen, wo Hilfe geholt werden kann. Von Vorteil ist auch ein gewisses Maß an Sachkompetenz, wie das Wissen über Nutzungsregeln und deren Akzeptanz (Buchegger, 2012). Baake wiederum versteht unter Medienkompetenz „die Fähigkeit, in die Welt in aktiv aneignender Weise auch alle Arten von Medien für das Kommunikations- und Handlungsrepertoire von Menschen einzusetzen" (Baake, 1996, S. 119). Es geht ihm also um eine Schwerpunktsetzung im Bereich der *Vermittlung*. Für Helga Theunert liegt der Schwerpunkt der Medienkompetenz hingegen in der *Gestaltungskomponente*. Die Kompetenz, medial zu handeln, also zu gestalten, zu kommunizieren und zu partizipieren, sieht sie als Schwerpunkt der Medienkompetenz. Diese Handlungsdimension erfordert Wissen, die Fähigkeit zu reflektieren und sich zu positionieren (vgl. Ertelt, 2013). Theunert sieht Medienkompetenz als unerlässliche Grundvoraussetzung für gesellschaftliche Teilhabe und Chancengleichheit in einer Informationsgesellschaft (vgl. Theunert, 2003, S. 105ff). Daher erachtet sie die Bemühungen um eine gelungene Medienkompetenz als öffentliche Bildungsaufgabe. Hajszan betont die Wichtigkeit einer medienkompetenten

Bildung und einer *Einbeziehung der Eltern* in die Fördermaßnahmen, da Medien zu allererst innerhalb der Familien konsumiert werden und Erwachsene auf Grund der Neuheit des Mediums auf wenig eigene Erziehungserfahrungen zurückgreifen können (vgl. Hajszan, 2009, S. 115).

Ein medienkompetentes Kind wird in jedem Fall viel eher mit den Chancen, aber auch den Risiken, welche die Nutzung digitaler Medien mit sich bringt, umzugehen wissen.

Selbst medienkompetent zu sein ist die Grundlage, um Kinder bei der Aneignung ihrer Medienkompetenz zu unterstützen. Zu einer gelungenen Vermittlung gehört auch der fachlich richtige Stil für eine gut gewählte Medienpädagogik (vgl. Neuß, 2013).

2.2.3. Das junge Kind und seine (auch medialen) Bedürfnisse

Das Kind in der Phase der frühen Kindheit (Altersbereich 0 – 6 Jahre) durchlebt in diesem Lebensabschnitt beachtliche Entwicklungsschritte und Lernprozesse, die in solcher Intensität im Laufe des Lebens nie wieder erreicht werden. Kinder wählen genau jene Inhalte für sich aus, wo Entwicklungsstand, Intensität der Aufnahme und Interessen übereinstimmen. Angebote außerhalb ihrer Bedürfnisse bleiben unerkannt, könnten aber auch die Entwicklung hemmen (vgl. Bensel/ Haug-Schnabel, 2012, S. 14). Kinder leben zusätzlich zu ihren eigenen Bedürfnissen aber nicht isoliert und frei von den Einflüssen der Erwachsenenwelt. In Bezug auf die Medienthematik bedeutet das: „Der medienfreie Raum Kindheit ist Illusion. Kinder kommen vom ersten Lebenstag an mit Medien in Berührung" (Theunert/ Demmler, 2007, S. 92). „Spiel" - Räume für „Medienaneignung" (Schorb/Theunert, 2000, S. 92), also „die Nutzungsstrukturen, die qualitativen Akte der Wahrnehmung, Bewertung und Verarbeitung von Medieninhalten und -aktivitäten, bei denen mediale Anmutungen und eigene Realität in subjektiver Interpretation aufeinander bezogen werden und der Mehrwert medialer Angebote für die eigenen Lebensvollzüge" (Theunert /Demmler, 2007, S. 92), lassen sich von Beginn des Lebens an in allen Altersstufen finden. In den ersten beiden Lebensjahren sind dies mehr die indirekten Kontakte zu digitalen Medien – also ein Reagieren auf optische und akustische Signale auf im Raum befindliche Geräte. Am wichtigsten sind in dieser Zeit, aber selbstverständlich auch darüber hinaus, sinnesintensive Erfahrungsmöglichkeiten und vielfältige sozial-kommunikative Erlebnisse.

Bereits mit dem dritten Lebensjahr wird zunehmend das Medium Fernsehen zu einem Leitmedium (Theunert/Demmler, 2012, S. 103). Mit dem vierten Lebensjahr beginnen Kinder, die Funktionen und Inhalte von Medien zu entdecken und selbst mit diesen zu agieren. Sie wissen Bescheid über Zeiten, an denen bestimmte Inhalte – beispielsweise im Fernsehen – zu erwarten sind und wollen Medien verstehen und begreifen. Erneut ist hier zu betonen: Das, was das Kind in der Realität nicht versteht, begreift es auch in den Medien nicht, wenn entwicklungs- oder erlebnisbedingte Voraussetzungen fehlen (vgl. Theunert/Demmler, 2012, S. 94 ff). Daher ist die oberste Priorität, dem realen Erleben und Erfahren mit allen Sinnen Vorrang zu geben. Im Sinne einer medienkompetenzfördernden Pädagogik soll dies aber ergänzt werden durch kreative digitale Angebote, die entsprechend in die Spielumgebung integriert werden. Kritisch zu betrachten ist die oft zu beobachtende Kultur der möglichst lückenlosen Beschäftigung der Kinder: Digitale Angebote via Tablet, Smartphones etc. werden eingesetzt, um Wartezeiten zu überbrücken, abzulenken oder auch als Babysitter und geben Kindern oftmals kaum mehr Freiräume. Wie Neuss feststellt, kann Langeweile manchmal auch nützlich sein, denn Wartezeiten stärken die Beobachtungsgabe und das Nachdenken (vgl. Neuss, 2012, S. 119ff).

Mit fünf Jahren erleben die bis dahin erworbenen Entwicklungsbereiche eine weitere Verfeinerung und Spezialisierung. Neue Denkvorgänge beginnen und das Kind möchte sein Wissen selbst konstruieren. Nun werden auch digitale Medien zu einem – oft intensiven – Bestandteil der Freizeitbeschäftigung.

All das, was über mediale Vermittlung aufgenommen wird, benötigt einen Kontext aus Können und Wissen von ähnlichen oder vergleichbaren, konkreten und selbstgemachten Erfahrungen. Erst darauf aufbauend kann das Kind „wirkliche" Bedeutungen aus den Inhalten herausfiltern (vgl. Schäfer, 2007, S. 66f): „Medial vermittelte Informationen bedürfen eines Kontextes von vergleichbaren oder ähnlichen Erfahrungen aus erster Hand, mit deren Hilfe ihre Bedeutung für die alltägliche Wirklichkeit eingeschätzt werden kann" (Schäfer, 2007, S. 67). Das wiederum ist von Bedeutung, wenn es um die Trennung zwischen Fiktion und Realität geht. Sieht man Medien als Interpretationshilfen und Handlungsinstrumente, braucht es das Verständnis ihrer immanenten Bedeutungsinhalte. Ausschlaggebend für das In-Kontakt–Treten mit Medien und deren Gewichtung ist die soziale Umwelt des Kindes: die Familienstruktur, die soziokulturellen Hintergründe sowie das Bildungsniveau der Familien, Gleichaltrige und die Angebote in pädagogischen Einrichtungen wie dem Kindergarten.

„In niedrigem Bildungsniveau dominiert ein ausgiebiger, an Rezeption und Konsum ausgerichteter Mediengebrauch [...] auch mit risikoreichen Vorlieben" (Theunert/Demmler, 2007, S. 97). Demgegenüber stellt Theunert im hohen Bildungsniveau einen Mediengebrauch fest, der häufiger die Informationsmöglichkeiten derselben nützt, wobei Computer und Internet ein besonderer Stellenwert zukommt (vgl. Theunert, 2007). Ebenso ist in dieser sozialen Schicht ein verstärkt informationsorientierter Mediengebrauch zu bemerken. Jedes Kind bedarf daher in hohem Maße einer achtsamen, die vielen entwicklungsbedingten Komponenten berücksichtigenden, pädagogischen und – in Zusammenhang mit der vorliegenden Thematik – auch medienpädagogischen Begleitung beim Hineinwachsen in das Leben.

2.2.4. Spiel als Grundlage von Medienkompetenz

Spiel muss als Grundlage kindlicher Entwicklung, ja als die Lernmethode schlechthin, für den jungen Menschen gesehen werden. Spiel ist Ausdruck für grundlegende Geistesleistungen des Menschen. Kinder spielen ihre Welt nach. Der Begriff der „lebensweltorientierten Handlung" meint nicht weniger, als dass das Kind seine ganz persönliche Lebenswelt in die Spielsituation einbringt und darin moduliert.

„Spiel ist eine freiwillige Handlung oder Beschäftigung, die innerhalb gewisser festgesetzter Grenzen von Zeit und Raum nach freiwillig angenommenen, aber unbedingt bindenden Regeln verrichtet wird, ihr Ziel in sich selber hat und begleitet wird von einem Gefühl der Spannung und Freude und einem Bewusstsein des ‚Andersseins' als das ‚gewöhnliche Leben'." (Huizinga, 2011, S. 37)

Legt man diese Definition Huizingas vom Spiel auf die Erfahrungsmöglichkeiten mit digitalen Medien um, ergeben sich interessante Aspekte. In Diskussionen passiert an dieser Stelle häufig eine Definitionsvermischung: denn spannend und gewinnbringend sind nicht nur dezidierte Computerspiele oder „Games", sondern vor allem das SPIEL mit den vielen Möglichkeiten des Mediums und dem Gerät als solches. Schon das Herangehen an das Tablet, das Integrieren des Laptops in die kindliche Erlebenswelt, kann von diesem als Spiel erlebt werden. Die Bedienung des Geräts kann ebenso wie das Reagieren auf die durch die gewählte App /das Game entstandene virtuelle Spielrahmung ein Spiel bilden. Nicht immer ist das offensichtlich benützte Spiel jenes, das dem Spieler oder der Spielerin gerade als Spiel wichtig ist. So können an sich scheinbar klar erklärte „Games", wie sie im digitalen Bereich in unübersehbarer Zahl angeboten werden, trotzdem zu verschiedenen Spielen verwendet werden. So konnte von der Autorin beispielsweise beobachtet werden, wie Annika (5,8 Jahre) das Tablet mit einer Spiele-App wählt, um in der Puppenstube „wie die Mama zu Hause am Tablet" zu tun.

Spricht die berühmte Reformpädagogin M. Montessori statt von „Spiel" von „Arbeit" (vgl. z.B. Montessori, 1976), was einem „zielgerichtetem Spiel" (also dem Erreichen eines ganz bestimmten Bildungsinhalts) gleichzukommen scheint, so könnte man das umgangssprachlich als „Spiel" gemeinte Tun (das Spielen mit ungewisser Spielentwicklung) als „zweckfreies Spiel" sehen.

Digitale Medien (hier eingeschränkt auf PC, Laptop und Tablet) bieten für beide eben genannten Zielsetzungen des Spiels vielfältige Möglichkeiten: Zahlreiche Games und Apps wurden explizit zur Förderung bestimmter kindlicher Kompetenzen entwickelt, sei das nun durch spezielle im Spiel verarbeitete Förderthemen oder auch, um einfach die emotionale Komponente der Entspannung und des Spaßes zum Ziel zu haben. Zugleich ermöglichen diese Medien eine lebensweltorientierte Bezugnahme durch das Spiel mit ihnen. Auf Grund der Tatsache, dass Computertechnologien mittlerweile Bestandteil des täglichen Lebens für so gut wie alle Bevölkerungsgruppen geworden sind, ist die Notwendigkeit einer spielerischen Verarbeitung durch die Kinder logische Konsequenz. In unserer Zeit wird der Umgang mit digitalen Medien von Pädagoginnen und Pädagogen oft als „dem Spiel entgegengesetzt" dargestellt, ja „spielbehindernd" genannt. Dabei verfolgen sie scheinbar das Ideal eines „medienfreien Paradieses" (vgl. Neuß, 2013).

Einer zeitgemäßen Pädagogik entsprechend müssten jedoch Konzepte entwickelt werden, die den aktuellen Lebenswelten der Kinder Rechnung tragen. Will das Kind im Spiel die Welt entdecken und sich Ausschnitte davon zu eigen machen, dürfen die – auch junge Menschen beeindruckenden – digitalen Medienbereiche nicht ausgeschlossen sein.

2.2.5. Der elementare Bildungsbereich und DIE Medienpädagogik im Bereich digitaler Medien

Unter einer elementaren Bildungseinrichtung versteht man Kinderbetreuungsstätten für Kinder von null bis sechs Jahren. Die Betonung „Bildungseinrichtung" zeigt die erweiterte Beauftragung der Einrichtung über ein bloßes Beaufsichtigen hinaus. Die angewandte Pädagogik orientiert sich dabei an der Lebenswelt des Kindes und den daraus resultierenden, gerade relevanten Themen. Die Pädagogin/der Pädagoge ist dabei aufgefordert, die Kinder zu beobachten, um auf die gezeigten Bedürfnisse und Interessen, die aus Eindrücken ihrer Lebenswelt entstehen, in einer angemessenen, pädagogisch gut durchdachten Weise zu reagieren. Dass diese Lebenswelt des Kindes auch den Umgang mit den in seiner Erlebniswelt bereits integrierten digitalen Medien beinhaltet und es eine spielerische Antwort auf diese Bedürfnisse geben muss, sei an dieser Stelle noch einmal betont. Von der Fachkraft wird dabei verlangt, wertfrei an die Begleitung beim digitalen Tun und an bestehende Vorlieben und Medienumgangsweisen in den Familien der zu begleitenden Kinder heranzugehen (vgl. Theunert, 2007, S. 91). Kinder erleben gegenwärtig sehr häufig eine Weltentrennung zwischen einem medialen Zuhause und einem medienfreien Kindergarten. Die Einteilung in „gute" und „schlechte" Medien ist dabei hinderlich. Viel mehr ist das Bemühen zu unterstützen, der Medienpädagogik sowohl in den Bildungsplänen, als auch in deren Umsetzung in der Praxis entsprechende Grundlagen zu geben (vgl. Weise, 2010, S. 25). Kindergarten sollte nicht als *„Schonraum"*, sondern als *„Spielraum"* für den Umgang mit Medien gesehen werden (Swertz, 2012, S. 7). Coblenz stellt fest, „dass es sehr stark vom jeweiligen pädagogischen Personal [abhängt], ob Medien als Anspruch, Herausforderung oder Belastung gesehen werden" (Coblenz, 2010, S. 66). Hier liegt die Vermutung nahe, dass dies mit der Quantität und Qualität der Aus- und Weiterbildung im Zusammenhang mit Medienpädagogik steht. In der Praxis des Kindergartens ergeben sich vielfältige Möglichkeiten medienpädagogischen Tuns. Sei das im Bereich der Bildungspartnerschaft bei spontanen Elterngesprächen oder in Entwicklungsgesprächen bei Krisensituationen, sei das mit den Kindern bei verschiedenen Angeboten, die spielerisches Tun mit digitalen Medien, kreatives Gestalten oder die Verwendung der Medien zur Informationsfindung zum Ziel haben. Medien können zur Sensibilisierung der Sinne ebenso eingesetzt werden wie als Erinnerungs – und Reflexionshilfen. Sie können Sachverhalte durchschauen helfen und als Erfahrungsspiegel dienen. Medien können als Bildungsmittel bereitgestellt werden oder als kooperative Erziehungsaufgabe zwischen Eltern und Kindergarten gesehen werden (vgl. Neuß, 2013). Grundlage muss aber immer die Berücksichtigung entwicklungspsychologischer Tatsachen und eine Einbettung in ein pädagogisch gut gestaltetes Umfeld sein. „Ein sinnvoller Wechsel von entdeckendem Tun, Rezipieren und Anwenden angeeigneter Kompetenzen gewährleisten einen optimalen Verinnerlichungs- und Lernprozess" (Petko, 2008, S. 3). Untersuchungen von „Safer Internet" sehen gelungene Medienpädagogik nicht vom Grad der technischen Ausstattung abhängig (vgl. Buchegger, 2013, S. 10).

Buchegger sieht drei Faktoren als wichtige Voraussetzung: die Digitalen Kompetenzen (die Fähigkeit, die Grundlagen digitaler Technik zu beherrschen, das Wissen über Schutzbestimumungen und Urheberrecht, das Wissen über Angebote und attraktive Online Angebote), die Medienkompetenz und eine berufliche Handlungskompetenz (die Bereitschaft, digitale Medien in die eigene Arbeit einzubeziehen, Kenntnis über Möglichkeiten der Online-Weiterbildung zu haben oder die Fähigkeit, digitale Medien in der eigenen Arbeit einzusetzen).

2.2.6. Gesetzliche Vorgaben und bundesweite Maßnahmen zur Qualitätssicherung

Da in Österreich Bildungspolitik Bundessache ist, die gesetzlichen Bestimmungen für Kinderbetreuung aber der Landeshoheit unterliegen, haben sich beispielsweise Wiener Kinderbetreuungseinrichtungen am Wiener Kindergartengesetz zu orientieren, welches im Wiener Bildungsplan ausformuliert ist. Hier heißt es zum Beispiel:

„Medien sind Mittel zur Kommunikation, Information und Unterhaltung. Die Auseinandersetzung mit Medienerfahrungen ist Teil der Lebenswirklichkeit von Buben und Mädchen. Kinder im Kindergarten erhalten die Gelegenheit, eigenverantwortlich mit Medien aller Art umzugehen und sie als Ausdrucks- und Kommunikationsmittel zu nutzen. In der aktiven Auseinandersetzung und im intensiven Dialog mit Erwachsenen können sie Kompetenzen zum kritischen Umgang mit Medien erwerben. Medienpädagogik hat den verantwortungsvollen Umgang mit Medien vor Augen, spricht demnach die Erlebniswelt der Kinder ebenso an, wie die kritische Metaebene" (Magistratsabteilung 10, 2006, S. 47). Über das verbindliche Landesgesetz hinaus wurde im Auftrag aller neun Bundesländer das Charlotte Bühler Institut beauftragt, einen bundesländerübergreifenden Bildungs-Rahmen-Plan als qualitätssicherndes Instrument elementarer Bildungseinrichtungen zu erarbeiten. Darin wird neben einzelnen ausformulierten Bereichen zu Beginn allgemein festgehalten: „Eine zeitgemäße elementare Bildung umfasst daher auch die Förderung kindlicher Medienkompetenz. Diese befähigt die Kinder, unterschiedliche Medien zunehmend selbstgesteuert und kritisch zu nutzen. Die kreative Gestaltung von Medien sowie mit Medien ermöglicht es darüber hinaus, sich auszudrücken und eigene Produkte zu schaffen" (Baacke, 1999, in BildungsRahmenPlan, 2009, S. 15).

2.2.7. Ideale Rahmenbedingungen für Medienpädagogik im digitalen Zusammenhang

Ausbildung und Fortbildung: Der Aus- und Weiterbildung der Fachkräfte kommt gerade bei der digitale Medien betonenden Medienpädagogik als verhältnismäßig junge Thematik hoher Stellenwert zu. Ideal sind gut ausgebildete Lehrkräfte, die neben der Theorie auch auf vielfältige praktische Erfahrungen zurückgreifen können. Da nicht davon ausgegangen werden kann, dass Schüler und Schülerinnen der Bildungsanstalten für Kindergartenpädagogik – trotz einer größeren Präsenz von digitalen Medien in deren Bildungsbiographien – über eine entsprechend höhere Medienkompetenz verfügen als Menschen, die erst im späteren Leben mit Medien vertraut geworden sind, ist in der Ausbildung auch auf diesen Bereich besonders Rücksicht zu nehmen. Ebenso müssen die Fortbildungsbedürfnisse von Expertinnen und Experten, die bereits im Beruf stehen und sich berufsbegleitend sowohl in der technischen Handhabung als auch in der Methodik und Didaktik der Thematik fortbilden wollen, als wichtiges Anliegen erkannt werden. Als wertvoll würden sich dabei Anlaufstellen für Rückfragen und Orientierung am sich schnell weiterentwickelnden Stand der technischen und pädagogischen Forschung darstellen.

Hardware und Software: Im Idealfall verfügt jede Gruppe über ihr eigenes technisches Equipment, das sich aus einem Tablet, einem Drucker und einem Laptop zusammensetzt (CD-Player und Digitalkamera sind meist überall vorhanden). Als besonders vorteilhaft haben sich dabei Tablets für den Einsatz im Elementarbereich erwiesen. Sie kommen durch die berührungssensitive Bedienung am ehesten den taktilen Bedürfnissen und Fähigkeiten von Kindergartenkindern entgegen. Der Drucker ermöglicht Flexibilität im Tun. Der Laptop als zusätzliches digitales Instrument kommt auf Grund der Bedienung über eine Maus oder Touchpad eher für die Handhabung durch ältere Kinder oder die Erwachsenen in Frage. Spannend ist es, einen Beamer im Haus zu haben, der Produkte vom Tablet vielen Kindern zugänglich macht. Bei der Auswahl der Software orientiert sich die Fachkraft an den Angeboten, die online zahlreich einsehbar sind. Sogenannte „Best-of-Listen" sind dabei hilfreich, bedürfen aber trotzdem einer kritischen Betrachtung hin auf den Zweck des Einsatzes und dem zu erwartenden Input. Unerlässlich bei der Auswahl ist die Beachtung von Altersempfehlungen. Information bieten das europaweite Alterseinstufungssystem für Computerspiele PEGI und die österreichische Bundesstelle für die Positivprädikatisierung von Computer- und Konsolenspielen (BuPP). Letztere bietet Eltern und

Pädagogen/Pädagoginnen eine Orientierungshilfe, indem sie besonders wertvolle Spiele im Hinblick auf Pädagogik und Spielspaß hervorhebt.

Finanzen: Dass es eines Budgets für jeden Kindergarten bedarf, um sowohl im Bereich der Hard- als auch der Software flexibel auf die Bedürfnisse einer modernen Medienpädagogik reagieren zu können, ist wohl Grundlage für ein zeitgemäßes, umfassendes Bildungsangebot.

Der Betreuer/Kind-Schlüssel und die Zeitstrukturen: Die Begleitung beim digitalen Tun bedarf oft einer 1:1-Situation, sodass das mit digitalen Medien tätige Kind nach Möglichkeit auch eine eigene Betreuungsperson zur Seite hat. Der Gesetzgeber sieht aber pro Kindergartengruppe von bis zu maximal 25 Kindern(!) eine Betreuung durch eine ausgebildete Pädagogin im Zeitrahmen von 40 Stunden vor, die im Mindestausmaß von 20 Stunden von einer Assistentin unterstützt wird.

Zu bedenken ist bei diesen Überlegungen aber auch die Zeit, welche die Pädagogin/der Pädagoge benötigt, um sich entsprechend auf das Angebot vorbereiten zu können, ja um selbst medienkompetent dem Kind begegnen zu können.

Räumlichkeit: Digitales Tun braucht Ruhe und Konzentrationsmöglichkeit. So ist es gut, wenn es einen Platz gibt, wo sich Kinder ein wenig zurückziehen können – ein extra Tisch oder ein Raumteil, der nicht unbedingt im Zentrum des Geschehens liegt. Das Anbieten der Geräte und Materialien in Form eines Medienkastens, der für die Kinder wie ein Baubereich oder die Puppenstube offen zugänglich ist, hat sich bewährt, da damit eine Überbewertung des digitalen Angebots vermieden wird.

2.2.8. Umsetzung – Projektbeispiele

Die folgenden Beispiele wurden von der Autorin erprobt und analysiert. Der Schwerpunkt lag dabei im Ermöglichen von Erfahrungsräumen, welche die Verbindung von analogem und digitalem Erleben und große Freiräume zum spielerischen Tun zum Inhalt hatten.

Projekt: „Literacy" – Kommunikation, Sprache und Schrift und digitale Medien: Im Zeitraum eines Jahres wurde dieses Projekt mit Kindern im Alter von 5 – 6 Jahren durchgeführt. Voraussetzung für den Einsatz digitaler Medien war, dass die Kinder jeweils genügend Zeit hatten, die digitalen Geräte kennen zu lernen, mit ihnen zu experimentieren und gemeinsam Spielregeln festzulegen (Handhabung, Anzahl der Kinder bei einem Gerät, Dauer der Betätigung, Flexibilität der Spielregeln im Anlassfall – wenn der Prozess gerade sehr intensiv ist, müssen sich Teilnehmerzahl und Spieldauer verändern können).

Das Gesamtprojekt setzte sich aus Teilprojekten zusammen, die sich als Prozess entwickelten. In der folgenden kurzen Übersicht werden diese Schwerpunkte kurz genannt, um dann durch die stichwortartige Aufzählung der praktischen Umsetzung illustriert zu werden.

Teilprojekt ICH BIN: Ich zeichne mich (analoges Arbeiten) / ich fotografiere dich (digitale Fotografie) – Umgang mit dem Fotoapparat, sich gegenseitig genau beobachten, die Bilder mittels Beamer gemeinsam betrachten, mit den Aufnahmen die Zeichnungen ergänzen, vergleichen, verändern, bearbeiten. Aus den Bildern ein Kinder-Soziogramm gestalten.

Teilprojekt GEFÜHLE: Die Kinder nehmen eigene Gefühle wahr, spielen Gefühle – Trauer, Lustigsein, Angst, Zorn, Neugier, ... (analoges Erleben), Aufnehmen der Mimik mit digitaler Kamera, aus den Bildern ein „Gefühlsbaromter" anfertigen, mit dem die Kinder sich der eigenen Gefühle bewusst werden können; Erstellen eines einfachen Spiels am PC (Scratch) – digitales Tun.

Teilprojekt Kommunikation: Besuch der anderen Kindergartengruppen (analoges Erleben), Briefe für die Freunde zeichnen, Luftballonpost von der Dachterrasse verschicken und auf Antwort hoffen, mailen – den Eltern eine selbstgezeichnete, gescannte Nachricht schicken, eine Nachricht zu den Kindern der ersten Klasse in der Volksschule am Campus schicken (Kontakt zu ehemaligen Kindergartenfreundinnen und Freunden).

Teilprojekt Ich kann mich verwandeln: Kinder verkleiden sich, spielen Theater; Filmen des Stückes mittels Tablet – Kindergarten-Kino entsteht. Kinder machen „Fernsehen" mit „Werbezeit": „Mein Kindergarten" – sie filmen ihre Lieblingsplätze im Kindergarten.

Teilprojekt Schrift/ Schriftzeichen: Schreibmaterialien ausprobieren; Logos im Alltag entdecken; Logos entwickeln, digitalisieren und sie in den Alltag der Gruppe integrieren – Gruppenregeln verbildlichen; Krixelschrift und Tastenschrift erleben; Besuch der Nationalbibliothek /Hieroglyphenabteilung – Schriftzeichen erleben, selbst erstellen; Schrift per App am Tablet erproben; im „Kinderbüro" „Dokumente" verfassen.

Teilprojekt Weite Welt: Die Kindergartenumgebung fotografieren und daraus ein Memory gestalten; eigene Erlebnisse aus dem Urlaub wiedergeben; Bilder von Urlaubsorten; Sitten, Gebräuche dieser Länder mit Google Earth und anderen Forschungsseiten betrachten – das Internet nutzen.

Teilprojekt Bilderbuch/ Literatur im Kindergarten: Bilderbücher kennenlernen und vorgelesen bekommen, Autorin einladen; Großeltern zum Vorlesen einladen, ein Bilderbuch selbst machen und digitalisieren, gemeinsam ein E- book kennenlernen; Elterninformationen über einen Gruppenblog auch bezüglich wertvoller Kinderliteratur und erprobter Apps weitergeben.

Teilprojekt Berufe: Eltern einladen und von ihrer Arbeit berichten lassen; das Wissen vieler Kinder: „Was mein Papa arbeitet? – Er sitzt im Büro und schreibt am Computer" kindgerecht erweitern. Berufe, die viel mit Computer zu tun haben (z.B. Architekten, Zeitungsmacher) auch vor Ort erleben; im Rollenspiel die Tätigkeiten nachspielen; digitales „Spielmaterial" zur Verfügung stellen (ausrangierter Laptop in einem Spielbüro, Kopfhörer und CD-Player in einem „Tonstudio").

Thema Sprache, fremde Länder: Eltern von Kindern mit Migrationshintergrund einladen von ihrer Heimat zu erzählen; Sprache hören, Sprache versuchen; Alltagsworte, Lieder von zu Hause aufnehmen und immer wieder anhören; Musik und Tänze anderer Kulturen hören und erproben.

Einige weitere spannende Angebote aus der Welt der digitalen Spielmöglichkeiten:

Spielen mit dem *Bee Bot*, einer programmierbaren Biene, die sowohl in der App (TTS Group) selbst aber auch als analoge, begreifbare und programmierbare Plastikbiene eine Umsetzung des digitalen Erlebens in die Realität ermöglicht.

Experimentieren mit dem PC-Mikroskop: Die Welt wird neu erlebbar – einsehbar; Details können von den Kindern genau betrachtet werden, Fragen entstehen, das Forschen wird angeregt.

Genaues Hinhören über Apps, welche die auditive Wahrnehmung herausfordern, Geräusche-Safaris durch Spielbereiche im Kindergarten – was höre ich, was halte ich mit dem Tablet fest, wer kann es später noch zuordnen?

2.2.9. Theorie und Wirklichkeit

Kehren wir zum Beginn des Diskurses zurück. Wie sieht die tatsächliche Umsetzung der Bemühungen einer MedienSpielPädagogik im elementaren Bildungsbereich aus?

Der Gesetzgeber hat mit entsprechenden Forderungen reagiert. In um die Qualität der Kindergärten bemühten Publikationen ist die Tatsache, dass digitale Medien Einzug in die Bildungsthematik finden müssen, festgehalten. Die Bildungspolitik selbst sieht sich aber von einer entsprechenden, die nötige optimale Rahmung ermöglichenden, Umsetzung noch weit entfernt. So fehlt es nach wie vor an den entsprechenden Gruppengrößen – was Raum und Anzahl der Kinder betrifft, einem besseren Betreuerschlüssel und einer anforderungsadäquaten Rahmung im Bereich der Vorbereitungszeit.

Das Bewusstsein der Notwendigkeit, den digitalen Medienbereich von Beginn der elementaren Bildungszeit an in die pädagogische Arbeit zu intergieren, ist quer durch die Verantwortungsebenen sehr durchmischt. Die Für und Wider der Einbeziehung digitaler Medien in die elementare Bildungsarbeit treffen aufeinander. Unzulänglichkeiten in der Aus- und Weiterbildung, technische Ausstattungsmängel auf Grund zu geringer Wertschätzung gegenüber den Chancen einer schon in jungen Jahren grundgelegten Medienkultur bis hin zur kompletten Infragestellung der Berechtigung, digitale Spielmöglichkeiten in all ihrer Vielfalt auch schon im Kindergarten zu ermöglichen, kollidieren mit denen, die einen wichtigen Auftrag in einer von Beginn an gut eingeführten und begleiteten Medienkultur sehen.

Eine Forschungsarbeit aus dem Jahr 2014 hat ergeben, dass es einerseits im Bereich der Aus- und Fortbildung noch wenige Angebote zum Thema gibt. Der Unterricht entsprechender methodisch-didaktischer Grundlagen ist zeitlich eng bemessen und wird teilweise von thematisch überforderten Lehrkräften abgehalten, wobei die technische Seite wohl im Informatikunterricht abgedeckt zu sein scheint. Für bereits im Beruf stehende Kolleginnen und Kollegen gab es für das Arbeitsjahr 2014/15 in genau einer Trägergemeinschaft von Kindergärten ein Fortbildungsangebot zum Thema digitale Medien im Kindergarten, ein anderes Fortbildungsprogramm erwähnt digitale Medien nur unter der Überschrift der Suchtprävention!

Andererseits konnte in der eben genannten Studie aber auch nachgewiesen werden, dass – unabhängig vom Alter der Fachkräfte –

Pädagoginnen und Pädagogen sich des Auftrags durchaus bewusst sind und teilweise mit viel Kreativität und persönlichem zeitlichen und materiellen Einsatz das Beste zum Erwerb digitaler Medienkompetenz für die ihnen anvertrauten Kinder unternehmen (vgl. Romanek, 2014).

Die angemessene Ausstattung mit Hard- und Software für die Arbeit mit den Kindern ist durchwegs als sehr gering bis nicht vorhanden zu benennen. Nur eine Trägergemeinschaft im Raum Wien gibt eine durchgängig vorhandene Bestückung der Gruppen mit Tablet und Drucker bekannt.

Erfreulich ist, dass es aber doch Bemühungen gibt, diese wenig ermutigenden Vorgaben zu ändern. So findet sich im ÖFEB, der Österreichischen Gesellschaft für Forschung und Entwicklung im Bildungswesen, eine eigene Sektion für Medienpädagogik, die, mit der deutschen Gesellschaft DGfE kooperierend, sich um das Thema Medienpädagogik bemüht. Ebenso bildet der Studienzweig MedienSpielPädagogik an der Donau Universität Krems eine tertiäre Ausbildungsmöglichkeit zum Thema. Allerdings sind auf beiden Ebenen die Themenanteile zur spezifischen <u>elementaren</u> Bildungsarbeit noch sehr gering und bedürfen einer stärkeren Betonung bzw. eines Ausbaus. Im Wiener Raum gibt es seit Jänner 2016 das vom Wiener Bildungsserver betreute Online-Portal „Medien Kindergarten" (MeKi), das vielfältige, auch praxisorientierte, Hinweise zur Medienpädagogik gibt.

2.2.10. Fazit

Zusammenfassend ist festzustellen:

- Spielen ist <u>die</u> Lernform der frühen Kindheit – auch mit den digitalen Möglichkeiten unserer Zeit.
- Digitales Spiel darf nicht auf Games beschränkt sein.
- Es ist wichtig, die Präsenz digitaler Medien im Alltag der jungen Kinder als Auftrag für den pädagogischen Kontext transparent zu machen. Dies kann durch gut konzipierte Fortbildungsveranstaltungen für die Fachkräfte, aber auch durch verbesserte Ausbildungskonzepte in der speziellen Thematik für die Lehrkräfte, die als Multiplikatoren an Bildungsanstalten für Kindergartenpädagogik tätig sind, gelingen.
- Die in der Praxis stehenden Pädagoginnen/Pädagogen müssen einfache Möglichkeiten erhalten, sich sowohl im didaktisch-methodischen Bereich, als auch über technische Inhalte Informationen zu beschaffen, um so in ihrem Tun Unterstützung zu finden.

- Die Rahmenbedingungen zum Einsatz digitaler Medien im elementaren Bildungsbereich bedürfen einer raschen Verbesserung.
- Die Forschung im Bereich digitaler Medienpädagogik mit dem Schwerpunkt auf didaktisch-methodische Konsequenzen ist zu intensivieren und zu fördern.
- Die Politik muss (weiterhin) darauf aufmerksam gemacht werden, wie wichtig digitale Medienkompetenz für die Gesellschaft ist und darauf, dass die Bildung in dieser Hinsicht bereits im Elementarbereich begonnen werden muss.

Literatur

Baake, Dieter (1996): Medienkompetenz: Begrifflichkeit und sozialer Wandel. In Rein, Antje (Hrsg.): Medienkompetenz als Schlüsselbegriff. Bad Heilbrunn: Klinkhardt, 112-124.

Bensel, Joachim; Haug-Schnabel, Gabriele (2012): Grundlagen der Entwicklungspsychologie. Die ersten 10 Lebensjahre. Freiburg im Breisgau: Herder.

Buchegger, Barbara (2013): Safer Internet im Kindergarten. Ein Handbuch für die Aus- und Weiterbildung von Kindergartenpädagog/innen. Wien: bm:uk.

Charlotte Bühler Institut im Auftrag des bmukk (2009): Bundesländerübergreifender BildungsRahmenPlan für elementare Bildungseinrichtungen in Österreich. Endfassung August 2009. Wien: bmukk.

Coblenz, Stefanie; Kimsa, Paul (2010): Bedingungen pädagogisch geleiteter Medienintegration im Kindergarten. Ergebnisse einer explorativen Studie. In: Merz Wissenschaft. Zeitschrift für Medienpädagogik. 54 (6), 59 – 67.

Demmler, Kathrin; Theunert, Helga (2007): Medien entdecken und erproben. Null- bis Sechsjährige in der Medienpädagogik. In: Theunert, Helga (Hrsg): Medienkinder von Geburt an. Medienaneignung in den ersten sechs Lebensjahren. München: kopaed Verlag, 91-118. http://kindergarten.edugroup.at/fileadmin/DAM/Innovation/Forschung/Dateien/2014_Charts_Eltern.pdf Stand: 26.8.2014.

Ertelt, Jürgen (2013): Begriff der Medienkompetenz. Working Paper. Krems, Donau Uni: Departement für Handlungsorientierte MedienSpielPädagogik.

Gimmler, Roland; Six, Ulrike (2010): Medienerziehung in der Familie. Ein Ratgeber für Eltern. Hamburg: Vistas.

Hajszan, Michaela; Hartel, Birgit; Hartmann, Waltraut; Pfohl-Chalaupek, Martina; Stoll, Martina (2009): Sprache, Kommunikation und Literacy im Kindergarten. Band 3 der Schriftenreihe des Charlotte Bühler Instituts. Wien: Hölder – Pichler – Tempsky.

Huizinga, Johan (2011): Homo ludens. Vom Ursprung der Kultur im Spiel. Hamburg: Rowohlt.

Montessori, Maria (1976). Schule des Kindes. Freiburg: Herder Verlag.

Neuß, Norbert (2012): Kinder & Medien. Was Erwachsene wissen sollten. Seelze–Velber: Friderich Verlag.

Neuß, Norbert (2013): Mit Medien lernen. Einflüsse und Umgang mit Medien in der Kindheit. (DVD). Gießen: AV1 Pädagogik Filme.

Petko, Dominik (2008): Unterrichten mit Computerspielen. Didaktische Potenziale und Ansätze für den gezielten Einsatz in Schule und Ausbildung. In: Medienpädagogik. Zeitschrift für Theorie und Praxis der Medienbildung 2008 (15/16), www.medienpaed.com/15/petko081.pdf.

Saferinternet.at (2012): Safer Internet Day 5.Februar 2013. Pressegespräch 31.Jänner 2013. http://www.saferinternetday.org/c/document_library/get_file?uuid=7db2 b027-d593-4ed2-afbf-7ce4f6641979&groupId=10136, Stand 26.8.2014.

Schäfer, Gerd. E. (2007): Das Kind in der Bildungswelt. Medienhandlung in der frühen Kindheit. In: Theunert, Helga (Hrsg.): Medienkinder von Geburt an. Medienaneignung in den ersten sechs Lebensjahren. München: kopaed.

Schorb, Bernd (2007): Kindsein heute. Assoziationen und Gedankensplitter. In: Theunert, Helga (Hrsg.): Medienkinder von Geburt an. Medienaneignung in den ersten sechs Lebensjahren. München: kopaed, 17 – 24.

Swertz, Christian (2012): Mit Medien bewusst umgehen. Förderung von Medienkompetenz im Kindergartenalter. Linz: Unsere Kinder.

Theunert, Helga (Hrsg.) (2007): Medienkinder von Geburt an. Medienaneignung in den ersten sechs Lebensjahren. Interdisziplinäre Diskurse. München: kopaed.

Magistratsabteilung 10 (2006): Bildungsplan. https://www.wien.gv.at/bildung/kindergarten/pdf/bildungsplan.pdf, Stand 26.8.2014.

Weise, Marion (2010): Mutti hat Sendung. Eine kommt nicht so spät, da dürfen wir mitschauen – Familiärer Mediengebrauch im Spannungsfeld zwischen „doing family" und „living together seperately". In: Merz Wissenschaft. Zeitschrift für Medienpädagogik. 54 (6), 18-27.

Wiener Kindergartengesetz – WKGG, LGBl Nr.17/2003, in der Fassung LGBl. Nr. 27/2013

Wiener Kindergartenverordnung – WKGVO, LGBl. Nr. 29/2003, in der Fassung LGBl. Nr.20/2014

2.3. Ein Plädoyer für eine (längst überfällige) Bildungsrevolution

Dominik Steidl

Gleich zu Beginn möchte ich Ihnen meinen Lösungsansatz zur Verbesserung der heimischen Lehr- und Lernkultur bildhaft darlegen, sodass Sie bereits eine erste Orientierungshilfe zu meiner Ausführung erhalten. Dass sich diese Bereiche keineswegs ausschließen, ja sogar weitestgehend nahtlos ineinandergreifen, werde ich Ihnen auf den nun folgenden Seiten aufzeigen.

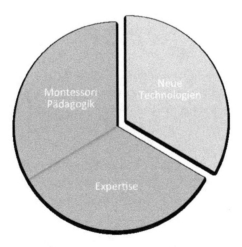

Im Wesentlichen werden in meinem Beitrag genau diese drei oben abgebildeten Teilaspekte diskutiert, in Symbiose gebracht und Schlüsse daraus gezogen.

Vorweg möchte ich nachdrücklich erwähnen, dass ich mich weder als Bildungsexperte noch als Wegbereiter und Vordenker einer neuen Pädagogik sehe. Dieses Feld überlasse ich gerne anderen. Wahrscheinlich hält es sich in der österreichischen Bildungslandschaft genauso wie beim Fußball, da verfügen wir ja ebenfalls über abertausende Fußballexperten, die sich überschlagen mit den Ansichten der absoluten, einzig gültigen und heilsbringenden Ultima Ratio. Zugegeben, die aktuellen Erfolge in der österreichischen Fußballnationalmannschaft ließen mehr und mehr kritische Stimmen verstummen. Erfolge sind jedoch in der derzeitigen österreichischen Bildungslandschaft bedauerlicherweise nicht ausfindig zu machen. Meines Erachtens könnten im Bildungswesen sehr wohl große Erfolge erzielt werden. Ich beabsichtige mit meinen nun folgenden Ausführungen den Weg zu skizzieren, der das Lernen in den Schulen positiv beeinflussen und auch für die Schulkinder wieder attraktiver machen könnte. Ein Weg, der aufgrund meiner persönlichen Erfahrungen im praktischen Unterricht unmittelbar und leicht umsetzbar wäre und der sich ferner als zukunftsträchtig darstellen sollte.

2.3.1. Status quo

Ich werde den Versuch wagen, Ihnen nun in aller Kürze den aktuellen Stand der Dinge im Bereich des österreichischen Regel-Schulwesens näherzubringen und meine Gedanken zur Verbesserung desselben anschließend näher ausführen:

Lernen, zweifelsohne ein vieldiskutiertes und ambivalentes Thema. Führen wir uns deshalb zur einfachen Orientierung folgende Situation vor Augen: Sie sind in Ihrem Wohnzimmer und Ihr kleines Kind fängt soeben an, die ersten Gehversuche zu machen. Was geht nun in diesem kleinen Menschen vor? Einerseits fällt Ihr Kind unweigerlich des Öfteren auf den Po, um sich in der nächsten Sekunde wieder aufzurichten – und das unermüdlich. Des Weiteren entdeckt Ihr Kind, dass die neue Perspektive – weil erhöhtes Blickfeld – auch mehr interessante Neuigkeiten in sich birgt (z.B. neue Schubladen, die zum Ärgernis mancher Eltern plötzlich geöffnet werden können, usw.). So weit, so gut. Was tatsächlich in diesem Kind vorgeht, ist, dass es den neuen Freiräumen und Freiheiten mit großem Entdeckergeist begegnet und unentwegt ausprobiert, hinfällt, sich wieder aufrichtet, Dinge öffnet, neue Geräusche wahrnimmt, usw. – so die Eltern dem Kind selbstredend diese Freiheiten auch einräumen. Deshalb möchte ich an dieser Stelle bereits festhalten, dass das Lernen von Babys oder Kleinkindern sehr stark über das Ausprobieren (dürfen) stattfindet. Mit dem Eintritt in den Kindergarten ändert sich daran in vielen Fällen noch nicht sehr viel Grundsätzliches. Im Idealfall wird auch dort das Lernprinzip des „Trial & Error" (als Kultur des Scheiterns) gelebt. Zusammenfassend könnte diese Entwicklungsphase in puncto Lernen auf den Begriff des „spielerischen Lernens" und des Einräumens von Freiheiten, die mit den individuellen Lernerfahrungen einhergehen, verkürzt werden.

Nun tritt folgendes Szenario in der Bildungslaufbahn von Kindern ein: Mit dem Übertritt in die Volksschule verlieren Kinder die natürliche Lernumgebung, die den unermüdlichen und intrinsisch motivierten Entdeckergeist idealerweise weckt und fördert. Fortan werden Kinder für ihre Fehler und für das Scheitern im schulischen Kontext unmittelbar und in voller Härte sanktioniert. Spielerisches Lernen wird plötzlich verpönt und dieser Art des Lernens wird indes ein hohes Maß an Argwohn, Misstrauen und völliger Geringschätzung beigemessen. Schlimmer noch, auch das zu Lernende wird fortan exakt vorgegeben und auf gleiche Weise und in denselben Portionen an alle Kinder gleichermaßen verteilt. Auf unterschiedliche Begabungen, Interessen, persönliche Neigungen, Wünsche, Entwicklungen und Bedürfnisse wird keinerlei Rücksicht mehr genommen. Was letztlich schon in den Anfängen der individuellen Schullaufbahn zu Resignation und – schlimmer noch – Ablehnung führen kann. Zwischen dem Kindergarten und der Schule ist deshalb eine klare Bruchlinie in der Tradition des Lernens und der Wahrnehmung des Umgangs mit demselben ausfindig zu machen. Das Lernen wird in systemische Bahnen gebracht und alle Schulkinder werden in das Korsett des allgemeinen und für jeden gültigen Lehrplans gezwängt. Raum für individuelle Entwicklung und Entfaltung hat fortan wenig bis keinerlei Bedeutung. Dass die noch immer sehr weit verbreitete Lehrmethode des Frontalunterrichts in den Klassenzimmern Einzug hält, ist nur ein Nebenaspekt, der die marode und völlig veraltete Sichtweise von Lernen widerspiegelt.

Ich hoffe, Sie stimmen mit meinen Ansichten soweit überein. Falls nicht, darf ich Ihnen die, in meinen Augen abstruse, Leistungserhebung im öffentlichen Schulwesen anhand folgender Beispiele näherbringen: Mündliche Übung, schriftliche Übung, Schularbeit, Test, Lernstandserhebung, schriftliche Mitarbeitsüberprüfung, Lernzielkontrolle, Referat, mündliche Wiederholung, schriftliche Wiederholung, Stundenaufzeichnungen zur allgemeinen Mitarbeit, Feststellungsprüfung, Wiederholungsprüfung und so weiter. All diese Vorgänge haben den Zweck, den diktierten und zu erwartenden Einklang der schulischen Leistung mit dem für alle gleichsam gültigen Lehrplan zu bewerten. Auch wir Lehrpersonen schießen somit mit Kanonen (und zwar aus vollen

Rohren) auf Spatzen, und sonderlich erfolgreich sind wir ja damit bekanntlich nicht. Was ich damit meine, ist, dass ich beispielsweise eine Schülerin ab der 8. Schulstufe in Englisch begleiten durfte, die – trotz mehrjährigem Englisch-Unterricht – die scheinbar einfache Frage nach dem Wohlbefinden des anderen nicht wiedergeben konnte (zur Antwort auf die Frage „Wie geht es dir?", schrieb sie: „How geht it?" Anm.). Dem Kind dürfen hier keinerlei Vorwürfe zugedacht werden. Allerdings zeigt dieser Fall augenscheinlich auf, dass die Regulierungsversuche und Standardisierungen des Lernens so keinerlei Früchte tragen. Sehen wir uns an, welche Antworten die Fachwelt auf die Frage nach dem kindgerechten Lernen aufbringt:

2.3.2. Expertise

Führen wir uns zuerst vor Augen, wie das Lernen, also das, was wir im Allgemeinen wahrscheinlich als Wissenserwerb, Vernetzen von Informationen, Schlüsse Ziehen und Anwenden des Wissensnetzwerkes wahrnehmen, nach aktuellen Erkenntnissen der Hirnforschung vor sich geht. Hüther, ein renommierter deutscher Hirnforscher, führt hierzu wie folgt aus:

> *„Die Hirnforschung kann inzwischen zeigen, dass sich im Hirn nur dann etwas ändert, wenn es unter die Haut geht. Das Hirn ist kein Muskel, den man trainieren kann, indem man viel übt. Im Hirn passiert immer erst dann etwas, wenn derjenige, der lernt, das für sich selbst als wichtig beurteilt. Denn nur dann lässt man sich davon berühren, dann gehen die emotionalen Zentren an."* (Hüther, 2012, o.S.)

Diese Darstellung von Hüther steht selbstredend im diametralen Verhältnis zum Alltag in öffentlichen Schulen. Bereits früh wird Kindern die Möglichkeit von persönlichen, selbstbestimmten und eigenverantwortlichen Lernerfahrungen genommen. Vielmehr wird dies sogar unterbunden, indem das eigene Entdecken und Probieren umgehend mit der Abweichung der vorgegebenen Leistungserwartung (Stichwort: Lehrplan) kollidiert. Im Idealfall kommen Kinder aus einem Elternhaus, das der Lerntradition des industriellen Zeitalters nicht besonders zugetan ist und hat Eltern, die eine persönliche Entfaltungs- und Entwicklungsmöglichkeit zumindest in der Freizeit eröffnen und fördern. Die Botschaft, die die Schulen an die Kinder übermitteln, ist fatal: „Mache das, was ich dir sage und mache es genauso, wie ich es sage und dann, und nur dann, ist dein Erbrachtes etwas wert" (eine gute Note, meine Wertschätzung als Lehrperson, usw., Anm.).

Werfen wir noch einen näheren Blick auf die (Un-)Kultur des Scheiterns. In der Schule ist das Scheitern verpönt und wird sogar mittels schlechter Noten, Zurechtweisungen usw. geahndet. Wie verhält es sich denn da im Kontext des spielerischen Lernens? Hier lohnt es sich, auf Jesper Juul (nicht zu verwechseln mit dem gleichnamigen Familientherapeuten), einen dänischen Spieleforscher, einzugehen. Er beschreibt einen wesentlichen Aspekt, welcher der Freude am Spiel innewohnt:

„Die Möglichkeit seinen Fehlern zu entkommen (oft durch die weitere Verfeinerung unserer Fähigkeiten) ist die zentrale Freude, die wir beim Spielen empfinden. Spiele bieten uns eine faire Chance auf Rehabilitation unserer selbst." (Juul, 2015, S. 17)

Setzen wir also Spielen mit Lernen gleich – dieser Schluss ist meines Erachtens absolut zulässig, denn im Spiel lernen wir ja – dann verhält es sich so, dass Schulkinder, wenn sie in einer Lernumgebung sind, die ihrem natürlichen Lerninstinkt zuträglich ist, in der Fehler somit nicht sanktioniert werden, die Chance nützen, Dinge so oft zu wiederholen, bis sie die Aufgabe lösen oder eine Fertigkeit erworben haben. Der Vollständigkeit und der Richtigkeit halber sei hier noch erwähnt, dass Juul an dieser Stelle von Videospielen sprach. Ich sehe in diesem Aspekt allerdings keinen Unterschied zwischen digitalen oder analogen Spielumgebungen. Er geht sogar noch weiter, indem er sagt, dass das Scheitern „ein integraler Bestandteil der Erfahrung des Videospielens an sich, ein Motivator, etwas, das uns unsere Strategien überdenken lässt" (Juul, 2015, S. 18), ist. Halten wir also fest: Kinder mögen Spiele genau darum, weil sie darin scheitern dürfen und sich selbst rehabilitieren können. Welches Potenzial den Schulen im Umgang mit dem Scheitern verloren geht, lässt sich deshalb nur erahnen.

Erkennen wir sodann Spiele als elementaren Bestandteil menschlichen Lernens und nehmen wir auch wahr, dass dem Spiele Spielen ein sehr hohes Maß an Ernsthaftigkeit beigemessen wird (betrachten Sie beispielsweise Kleinkinder beim Malen, Rollenspiel, usw.), so fügt sich auch der nun folgende Aspekt von Spiel in dieses Gedankenbild nahtlos ein. Jane McGonigal, eine führende und weltweit anerkannte amerikanische Spieleforscherin, beschreibt das Wesen des Spieles so:

„Im Vergleich zu Spielen ist die Wirklichkeit zu einfach. Spiele fordern uns mit freiwillig gewählten Hindernissen heraus und geben uns dadurch die Chance, unsere individuellen Stärken besser einzusetzen." (McGonigal, 2012, S. 35)

Somit konstatiert auch McGonigal, dass der Zugang über das spielerische Lernen vordergründig über den Aspekt der Freiwilligkeit führt, letzten

Endes aber auch zur Folge hat, dass dadurch (erst) persönliche Entfaltungsmöglichkeiten ermöglicht werden.

Betreten wir das Feld der Glücksforschung, so fällt selbstredend auch der Name Csikszentmihalyi Mihaly, ein amerikanischer Forscher, der den Begriff des Flow geprägt hat. Damit meinte er „den Zustand, indem Menschen sich gänzlich einer Sache widmen, sodass nichts anderes mehr zu ihnen durchdringt. Diese Erfahrung ist den Menschen so angenehm, dass sie diesen Zustand auch unter großem Aufwand wieder erreichen wollen, einfach nur des Tuns wegen" (Csikszentmihaly, 2008, S. 4; vom Autor übersetzt).

Ganz offenkundig sind diese Erkenntnisse aus der Hirn- und Spieleforschung am Regel-Schulwesen sicher noch gänzlich vorbeigegangen. Lassen Sie uns nun einen Blick auf den nächsten Teilaspekt meines Lösungsansatzes werfen. Wie verhält sich denn eigentlich das Lernen bei reformpädagogischen Ansätzen?

2.3.3. Montessori – Pädagogik: Schule, anders gedacht

Versuchen wir uns nochmals von den Gedanken des linearen und gleichförmigen Lernens zu lösen und gehen vielleicht sogar noch einen Schritt zurück. Was macht denn eigentlich das zuvor beschriebene Lernen mit den Kindern? Wird dies den Selbstwert und das Selbstwertgefühl stärken? Wohl kaum. Nicht umsonst führt Maria Montessori sinngemäß dazu folgendes aus:

> *Die menschliche Würde entspringt dem Gefühl der eigenen Unabhängigkeit. (Montessori, 1992, S. 34ff)*

Genau hier sind wir im Wesenskern des schulischen Lernens angelangt. Kinder können sich ganz offensichtlich nur entfalten, wenn sie, geleitet durch die Unabhängigkeit von Lernvorgaben, sich Wissen und Fertigkeit aneignen, die sie emotional fesseln. Wenn der Begriff der Montessori-Pädagogik fällt, löst dies bei vielen Menschen emotional-unreflektierte und voreingenommene Reaktionen hervor. Doch auch die Pädagogik nach Montessori setzt ein hohes Maß an Disziplin und im Speziellen sogar Selbstdisziplin voraus. Sie selbst führte dazu beispielsweise aus, dass auch Disziplin aktiv sein muss:

> *„Es ist nicht gesagt ist, dass ein Mensch nur dann diszipliniert ist, wenn er künstlich so still wie ein Stummer und so unbeweglich wie ein Gelähmter geworden ist. Hier*

handelt es sich um einen geduckten und nicht um einen disziplinierten Menschen." (Montessori ,1969, S. 57)

Ein weiterer Kritikpunkt an der Pädagogik von Maria Montessori ist, dass die Kinder ja in Freiheit gar nicht arbeiten könnten, sondern gesetzte Grenzen benötigten. Die Pädagogik nach Montessori entgegnet dieser Darstellung mit folgendem Gedanken:

„Was wäre Freiheit ohne Grenzen? Um Freiheit wirklich leben zu können, müssen Kinder wissen, wie weit sie gehen können, was sie sich zumuten können." (Becker-Textor, 2012, S. 35)

Wie genial diese Denkansätze sind, lässt sich vor allem aus dem Schluss ziehen, dass all diese Freiheiten, Unabhängigkeiten und daraus resultierenden Grenzen bei den Kindern unter anderem eines wecken – das innere Selbstwertgefühl.

Ein letzter Punkt, den ich mir von den zahlreichen Grundgedanken der Montessori-Ansätze entliehen habe, ist die sogenannte „Vorbereitete Lernumgebung". Damit meint Montessori nicht allein das Unterrichtsmaterial, sondern auch den Lernort. Ich will jedoch aus zeitlichen Gründen lediglich auf den erstgenannten Aspekt näher eingehen. Ein Charakteristikum der Vorbereiteten Lernumgebung ist, dass das Material vorgegeben wird. Ihr erster Reflex dürfte nun wohl Verblüffung sein, aber die dargebotenen Lernmaterialien schließen keineswegs die Entfaltungsmöglichkeit von Kindern aus.

„Freiheit wird oft vermischt mit Abwechslung. Freiheit bezieht sich aber auf das Denken und Handeln des Kindes. Durch das Aktivsein kann es Freiheit ausleben und irgendwann auch an seine Grenzen kommen. Ohne Grenzen wäre Freiheit langweilig, würde zerfließen, wäre nicht fassbar und nicht erlebbar" (Becker-Textor, 2012, S. 35f).

In dem pädagogischen Konzept von Maria Montessori würde noch eine Vielzahl weiterer Aspekte eine Nennung verdienen, aber im Wesentlichen sind die für mich griffigsten Argumente dargeboten, die mich nunmehr auch zum nächsten großen Teilaspektes meines Lösungsansatzes bringen.

2.3.4. Neue Technologien

Eine Aufgabe, die der Schule ja stets beigemessen wird, ist die Vorbereitung auf das spätere (Erwerbs)Leben. Dass Vorhersagen in puncto erwerbsmäßiger Zukunftsperspektive eher schwer zu treffen sind, lässt sich auch aus der folgenden Aussage aus einem Artikel der Presse herauslesen.

„Prognosen, welche Berufe in der Zukunft am dringendsten gebraucht werden, sind kaum zu treffen. Neun der zehn Berufe, die 2012 am stärksten gefragt waren, gab es 2003 noch gar nicht, erklärte das World Economic Forum im September." (Bloomberg, 2015)

Somit ist eine Tendenz klar abzuleiten: Die Welt entwickelt sich zusehends und unaufhaltbar in eine digitale Welt. Ob man das nun als gut oder schlecht, diabolisch oder heilsbringend oder als Sonstiges erachtet, ist sekundär, denn zumindest eines ist determiniert: unsere Kinder werden noch mehr als heute mit digitalen Medien, Inhalten usw. beruflich zu tun haben. Deshalb ist es auch als essentielle Aufgabe von heutigen Schulen zu sehen, Kinder mit den Möglichkeiten von heute auf die digitale Welt von morgen vorzubereiten. Wir leben im digitalen Zeitalter, dieser Tatsache darf sich auch die Schule nicht verwehren.

Doch auch hier betreten wir kein pädagogisches Neuland. Maurice de Hond, Begründer der „Steve JobsSchool" (eine Schule, die vor allem mit iPads arbeitet) in den Niederlanden, führt bemerkenswerte Fortschritte zu Tage, die seine Schule in puncto pädagogisches Vordenken leistet. In einem Interview führt er beispielsweise einige Vorteile seiner Institution aus: De Hond spricht von der verstärkten Möglichkeit auf individuelle Bedürfnisse einzugehen, da jedes Kind über ein iPad verfügt. Den Lehrpersonen wird ein erheblicher Teil von administrativer Tätigkeit abgenommen, da die Apps auf den iPads individuelles Feedback und Korrekturen in derselben Sekunde abgeben (und nicht Tage später, wenn Hefte retourniert werden). Bei den Kindern löst das eine enorme Motivation aus, da vor allem auch langsamere Lernende in ihrem persönlichen Lerntempo und mit ihrem individuellen Lernplan arbeiten können (Stifterverband, 2015).

Ergänzend möchte ich noch erwähnen, dass die iPads, Tablets oder Smartphones sowie die darauf befindlichen Apps keineswegs analogen Unterricht verbannen sollen. Eine Hybrid-Lösung aus digitalen und nicht-digitalen Inhalten wäre erstrebenswert. Das Montessori-Lernmaterial bietet beispielsweise derart viele Möglichkeiten, um mit physischem Lernmaterial in Kontakt zu kommen, es zu berühren, mit allen Sinnen wahrzunehmen, usw., wozu ein digitaler Monitor einfach nicht im Stande ist. Eine Kombination aus (be-)greifbaren Lernmaterialien und digitalen Inhalten erachte ich als äußerst vielversprechend.

Ein weiterer Ansatz, der sowohl digitale als auch spielerische Lernansätze vereint, ist die von Mitbegründerin Katie Salen initiierte Schule namens „Quest to Learn" (Q2L), die sich in New York befindet. Ihr Konzept beruht unter anderem auf folgendem Verständnis, dass

„Spiele sorgsam gestaltete, lern-gesteuerte Systeme sind. Dass sie Bedeutung schaffen. Dass sie dynamische Systeme sind. Dass Spiele das Eintauchen fördern. Spiele sind interaktiv und dynamisch, erfordern von den Spielenden eine Teilhabe. Spiele erzeugen Welten, in denen Spielende wachsen, konstant Feedback erhalten und verschiedene Wege entwickeln, die Welt zu denken und zu sehen." (Salen, 2007, S. 10f, vom Autor übersetzt)

2.3.5. Conclusio

Lassen Sie uns dies nochmals kurz zusammenfassen. Die Schule, wie sie sich heute darbietet, ist absolut nicht im Einklang mit den Erkenntnissen aus der Hirnforschung, wenn es darum geht, bei Kindern nachhaltiges Lernen anzustreben. Aus der Spieleforschung wissen wir, dass Spiele unheimlich motivierend und dem Lernprozess äußerst zuträglich sein können. Spiele fördern sogar die Lust am Scheitern und ermutigen uns, dasselbe immer wieder zu tun, bis wir das Ziel erreicht haben. Und bar jeder Vernunft wird spielerisches Lernen im schulischen Kontext sogar als wenig vielsprechend abgetan. Aus den reformpädagogischen Ideen Maria Montessoris wissen wir, dass Freiheit, Grenzen, Unabhängigkeit, (Selbst-)Disziplin und vorgegebene Materialien sich keineswegs gegenseitig ausschließen. Das Konzept der „Steve JobsSchool", die iPads zum Einsatz hat, räumt ja ebenfalls Freiheiten ein, die letztlich aber in der vorbereiteten Lernumgebung (Apps, Aufgaben, individueller Lernplan, usw.) stattfinden – mit all den positiven Resultaten. Aus dem Konzept der „Quest to Learn"-Schule entnehmen wir, dass spieletheoretische Prinzipien auch im Lerndesign Platz finden, ja dieses sogar vorgeben können. Und letztlich resultieren daraus folgende Ergebnisse:

Die Schulkinder sind motivierter, weil sie mit, durch und von Spielen bzw. in spielerischen Lernumgebungen lernen, die ja eben auch ihrer persönlichen Lebenswelt entsprechen und sie werden durch den Einsatz neuer Medien zukunftsfit gemacht. Und da letztlich unsere Kinder, aufbauend auf diesem Konzept, in ihrer eigenen Sache bestärkt werden, sollen diese Gedanken mehr als nur ein paar Seiten Anerkennung in Form einer Veröffentlichung finden. Wünschen wir uns doch alle eine Schule, die Kinder stärkt, sie gleichermaßen fordert und fördert, sie Selbstdisziplin lehrt, Grenzen aufzeigt, wahre Fehlerkultur lebt und sie bestmöglich auf Zukünftiges vorbereitet.

Sollte das österreichische Schulwesen keinem fundamentalen Paradigmenwechsel unterzogen werden, darf ich auf die nachstehend angeführte Frage verweisen, mit der Bitte, diese ehrlich für sich zu beantworten:

„Was soll aus Kindern werden, denen die Lust am eigenen Entdecken, die Freude an Fragen und Antworten, am Lernen und am Zuwachs an eigenem Wissen so früh abhandenkommt?" (Hüther & Hauser, 2014, S. 135).

Literatur

Becker-Textor, Ingeborg (2012). Maria Montessori. Zehn Grundsätze des Erziehens. Herder: Freiburg.

Bloomberg (2015). Chinesen schicken ihre Vorschulkinder in Programmierkurse. http://diepresse.com/home/bildung/schule/4869972/Chinesen-schicken-ihre-Vorschulkinder-in-Programmierkurse?_vl_backlink=/home/bildung/index.do [12.12.2015]

Hüther, Gerald & Hauser, Uli (2014). Jedes Kind ist hoch begabt. Die angeborenen Talente unserer Kinder und was wir aus ihnen machen. btb-Verlag: München.

Hüther, Gerald (2012). Schule produziert lustlose Pflichterfüller. http://derstandard.at/1334368981969/Hirnforscher-Schule-produziert-lustlose-Pflichterfueller [12.12.2015]

Juul, Jesper (2015). Die Kunst des Scheiterns. Warum wir Videospiele lieben, obwohl wir immer verlieren. Luxbooks GmH: Wiesbaden.

McGonigal, Jane (2012). Besser als die Wirklichkeit! Warum wir von Computerspielen profitieren und wie sie die Welt verändern. Heyne: München.

Montessori, Maria (1992). Dem Leben helfen. Herder: Freiburg.

Montessori, Maria (1969). Die Entdeckung des Kindes. Herder: Freiburg.

Salen, Katie (2007). Game Literacies: A Game Design Study in Action. Journal of Educational Multimedia and Hypermedia 16, no. 3:301-322.

Stifterverband für die Deutsche Wissenschaft (2015). Interview „the primary school of the future".
https://www.youtube.com/watch?v=Yqk5Sh0JieM [12.12.2015]

2.4. Let's Play – Wenn Schule ein Spiel wäre…
Videospielprojekt an der Gutenbergschule

Thomas Kockmann

2.4.1. Einleitung

Sarazar, Gronkh und Unge sind die Helden vieler Kinder und Jugendlicher. Dabei sind sie keine Videospielcharaktere, sondern Menschen aus Fleisch und Blut. Sie spielen aktuelle Videospieltitel, kommentieren dabei ihr Spielen und nehmen das Ganze als Videos auf. Die so erstellten sogenannten *Let's Plays* (LPs) laden sie auf ihre YouTube-Kanäle hoch. Mit zusammen über einer Milliarde Videoaufrufen und Millionen Abonnenten und Abonnentinnen gehören die drei Kölner zu den zurzeit erfolgreichsten deutschen YouTubern (socialblade.com, 2016).

Die Beliebtheit von LPs unter Kindern und Jugendlichen zeigt sich anhand aktueller Zahlen der JIM-Studie 2015: Demnach steht der Abruf von LP-Videos bereits an vierter Stelle bei der Nutzung von YouTube. Den Zahlen nach zu urteilen scheinen LPs eher Jungen anzusprechen: 54 Prozent der männlichen 12 bis 19-Jährigen rufen zumindest einmal innerhalb von 14 Tagen ein LP-Video über YouTube ab. Bei den Mädchen sind dies lediglich 21 Prozent (Medienpädagogischer Forschungsverbund Südwest, 2015, S. 36).

Schulsozialarbeit unterstützt Schülerinnen und Schüler u.a. dabei, den Fokus auf eigene Stärken und Fähigkeiten zu lenken: Beim Videospielen erfahren Kinder und Jugendliche Handlungsmacht und sammeln Erfolgserlebnisse.

Während der Tätigkeit als Schulsozialarbeiter und Medienpädagoge an der Gutenbergschule, Förderschule Lernen in Sankt Augustin (Deutschland), begegnen dem Autor Schülerinnen und Schüler, die über ein auffällig negatives Selbstkonzept verfügen. Sie zeigen im Schulalltag eine weitgehend negative Selbstwahrnehmung.

An Förderschulen mit dem Förderschwerpunkt „Lernen" werden Schülerinnen und Schüler mit Schwierigkeiten im Lern- und Leistungsverhalten beschult. Je nach vorliegender Lernschwierigkeit verfügen diese über eine weniger ausgeprägte Wahrnehmung, Merkfähigkeit, Aufmerksamkeit und/oder Ausdrucksfähigkeit. Schulischen Stoff erarbeiten sie über einen längeren Zeitraum im Vergleich zu Regelschülerinnen und -schülern. Der zentrale Auftrag von Förderschulen mit dem Förderschwerpunkt „Lernen" soll durch das Ermöglichen von Erfolgserlebnissen an Schulen erreicht werden: Die Befähigung der Schülerinnen und Schüler zu einer positiven und realistischen Selbsteinschätzung hin zu einer selbstständigen Lebensführung.

Schulsozialarbeit beinhaltet neben den von Kastirke & Streblow (2013, S. 11-14) dargestellten Kernleistungen auch medienpädagogische Ansätze. Angelehnt an Baackes Medienkompetenzmodell (Baacke, Kornblum, Lauffer, Mikos & Thiele, 1999, S. 31-35), wird an der Gutenbergschule praktische Medienpädagogik sowohl im Unterrichtsrahmen als auch am Nachmittag (offener und gebundener Ganztag) angeboten. Daran anknüpfend finden die Eckpfeiler der schulischen Medienpädagogik nach Tulodziecki (lmz-bw.de) im dargestellten Projekt Berücksichtigung.

Um den Anforderungen medienkompetenten Handelns gerecht zu werden, benötigt die Schule einen Projektrahmen, der über die im Curriculum festgelegten Lerninhalte und die Art und Weise der Vermittlung hinausgeht. Genau hier kann Schulsozialarbeit ansetzen, indem sie sich bewusst von schulischen Strukturen löst, ohne jedoch den Anspruch von Schule aus den Augen zu verlieren, verlässlich und strukturiert den Schülerinnen und Schülern Wissensanregungen anzubieten. Durch Einsatz von Videospielen orientiert sich das im Folgenden beschriebene Projekt an der Lebenswelt der Schülerinnen und Schüler. Dadurch sollen insbesondere Schülerinnen und Schüler aus bildungsfernen Elternhäusern dazu ermutigt werden, ihren Videospielkonsum zu reflektieren.

2.4.2. Zielgruppe

In Absprache mit den Eltern und den Pädagoginnen und Pädagogen des offenen Ganztags nahmen zunächst sechs videospielbegeisterte Jungen im Alter von 12 und 13 Jahren am Videospielprojekt teil. Die Jungen wurden für das Projekt ausgewählt, da sie zum Teil ein problematisches

Mediennutzungsverhalten in Bezug auf Videospiele zeigen und durch ihre Beschulung auf einer Förderschule über ein auffällig negatives Selbstbild verfügen. Zudem haben drei der Jungen Schwierigkeiten im sprachlichen Ausdruck.

2.4.3. Projektziele

Im Folgenden werden die vier Zielsetzungen des Videospielprojekts vorgestellt:

2.4.3.1. *Reflexion des eigenen Videospielkonsums*

Im Rahmen des Videospielprojekts bekommen die Schüler zunächst die Aufgabe, für das Projekt geeignete Videospiele auszuwählen. Beschränkungen bestehen hierbei durch die verbindliche Orientierung an den Alterskennzeichnungen der *Unterhaltungssoftware Selbstkontrolle* (USK) sowie durch technische Voraussetzungen (Hardwareausstattung der Schulcomputer).

In Partnerarbeit erhalten die Schüler die Möglichkeit, die ausgewählten Videospiele kennen zu lernen, sodass sie sich innerhalb der Spiele orientieren und bewegen können. Anschließend nehmen die Schüler eine gemeinsame Definition und Zuordnung von Spielgenres vor und wenden diese auf das von ihnen gewählte Spiel an. Die Schüler untersuchen jeweils zu zweit die von ihnen ausgewählten Videospieltitel anhand eines Fragebogens. In einer anschließenden Gesprächsrunde tauschen sie sich über die zuvor gemeinsam im Plenum vereinbarten Untersuchungsmerkmale (Grafik, Sound, Spielspaß, Mehrspieler, Veränderbarkeit von Charakteren bzw. Ausrüstung/Fahrzeugen) aus. Ziel ist in erster Linie das Erkennen und Bewerten von medialen Gestaltungsmerkmalen. Die so gewonnenen Erkenntnisse finden in den LPs (Spielvorstellungen) der Schüler Berücksichtigung.

Weiter erhalten die Schüler Gelegenheit, durch das Projekt videospielbezogene Emotionen in Bezug auf Themen wie Krieg, Tod oder Folter zu erkennen und zu reflektieren. Mit Hilfe des Schulsozialarbeiters werden die Schüler darin bestärkt, mögliche Verhaltensorientierungen, die durch Videospiele vermittelt werden können, herauszuarbeiten und zu hinterfragen. Dazu werden Aspekte wie die Vermittlung von Ethik und Moral durch Videospiele und deren ökonomische Dimension (in-game-Werbung) kritisch betrachtet.

2.4.3.2. Förderung eines positiven Selbstkonzepts

In erster Linie werden den Schülern durch das Produzieren von LPs Erfolgserlebnisse ermöglicht. Die Schüler fokussieren sich auf eigene Stärken und Fähigkeiten. Durch das Bewusstmachen individuell gestalteter LPs wird die eigenständige Persönlichkeit jedes Schülers unterstrichen. Ziel ist es, den Fokus auf eine positive Bewertung des Selbst zu legen.

Neben dem Vorstellen des jeweiligen Videospieltitels sollen durch gezielte Fragen seitens der Schüler und des Schulsozialarbeiters narrative Prozesse angeregt werden. Die Schüler reflektieren ihren (Schul-)Alltag und berichten über Ereignisse, Gegebenheiten und Veränderungen, die sie beschäftigen. Der Fokus beim Erzählen über eigene Spiel- und Alltagserlebnisse liegt auf der Wahrnehmung eigener Fähigkeiten und Stärken.

2.4.3.3. Förderung des sprachlichen Ausdrucksvermögens

Durch den intrinsisch motivierten Anspruch der Schüler, qualitativ hochwertige, d.h. in diesem Fall verständliche und kurzweilige LPs aufzunehmen, werden sie dazu motiviert, sich konzentriert und verständlich sprachlich auszudrücken.

2.4.3.4. Produkt

Die Schüler produzieren eigene LP-Videos. Diese können auf einem YouTube-Kanal veröffentlicht werden. Dadurch sollen den Schülern ein Erfolgserlebnis und der Austausch mit der LP-Community ermöglicht werden. Sie nehmen sich als Kulturschaffende wahr, indem sie ihre Interessen und Bedürfnisse kreativ umsetzen.

2.4.4. Eingesetzte Ressourcen

Die Projektmittel werden über Mittel des Kinder- und Jugendhilfeträgers des offenen Ganztags (Jugendfarm Bonn e.V.) zur Verfügung gestellt. Für die Projektdurchführung wird die vorhandene Bürotechnik, die im Zuge der Einrichtung der Schulsozialarbeiterstelle angeschafft wurde, genutzt: Ein performantes Notebook zum Videospielen und zur Videoaufnahme und -bearbeitung sowie vier weitere schuleigene Computer, auf denen Spiele, wie *Minecraft* (Mojang / Microsoft Studios) und *Trackmania Nations Forever* (Nadeo) lauffähig sind. Außerdem werden zunächst vorhandene Softwarelizenzen, wie *Premiere Elements* (Adobe), *Photoshop* (Adobe) sowie private Videospiellizenzen des Schulsozialarbeiters, wie etwa *Fifa 14* (Electronic Arts) und der Schüler (Minecraft) verwendet. Kostenfreie

Software, wie der *MovieMaker* (Microsoft) und der *LoiLo Game Recorder* (loilo.tv) werden ebenso genutzt wie Free-To-Play Titel, wie etwa *DC-Universe Online* (Daybreak Game Company), *Need for Speed World* (Electronic Arts) und *Trackmania Nations Forever*.

2.4.5. Beschreibung des Pilotprojekts

Zunächst wurde das Videospielprojekt innerhalb eines Pilotprojekts im Schuljahr 2012/2013 erprobt. Beim ersten Zusammentreffen der Pilotgruppe „Die Schülersprecher" wurde der inhaltliche und zeitliche Rahmen des Projekts vorgestellt. Aufgrund der geringen Konzentrationsfähigkeit der Schüler wurde der Projektrahmen zunächst auf eine Zeitstunde festgelegt. Nach einer Einführung in das Thema LP, mit Hilfe eines LP-Videos von Sarazar, wurden in einer Kennenlernrunde Gemeinsamkeiten wie Hobbies und Lieblingsspiele mit Hilfe des „Namensbingos" (vgl. www.jff.de) vorgenommen. Anschließend wählten die Schüler für das Projekt und ihr Alter geeignete Videospiele[10] aus: *Minecraft, Need for Speed: World, Fifa 14* und *DC-Universe Online*. Die Schüler forderten Titel wie *Call of Duty* (Activision) für die Verwendung im Projekt ein. Hier wird deutlich, dass sie Altersfreigaben kritisch gegenüberstehen bzw. deren Sinnhaftigkeit hinterfragen.

Nachdem sich die Schüler für vier Videospieltitel entschieden hatten, mussten im nächsten Schritt Genehmigungen der Spielepublisher zur Veröffentlichung von Spielinhalten (Duldungserklärungen) innerhalb der LP-Videos eingeholt werden.[11] Dazu wird über ein Kontaktformular des Puplishers Electronic Arts (www.ea.com) eine Anfrage versendet. Mojang, der Publisher von Minecraft erlaubt das Veröffentlichen von Spielinhalten für Werbezwecke (www.help.mojang.com). Die in-game-Musik wurde bei allen verwendeten Spieletiteln deaktiviert. Zum einen fehlte die Einwilligung der RechteinhaberInnen der Musikstücke. – Das Einholen einer solchen Einwilligung erforderte einen zu hohen organisatorischen Aufwand. Zum anderen sind die Stimmen in den LP-Aufnahmen besser zu verstehen und das LP-Video läuft keine Gefahr, durch die YouTube Content ID

---

[10]   Innerhalb des Projekts werden Videospieltitel bis zur Altersfreigabe USK 12 verwendet.
[11]   Kontaktdaten populärer Videospielpublisher und deren Haltung zur Veröffentlichung von Spielinhalten finden sich bspw. unter http://www.wholetsplay.com/wiki/doku.php [Zugriff am 28.03.2016] oder http://letsplaylist.wikia.com/wiki/%22Let's_Play%22-friendly_developers_Wiki#Master_List [Zugriff am 28.03.2016].

(support.google.com) erfasst zu werden (mögliche Sperrung oder Stummschaltung des betreffenden Videos).

In den folgenden Projektstunden erhielten die Schüler die Möglichkeit, die gewählten Videospiele zu testen. Dabei machten sie sich mit der Steuerung vertraut und orientierten sich in der Spielwelt. Mit Hilfe von Bewertungsbögen wurden die Spiele unter bestimmten Gesichtspunkten untersucht, um die Schüler zur gemeinsamen Reflexion ihres Videospielkonsums anzuregen: Grafik, Sound, Spielspaß, Mehrspieler-Tauglichkeit, Erweiterbarkeit/ Editierbarkeit der Charaktere, Fahrzeuge und Ähnlichem. Die Schüler entwickelten die Fragebögen zum Großteil selbst, indem sie auf den Internetseiten bekannter Videospielmagazine recherchierten, nach welchen Kriterien Spieltitel bestimmter Genres bewertet werden. Unter Berücksichtigung der kognitiven Fähigkeiten der Schüler begleitete der Schulsozialarbeiter sie bei der Entwicklung der Fragebögen.

Im weiteren Verlauf untersuchten die Schüler die gespielten Videospieltitel, indem sie zu zweit während des Spielens einen Fragebogen ausfüllten. Die Ergebnisse wurden anschließend im Plenum diskutiert. Der Schulsozialarbeiter regte die Diskussion durch vertiefende Fragen an. Zum Beispiel wurden innerhalb des Projekts Themen wie in-game-Werbung thematisiert. Daneben tauchten auch Fragen zu Videospielen auf, die nicht im Projekt behandelt wurden. Dort ging es vor allem um Fragen zu Themen wie Gewalt, Krieg und Folter. Hierbei zeigte sich, dass die Schüler nur zum Teil dazu in der Lage sind, sich im Gespräch mit den genannten Themen auseinander zu setzen. Es gelang ihnen jedoch, kurzzeitig im Rahmen von Gruppengesprächen darüber zu reflektieren.

Weiter wurden die Schüler in die Aufnahmetechnik und -software eingewiesen. Dazu unterstützten die LP-erfahrenen die unerfahrenen Schüler. Erste Testaufnahmen mit Bild und Ton wurden erstellt, um ein Gefühl für das gleichzeitige Spielen und Sprechen und für die eigene Stimme zu bekommen. Einige Schüler berichteten beispielsweise über Irritationen beim Hören der eigenen Stimme. Sie wurden bei Bedarf durch den Schulsozialarbeiter dabei unterstützt, sich die für die Aufnahme eines LPs benötigten Fertigkeiten anzueignen.

Schließlich wurden erste Testaufnahmen aufgezeichnet und diese gemeinsam ausgewertet. Bei der gemeinsamen Auswertung der Testaufnahmen kamen positive Erlebnisse und Fertigkeiten ebenso zur Sprache, wie Misserfolge und unerfüllte Erwartungen der Schüler. Die erarbeiteten Punkte wurden schriftlich festgehalten, um den Schülern im weiteren Verlauf des Projekts die Möglichkeit zu geben, die Kritik zu berücksichtigen.

Die fertiggestellten Aufnahmen wurden auf dem eigens dafür eingerichteten Youtube-Kanal („letsplaytheschool"[12]) veröffentlicht. Die Schüler bekamen dadurch die Möglichkeit, Anerkennung und Rückmeldung durch die YouTube-Community zu erhalten und sich mit Gleichaltrigen auszutauschen. Bei der Gestaltung des YouTube-Kanals wurde den Schülern möglichst weitgehende kreative Freiheit eingeräumt. Wichtig ist auch an dieser Stelle die Beachtung der Rechtslage bzgl. der Verwendung von Inhalten wie Fotos, Logos etc.

Die Schüler betreuen in Begleitung des Schulsozialarbeiters ihren YouTube-Kanal. Dabei müssen sie sowohl auf positive Rückmeldungen als auch auf Kritik in Form von Dislikes oder Kommentaren eingehen. Hierbei zeigt sich, dass sich die Schüler vor allem auf negative Kritik fokussieren. In diesem Zusammenhang muss viel Zeit zum Auffangen der Stimmung der Schüler durch den Schulsozialarbeiter aufgewendet werden.

2.4.6. Vom Pilotprojekt zum Ganztagsprojekt

Das beschriebene Pilotprojekt „Die Schülersprecher" lief Ende des Schuljahres 2012/2013 aus. Das Projekt sollte im Zuge der Einführung des gebundenen Ganztags im Schuljahr 2013/2014 für die Klassenstufen 7 und 8 an der Gutenbergschule als wöchentlich in einer Doppelstunde (90 Minuten) stattfindende Arbeitsgemeinschaft etabliert werden.

Nach Meinung der teilnehmenden Schüler war der Projekttitel „Die Schülersprecher" mit dem YouTube-Kanal „letsplaytheschool" zu sehr an Schule angelehnt. Eine Verbindung zwischen LP und Schule sei laut Schülern nicht erwünscht. In Absprache mit den Schülern wurde das Ganztagsprojekt in „Let's Play"[13] umbenannt.

Die finanzielle Ausstattung im Zuge der Einführung des gebundenen Ganztags und die Spende der WDR Media Group ermöglichten es, weitere

---

12   Der Youtube-Kanal „letsplaytheschool" ist unter https://www.youtube.com/user/letsplaytheschool abrufbar [Zugriff am 28.03.2016].
13   Die Homepage des „Let's Play"-Projekts ist unter http://letsplay.no-ip.info/ abrufbar [Zugriff am 28.03.2016].

Computer und Software anzuschaffen. Dadurch war es acht Schülerinnen und Schülern möglich, an der AG teilzunehmen.

Da sich das Videospiel *Minecraft* bei den Schülerinnen und Schülern als besonders beliebt herausstellte, sollten für den folgenden Verlauf des Projekts weitere Minecraft-Lizenzen sowie eine Server-Lizenz angeschafft werden. *MinecraftEdu*[14] bietet für den Projekteinsatz mehrere Vorteile gegenüber der Standard-Software des Publishers Mojang: MinecraftEdu ist speziell für Schulprojekte konzipiert. Es existieren vorgefertigte Tutorials und separate Zugänge für Schülerinnen und Schüler sowie Lehrerinnen und Lehrer mit umfangreichen und leicht bedienbaren Administrationsmöglichkeiten. Die Einrichtung der Client- und Serveranwendungen ist sehr einfach. Lernwelten lassen sich mit Hilfe von Erweiterungen (Mods) leicht und innerhalb kurzer Zeit herstellen und anpassen. Zudem besteht der Zugriff auf eine Bibliothek, in der bereits erstellte Lernwelten anderer Nutzerinnen und Nutzer zum Download bereit stehen. Zudem lockt eine finanzielle Ersparnis von bis zu 50% gegenüber der Software von Mojang (http://minecraftedu.com).

Die Projekte im gebundenen Ganztag werden über Mittel des Schulträgers finanziert. Für das Videospielprojekt bedeutete dies, dass neben der Anschaffung eines weiteren videospieltauglichen Computers, zwei Xbox360 Controller, Gaming Headsets, ein Studiomikrofon, ein Mikrofonstativ, acht *MinecraftEdu* Lizenzen inkl. einer Serverlizenz sowie zwei *Fraps*[15] Lizenzen zur Aufnahme der LPs angeschafft werden konnten. Die Projektgruppe war dadurch in der Lage, kooperativ Medieninhalte zu erarbeiten. Der Kauf der Lizenzen ist auf Rechnung möglich, was eine Abrechnung mit dem Schulträger erleichtert.

Da einige SchülerInnen Schwierigkeiten damit hatten, Aufgabenstellungen zu verinnerlichen, wurde auf einer Flipchart der Ablaufplan der jeweiligen Projekteinheit visualisiert. Zusätzlich wurde eine digitale Stoppuhr während der Aufnahmen aufgestellt, um den SchülerInnen einen besseren Überblick über die bereits verwendete Aufnahmezeit zu geben. Die genannten Maßnahmen dienten zur besseren Konzentration.

---

[14]   Abrufbar unter http://minecraftedu.com/ [Zugriff am 28.03.2016].
[15]   Abrufbar unter http://www.fraps.com/ [Zugriff am 28.03.2016].

Aus Beobachtungen der Pilotphase und der Zusammensetzung der neuen SchülerInnengruppe zeigte sich, dass sich die SchülerInnen nur über einen kurzen Zeitraum theoretisch mit dem Thema Videospiele auseinandersetzen können. Neben dem begrenzten sprachlichen Ausdruck spielen dabei vermutlich Faktoren wie die begrenzte Aufmerksamkeits- und Konzentrationsfähigkeit, geringe kognitive Kompetenzen und begrenzte Reflexionsfähigkeit eine Rolle. Eine vertiefte Reflexion mit Hilfe von Gesprächen mit der Gesamtgruppe – möglich bei den Schülersprechern – gestaltete sich mit dieser SchülerInnengruppe schwierig. Theorie- und gesprächsorientierte Projektanteile wurden durch handlungsorientierte Anteile ersetzt. Zentral für das Gelingen einer angemessenen Auseinandersetzung mit den Videospielen und der damit verbundenen Reflexion ist es, ausreichend Zeit für diesen Prozess einzuplanen. Hierbei mussten entweder die Methodik verändert oder die Gesprächsanteile auf ein Minimum reduziert werden, ohne jedoch wichtige Inhalte zu ignorieren. Um diesem Umstand Rechnung zu tragen, sollten Inhalte handlungsorientiert, mit Hilfe einfacher, bildhafter und symbolischer Sprache vermittelt werden.[16] Indem die SchülerInnen sich über die Screenshots, Fotografien oder Videos[17] unterhielten, gelang es ihnen scheinbar einfacher, über die genannten Themen ins Gespräch zu kommen.

Ferner setzten sich die SchülerInnen mit den Beurteilungskriterien der USK auseinander. Im Gespräch wurde diskutiert, in wie weit die eigenen Kriterien von denen der USK abweichen. Außerdem wurde die Frage beantwortet, wie ein USK-Prüfer oder die eigenen Eltern das jeweilige Spiel eingeschätzt hätten.

Im Fokus des weiteren Projektverlaufs stand nach wie vor das Erstellen von LPs. Den SchülerInnen wurde mehr Zeit zum Einüben von Sprachaufnahmen zur Verfügung gestellt. Die LP-erfahrenen SchülerInnen nahmen die zusätzlichen Hinweise zur Anleitung Gleichaltriger an und setzten diese innerhalb der Übungsphasen zur Aufnahme der LPs um. Im Sinne der peer-Education wurden LP-erfahrene SchülerInnen intensiver in die Anleitung ihrer MitschülerInnen eingebunden.

---

[16]   Siehe dazu bspw. die Methoden des GamesLab, abrufbar unter http://www.jff.de/games/materialpaket-methoden-material-und-tools/ [Zugriff am 28.03.2016].
[17]   Siehe dazu bspw. Geisler, Martin (2012). Totgespielt - Die Funktion des Symbols Tod im Computerspiel. Das Institut für Computerspiel – Spawnpoint. Abrufbar unter https://www.youtube.com/watch?v=FSixOXL_Jag [Abgerufen am 28.03.2016].

Die Ausdehnung der Übungsphasen zu Sprachaufnahmen, flankiert durch die Unterstützung LP-erfahrener SchülerInnen, zeigte sich als hilfreich in Bezug auf die Qualität der LP-Aufnahmen. Zum Beispiel wurden dem/ der LPerIn während der Aufnahme Hinweise gegeben („Das wolltest du auf jeden Fall in deinem Part sagen", usw.).

Aus den Vorerfahrungen des Pilotprojekts („Die Schülersprecher") zeigte sich, dass die pädagogische Begleitung der Pflege des YouTube-Kanals[18] durch die SchülerInnen unabdingbar ist. Dies bedeutet, dass der Zugang zum YouTube- bzw. Google-Konto dem Schulsozialarbeiter vorbehalten war und dieser im Rahmen der Projektzeit die SchülerInnen bei der Moderation des YouTube-Kanals intensiv begleitete. Nachdem die Moderation des YouTube-Kanals intensiviert wurde, lernten die Schülerinnen und Schüler mit negativer Kritik umzugehen und passende Reaktionen zu entwickeln.

In Bezug auf soziale und emotionale Belastungen der SchülerInnen ist es wichtig, Unsicherheiten oder Konflikte, die bei der Durchführung eines solchen Projekts auftreten, unmittelbar zu benennen und zu bearbeiten. Sollten SchülerInnen dennoch nicht in der Lage sein, an Projekteinheiten teilzunehmen, ist für die Arbeitsgemeinschaften ein Springer (Lehrerkollege) eingeplant. Dieser kann bei Bedarf belastete SchülerInnen auffangen. Durch das Auffangen von Konflikten während des Projekts zeigen sich die TeilnehmerInnen entlastet und können sich auf Projektinhalte konzentrieren.

2.4.7. Zielüberprüfung und Herausforderungen

2.4.7.1. *Reflexion des eigenen Videospielkonsums*

Im Verlauf des Projekts – insbesondere in den Reflexionsrunden – setzten sich die SchülerInnen immer wieder mit ihrem eigenen Videospielkonsum auseinander. Sie versuchten Fragen wie „Was fasziniert mich am Spiel XY?" oder „Weshalb spiele ich es gerne?" gemeinsam zu beantworten.

---

18   Der Youtube-Kanal „Let's Play - Pixel Party" ist unter http://bit.ly/1WZpVUu abrufbar [Zugriff am 28.03.2016].

Daneben kamen Reaktionen wie Gefühle, Gedanken und die Kommunikation mit Mitmenschen wie Freunden, Familie, Lehrern in Bezug auf Videospiele zur Sprache.

Im Plenum konnte ansatzweise über Spielgewohnheiten und Themen wie Gewalt und Krieg diskutiert werden. Die Themen Gewalt und problematisches Mediennutzungsverhalten in Bezug auf Videospiele konnten durch die Methoden des GamesLab in den Fokus genommen werden. Bei FörderschülerInnen scheint sich ein spielerischer Ansatz als wertvoll zu erweisen; sie können sich so eher auf eine Reflexion einlassen. Bei Bedarf wurden mögliche Problemstellungen, wie z.B. Vielspielen, im Rahmen von Elterngesprächen mit den Heranwachsenden und den Erziehungsberechtigten thematisiert.

Die anschließende Diskussion am Ende jeder Projekteinheit in der Gesamtgruppe wurde beibehalten. Dabei traten interessante Fragestellungen zutage, die offenbar eine tiefer gehende Reflexion begünstigten. Insgesamt sollten Gesprächsphasen jedoch so kurz wie möglich gehalten und von den jeweiligen individuellen Fähigkeiten der SchülerInnengruppe abhängig gemacht werden.

Die TeilnehmerInnen haben sich im Laufe des Projekts mit Hilfe von Fragebögen und Diskussionen außerdem unter technischen und kommunikativen Gesichtspunkten mit ihrem Videospielkonsum auseinandergesetzt.

2.4.7.2. Förderung eines positiven Selbstkonzepts

Neben dem Vorstellen des jeweiligen Videospieltitels werden durch gezielte Fragen bei gemeinsamen Aufnahmen und bei Gesprächen in der Gesamtgruppe narrative Prozesse auf Seiten der SchülerInnen angeregt: Sie reflektieren ihren (Schul-)Alltag und berichten über Ereignisse und Gegebenheiten, die sie beschäftigen. Der Fokus beim Erzählen über eigene Spiel- und Alltagserlebnisse liegt dabei auf der Wahrnehmung eigener Fähigkeiten und Stärken. Die erzählerischen Momente treten insbesondere bei LPs-together (mit einem Pädagogen) ein, sobald der Gesprächs- und Spielpartner den Kommentar gezielt mit Fragen in die Richtung Reflexion des Alltags lenkt. Diese Art des Erzählens irritiert erstaunlicherweise wenige der SchülerInnen, obwohl sie von der für sie gewohnten Art und Weise des Kommentierens in LPs abweicht.

Alltagsnarration erweist sich aus pädagogischer Sicht als sehr wertvoll, da sich in der Beratung an der Schule – insbesondere bei Jungen – oftmals zeigt, dass diese Schwierigkeiten haben, über ihren Alltag zu sprechen und zu reflektieren. Vor allem die Äußerung über Gefühle, Stärken und Schwächen fällt den Jungen erkennbar schwer. Über die Methode LP gelingt einem Großteil der Schüler, was sich in Plenumsdiskussionen oder Beratungssettings im schulsozialarbeiterischen Alltag als schwierig erweist.

Durch das Erfolgserlebnis der Aufnahme eines eigenen LPs sind die teilnehmenden Schülerinnen und Schüler offensichtlich dazu in der Lage, zumindest kurzfristig, den Fokus auf eigene, positive Fähigkeiten zu lenken. Inwieweit sich dies langfristig auf das Selbstkonzept auswirkt, könnte in einem weiteren Schritt wissenschaftlich betrachtet werden.

2.4.7.3. Förderung des sprachlichen Ausdrucksvermögens

Es gelingt den SchülerInnen, insbesondere jenen mit der Teilleistungsschwäche im sprachlichen Ausdruck, bei der Aufnahme von LPs ihre sprachlichen Fähigkeiten zu verbessern. Den Heranwachsenden ist es wichtig, qualitativ hochwertige LPs zu veröffentlichen. Eine Lehrerin berichtet, dass sie eine Verbesserung bei einem der Schüler wahrnehmen konnte: Er habe große Probleme beim Vorlesen (Stottern). Seitdem er in der Schule und zu Hause LPs aufnehme, habe sich sein sprachlicher Ausdruck verbessert. Inwieweit sich dabei ein tatsächlicher Lernerfolg einstellt, bleibt offen und könnte ebenfalls Gegenstand wissenschaftlicher Untersuchungen sein. Insgesamt wirken die SchülerInnen bei den Aufnahmen der LPs sehr konzentriert und fokussiert, was laut Aussage der Lehrer im Unterricht nicht immer gegeben sei. Probeaufnahmen und Gespräche vor und nach den Aufnahmen über die möglichen Inhalte der Kommentare scheinen sehr wichtig zu sein. Hierfür soll im weiteren Verlauf des Projekts ausreichend Zeit eingeräumt werden.

2.4.7.4. Produkt

Die SchülerInnen haben im Verlauf des Projekts mehrere LP-Videos erstellt. Da die Gruppen auffallend kritisch ihren eigenen Leistungen gegenüberstehen, wurden nur drei LPs auf den Projektkanal auf YouTube geladen. Lediglich ein Video wurde veröffentlicht.

2.4.7.5. Bearbeitung von videospielbezogenen Konflikten

Als besonders wertvoll erweist sich das Aushandeln von Konflikten, die im Rahmen des Projekts entstehen: Die Wahrnehmung der Spieler-Community in Bezug auf die Qualität eigener LPs, die sich laut Meinung der Heranwachsenden insbesondere an der Anzahl der Abonnenten messen lasse, spielt für die SchülerInnen eine wichtige Rolle. Auch über die Anzahl der Klicks, Likes, Dislikes und Kommentare definieren die SchülerInnen sich selbst und ihr Können stark. Teilweise vergleichen sie sich untereinander über die zuvor genannten Statistiken und Parameter; diese Vergleiche sind oft mit Reibung und Konflikten verbunden: Im Rahmen der Medienwoche an der Gutenbergschule kam es zum Streit zwischen zwei Schülern bzgl. der Kooperation mit einem bekannteren LPer. Im Rahmen eines Klärungsgesprächs, begleitet durch den Schulsozialarbeiter, wurde der Konflikt soweit bearbeitet, dass die beiden Schüler wieder konfliktfrei gemeinsam ihrem Hobby nachgehen können. Das Beispiel zeigt, wie wichtig es ist, Kinder und Jugendliche im Zusammenhang mit LPs pädagogisch eng zu begleiten. „Weshalb ist mir ein Like wichtig und weshalb macht mich ein Dislike wütend?"; „Macht es für mich einen Unterschied, jemanden mit Hilfe eines YouTube-Kommentars zu beleidigen, statt das auf dem Schulhof zu tun?"; „Welche Folgen kann ein solches Verhalten nach sich ziehen und wie gehe ich mit negativer Kritik, zum Beispiel in Form von Kommentaren, um?".

2.4.7.6. Organisation und Anleitung

Die Thematik der Duldungserklärung stellte sich bereits im Vorfeld des Projekts als sehr komplex dar. Zur Klärung der Rechtslage und zum weiteren Vorgehen musste seitens des Schulsozialarbeiters viel Zeit aufgewendet werden. Aus pädagogischer Sicht ist die Thematisierung des Komplexes mit den SchülerInnen sehr wichtig. Hierbei ist es vor allem hilfreich, ihnen konkrete Lösungsstrategien an die Hand zu geben, wie zum Beispiel: „Welche Inhalte eines Videospiels darf ich in welcher Form veröffentlichen?"; „Wie finde ich heraus, welcher Publisher hinter dem Videospiel steckt und wie dieser zum Thema Veröffentlichung von Inhalten bzw. Monetarisierung steht?"; „Wie kontaktiere ich einen Publisher?".

Die Art und Weise der fachlichen Reflexion, das Wahrnehmen von Ideen und Anmerkungen durch die SchülerInnengruppe und das Einnehmen der Metaebene des Projektleiters entscheiden maßgeblich über Qualität und Gelingen des Projekts.

2.4.7.7. Strukturelle Rahmenbedingungen

Durch die Weiterführung des Projekts im gebundenen Ganztag wurden weitere finanzielle Mittel zur Verfügung gestellt. Dadurch konnte weitere Technik und Software angeschafft werden, die die Qualität des Projektes positiv beeinflussen konnte.

In Bezug auf die verwendete Software hat sich die Verwendung von *MinecraftEdu* im Verlauf des Projekts als sehr positiv herausgestellt: Sowohl die Client- als auch Serveranwendung lassen sich einfach unter Windows oder Linux installieren und bedienen. Der Publisher von *MinecraftEdu* benötigt in der Regel einige Monate dafür, offizielle Updates von Mojang zu überarbeiten und als Update bereit zu stellen. Nichts desto trotz überwiegen die Vorteile gegenüber der aktuelleren Mojang-Version: Insbesondere der Server ist einfach zu bedienen und schnell eingerichtet. Auf der MinecraftEdu-Homepage befinden sich umfangreiche englische Tutorials (services.minecraftedu.com).

Kommandos wie Teleportierung oder das Zuweisen von Spielgegenständen können bequem aus einem Menü heraus gesteuert werden. Die für Laien umständliche Serversteuerung per Konsole entfällt dadurch zum Großteil. Darüber hinaus finden sich auf der Internetseite des Publishers weitere Hinweise, wie *MinecraftEdu* in einer Lernumgebung eingesetzt werden kann (ebda). Die Tools zum einfachen Bau von Spielwelten erweisen sich ebenfalls als sinnvoll. Dabei gelingt es, innerhalb weniger Minuten größere Bauten vorzunehmen. Die Sammlung an vorgefertigten oder bereits genutzten Welten erweist sich insofern als hilfreich, da eine deutsche Sprachversion des Tutoriallevels existiert. Damit entfällt das mühsame Übersetzen der Hinweistafeln und Wegweiser der englischen Version des Tutoriallevels, das die SchülerInnen in die Steuerung und Idee von *MinecraftEdu* einführt. Der größte Nachteil von *MinecraftEdu* besteht darin, dass bis dato keine deutsche Sprachversion existiert. Dies bedeutet, dass viel Zeit für das Übersetzen von Anleitungen und Welten verwendet werden muss. Dabei sind zum Beispiel Wegweiser entweder innerhalb des Spiels oder über nicht einfach zu identifizierende und editierbare Textdateien veränderbar. Bei sinnvollen Anleitungen, wie jene zur Steuerung des Spiels[19] oder den grundlegenden Minecraft-Rezepten[20], macht es jedoch Sinn, diese Zeit zu investieren.

---

[19] vgl. MinecraftEdu Controls;
http://services.minecraftedu.com/worlds/sites/default/files/worlds/26/material/controls_26.pdf
[20] vgl. Minecraft Crafting Recipes;
http://services.minecraftedu.com/worlds/sites/default/files/worlds/26/material/controls_26.pdf

2.4.8. Fazit

Das Projekt hat sich als wertvoll im Förderschulalltag erwiesen und wird im Rahmen des gebundenen Ganztags als festes Angebot seitens der Schulsozialarbeit etabliert.

Die Schüler und Schülerinnen erhalten dabei durch einen handlungs- und lebensweltorientierten Ansatz die Möglichkeit, ihre Stärken zu entdecken und Erfolge zu erleben. Gleichzeitig setzen sie sich mit Themen wie dem eigenen Alltagserleben, ihrem Videospielkonsum, Gewalt und Krieg auseinander. Sie lernen, medienbedingte Konflikte eigenständig zu lösen.

Aus der Sicht des Schulsozialarbeiters wurde ein Großteil der Projektziele erreicht. Eine wissenschaftliche Untersuchung über den Nutzen und die Wirkung eines solchen Projektes ist als weiterer Schritt denkbar.

Die Qualität des Angebots ist abhängig von den strukturellen Rahmenbedingungen. Eine ausreichende technische Ausstattung ist notwendig, um mit SchülerInnen die in diesem Projekt festgelegten Ziele zu verfolgen.

2.4.8.1. Zentrale positive und negative Aspekte des Projektes

Als Anhaltspunkt für pädagogische Fachkräfte, die ein solches Projekt durchführen möchten, abschließend eine Kurzdarstellung der zentralen positiven und negativen Erfahrungen in Bezug auf das durchgeführte Projekt:

+ Hohe Motivation der Schülerinnen und Schüler
+ Hohes Maß an Reflexionsbereitschaft
+ Zielerreichung über handlungsorientierte Ansätze
+ Erfolgserlebnis eigenes LP – Förderung eines positiven Selbstkonzepts
+ Arbeit mit Kleingruppe sinnvoll
+ LP-Vorerfahrung einzelner Schülerinnen und Schüler wertvoll
+ Vorhandene Materialien und Methoden von best-practice-Projekten nutzbar

- Gleichzeitiges Spielen und Sprechen als Herausforderung
- Vorauswahl der Videospiele (USK) nicht nachvollziehbar
- Finanzierung aufwändig und evtl. nicht umfassend
- Kontinuität und technische Ausstattung abhängig von Finanzierung

Literatur

Top 100 YouTubers in Germany by Subscribed. Zugriff am 28.03.2016 unter http://socialblade.com/youtube/top/country/de/mostsubscribed

Medienpädagogischer Forschungsverbund Südwest (2015). JIM-Studie 2015. Zugriff am 28.03.2016 unter http://www.mpfs.de/fileadmin/JIM-pdf15/JIM15_28.pdf

Förderschwerpunkte – Lernen. Zugriff am 28.03.2016 unter http://www.schulministerium.nrw.de/docs/Schulsystem/Schulformen/Foerderschule/Foerderschwerpunkte/Lernen/index.html

Kastirke, N., Streblow, C. (2013). Rahmenkonzept für Schulsozialarbeit an Dortmunder Schulen. Zugriff am 28.03.2016 unter http://www.dortmund.de/media/p/schulverwaltungsamt/downloads_18/Rahmenkonzept_2013.pdf

Baacke, D., Kornblum, S., Lauffer, J., Mikos, L., Thiele, G. A. (1999). Handbuch Medien: Medienkompetenz – Modelle und Projekte. Bonn: Bundeszentrale für politische Bildung.

Tulodziecki, G. Aufgabenfelder der schulischen Medienpädagogik. Zugriff am 28.03.2016 unter https://www.lmz-bw.de/gerhard-tulodziecki-aufgabenfelder-schulische-medienpaedagogik.html

Methode: Namensbingo. Zugriff am 28.03.2016 unter http://www.jff.de/games/wp-content/uploads/2014/NAMENSBINGO.pdf

Duldungserklärung: YouTube / Videoplattformen. Zugriff am 28.03.2016 unter http://www.ea.com/de/1/youtube-duldungserklaerung

YouTube Monetization. Zugriff am 28.03.2016 unter https://help.mojang.com/customer/portal/articles/1389657

So funktioniert Content ID. Zugriff am 28.03.2016 unter https://support.google.com/youtube/answer/2797370?hl=de

letsplaytheschool. Zugriff am 28.03.2016 unter https://www.youtube.com/user/letsplaytheschool

What is MinecraftEdu?. Zugriff am 28.03.2016 unter http://minecraftedu.com/about#fullFeatureSet

Let's Play - Pixel Party. Zugriff am 28.03.2016 unter
http://bit.ly/1WZpVUu

Guides. Zugriff am 28.03.2016 unter
http://services.minecraftedu.com/wiki/Guides

Teaching with MinecraftEdu. Zugriff am 28.03.2016 unter
http://services.minecraftedu.com/wiki/Teaching_with_MinecraftEdu

MinecraftEdu Controls. Zugriff am 28.03.2016 unter
http://services.minecraftedu.com/worlds/sites/default/files/worlds/26/m
aterial/controls_26.pdf

Minecraft Crafting Recipes. Zugriff am 28.03.2016 unter
http://services.minecraftedu.com/worlds/sites/default/files/worlds/26/m
aterial/crafting_recipes_26.pdf

2.5. Bildung – Spiel – Schule
Lernen in „entgrenzten Schulspielwelten"

Sieglinde Landauer

2.5.1. Einleitung

Wenn man sich mit dem (schulischen) Bildungspotential analoger und digitaler Spielwelten auseinandersetzen möchte, muss man zuerst abklären, was Bildung überhaupt ist und wie das alles zum Begriff „Spielbildung" in Bezug gesetzt werden kann. Im Rahmen dieser Überlegungen wird sehr schnell klar, dass hier die Begriffe gesprengt und über sich selbst und ein allgemeines Verständnis hinaus erweitert – sozusagen „entgrenzt" werden müssen. In der Schule geht es vorrangig um ein formales Lernen, wobei hier auch nicht-formale und informelle Lernprozesse einen großen Stellenwert haben. Als öffentliche Bildungsinstitutionen mit dem Angebot der Erreichung staatlich anerkannter Abschlüsse unterliegen Schulen strukturierten Lernprozessen, die vielfältige Rechtfertigungen verlangen.

2.5.2. Spielbildung vs. Schulbildung?

2.5.2.1. Bildung

Bildung ist die Formung des Menschen im Hinblick auf sein „Menschsein" (vgl. BBWF, 2013). Sie lässt sich umschreiben als das reflektierte Verhältnis zu sich, zu anderen und zur Welt. Dieses Verhältnis wird in einem lebensbegleitenden Entwicklungsprozess des Menschen fortgeschrieben. Das Individuum entwickelt im Rahmen seiner Bildung die geistigen, kulturellen und lebenspraktischen Fähigkeiten und erweitert seine ureigenen personalen und sozialen Kompetenzen. Der Bildungsbegriff musste sich immer wieder der Kritik stellen und konnte sich letztendlich bis heute doch behaupten. Bildung hat nach wie vor einen hohen Stellenwert sowohl in der Wissenschaft als auch in der gesellschaftlichen Praxis

(Ehrenspeck, 2004, S. 65). Für Bernward Hoffmann (2003) ist Bildung eine Entfaltung und Entwicklung geistig-seelischer Werte und Anlagen eines Menschen durch Formung und Erziehung. Bildung ist keine Anhäufung von Formalwissen. In diesem Fall wäre Bildung mit „Einbildung" gleich zu setzen und würde von gesellschaftlichem Nützlichkeitsdenken reproduziert werden (S. 127). Hartmut von Hentig moniert das Problem, dass den Menschen zwar alles bildet, ihn aber nur weniges „veredeln" kann (vgl. von Hentig, 1999).

Das Phänomen Bildung hat eine Geschichte, konnte sich über Jahrtausende behaupten und hat nach wie vor große Wichtigkeit. Die Fragen, die sich stellen, sind jene, ob, wie und in welche Richtung sich Bildung weiterentwickelt und was sie heute – in postmodernen Gesellschaften – ist. Was bedeutet es für die Menschen des beginnenden 3. Jahrtausends sich zu bilden und wie sollte das vonstatten gehen? Beginnt Bildung erst mit dem Eintritt in die Schule oder ist sie, lebensbegleitend, immer schon da gewesen bzw. bis zum Lebensende präsent? Können Individuen überhaupt gebildet werden – durch andere, durch sich selbst?

2.5.2.2. Spielbildung

Womit man schon beim Thema und der so wichtigen Frage ist: Kann Spielbildung – die Bildung durch Spiele (sollte eine solche überhaupt existent und möglich sein) – das hier kurz Zusammengefasste und noch vieles mehr realisieren? Fordert und fördert Spielbildung den Geist der SpielerInnen? Verbessert sie ihre Kulturfähigkeit in Richtung eines umfassenden Wahrnehmens, Denkens, Wertens und Handelns? Sind Spiele geeignet, als „mentale Software des Sozialisationsprozesses" zu fungieren? Sind sie selbst Kultur, fähig, die Werte und Normen, Einstellungen, Gefühle, Erwartungen, Bedürfnisse, Auffassungen und – last but not least – den Kommunikationsstil der SpielerInnen zu prägen und zu formen (vgl. Landesakademie für Fortbildung und Personalentwicklung an Schulen, 2008)? Spielen ist vor allem Spaß und Vergnügen. Es macht glücklich, ist sinnstiftend, zutiefst menschlich und ursprünglich. Spiele haben Regeln. Sie fungieren als Simulation des Lebens, das spielerisch oft besser funktioniert als in seiner Realität. Menschen knüpfen spielerisch Kontakte, sie bewegen sich im Spiel, sie erproben ihre Sinne und messen sich. Sie erleben im Spiel Abenteuer, sie lösen angestrengt und hingebungsvoll Probleme und entspannen sich dabei. Sie spielen sich selbst und andere und lernen damit. Sie tauchen in Spielwelten ein und begegnen in ihnen der Vergangenheit, der Gegenwart und der Zukunft. Sie lernen sich und ihre Mitmenschen kennen in einer spielerischen Auseinandersetzung mit Mensch, Kultur und Welt und erfahren damit Bildung in ihrem ursprünglichsten Sinne.

2.5.2.3. Spielerische Schulbildung

An dieser Stelle tritt der Begriff „Schulbildung" bzw. „spielerische Schulbildung" auf den Plan. Kann die Institution Schule den Menschen im Sinne von „Menschenbildung" zu einer Person und Persönlichkeit machen, die „jemand ist" – wie Peter Bieri in seinen Ausführungen zum Thema: Wie wäre es, gebildet zu sein? (vgl. Bieri, 2007) darlegt – oder reicht es, sich auszubilden, um etwas (vieles) zu können? Wer an Schulbildung glaubt, muss zugleich die Frage beantworten, wie diese verwirklicht werden kann und welchen Stellenwert hier Methoden des Game -Based-Learning haben. Bildungsdiskussionen dürfen nicht funktionalistisch oder ökonomisch vereinseitigen, stellt Roland Reichenbach (2007) fest. Er spricht davon, dass „monomythomanische Intermezzi" im Bereich der Bildungswissenschaften „Zwischenspielchen" sind, die man nicht mitmachen müsse. Man solle es vielmehr vorziehen, „andere, bedeutsamere Spiele" zu spielen (ebd. S. 11). Womit die finale Frage zu stellen ist: Kann die Schule durch den Einsatz von Lernspielen spielerische Schulbildung verwirklichen oder ist es, wie Michael Kerres et al. feststellten, nicht möglich „pädagogisch wertvolles Spielzeug" – im Sinne von Schulbildung – herzustellen und zu nutzen. Kerres ist der Meinung, dass junge Menschen entweder lernen oder spielen und dass sich das Spiel einer einfachen Instrumentalisierung für didaktische Zwecke entzieht (vgl. Kerres, Bormann, Vervenne, 2009).

2.5.3. Entgrenzte Spielbildung in der Schule

2.5.3.1. Das Drei-Säulen-Modell entgrenzter Schulspielwelten

Besagtes Drei-Säulen-Modell fungiert als Gedankenexperiment „entgrenzter Spielbildung in der Schule", die sich – im Rahmen eines schulischen Game-Based-Learning – aus einengenden Grenzen befreit, diese als überschreitbar erkennt, starre Strukturen auflöst, endlose Horizonte anstrebt, zeitliche, räumliche und sachliche Zwänge abschafft und die Lernwelt subjektiviert. Man folgt der Idee, Lernende und Lehrende aus restriktiver, curricularer Enge zu befreien und dazu zu motivieren, selbsttätig und Sinn stiftend Dinge zu flexibilisieren und zu rationalisieren, um damit einem „schubladisierenden Denken" und der Idee, der „Geist wäre ein Gefäß, das einfach gefüllt werden könnte" (Plutarch), entgegen zu wirken. Es ist der Möglichkeit auf den Grund zu gehen, schulspielerisch die Selbstbestimmungs-, Mitbestimmungs-, Solidaritäts- und Diskursfähigkeit, die Reflektiertheit, Emotionalität und Handlungsfähigkeit (Klafki, 1980. S.

12) Jugendlicher zu fördern bzw. spielerische Bildungsmöglichkeiten ins Auge zu fassen. Im Zuge dieser Überlegungen stellt man die Frage nach Unterrichtsmitteln und Methoden, die sich anderen gegenüber durch einen Mehrwert im Spannungsfeld von Didaktik und Mathetik auszeichnen und fragt ebenso, wie man diese – so man sie gefunden hat – in schulische Lernsettings einarbeiten kann. Wenn das Spiel ein solches Lehr- und Lernmittel ist, was durchaus kritisch zu hinterfragen sein wird, muss zugleich geklärt werden, wie und unter welchen Umständen, Rahmenbedingungen und Voraussetzungen dieses in den Unterricht implementiert werden kann und ob es möglich ist, Spiele zu „entgrenzen", um sie zum schulischen Bildungsinstrumentarium zu machen. Nicht vergessen werden dürfen hier systemisch-konstruktivistische Ansätze der Spielpädagogik, die Kindern in freien Gruppenspielen die Möglichkeit geben, ihre eigene (Spiel-) Welt zu erschaffen und zu gestalten, um sich damit in einer geschützten Umgebung kreativ, interaktiv, handlungsorientiert und spontan auf die reale Welt vorzubereiten. Durchaus kritisch positionieren sich Michael Kerres, Mark Bormann und Marcel Vervenne, wenn sie die Möglichkeit der Verknüpfung (digitaler) Spielwelten und didaktischer Konzepte im Sinne einer Nutzbarmachung für das Lernen und Lehren diskutieren (vgl. Kerres, Bormann, Vervenne, 2009). Kann ein unmittelbarer Wissenstransfer genutzt oder müssen Spiele in Lernsituationen eingebettet werden? Sollte der/die verantwortungsbewusste PädagogIn gar Lernaufgaben in ein Spiel „importieren", um dieses zum schulisch wertvollen Lernspiel werden zu lassen? Bereits hier eröffnet sich die Problematik der Erstellung und Rechtfertigung einer didaktischen Konzeption analoger und digitaler Spiele. Lässt sich ein spielerischer Kompetenzerwerb – wie immer er geartet ist – auf Anwendungssituationen außerhalb der Spielwelt übertragen? Hier sollte man, bezugnehmend auf tradierte Lernwelten, eine kritische Frage aufwerfen. John Hattie (2009) hat das in einer wegweisenden Metastudie zum Thema „Visible Learning" getan. Inwieweit ist ein Kind überhaupt in der Lage das, was es z.B. im schulischen Englisch-Frontalunterricht gelernt hat, in die eigene Lebenswelt zu transferieren? Schlagend wird dieses Problem, wenn es sich vielleicht irgendwann in einer fremden Stadt verirrt und auf Englisch nach dem Weg fragen muss. Es wurde noch nicht final geklärt bzw. wird vielleicht nie wirklich geklärt werden können, ob es die einzige zielführende Unterrichtsmethode überhaupt gibt, oder ob es immer ein Potpourri an unterschiedlichen Herangehensweisen und Methoden ist, das letztendlich Bildung verwirklicht. Das Problem des Transfers von im Unterricht gelernten Inhalten scheint nicht nur in Bezug auf ein spielerisches Lernen ein sehr komplexes zu sein. Somit kann man das Verhältnis von Spiel und

Schule als wechselvoll, konfliktreich und möglicherweise als ein Streben nach dem „kleinsten gemeinsamen Nenner" sehen. Und doch, wie Hans Petillon feststellte, ist es wichtig, das weite Spektrum an Entfaltungs- und Gestaltungsmöglichkeiten im Spiel auch in didaktisch-pädagogischen Zusammenhängen zu nutzen und Wert zu schätzen (vgl. Petillon & Valtin, 1999). Besonders in der Schule kann das Spiel – laut Petillon – zum effektiven, pädagogischen Werkzeug des Lernens werden. Dabei vollzieht sich eine grundsätzliche Umwertung desselben, die in diesen Ausführungen als „Entgrenzung" bezeichnet wird. Ein sinn- nicht zweckbehaftetes menschliches Grundphänomen wird damit didaktischen und pädagogischen Absichten dienstbar gemacht (Fritz 1991, S. 130. In: Petillon, 2014, S. 3). Die Idee des entgrenzten Spielens in der Schule steht auf drei tragenden Säulen. Als deren „Grundfeste" müssen Spiele über ihre definitorischen Grenzen hinweg geöffnet werden. Im Rahmen der Entwicklung didaktischer Modelle gelebter Spielpraxis werden sie zu schulischen Lernwerkzeugen. Die pädagogisch-didaktische Verknüpfung der Begriffe Spiel und Schule im Kunstwort Schul-Spiel (als das Spielen in der Schule) soll Bildung als individuelle Fortentwicklung des Individuums im Spiegel der Welt verwirklichen (siehe Abb. 2.5-1).

Abb. 2.5-1 Drei-Säulen-Modell entgrenzter Spielwelten im Kontext schulischer Bildung (Landauer)

2.5.3.2. Entgrenzte Spiele und ihre Systematisierung

Im Zusammenhang mit entgrenzten Spielen ist die spielerische schulische Lernzielverwirklichung als ein formaler Lernprozess richtungsgebend. Es geht darum darzustellen und zusammenzufassen, wie und unter welchen Grundprinzipien Spiel methodisch in den Unterricht eingebaut werden kann, um so einen Zusammenhang zwischen spielerischen Arrangements und dem Lernen der SchülerInnen herzustellen.

In einer ersten Darstellung zum entgrenzten Schulspiel wird klargestellt, dass schulisches Game-Based-Learning Spaß macht (=Spaßspiel), dem Lernen dient (=Lernspiel), nach festgelegten Spielregeln abläuft (=Regelspiel), freie und kreative Elemente enthält (=Freispiel), die jungen Menschen bildet (=Bildungsspiel), Sinn macht und alle Sinne anspricht (=Sinnesspiel), in vielfältigen Medienwelten stattfindet (=Medienspiel) und dem schulischen Erwerb von Kenntnissen, Fähigkeiten und Fertigkeiten dient (=Schulspiel, siehe: Systematisierung 2/ Entgrenztes Schul-Spiel, Abb. 2.5-2).

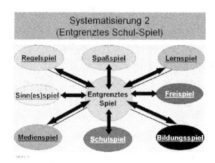

Abb. 2.5-2 Systematisierung 2/ Entgrenztes Schul-Spiel (Landauer)

Entgrenzte Spiele sind Teil des schulischen Fächerlernens, Projektlernens, Medienlernens, Kreativlernens und wichtiges Element eines sozialen Lernprozesses. Forschend, lernend, übend (=trainierend) und experimentierend erspielen sich die Jugendlichen schulische Lernziele in unterschiedlichen Spielen und Spielarrangements. Die dargestellten Anforderungen an entgrenzte Schulspiele (Regeln, Spaß, Sinnhaftigkeit, Medialität usw.) können den Spielsettings in isolierter Form inhärent sein, werden in den meisten Fällen aber gebündelt in diesen vorkommen. So wird es nicht einmal geschehen, dass ein gewähltes Spiel (Schulspielprojekt) Spaß macht, regelgeleitet abläuft, dem Lernen dient, sinnvoll ist und, nicht zuletzt, Bildung ermöglicht. Diese Spiele werden nach vorangegangener, wohl überlegter Auswahl durch die begleitenden PädagogInnen auf ihre Schultauglichkeit überprüft und bei Bedarf mit schulischen Lernzielen „überschrieben" und „unterrichtstauglich gemacht". Entgrenztes Spielen ist immer einem Entdecken, Erlernen, Üben und Anwenden von Wissen, Fertigkeiten und Fähigkeiten gewidmet und soll im Rahmen von „Forscherspielen", „Erlernspielen", „Trainierspielen" und „Experimentierspielen" stattfinden. Nur so wird eine umfassende spielerische Bildung wirklich gelingen, egal welchem Fachunterricht das gewählte Spielszenario zugeordnet ist (siehe: Systematisierung 3/ Entgrenztes Schulspiel, Abb. 2.5-3).

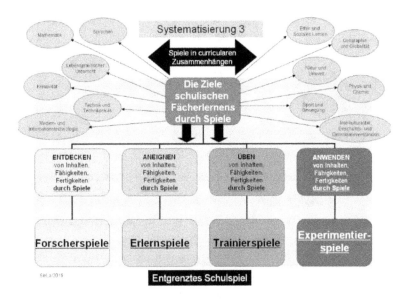

Abb. 2.5-3 Systematisierung 3/ Entgrenztes Schulspiel (Landauer)

2.5.4. Praxisbeispiele entgrenzten Spielens in der Schule

Frei nach dem Motto „in medias res" werden in der folgenden Erörterung einige in der Schule der Zehn- bis Vierzehnjährigen durchgeführte Praxisbeispiele spielerischen Lernens vorgestellt. Man kann sie als ein nach oben führender, sich ständig verbreiternder Lernweg zu schulischem (digital) Game-Based-Learning sehen und damit das Bildungspotential von Computerspielen erfahrbar machen. Nicht die Vermittlung von Faktenwissen und ein isoliertes Fächerlernen ist Ziel dieses Ansatzes, sondern ein entgrenztes, (Schul-) praxisorientiertes, buntes, motivierendes und lebendiges Lernen mit Spielen, das junge Menschen bildet und nicht nur ausbildet.

In allen hier vorgestellten Spielprojekten nutzte man – im Sinne einer Entgrenzung – sowohl Spiele, die den unmittelbaren Wissenstransfer unterstützen, als auch Spielszenarien, die in spezielle Lernsituationen eingebettet wurden. Manche Spiele wurden „hybridisiert". Das heißt, sie bekamen, in ihrer Grundstruktur gleichbleibend, spezielle schulische Lehr- und Lernaufgaben.

Abb. 2.5-4 Spielprojekt SoLeSpie (Fotos Landauer)

2.5.5. SoLeSpie – ein entgrenztes Spiellernprojekt

„SoLeSpie" (Soziales Lernen mit Spielen) ist ein im Jahre 2009 in der Schule der Zehn- bis Vierzehnjährigen durchgeführtes Jahresspielprojekt, das sowohl analoge, als auch digitale Spielwelten bzw. kommerzielle und selbst erdachte Spiele in die Projektarbeit einbezog. Die Mädchen und Jungen spielten Kreativ-, Karten-, Brett-, Wissens-, Bewegungs- und Planspiele. Außerdem spielten sie Theater und am Computer. Das Projekt beinhaltete Freispielphasen, machte den Kindern Spaß, fand in variablen Medienlernwelten statt, erfasste alle Sinne und ermöglichte schulische Spielbildung. Dieses fächerübergreifende Lernen verwirklichte vor allem auch ein am Kinde orientiertes Medien- und Kreativlernen. Der Gesamtfokus des spielerischen sozialen Lernens lag auf der Nutzung einer spielerischen Gruppendynamik zur Gestaltung von Persönlichkeit und Gesellschaft

2.5.6. Computerspiele als schulische Lernhybride

In computerspielerischen Lernprojekten in der Schule geht es darum, schulische Lernziele in Szenarien des Digital-Game-Based-Learning zu verwirklichen, um damit das Computerspiel zum „Diener zweier Herrn" (zugleich Spaßspiel und Lernspiel) zu machen. Durch die Nutzung eines entgrenzten, didaktischen Metadesigns kommerzieller Computerspiele wird auf diese Weise der Ernst des Lebens zum Spiel. Auch hier geht es einerseits um für pädagogische Zwecke entwickelte PC-Games. Andererseits werden aber auch so genannte COTS-Games (Commercial off-the-shelf games) – das sind seriengefertigte Spiele, die in großer Stückzahl völlig gleichartig („von der Stange") gekauft werden können – zum Ausgangspunkt der Bemühungen gemacht, die hohe Motivation, die mit Spielen dieser Art einhergeht, schulisch zu nutzen. Kommerzielle Computerspiele (=Unterhaltungsspiele) werden top down hybridisiert (= für den Unterricht adaptiert) und mit schulischen Aufgabenstellungen, in Form eines didaktischen Metadesigns, überschrieben. Hier liegt der Fokus auf einem Brückenschlag zwischen Spaß und Lernen und der Absicht, Computerspiele vor allem auch als Lernmotivation zu sehen.

Abb. 2.5-5 Wir spielen LUKA (Foto Landauer)

So wurde z.B. ein buntes, fast märchenhaft anmutendes Adventure Game mit dem Namen *LUKA* (Deck 13) im sozialen Spiellernprojekt für Acht- bis Zwölfjährige zum „Abenteuer der guten Entscheidungen" mit einer unausweichlichen Lernbotschaft. Aufgrund der Spielmechanik haben die SchülerInnen hier keine Möglichkeit, „böse" zu sein (=im Spiel gewaltbereit zu handeln), will man doch im Level aufsteigen und final den „verborgenen Schatz" entdecken. Somit kann man *LUKA* als für schulische Zwecke konzipiertes Educational Game bezeichnen, das den begleitenden PädagogInnen keinen adaptiven Kraftakt abverlangt.

Ganz anders funktionierte das spielerische *role-taking* im epischen Rollenspiel-Action-Abenteuer *FABLE – THE LOST CHAPTERS* (Microsoft Studios), durchgeführt von sieben vierzehnjährigen SchülerInnen und ihren begleitenden Lehrkräften im Jahr 2014 (Projekt Toolkit – Game based Learning) im Auftrag von bm:ukk/PH-Online/ Zentrum für Angewandte Spieleforschung. Auch hier bestanden die Jugendlichen die unterschiedlichsten Herausforderungen im kämpferisch angelegten Spiel, entschieden sich aber bei jeder Aktion, ob sie „gut oder böse" sein wollten. Ihr Avatar, der sich in Echtzeit weiterentwickelte, wurde so entweder zum strahlenden Helden oder teuflischen Antihelden. Danach sprachen die Mädchen und Jungen über ihre Spielerfahrungen (gaben z.B. Interviews). Sie reflektierten das Erlebte in Gruppengesprächen und füllten Fragebögen aus, die von den begleitenden Lehrkräften (und WissenschaftlerInnen) ausgewertet wurden. Mit dieser reflexiven Perspektive auf das Spiel wurde das PC-Game selbst zum Unterrichtsgegenstand und man stellte sich die Frage: Wie können junge Menschen die nötigen Kompetenzen entwickeln, um der suggestiven Kraft von Computerspielen kritisch entgegenzutreten? Diese besondere Form der schulischen Entgrenzung eines kämpferischen PC-Games veranlasst die SchülerInnen dazu, ihr Vorgehen im Spiel facettenreich und kritisch zu hinterfragen.

Abb. 2.5-6 Wir spielen FABLE – THE LOST CHAPTERS (Foto Landauer)

Noch einen Schritt weiter geht das Gedankenexperiment eines Unterrichtsmoduls zu computerspielerischen Aspekten narrativen (sozialen) Lernens. In einem fächerübergreifenden Computerspielprojekt (Sprachunterricht und Soziales Lernen) für ältere SchülerInnen (Sekundarstufe II) schreiben die Jugendlichen im Rahmen der Erstellung eines Skript-Designs eine Modifikation (=eine Phantasiegeschichte) eines vorher gespielten MMORPGs, z.B. *RUNES OF MAGIC* (Runewaker Entertainment). Das Motto hierbei heißt: „Moral ist lehrbar" (oder: „feel the morality of persuasive games"). Eine stattliche Anzahl von Computerspielen erzählt Geschichten, die – im Zusammenhang mit der Spielmechanik – viel Potential bieten, im Unterricht besprochen und analysiert bzw. in einem Game-Mod verändert und kreativ gestaltet werden können. So könnte ein Game-Mod eine fiktive, virtuelle Realität einer „schönen neuen Welt" narrativ simulieren, in der man die Möglichkeit hat, selbstbestimmt und frei den „richtigen Weg" zu wählen. Diese Idee wird begleitet von der Vorstellung des pädagogischen Nutzens eines „Learning Games", das im Rahmen der Entgrenzung eines für kommerzielle Zwecke hergestellten Videospiels entsteht.

Vorgehensweise (Entgrenzung) im Unterricht:

- Die SchülerInnen spielen ein Fantasy-MMORPG und beschäftigen sich zusätzlich mit dem Narrativ des Computerspiels.
- Die Erfahrungen im Spiel (Inhalte, Rollenspielerfahrungen, Erkenntnisse usw.) werden gemeinsam mit der Lerngruppe reflektiert

(Schwerpunktsetzung und Themeneingrenzung mit Unterstützung der Lehrkraft).

- Die SpielerInnen erstellen (=schreiben, zeichnen, malen, gestalten, kreieren analog und/oder digital) ein Skript-Design als ludisches Artefakt des gespielten Spiels.
- Die Jugendlichen begeben sich damit in eine andere, eigenständig kreierte Spielwelt, die der des gespielten PC-Games zwar ähnlich ist, aber neue Wertequalitäten einführt und beinhaltet.

Abb. 2.5-7 Wir spielen RoM (Foto Landauer)

2.5.7. Resümee und Ausblick

Trotz vielfältiger Intensionen, Herangehensweisen und Didaktisierungsbemühungen gelang in den hier beschriebenen Projekten die Lernzielverwirklichung sehr gut, ohne den Jugendlichen den Spielspaß zu nehmen. Obwohl – wie Kerres et al. feststellten – die Verbindung von Lernen und Spielen durchaus problematisch ist, wagt die Autorin zu behaupten, dass entgrenztes Spielen in jedem Fall Bildung verwirklicht. Es geht hier nicht nur um Wissenserwerb als Faktenlernen im expliziten Lernmodus, sondern um die implizite Aneignung von Weltverständnis und der Bewahrung des natürlichen Wissensdurstes von jungen Menschen. Kinder lernen sehr viel in einem Spiel. Als erstes lernen sie, dieses zu spielen. Sie lernen, ein Regelwerk zu verstehen, Regeln einzuhalten und sich auf MitspielerInnen einzustellen. Sie lernen, Taktiken – welcher Art auch immer – zu entwickeln, Entscheidungen zu treffen oder sich zurückzuhalten, im Team oder partnerschaftlich zusammenzuarbeiten, wachsam zu sein, spontan oder überlegt zu agieren, mit Spielmaterialien und Spielmedien umzugehen, planspielerisch vorzugehen, auf Spielsysteme ad hoc zu reagieren, kognitiv, analytisch, emotional oder affektiv zu handeln, zu gewinnen, zu verlieren, sich zu freuen, zu trauern und vieles mehr. Kinder lernen in Spielen simulativ und kreativ und werden zu den (Be-)

Herrschern ihrer Spielwelt. Das alleine erfüllt bereits den Anspruch, sich mit Spielen bilden zu wollen. Es sind aber noch viele Dinge mehr, die SchülerInnen – durchaus auch fachbezogen – in Spielen lernen können. Viel schwieriger als die Rolle der RezipientInnen (= SchülerInnen bzw. SpielerInnen) ist jene der SpielleiterInnen. Die Lehrkraft, in diesem Fall der/ die SpielpädagogIn, steht immer in der Pflicht, Spielen und Lernen so zu verknüpfen bzw. Spiele derart zu entgrenzen, dass sie einerseits das, was sie sind bleiben: SPIELE. Andererseits sollten diese entgrenzten Spiele im Idealfall Lernen als dauerhafte Verhaltensänderung bzw. Bildung als Menschenbildung ermöglichen. Es geht darum, Spiel- und Lernmodus so zu verknüpfen, dass diese nicht mehr als gänzlich fremdartig und einander ausschließend erlebt werden. Hier werden noch viele Stunden des pädagogisch-wissenschaftlichen Nachdenkens und Forschens notwendig sein, um daraus klare spieldidaktische Empfehlungen ableiten zu können.

Eine Empfehlung – ich denke, es ist ein schwieriger, aber auch Ziel führender Weg, den man gehen sollte – möchte ich final machen: Vielleicht wäre es wert, darüber nachzudenken, nicht nur das Spiel, sondern vor allem die Schule selbst zu entgrenzen, um diese aus einem einengenden Korsett zu befreien, starre Strukturen aufzulösen, endlose Horizonte anzustreben und zeitliche, räumliche und sachliche Zwänge abzuschaffen und – last but not least – die schulische Lernwelt zu subjektivieren, um so die Lernenden zu sich selbst und der eigenen (Menschen-) Bildung zurückzubringen, denn …

Der vernunftbegabte und gebildete Mensch (homo sapiens/ homo doctus) hat die Fähigkeit, Dinge zu erschaffen (homo faber) und welche Dinge sollten ihm mehr dabei nützen (homo oeconomicus), als jene der spielerischen Auseinandersetzung mit sich selbst und der Welt (homo ludens).

Literatur:

Bieri, Peter (2007). Wie wäre es, gebildet zu sein? Gekürztes Hörbuch. Audible.de. Komplett Media Verlag.

Ehrenspeck, Yvonne (2004). Bildung. In: Krüger, H.-H./Grunert, C. (Hrsg.): Wörterbuch Erziehungswissenschaft. Basel: Weinheim.

Hattie, John (2009). Visible Learning: A Synthesis of Over 800 Meta-Analyses Relating to Achievement. New York: Routledge

Hentig, Hartmut von (1999). Bildung. Weinheim und Basel: Beltz Taschenbuch.

Hoffmann, Bernward (2003). Medienpädagogik. Eine Einführung in Theorie und Praxis. Paderborn: Schöninghaus.

Klafki, Wolfgang (1980). Die bildungstheoretische Didaktik im Rahmen kritisch-konstruktiver Erziehungswissenschaft. In: H. Gudjons und R. Winkel (Hrsg.): Didaktische Theorien. S. 29 – 45. Bergmann und Hamburg: Helbig.

Petillon, Hans. Valtin, Renate (1999). Spielen in der Grundschule: Grundlagen – Anregungen – Beispiele. Frankfurt: Grundschulverband – Arbeitskreis Grundschule.

Reichenbach, Roland (2007). Philosophie der Bildung und Erziehung. Eine Einführung. Grundriss der Pädagogik / Erziehungswissenschaft. Band 14. Stuttgart: W. Kohlhammer GmbH.

Internetquellen:

BBWF – Bundesverband für Bildung, Wissenschaft und Forschung ev. (2013). Was ist Bildung? Zugriff: 29. 7. 2015

URL: http://www.bbwf.de/ct-menu-item-23/ct-menu-item-25.html

Fritz, J. (1991). Theorie und Pädagogik des Spiels. München. In: Petillon, Hanns (2014). Spielen in der Grundschule – eine Ortsbestimmung. Universität Koblenz Landau. Downloads. Spielpädagogik. Zugriff: 27. 1. 2015 URL: http://www.uni-koblenz-landau.de/de/landau/fb5/bildung-kind-jugend/grupaed/studium/downloads/petillon/

Kerres Michael. Bormann, Mark. Vervenne, Marcel (2009). Didaktische Konzeption von Serious Games: Zur Verknüpfung von Spiel- und Lernangeboten. In: MedienPädagogik – www.medienpaed.com, Zeitschrift für Theorie und Praxis der Medienbildung. Zugriff: 26. 12. 2015 URL: http://mediendidaktik.uni-due.de/sites/default/files/kerres0908_0.pdf

Landesakademie für Fortbildung und Personalentwicklung an Schulen. Esslingen (2008). Definition Kultur. Zugriff: 26. 12. 2015 URL: http://lehrerfortbildung-bw.de/bs/bsa/bgym/lehrgang/definition/

2.6. Möglichkeiten und Grenzen gemeinsamen digitalen Spielens von Eltern mit ihren Kindern

Karina Kaiser-Fallent

2.6.1. Die Bedeutung gemeinsamen Spielens – Eltern als SpielpartnerInnen

Unbestritten ist, dass gemeinsames Tun, das Teilen einer gemeinsamen Realität, Vertrauen zwischen Eltern und Kindern und damit die Familienverbundenheit stärkt (Chambers, 2012; Coyne, Padilla-Walker, Stockdale & Day, 2011; Padilla-Walker, Coyne & Fraser, 2012). Das trifft auch auf die gemeinsame Beschäftigung mit digitalen Spielen zu und stellt eine Grundvoraussetzung für einen verantwortungsbewussten Umgang damit dar.

„Quite simply, play offers parents a wonderful opportunity to engage fully with their children", so einfach, aber treffend drücken Ginsburg und The Committee on Communication sowie The Committee on Psychosocial Aspects of Child and Family Health (2007, S. 183) das positive Potential gemeinsamen Spielens aus. Durch gemeinsames Spielen, so die AutorInnen, erhalten Eltern die einzigartige Gelegenheit, die Welt aus der Perspektive des Kindes zu sehen und zu erleben, dem Kind volle Aufmerksamkeit schenken zu können und dadurch die Eltern-Kind-Beziehung zu stärken.

Eltern, die ab und zu in die kindliche Erlebenswelt eintauchen, lernen wirksamer mit ihren Kindern zu kommunizieren und kreieren beim gemeinsamen Spielen neue Situationen für einen liebevollen und fürsorglichen Umgang (Ginsburg et al., 2007, S. 183).

Gemeinsames Spielen, „Sozialspiel", ist zudem die optimale Möglichkeit, die „Zone der nächsten Entwicklung", wie sie Wygotsky formuliert hat, anzuregen (Wygotsky in: Oerter, 2007). Indem Eltern die Ideen ihrer

Kinder aufgreifen und gemeinsam mit ihnen fortführen, etwas vorzeigen oder weiterhelfen, eröffnen sie ihnen neue Handlungsspielräume und Lernerfahrungen. Die Beteiligung Erwachsener am kindlichen Spiel sollte aber auf eine feinfühlige Art und Weise erfolgen, welche die Interessen und Kompetenzen des Kindes in den Vordergrund stellt. Lenkung der kindlichen Aufmerksamkeit durch elterliche Wünsche oder Ideen ist einer positiven Spielbeziehung eher abträglich (Hirschmann, Aigner, Deimann & Kastner-Koller, 2013). Der Erfahrungs- und Entfaltungsspielraum, den das Spiel Kindern bietet, sollte demnach durch Erwachsene so wenig wie möglich eingeschränkt werden.

Auch Hilfe muss zurückhaltend und einfühlsam gegeben werden, damit das Kind nicht den Eindruck bekommt, man möchte als Erwachsener seine Überlegenheit demonstrieren. Das Kind muss weiterhin das Gefühl haben, UrheberIn zu sein. Bei Misserfolgserlebnissen kann die Familie als Sicherheits- und Geborgenheitssystem das Kind auffangen (Mogel, 2008).

Augenscheinlich haben Erwachsene einen enormen Einfluss auf das kindliche Spiel. Das wird noch deutlicher, wenn man den strukturellen Rahmen des Spielens berücksichtigt. Eltern haben Einfluss darauf, ob gespielt wird (Ermöglichung oder Verhinderung des Spielens), was gespielt wird (Inhalte), womit gespielt wird (Spielsachen), wie gespielt wird (psychische Regulation des Spielens), wo gespielt wird (Orte, Räume), wie lange gespielt wird (Dauer) und mit wem gespielt wird (SpielpartnerIn). Eltern sind indirekte SpielpartnerInnen, indem sie die Bedingungen des Spielens bewusst oder unbewusst beeinflussen. Sie können aber auch direkte SpielpartnerInnen sein, wenn sie ins Spielgeschehen eintreten, um zum Beispiel ihrem Kind zu helfen oder in einem Rollenspiel die ihnen vom Kind zugewiesene Rolle ausüben (Mogel, 2008).

Diese Einflussmöglichkeiten sind stärker, je jünger die Kinder sind. Nach und nach suchen sich Kinder und vor allem Jugendliche ihre eigenen Erfahrungs- und Spielmöglichkeiten und sind weniger abhängig von den elterlichen Vorgaben, ja entziehen sich diesen sogar gekonnt. Das spiegelt die Unabhängigkeitsentwicklung, die sich vor allem im Jugendalter vollzieht, wider. Darum verwundert es kaum, dass laut Chambers (2012, S. 72) heutzutage die Spannungen zwischen Eltern und Kind hinsichtlich der kindlichen Mediennutzung noch zunehmen, da sich Kinder oft besser mit den neuen Technologien auskennen als die Eltern. Diese sorgen sich dadurch zusätzlich, die Kontrolle zu verlieren und unfähig zu sein, ihre Kinder vor Problemen zu schützen. Gleichzeitig wird die zentrale Rolle der Eltern, ihre Kinder bei der Nutzung neuer Technologien anzuleiten und zu begleiten, immer wieder betont (Chambers, 2012; Siyahhan, Barab & Downton, 2010; Takeuchi, 2011; Ulicsak & Cranmer, 2010; Wooldridge & Shapka, 2012).

2.6.2. Gute Spiele

Die BuPP (www.bupp.at) „Bundesstelle – Information zu digitalen Spielen" unterstützt Eltern seit 2005 bei der Auswahl geeigneter, altersangemessener digitaler Spiele für ihre Kinder und bietet Informationen, die einen selbstreflektierten Umgang mit diesen fördern. Aber auch Einrichtungen wie Saferinternet.at (www.saferinternet.at) geben Eltern die nötigen Werkzeuge für eine medienkompetente Erziehung in die Hand.

Mogel (2008) ermutigt Eltern zum selbstreflektierten Abwägen der Vor- und Nachteile bestimmter Spielzeuge für die kindliche Persönlichkeitsentwicklung. Für Mogel ist der „Spielwert" das entscheidende Kriterium. Einen hohen Spielwert haben laut ihm Spiele, die entwicklungspsychologisch sinnvoll sind, das bedeutet, einen hohen Erlebnis-, Verhaltens- und Erkenntniswert sowie einen angemessenen Wirklichkeitsbezug haben und kreativitätsfördernd sind.

Die wichtigsten Kriterien für gutes Spielzeug lassen sich wie folgt zusammenfassen:

- Das Spielzeug soll weder über- noch unterfordern, jedoch kann man laut Zimpel (2011) „Kindern sprichwörtlich Flügel verleihen" (S. 104), wenn man praktische oder verbale Hilfen für Spiele in der nächsten Zone der Entwicklung anbietet.
- Damit kreatives Spielverhalten und Selbstentfaltung gefördert werden, sollte das Spielzeug nicht auf ein zu enges Aktionssystem zugeschnitten sein, sondern eine vielfältige Anwendung und Interpretation zulassen (Mogel, 2008). „Gutes Spielzeug belässt also dem Kind einen echten Handlungsspielraum für eine kreativ-freie Gestaltung seiner Spielhandlungen. Schlechtes Spielzeug hingegen kann man daran erkennen, dass das Kind mit ihm nur stupide Wiederholungen von Ereignissen ausführt […] (Mogel, 2008, S. 114)."
- Das verfügbare Spielzeug hat einen direkten Einfluss darauf, was und wie gespielt wird. Es beeinflusst also nachhaltig den kindlichen Bezug zur Wirklichkeit. An diesem Bezug lässt sich der eigentliche Wert eines Spielzeugs für die kindliche Entwicklung festmachen (Mogel, 2008).

- Der spielerische Wirklichkeitsbezug des Kindes passiert durch sein aktives Verhalten und ist erlebend. Was es aber alles aktiv machen bzw. erleben kann oder eben nicht, hängt wiederum wesentlich von der Qualität und Art der Spielzeuge ab. Das bestimmt den Verhaltens- und Erlebniswert von Spielen. Des Weiteren ist der Wirklichkeitsbezug erkennend. Das Kind macht sich durch Spielen seine Welt durchschaubar, was den Erkenntniswert eines Spiels darstellt (Mogel, 2008).

- Vom gleichzeitigen Angebot vieler heterogener Spielsachen rät Mogel (2008) ab, da Kinder von der Breite des Angebots häufig nicht Gebrauch machen. Die persönliche Wichtigkeit der Spiele lenkt ihr Spielinteresse. Insofern ist eine gezielte Spielauswahl, an den kindlichen Spielbedürfnissen und -interessen einerseits und an einer indirekten Förderung der kindlichen Persönlichkeitsentwicklung andererseits orientiert, günstiger.

2.6.3. Faszination digitaler Spiele

Wofür sich Kinder interessieren, steht in engem Zusammenhang mit gesellschaftlichen und technischen Entwicklungen.

„In Spielprozessen spiegeln sich gesellschaftliche Einflüsse mit ihren Normen, Rollenstrukturen und übergreifenden Wertvorstellungen wider. Diese gesellschaftlichen Einflüsse kann man sich als eine übergreifende Struktur vorstellen, die sich, vermittelt über Familien, Gruppen und Institutionen bis auf das einzelne Individuum erstreckt. Insofern spiegeln sich auch in Spielprozessen gesellschaftliche Strukturen wider, wenn gleich ‚gefiltert' und ‚gebrochen'."(Fritz, 2004, S. 110)

Poser und Zachmann (2003) postulieren, dass Freizeit und Spiel gleichermaßen durch Technik geprägt sind wie Alltag und Arbeit und dass folglich die Zusammenhänge zwischen Technik und Spiel für den kulturellen und sozialen Wandel der Gesellschaft ähnliche Bedeutung haben wie die Bezüge zwischen Technik und Arbeit oder Technik und Alltag. Mogel (2008) fasst die Einflüsse und Auswirkungen der zu jeder Zeit aufgetretenen Spielzeuge wie folgt zusammen: „Zu allen Zeiten der kulturellen, sozialen, wirtschaftlichen und individuellen Entwicklung des Menschen war Spielzeug zugleich Produkt wie Konsequenz dieser Entwicklung" (S. 190). Laut Mogel spielte dabei der technische Fortschritt eine ebenso einflussreiche Rolle wie der Zeitgeist. Besucht man ein Spielzeugmuseum, so spiegelt sich der technische Fortschritt der Menschheit in den Spielzeugen wider, von Eisenbahn, über Automobil, Motorrad, Flugzeug und Rakete, als Beispiele der Mobilitätsentwicklung. „Je perfekter Spielzeuge realitätsangepasst sind und funktionieren, desto höher scheint ihre Attraktivität, ihre Faszination, ihr eigentlicher Spielwert zu sein" (Mogel, 2008, S. 190). Angesichts dessen verwundert es kaum, dass sich Computerspiele einer dermaßen breiten Beliebtheit erfreuen und entsprechend dominant am Spielmarkt vertreten sind. Wir leben im Zeitalter von Computer, Smartphones und digitaler Information und Kommunikation. Für viele Kinder – sowie jetzt schon für viele ihrer Eltern – befindet sich ihr künftiger Arbeitsplatz am Computer (Mogel, 2008).

Aber auch unabhängig von dieser zeitgeschichtlichen, technologischen Verwurzelung üben digitale Spiele eine große Faszination aus. Die überwältigende Genre- und Plattformenvielfalt sowie das Flow-Erleben, die wahrgenommene Fairness und das Unterhaltungserleben, das durch Selbstwirksamkeit, Spannung und Erfahrung geprägt ist sowie das gemeinsame Erleben und die Interaktion sind nach Rosenstingl und Mitgutsch (2009) noch weitere wesentliche Gründe für die große Beliebtheit. Ein Spiel bewertet nicht, wer man ist, wie man aussieht und welche sonstigen Leistungen man bisher erzielt hat, zum Beispiel in der Schule, es behandelt alle gleich und gibt exaktes Feedback. Diese Fairness wird von Spielenden sehr geschätzt, auch, weil sie in der Alltagswelt von Jugendlichen oft nur schwer zu finden ist. Ähnliches gilt für die Selbstwirksamkeitserfahrung, die beim Computerspielen unmittelbar erlebbar ist, weil dabei Spielenden ein direkter Einfluss auf das Geschehen ermöglicht wird (Rosenstingl & Mitgutsch, 2009). Diese Möglichkeiten aktiv-gestaltend in das Spielgeschehen einzugreifen, werden auch von Gebel, Gurt und Wagner (2004) als wesentliches Motivationspotential genannt. Spannung wiederum wird erzeugt durch das Zusammenspiel von Ungewissheit und Hoffnung auf Zielerreichung. Auch die Möglichkeit in andere Rollen zu schlüpfen und simulierte Erfahrungen aus anderen Lebensbereichen zu sammeln wird durch Computerspiele geboten. Und das alles am liebsten gemeinsam mit anderen Spielenden – direkt an einem Gerät oder indirekt über das Internet. Das heißt, auch für Interaktion bieten digitale Spiele mittlerweile viele Möglichkeiten, es kann gemeinsam an einem Strang gezogen oder gegen einander gespielt werden (Rosenstingl & Mitgutsch, 2009).

2.6.4. Parallelen und Unterschiede zwischen analogem und digitalem Spiel

Die Parallelen der klassischen, analogen Spielformen und Computerspielgenres scheinen teilweise offensichtlich, wenn auch nicht immer eindeutig zuordenbar. So finden sich in den Genres digitaler Spiele

auch die Spielformen lt. Mogel (2008) wieder: „Funktionsspiel",
„Experimentierspiel, „Konstruktionsspiel", „Symbol- und Rollenspiel" und
„Regelspiel".

Je weniger Regeln und Ziele ein Spiel vorgibt, desto mehr spielerische
Freiheit bietet das Spiel und desto mehr Initiative und Fantasie seitens der
Spielenden sind notwendig. Solche Spiele, die vorrangig einen erkundenden
und erprobenden Zugang haben, zielen nicht auf Erfolg, sondern auf
Neugierde, Ausprobieren und Fantasie ab. Diese Art der Spiele ist bereits
für kleine Kinder gut geeignet, da sie sich gerne interaktiv mit ihrer Umwelt
auseinandersetzen, um ihre Funktionsweise kennenzulernen. Zudem
erproben sie gern ihr Können bei Konstruktionsspielen, die schon einiges
an Geschicklichkeit und Planungsvermögen erfordern, spielen
Alltagserlebnisse in Symbolspielen nach oder erproben später verschiedene
Rollen in ausdifferenzierten Rollenspielen. Komplizierte Regelspiele würden
junge Kinder jedoch kognitiv noch überfordern und eher frustrieren. Aber
auch für ältere Kinder und Jugendliche, die schon ein Verständnis für
Regeln haben, verliert das freie Spielen nicht an Reiz – auch nicht digital,
was der Erfolg von zum Beispiel *Minecraft* (Mojang) zeigt. Hier kann, wie
beim klassischen Lego, nach Lust und Laune gebaut werden. Von einfachen
Gebilden bis hin zu hochkomplexen Konstruktionen. Auch *Super Mario
Maker* (Nintendo) ist ein gelungenes Beispiel für spielerische Freiheit bei der
Levelgestaltung. Viele andere Spiele bieten auch „Level-Editoren" an, mit
denen man Level nach eigenen Vorstellungen zusammenbasteln und
oftmals mit anderen Spielenden über das Internet teilen kann. Neben
Spielen, die viel Gestaltungsfreiheit bieten, gibt es auch noch solche, bei
denen v.a. die Bewegungsfreiheit im Vordergrund steht, sog. „Walking-
Simulators". Weitläufige Spielwelten können auf eigene Faust erkundet und
erlebt werden.

Wie das klassische Rollenspiel bieten auch digitale Rollenspiele einen
großen spielerischen Handlungsfreiraum. Jeder Charakter kann nach
eigenen Vorstellungen modelliert und eingesetzt werden. Durch die
Interaktion mit anderen Charakteren – die entweder von Spielenden oder
vom Computer gesteuert werden – entsteht ein dynamisches Miteinander
oder Gegeneinander. Der Austausch und die Charakterentwicklung stehen
im Mittelpunkt. Die Erreichung eines Spielziels kann, muss aber nicht Teil
des Spiels sein. Berühmtes Beispiel ist das Online-Rollenspiel *World of
Warcraft* (Blizzard Entertainment). Digitale Rollenspiele, im Gegensatz zu
analogen Rollenspielen, beinhalten häufig kämpferische Begegnungen. Zwar
spielen Kinder gerne Räuber und Gendarm, Piraten oder Cowboys/-girls,

jedoch ebenso Kaufladen, Arzt/Ärztin, Mutter-Vater-Kind, Prinzessin, Schule oder Ähnliches.

Simulationen beinhalten beides – Aspekte des Nachspielens/-bauens und Aspekte eines Leistungsgedankens. Egal, ob eine Lebenssimulation wie *Die Sims* (EA Games), eine Städtebausimulation wie *Cities Skylines* (Colossal Order), eine Bauernhofsimulation wie *Landwirtschafts-Simulator* (Focus Home Interactive) oder eine Flugzeugsimulation wie *Flight Simulator* (Microsoft), alle bieten Spielenden große Freiheit in der Gestaltung und Handlung, geben jedoch bestimmte Ziele vor oder lassen die Spielenden selbst Ziele festlegen. Nur im sog. „Sandkastenmodus" kann fast ohne Beschränkungen gespielt werden.

Die allermeisten digitalen Spiele sind jedoch nach Mogel Regelspiele. Es gibt die verschiedensten Arten von Regelspielen. Gemeinsam ist ihnen allen eins: Die Spielenden wollen gewinnen. Das Regelspiel ist in dieser Hinsicht besonders für Kinder reizvoll, weil es eine der wenigen Gelegenheiten ist, bei denen sie aufgrund objektiver und für alle geltender Regeln eine Chance haben, die Eltern zu besiegen (Mogel, 2008). Es geht darum, besser zu sein als andere oder sich an seinen eigenen Leistungen zu messen. Das ermöglicht die Erfahrung von Selbstwirksamkeit und Erfolg. Innerhalb klar vorgegebener Regeln wird versucht, ein Optimum zu erreichen. Wie dieses Optimum erreicht werden kann, hängt vom Genre des Spiels ab. Bei Strategiespielen (die im Grundprinzip an Schach erinnern) ist beispielsweise vorausschauendes, logisches Denken gefordert; Sport- und Geschicklichkeitsspiele erfordern vor allem Reaktion, Geschicklichkeit, Hand-Auge-Koordination sowie Taktik und Übung. Durch Spielregeln beschränken Spielende zwar – freiwillig – ihre spielerische Freiheit auf das, was (voraussichtlich) zum Erfolg führt, dies ist aber noch kein hinreichendes Merkmal dafür, ob ein Spiel als einschränkend empfunden wird. Regeln geben nur einen Rahmen vor, innerhalb dessen die spielerischen Möglichkeiten nahezu endlos sein können (vgl. Schach). Wenig fordernd und fördernd sind lediglich Spiele, die nur ein sehr eingeschränktes Aktionssystem zulassen bzw. verstärken, auf stupiden Wiederholungen basieren und keiner besonderen Fähigkeiten bedürfen, das heißt, wo auch Übung keine Vorteile bringt. Hierunter fallen beispielsweise digitale Spiele, die durch das das Belohnen von immerwährend wiederholten ähnlichen Aktionen („Klick-Orgien") das Belohnungszentrum im Gehirn und die Sammellust der Spielenden ansprechen.

2.6.5. Folgenreiches „Richtig und Falsch"

Auch wenn sowohl Regelspiele als auch freie Spiele Fähigkeiten und Kompetenzen fördern und beide Arten grundsätzlich Spaß machen können, so sollte man eines nicht übersehen: Je mehr Regeln ein Spiel vorgibt und je klarer das zu erreichende Spielziel definiert ist, desto mehr Gelegenheiten gibt es für Spielende, sich richtig bzw. falsch zu verhalten. Die Struktur eines (digitalen) Spiels (offen vs. reglementiert) wirkt sich demnach auch auf die Verhaltens- und Interaktionsweisen der Spielenden aus.

Kaiser-Fallent (2015) stellte diesbzgl. fest, dass es beim gemeinsamen Computerspielen des Spiels *World of Zoo* (THQ) sowie beim Basteln eines Hauses nach Vorlage seitens der Mütter zu mehr korrigierender Rückmeldung kam als beim Freispiel mit einer Spielkiste. Das führte sie darauf zurück, dass die Mütter ihren Kindern des Öfteren zeigten, wie etwas funktioniert, wenn sie einen Fehler machten und ihnen somit etwas beibrachten. Kaiser-Fallent (2015) beschreibt den Unterschied zwischen den drei Spielsituationen folgendermaßen:

„Basteln, aufgrund seiner Vorlage und der Angabe ‚das Haus zu gestalten' und Computerspiel, durch seine Art der Bedienung (Klick auf richtiges Feld etc.) und den Regeln, um erfolgreich zu sein, beinhalten im Vergleich zum Freispiel mehr Gelegenheiten, etwas ‚richtig bzw. falsch' zu machen als das im Freispiel mit der Spielkiste der Fall ist. Im Freispiel, wie der Name schon sagt, werden das Spielziel und die Art der Umsetzung vom Kind frei gewählt und unterliegen dadurch weniger objektiven Kriterien der Umsetzungsgüte, wie das beim Computerspielen und Basteln der Fall ist." (Kaiser-Fallent, 2015, S. 117)

Auch verstärkt lenkendes Verhalten und etwas geringere Feinfühligkeit seitens der Mütter waren in der gemeinsamen Computerspielsituation im Vergleich zu den beiden anderen Spielsituationen zu beobachten, was Kaiser-Fallent (2015) auf den Ehrgeiz der Mütter, alles „richtig" zu machen in Kombination mit der Unbekanntheit des Computerspiels zurückführte:

„Beim Computerspielen zeigte sich zu Beginn, bei Unsicherheit von Mutter und Kind, oftmals ein verstärkt lenkendes Verhalten, da sich die Mütter in einer Art Ehrgeiz einen Überblick verschaffen wollten, um dem Kind bei der Steuerung durchs Spiel zu helfen, aber auch, um die vom Spiel belohnten Aktivitäten auszuführen." (Kaiser-Fallent, 2015, S. 115)

Auch Wooldridge und Shapka (2012) berichten, dass beim gemeinsamen Spielen mit elektronischen Spielsachen Mütter seltener ihr Tempo an das des Kindes anpassten oder die Vorlieben des Kindes berücksichtigten. Es war weniger Flexibilität hinsichtlich kindlicher Aufmerksamkeitsfokus- oder Aktivitätsänderungen feststellbar. Niedrigere mütterliche Flexibilität äußert sich laut den AutorInnen in Ungeduld, Verhindern von Erkunden oder verbal aufdringlichen Lenkungen in der Art, dass das Kind angeleitet wird, das elektronische Spielzeug auf die richtige Art zu benutzen.

Kaiser-Fallent (2015) folgert:

„Je strukturierter und eingeschränkter ein Spiel in seiner Bedienung und dahingehend, was richtig und was falsch ist, gestaltet ist, desto schwerer fällt es den Müttern, sich zurückzuhalten und das Kind „einfach machen zu lassen" und desto öfter braucht das Kind auch die Unterstützung der Mutter, wenn es ‚nicht mehr weiter kommt/weiß'." (Kaiser-Fallent, 2015, S. 115)

Aber auch der Umstand, dass die Mütter relativ wenig Erfahrung mit gemeinsamem Computerspielen allgemein und zudem keine Kenntnis dieses konkreten Spiels hatten, trug laut Kaiser-Fallent (2015) vermutlich dazu bei, dass „Mütter im Vergleich zu vertrauten Bastel- und Freispielsituationen nicht so schnell die hilfesuchenden Signale ihrer Kinder wahrnahmen oder teilweise, aufgrund des unbekannten Spiels, vielleicht selber nicht sofort wussten, was sie dem Kind anbieten könnten." (Kaiser-Fallent, 2015, S. 116)

Freispiel mit einer Spielkiste ist den Eltern nicht nur vertrauter, sondern es ergeben sich auch nicht so leicht Situationen des Leistungsanspruchs bzw. „Richtig oder Falsch", weshalb es in solchen Spielsituationen Müttern wahrscheinlich leichter fällt, ihre Aufmerksamkeit an der der Kinder zu orientieren, diese gewähren zu lassen und feinfühlig auf die kindlichen Signale zu reagieren, was laut Hirschmann et al. (2013) und Mogel (2008) wesentliche Merkmale einer gelungenen Mutter-Kind-Interaktion sind.

2.6.6. Technische Hürden und spielerische Lösungen fürs gemeinsame digitale Spielen

Abgesehen von offeneren oder reglementierteren Spielstrukturen wird die Interaktion beim digitalen Spielen vor allem durch die technischen Gegebenheiten (Plattform, Programmierung) bestimmt. Zugegeben, nicht jedes Genre ist gleichermaßen geeignet mit- oder gegeneinander gespielt zu werden, jedoch werden denkbare Möglichkeiten zur Eltern-Kind-Interaktion in der Programmierung von Kinderspielen leider kaum umgesetzt und es wird den Eltern überlassen, einen Weg zu finden, sich am Spielgeschehen ihrer Kinder zu beteiligen. Zudem ist der Trend weg vom gemeinsamen Spielen vor der Konsole Richtung Onlinemultiplayer und Alleinspiel am Smartphone eine zusätzliche Erschwernis für gemeinsames Familienspiel.

Spiele, die auf Multiplayer- oder Kooperationsmodus ausgelegt sind, sind im Normalfall abhängig von zwei (Eingabe-) Geräten. Solche Spiele können dann klassischerweise gemeinsam vor dem Gerät gespielt werden oder online mit- oder gegeneinander, gleichzeitig oder nacheinander. Viele digitale Spiele können aber auch ohne ausgewiesenen Mehrspielermodus miteinander gespielt werden. Da vergleichsweise wenige digitale Spiele einen Mehrspielermodus für Eltern und Kinder vor einem Gerät anbieten, kommt Eltern (vor allem junger Kinder) beim gemeinsamen Spielen seltener die Rolle eines/einer gleichberechtigten Spielpartners/-in zu als die Rolle des Begleiters/ der Begleiterin, der/die bei Schwierigkeiten weiterhilft, sich bei Erfolgen mitfreut, bei Frustmomenten Trost und Mut spendet sowie das Kind bei seinem Spielerleben verbal oder passiv begleitet. Natürlich kann man sich auch mit dem Kind beim Spielen abwechseln oder gemeinsam Knobeln und Gestalten. Besonders bereichernd kann es sein, wenn Eltern ihr Interesse zeigen, indem sie sich das Lieblingsspiel ihres Sprösslings vorführen lassen oder mit ihm/ihr darüber reden. Gerade unerfahrenen Eltern bietet das eine einfache Möglichkeit, Einblicke in die kindliche Lebenswelt zu gewinnen, denn Kinder schlüpfen für gewöhnlich gern in die Expertenrolle und erklären Eltern wie es funktioniert. Dieser Rollentausch macht den meisten Kindern Spaß und gibt ihnen zudem die Chance, ihre Fähigkeiten zu zeigen, neue Kompetenzen zu trainieren und dadurch ihren Selbstwert zu stärken (Aarsand, 2007; Chambers, 2012, Siyahhan et al., 2010; Takeuchi, 2011; Ulicsak & Cranmer, 2010). In einer solchen positiven Interaktion können, quasi nebenbei, moralische Fragen angestoßen, kritisches Denken angeregt und dadurch Werte vermittelt werden. – Medienkompetenz durch gemeinsames Erleben.

2.6.7. Schlussfolgerung und Empfehlungen

Jedes Spiel, gleich ob analog oder digital, hat einen spezifischen Einfluss auf die Eltern-Kind-Interaktion beim Spielen. Sowohl die zugrundeliegenden Spielformen, Materialien bzw. Inhalte sowie technischen Gegebenheiten bei digitalen Spielen ermöglichen, verhindern oder provozieren gewisse Verhaltensweisen und Interaktionen. Das bedeutet, nicht jedes Spiel eignet sich gleichermaßen gut für eine gelingende Eltern-

Kind-Interaktion und nicht jedes Spiel fordert und fördert die gleiche Art von Interaktion.

Ob ein digitales Spiel kooperativ oder kompetitiv ist, hat wenig Einfluss auf das gemeinsame Spielvergnügen. Das Ausmaß an Freude hängt jedoch davon ab, wie sehr alle involviert sind (Ulicsak & Cranmer, 2010). Zuviel Lenkung der Aufmerksamkeit seitens der Eltern hat laut Hirschmann et al. (2013) ungünstige Auswirkungen auf die Interaktions- und Beziehungsqualität von Bezugsperson und Kind. Die Orientierung an Interesse und Aufmerksamkeitsfokus des Kindes sowie ein feinfühliger Umgang mit diesen stellen demgegenüber positive Interaktionsformen beim gemeinsamen Spielen dar (Hirschmann et al., 2013).

Gemeinsames Spielen sowie der Rollentausch dabei bietet Kindern Gelegenheit, ihren Selbstwert zu stärken und Eltern die Möglichkeit, Einblicke in kindliche Erlebniswelten zu bekommen. Gemeinsam kann so ein kompetenter Umgang mit digitalen Spielen erreicht und die Eltern-Kind-Beziehung gestärkt werden.

Um Eltern die Auswahl geeigneter, altersangemessener digitaler Spiele für ihre Kinder zu erleichtern, bietet die BuPP Spieleempfehlungen und Informationen zu vielen digitalen Spielen auf www.bupp.at an. Zudem ist bei jedem Spiel, das über einen Multiplayer- und/oder Kooperationsmodus verfügt, dies gesondert vermerkt.

Literatur

Aarsand, P. A. (2007). Computer and video games in family life: The digital devide as a resource in intergenerational interactions. *Childhood, 14* (2), 235-256.

Chambers, D. (2012). „Wii play as a family“: the rise in family-centred video gaming. *Leisure Studies, 31* (1), 69-82.

Coyne, S. M., Padilla-Walker, L. M., Stockdale, L. & Day, R. D. (2011). Game on...girls: Associations between co-playing video games and adolescent behavioral and family outcomes. *Journal of Adolescent Health, 49*, 160-165.

Fritz, J. (2004). Das Spiel verstehen – Eine Einführung in Theorie und Bedeutung. Weinheim und München: Juventa.

Gebel, C., Gurt, M. & Wagner, U. (2004). *Kompetenzförderliche Potenziale populärer Computerspiele.* Online im Internet: http://www.jff.de/dateien/Kurzfassung_computerspiele.pdf (Zugriff am 06.09.2015).

Ginsburg, K. R., Committee on Communications & Committee on Psychological Aspects of Child and Family Health (2007). The importance of play in promoting healthy child development and maintaining strong parent-child bonds. *Pediatrics, 119* (1), 182-191.

Kaiser-Fallent, K. A. (2015). Anwendbarkeit des INTAKT-Verhaltensbeobachtungsinstruments bei einer gemeinsamen Computerspielsituation sowie Unterschiede im Interaktionsverhalten von Mutter und Kind zwischen Bastel-, Freispiel- und Computerspielsituation. Unveröff. Dipl. Arbeit, Universität, Wien.

Hirschmann, N., Aigner N., Deimann, P. & Kastner-Koller, U. (2013). *INTAKT – Ein Video-Beobachtungsinstrument zur Erfassung der Mutter-Kind-Interaktion – Manual* (2. Auflage). Unveröff. Manuskript.

Mogel, H. (2008). Psychologie des Kinderspiels – Von den frühesten Spielen bis zum Computerspiel. Die Bedeutung des Spiels als Lebensform des Kindes, seine Funktion und Wirksamkeit für die kindliche Entwicklung (3., aktualisierte und erweiterte Auflage). Heidelberg: Springer.

Oerter, R. (2007). Zur Psychologie des Spiels. *Psychologie und Gesellschaftskritik, 31* (4), 7-32.

Padilla-Walker, L. M., Coyne, S. M. & Fraser, A. M. (2012). Getting a high-speed family connection: Associations between family media use and family connection. *Family Relations, 61*, 426-440.

Poser, S. & Zachmann, K. (2003). Homo faber ludens – einführende Überlegungen zum Verhältnis von Technik und Spiel. In S. Poser & K. Zachmann (Hrsg.), *Homo faber ludens – Geschichten zu Wechselbeziehungen von Technik und Spiel* (S. 7-16). Frankfurt am Main: Europäischer Verlag der Wissenschaften.

Rosenstingl, H. & Mitgutsch, K. (2009). *Schauplatz Computerspiele.* Wien: Lesethek.

Siyahhan, S., Barab, S. A. & Downton, M. P. (2010). Using activity theory to understand intergenerational play: The case of Family Quest. *Computer-Supported Collaborative Learning, 5*, 415-432.

Takeuchi, L. M. (2011*). Families matter: Designing media for a digital age.* New York: The Joan Ganz Cooney Center at Sesame Workshop.

Ulicsak, M. & Cranmer, S. (2010). *Gaming in families* (Final Report). Bristol: Futurelab.

Wooldridge, M. B. & Shapka, J. (2012). Playing with technology: Mother-toddler interaction scores lower during play with electronic toys. *Journal of Applied Develomental Psychology, 33*, 211-218.

Zimpel, A. F. (2011). *Lasst unsere Kinder spielen! Der Schlüssel zum Erfolg.* Göttingen: Vandenhoeck und Ruprecht GmbH & Co. KG.

2.7. Das Spiel als Freiraum beim Denken und Fühlen

Gerda Liska

Spielen ist ein menschliches Grundbedürfnis und hat für jedes Lebensalter eine sehr wichtige Funktion. Von Geburt an ist das Spielen immer auch Fühlen und Lernen. Deshalb unterscheidet Fröbl (1977) in seiner Spieltheorie nicht zwischen Spielen und Lernen. Es ist für ihn eine Grundbefindlichkeit des Kindes im Vorschulalter. Die große Verantwortung, beim Spielen ein moralisches Vorbild zu sein, liegt bei den Eltern und PädagogInnen der Kinder (Bauer 2006).

Beginnend mit einem kurzen Blick auf die Hirnforschung wird das zentrale Thema dieses Beitrags ein Vergleich der „Four Freedoms of Play" nach Osterweil (2007) mit den Freiheiten im Spiel von ClownInnen in deren Begegnung mit dem Publikum sein.

Für die ClownInnen ist natürlich das Lachen ein gesunder Verstärker. Daher wird abschließend auf die gängigen Humortheorien näher eingegangen, welche definieren, warum Menschen lachen.

2.7.1. Die Bedeutung des Spiels für Lernen und Fühlen

Spielen macht das Kind zum Entdecker seiner Umwelt und zu einem neugierigen Forscher. Der geschützte Spielraum erlaubt, Gefühle, Schwächen und Stärken zu zeigen, obwohl es immer Verhaltensregeln gibt, die eingehalten werden müssen. Diese haben aber meistens keine Auswirkungen auf das reale Leben (Caillois, 2001).

Der Spieltheoretiker Brian Sutton-Smith (1978) weist darauf hin, dass sich im Spiel auch Machtpositionen umkehren können, wodurch unbewältigte Spannungen abgebaut werden. Zum Beispiel kann das Kind im Spiel den Vater besiegen und ihm überlegen sein. Auch Strategien zur Problemlösung können beim Spielen ausprobiert werden und wirken positiv weiter auf den Alltag.

Wird im Spiel die persönliche Erwartung des Menschen erfüllt oder übertroffen, springt nach Ansicht der Gedächtnisweltmeisterin Christiane Stenger (2008) unser Belohnungssystem im Gehirn an. Die positive Reaktion auf gelungenes, spielerisches Lernen ist eine Ausschüttung körpereigener Glückshormone. So kann das Spiel Lust auf weitere Lern- und Entwicklungsfortschritte machen. Das Spiel bereitet auch auf eine neue, unvorhersehbare Zukunft vor und ermöglicht, ein größeres Potential an Verhaltensmöglichkeiten auszuprobieren. Deshalb kommen Spiele im wirtschaftlichen Bereich bei Schulungen von Managern und im militärischen Bereich bei der Ausbildung des Führungspersonals zum Einsatz. Strategiespiele können auf Stresssituationen vorbereiten. Längst werden Spiele auch bei Aufnahmetests zur Auswahl des Personals eingesetzt.

Dank neuer bildgebender Techniken und Erkenntnisse in der Gehirnforschung zeigt sich, dass Spielen im Gehirn Spiegelprozesse fördert. Einem der bedeutendsten Gehirnforscher, Giacomo Rizzolatti (2008), gelang es, in jahrelangen Forschungen an Menschenaffen und später auch bei Menschen, Spiegelneuronen nachzuweisen. Diese sind die Grundlage der Empathie. Daraus leitete er ab: Die Fähigkeit zu einem eigenen emotionalen Verständnis basiert nicht nur darauf, dass soziale Vorstellungen ausgetauscht werden, sondern diese Prozesse sind auch im Gehirn des menschlichen Gegenübers als Resonanz spürbar und sichtbar. Es konnte sogar bewiesen werden, dass eine Handlung zu beobachten genügt, um diese Resonanz zu erzeugen. Auch dabei werden im Zuschauer neurobiologische Reaktionen aktiviert. Heute weiß man, dass es ohne diese Spiegelnervenzellen keine Empathie oder spontanes Verstehen zwischen Menschen gäbe. Ohne sie wäre auch gegenseitiges Vertrauen unmöglich (Bauer, 2006).

Die Spiegelnervenzellen im Gehirn bilden sich sozusagen durch diese emotionale Stimmigkeit (Gebauer, 2011). Die äußeren Reaktionen sind das Erkennen von Gefühlen und die Fähigkeit, sich in andere Menschen einfühlen zu können. Allgemein wird diese Fähigkeit Intuition genannt. Beim Beobachten einer handelnden Person zeigen die Nervenzellen im Gehirn des Beobachters eine neurobiologische Resonanz und bewirken so intuitives Verstehen (Bauer, 2006).

Für die Resonanz ist ein aufmerksamer und wohlwollender Umgang mit den umgebenden Menschen von großer Bedeutung. Bauer (2006) sieht die Fähigkeit einer Weiterentwicklung genetischer Voraussetzungen der Spiegelsysteme abhängig von den zwischenmenschlichen Erfahrungen, die bereits bei der Geburt beginnen. Das Kleinkind braucht Bezugspersonen, weil es nicht in der Lage ist, sich die Welt des Spiels allein zu erschließen. Kinder brauchen ihre Eltern, ErzieherInnen und LehrerInnen als moralisches Vorbild. Nur mit dem Schutz einfühlsamer und kompetenter Anleitung können Kinder das Potential der Gestaltungsmöglichkeiten für sich nützen und daraus ihre individuellen Fähigkeiten und Ressourcen erkennen. Mit dieser Hilfestellung finden Kinder einen Weg, der sie aus Wut, Enttäuschung und Ärger zu einer guten Lösung führt. Damit können sie im weiteren Leben auch schwierige Situationen meistern.

2.7.2. Die Freiheiten im Spiel und ihre Verkörperung in ClownInnen

Scot Osterweil (2007), ein preisgekrönter amerikanischer Spielentwickler am MIT in Boston, hat „The Four Freedoms of Play" formuliert:

1. Die Freiheit zum Experimentieren – Spielende können erforschen und Neues ausprobieren.

2. Die Freiheit zu scheitern – Im Spiel dürfen Fehler gemacht werden, ohne dass Konsequenzen über das Spiel hinaus befürchtet werden müssen.

3. Die Freiheit, Identitäten auszuprobieren – Spielende haben die Möglichkeit, in unterschiedliche, selbst gewählte Rollen zu schlüpfen. Dies kommt etwa beim kindlichen Spiel mit Puppen zum Ausdruck oder bei der Entscheidung für einen bestimmten Avatar oder eine Spielweise in einem Computerspiel.

4. Die Freiheit in der Anstrengung und dem persönlichen Einsatz für ein Spiel – Spielende können selbst entscheiden, wie viel oder wenig sie sich für ein Spiel bemühen möchten.

Um diese Freiheiten mit denen der ClownInnen vergleichen zu können, folgt eine kurze Vorstellung des klassischen Clowns in der Geschichte:

Das Wort „Clown" als lustige Person kommt aus dem Englischen und meinte damit zunächst einen Bauern und später eine einfältige Person. Clowns sind gute Beobachter des menschlichen Verhaltens und können auf eine Jahrtausende während Geschichte als Spaßmacher zurückblicken. Ihre

Entwicklung geht hervor aus dem griechischen Satyrn, dem Harlekin der Commedia dell Arte und dem Hofnarren, Hanswurst und Kasperl, um nur einige zu nennen. Die modernen ClownInnen sind also ein Sammelbegriff mit vielen verschiedenen Wurzeln und nationalen Einflüssen (Seitler, 1982).

Ein großer Lehrmeister vieler Clowns und der Begründer der Nouveau-Clown Bewegung ist Jango Edwards. Hoche bezeichnet ihn als „obszönen Knallfrosch" (Hoche, 1982, S. 124). Sicher überschreitet Edwards in seinen Auftritten oft die Grenzen des guten Geschmacks. Sein großer Verdienst ist jedoch, dass er die ClownInnen auf die Straße, in den öffentlichen Raum und in die Krankenhäuser brachte. Das funktioniert, weil ClownInnen alle Menschen, unabhängig von ihrer Lebensphase, Alter oder Bildungsniveau ansprechen. Es ist die universelle Körpersprache, welche das Publikum berührt und durch ihr Spiel in ihm eine Resonanz erzeugt. In den Spitälern wirken sich die regelmäßigen Besuche für die – vor allem kleinen – PatientInnen sehr heilsam aus. Außerwöger (2009) stellte in ihrem Bericht über die Roten Nasen Clowndoctors fest, dass die Einsamkeit und Langeweile der Kinder im Krankenhaus vertrieben wurde. Außerdem wurde durch den regelmäßigen Besuch der Clowndoctors fast allen besuchten Kindern, neue Kraft, Mut und Energie geschenkt. Als Vorbild dient dazu der amerikanische Arzt Hunter Doherty, alias Clown Patch Adams. Er reist jedes Jahr mit freiwilligen ClownInnen in der ganzen Welt zu Kranken und Waisen, um ihnen wieder neuen Lebensmut zu geben (Patch & Mylander, 1997).

Schon das äußere Erscheinungsbild von ClownInnen ist etwas Besonderes. Das erweckt im Publikum Neugierde und macht besonders aufmerksam. In der Begegnung gelingt es, den Zusehern durch ihre Verrücktheit und ihr merkwürdiges Verhalten sofort einen positiven Input zu geben.

Beim Clownspiel, wie in den meisten Spielen, geht es um das zentrale Thema: Wer legt wen hinein? Das Spiel der ClownInnen verkörpert alle Freiheiten des Spiels, die Osterweil (2007) definiert hat. Es sind genau die gleichen Kriterien, die ClownInnen kennzeichnen:

1. Die Freiheit zum Experimentieren: ClownInnen agieren als ForscherInnen im Hier und Jetzt wie Kinder, die sich immer wieder über das Alltägliche wundern können. Sie existieren nur in diesem völlig unbekannten Jetzt, das so furchtbar neu ist und entdecken mit unbändiger Lebensfreude und Staunen die Welt. Dabei können sie sich über ganz

einfache Dinge freuen oder sich vor ihnen fürchten, als hätten sie diese noch nie gesehen.

2. Die Freiheit zu scheitern: ClownInnen fallen immer wieder hin und machen dennoch weiter. Sie finden überraschende Lösungen und wissen, selbst, wenn sie es dann geschafft haben, oft nicht, warum es funktioniert hat.

3. Die Freiheit, Identitäten auszuprobieren: Clowninnen sind oft seltsam gekleidet, haben viel zu große Schuhe und eine rote Nase. Sie übertreiben ständig und durchbrechen die Regeln des normalen, angepassten Benehmens. Sie schreien, weinen, toben und freuen sich. Sie sind hemmungslos. Dabei wird das Kind in den ZuseherInnen angesprochen, das so gerne spielt. In ihrem Clownspiel sind sie Täter, Opfer und Helden. Sie spielen Verbotenes, das der Chef, die Mutter oder Tante niemals erlauben würden. Zum Beispiel schütten sie kübelweise mit Wasser herum. Sie schneiden Grimassen und brüllen laut, was sie wollen. Am Schluss der Veranstaltung gibt es dafür auch noch Applaus.

4. Die Freiheit der Anstrengung und des persönlichen Einsatzes: ClownInnen geben in ihrem Bemühen nie auf. Sie probieren auch absurde neue Wege immer wieder aus. Dabei nehmen sie die geringen Chancen auf einen Erfolg nicht ernst. Das macht auch beim Zusehen Mut und gibt die Möglichkeit, Veränderungen auszuprobieren und zuzulassen.

Mit diesen neuen Sinneseindrücken und Gefühlen erleben die Zuschauer einen Anstoß zum Spielen, Begreifen, Lachen und Mitmachen. Sie fühlen durch die gemeinsamen Spiele und Späße mit den ClownInnen ein wohltuendes Verständnis und ein wenig emotionale Geborgenheit. Das Strahlen und Staunen verbindet sie vor allem mit den Kindern besonders gut. So schaffen sie es, dass im Spiel aus dem Alltagsstress pure Lebensfreude wird. Das gemeinsame Lachen ist dazu ein gesunder Verstärker und wahrer Turbo.

Dimitri (2005) bezeichnet den Clown als urarchetypische Person und ist überzeugt, dass ClownInnen TrägerInnen der Kultur des Humors und des Lachens sind und immer waren.

2.7.3. Spielen und Lachen

Spielen und Lachen sind also untrennbar verbunden. Das Lachen ist Lebensfreude und so wichtig, weil es die erste bewusste Kommunikation des Menschen ist, bevor er zu sprechen anfängt. Dimitri (2005) bezeichnet es als den ersten Ausdruck von Liebe und Wohlfühlen des Kindes. Etwa in der fünften bis sechsten Lebenswoche beginnt jedes gesunde Kind zu lachen. Bei Indianern ist das erste helle Lachen ein so wichtiges Ereignis im Leben eines Menschen, dass es besonders gefeiert wird.

Während interaktiver Führungen durch das Circus- & Clownmuseum beobachtete die Autorin ein Jahr lang Kindergruppen beim Spielen und Lachen mit ClownInnen. In teilnehmenden Beobachtungen konnte die heilsame Wirkung von gemeinschaftlichem Lachen erforscht werden. Das Ergebnis zeigt, das befreiendes Lachen im Spiel beim Abbau von Spannungen und Stress hilft. Besonders schüchternen Kindern ermöglicht das Spielen und Lachen, ihren Gefühlen freien Lauf zu lassen (Liska, 2014). Es bestätigt die Richtigkeit des Bildes aus dem Volksmund, wonach man sich „vor Lachen ausschüttet". Mit dieser Entspannung fallen Barrieren und Hemmungen leichter weg. Durch das tollpatschige Agieren der ClownInnen können bei den ZuschauerInnen Lebensängste und eigene Missgeschicke „weggelacht" werden. So wird Platz und Offenheit geschaffen für neue Wege. Es ist sogar möglich, durch das Lachen die Perspektive einer schwierigen Situation zu verändern.

Lachforscher, sogenannte Gelotologen – nach „gelos", das vom griechischen Wort lachen hergeleitet wird – haben festgestellt: Lachen ist gesund (Titze, 2007). Heute kann die positive Wirkung des Lachens gemessen werden. Sie wird in der Lachtherapie, im Lachyoga und in Gruppentherapien genützt.

Der Literat Arthur Koestler spricht über das Lachen von einem „Luxusreflex", der allein dem Menschen möglich ist (Koestler, 1966). Das Lachen wirkt wellenförmig auf das Zwerchfell und die gesamte Muskulatur des Gesichts, wobei etwa 17 Gesichtsmuskeln beteiligt sind. Der Psychotherapeut und Lachforscher Michael Titze (2007) sieht die Ursachen einer verbesserten Lungenfunktion und besseren Sauerstoffversorgung des Gehirns in der Tatsache, dass alle Menschen beim Lachen den Mund öffnen und so die Atemfrequenz vervielfacht wird. Weil auch das Immunsystem aktiver arbeitet, ist das ein Grund, warum verspielte Menschen, die gerne Spaß machen und lachen, seltener erkranken. Durch das Lachen und die positive Einstellung zum Leben, nehmen sich diese Menschen selbst als stark und weniger gestresst wahr.

Abb. 2.7-1 Spielen im Circus & Clownmuseum (Foto: Gerda Liska)

Abb. 2.7-2 Clownspiel und Kinderlachen (Foto: Gerda Liska)

Im Folgenden soll noch ein Blick auf den Humor und auf die Frage, warum wir lachen, geworfen werden:

Humor ist sehr schwierig zu definieren. Die persönliche Wirkung auf den Menschen ist von Faktoren wie Kulturkreis, Alter, Wissensstand, Region und kulturellen Normen abhängig.

Die wichtigsten Humortheorien:

Überlegenheitstheorie (vgl. Robinson, 1999): Dies ist die älteste Humortheorie. Sie basiert auf der Annahme, dass Lachen als Aggression zu sehen ist. Menschen lachen über die Missgeschicke der anderen, nach dem Motto: Nur Schadenfreude ist die reinste Freude. Bereits in der Bibel gibt es dazu Beispiele. Die Fehler und Schwächen der Anderen auszulachen, ist hier eine Demütigung. Platon, Aristoteles und heute Räwel (2005) gehen davon aus, dass die Schwachen zumindest in der Situation des Missgeschicks über den Starken lachen können. Das Lachen über sich selbst ist ein zusätzlicher Aspekt dieser Theorie. Dabei wird die persönliche Betroffenheit abgemildert.

Inkongruenztheorie (Koestler, 1990): Hierbei steht der kognitive Aspekt im Vordergrund. Es geht um die Überraschung, dass die Erwartung und das tatsächliche Erleben einen Kontrast bilden. Dabei stoßen zwei Wahrnehmungs- und Denksysteme zusammen. Die Reaktion unseres

Körpers über diesen Kontrast ist das Lachen. Diese Überraschung bildet auch die Basis aller Witze.

Erleichterungstheorie (Titze & Eschenröder, 2003): Nach dieser Theorie dient das Lachen dem Abbau von Spannungen und Stress. Es befreit und erleichtert, macht glücklich und gesund. Das beste Beispiel ist dazu das Siegerlachen nach einem gewonnenen Spiel oder Kampf.

Spieltheorie (Frey, 1966): Das Spiel ist grundsätzlich sehr wichtig für die Ausbildung von Humor für das gesamte Leben. Bereits Sully (1902) stellte fest, dass der Spaß an komischen Gegebenheiten durch die Lust am Spiel gefördert wird. Damit ist das Lachen im Spiel auch Ausdruck dafür, dass das Spiel nicht ganz ernst genommen werden muss beziehungsweise keine Konsequenzen zu fürchten sind. Das macht die SpielerInnen frei und ermöglicht Kreativität und Entspannung. Humor begleitet das Kind in seiner gefühlsmäßigen, sozialen und geistigen Entwicklung (Robinson, 1999).

2.7.4. Spielend für das Leben lernen

In der Freiheit des Spielraums lernen Kinder durch ihre eigenen Erfahrungen und können selbst ausprobieren, worauf es im weiteren Leben ankommt. Voraussetzungen für ein gelungenes Spielen und Lernen sind die emotionale Geborgenheit und das Vertrauen. Gebauer (2011) bezeichnet das als die „Spiel-Feinfühligkeit" der Erwachsenen und sieht darin eine zentrale Bedeutung. Damit tragen die Eltern, ErzieherInnen und LehrerInnen entscheidend zur Persönlichkeitsentwicklung der Kinder bei. Sie haben die große Verantwortung, das ruhige und freie Spielen zuzulassen und in die richtigen Bahnen zu lenken. Wenn das gesunde Spielen Kindern fehlt, zeigen sich in der Schule Lern-, Konzentrations- und Verhaltensauffälligkeiten. Die Säuglingsforscherin Mechthild Papoušek zeigt seit Jahren besorgt auf, dass sich bei der Beobachtung von Kleinkindern äußert, dass sie nicht gern spielen. Auch Eltern beklagen sich oft über die Spiel-Unlust ihrer Kleinen im Vorschulalter. Die Ursachen dafür liegen häufig in einem Überangebot von Spielzeugen, Stress und zu hohen Erwartungen der Eltern. Sie wollen auf keinen Fall versäumen, ihr Kind rechtzeitig zu fördern und setzen dabei sowohl das Kind, als auch sich selbst unter Druck (Papoušek, 2003).

Es gilt heute, in unserer schnelllebigen Zeit, diese Freiheiten im Spiel als Übungsfeld zwischenmenschlicher Beziehungen zu beschützen (Bauer, 2006). Das Spiel ist für alle Menschen ein wertvolles Gut, denn es ermöglicht, Freundschaften zu schließen, eigenes Verhalten zu strukturieren und körperliche, soziale und intellektuelle Fähigkeiten zu erwerben und damit das volle Spektrum intuitiven Verstehens und Handelns nützen zu können.

Astrid Lindgren meinte dazu: „Kinder sollten mehr spielen, als viele Kinder es heutzutage tun. Denn wenn man genügend spielt, solange man klein ist, dann trägt man Schätze mit sich herum, aus denen man später sein ganzes Leben lang schöpfen kann." (Lindgren, 2002)

Das beschreibt am besten den besonderen Wert des Spieles, das glücklich und frei macht zum Fühlen und einem lebenslangen Lernen.

Literatur

Caillois, R. (2001). Man, Play and Games. Urbana and Chicago: University of Illinois Press.

Dimitri (2005). Humor: Gespräche über die Komik, das Lachen und den Narren. CH- 4143 Dornach: Verlag am Goetheanum.

Fey U. (2012). Clowns für Menschen mit Demenz. Frankfurt am Main: Mabuse- Verlag Gmbh.

Galli J. (2008). Clown: Die Lust am Scheitern. Freiburg: Galli Verlag.

Gebauer, K. (2011): Gefühle erkennen – sich in andere einfühlen. Kindheitsmuster Empathie. Ein Bilderbuch. Weinheim: Beltz.

Gilmore D. (2013). Der Clown in uns: Humor und die Kraft des Lachens. München: Verlagsgruppe Random House GmbH.

Gebauer, K. / Hüther, G. (2003): Kinder brauchen Spielräume. Perspektiven für eine kreative Erziehung. Düsseldorf: Walter.

Gilmore D. (2013). Der Clown in uns: Humor und die Kraft des Lachens. München: Kösel Verlag.

Hoche K. et. al. (1982). Die Grossen Clowns. Königstein/Ts: Athenäum Verlag.

Hoof D. (1977). Handbuch der Spieltheorie Fröbls: Untersuchungen und Materialien zum vorschulischen Lernen. Braunschweig: Georg Westermann Verlag.

Huizinga, J. (1987). Homo Ludens: Vom Ursprung der Kultur im Spiel. Hamburg: Rowohlt.

Koestler, A. (1966). Der göttliche Funke: Der schöpferische Akt in Kunst und Wissenschaft. Bern, München, Wien: Scherz-Verlag.

Liska, G. (2014). Masterarbeit: Ein Circus-& Clownmuseum als pädagogisches Konzept. Donau-Universität Krems.

Papoušek, M. (2003). Spiel und Kreativität in der frühen Kindheit. In: Gebauer/Hüther (Hg), S. 23–39.

Patch A. & Mylander M. (1997). Gesundheit. Oberursel: Zwölf&Zwölf Verlag.

Rizzolatti, G. (2008). Empathie und Spiegelneurone. Die biologische Basis des Mitgefühls. edition unseld. Frankfurt am Main: Suhrkamp.

Robinson, Vera M. (1999). Praxishandbuch therapeutischer Humor. Grundlagen und Anwendungen für Pflege- und Gesundheitsberufe. Wiesbaden: Ullstein medical.

Spitzer, M. (2003). Lernen. Gehirnforschung und die Schule des Lebens. Heidelberg: Spektrum.

Sully J. (1902). An Essay on Laughter, Spieltheorie des Komischen, London: Longmans, Green & Co.

Sutton-Smith Brian (1997). The Ambiguity of Play. Cambridge MA: Harvard University Press. Verlagsgruppe Random House GmbH.

Titze M. (2007). Die heilende Kraft des Lachens. Mit Therapeutischem Humor frühe Beschämungen heilen. München: Kösel Verlag.

Titze M. ,& Eschenröder Ch. T.(2003). Therapeutischer Humor. Grundlagen und Anwendungen. Frankfurt am Main: Fischer Taschenbuch Verlag.

Internetquellen

Osterweil, Scott (2007). The Four Freedoms of Play, HBS 25 Apr 2007. Abgerufen am 01. 04. 2016 von

https://www.youtube.com/watch?v=UjarYsSHNwY

Außerwöger, C. Humor im Krankenhaus. Abgerufen am 16. 04. 2016 von https://www.rotenaseninternational.com/.../Humor_im_Krankenhaus.pdf

Definition von Humor, Humortheorien. Abgerufen am 16.04.2016 von http://de.consenser.org/book/export/html/1866

Lachen ist gesund. Abgerufen am 14.04.2016, von https://www.ugb.de/gesundheitsfoerderung/lachen-ist-gesund

Fry, William F. Die Kraft des Humors. gekürzte Fassung eines Vortrags im Hospitalhof. Stuttgart, Übersetzung M. Titze, 16.09.1993. Abgerufen am 1.6.2016 von www.humorcare.com/informationen/texte/534395983e1187501.html

Astrid Lindgren. Abgerufen am 19.04.2016 von http://www.kinderhaus-astrid-lindgren.de/html/astrid-lindgren.html

3. Spiel & Politik

3.1. Komplexe Simulationen als Abbildungen der Realität
Chancen und Grenzen

Wolfgang Gruber

3.1.1. Einleitende Bemerkungen

In diesem Beitrag wird über die sechsjährige Erfahrung des Autors im Bereich der theoretischen Konzeption und praktischen Durchführung von Plan- und Rollenspielen reflektiert (vgl. Gruber & Probst, 2014; Gruber & Köhler, 2014). Es soll dabei Einblick in den gesamten Prozess von derartigen Simulationen[21] gegeben werden. Anhand eines tatsächlichen Beispiels, für welches im Moment eine erneute vierte Umsetzung ab Oktober 2016 geplant wird, werden dieser Prozess aufgerollt und die Komplexität der Überlegungen dargestellt. Dieser Beitrag wird jedoch keine reine Beschreibung eines einzelnen Szenarios sein, sondern auf einer Metaebene Chancen sowie Grenzen von Simulationen im Einsatz auf Hochschulebene analysieren. Als Abschluss dieses Artikels werden dann die wesentlichen „Lessons Learned" komprimiert dargestellt, um eine Art von Handlungsleitfaden zu erhalten (Gruber, 2016).

3.1.2. Ein archetypisches Setting

In dieser Sektion wird auf ein Setting des Autors eingegangen, dass eine konkrete Planspielsituation beschreibt (United Nations Information Service, 2016), damit die nachfolgenden Teile dieses Artikels auch auf ein

---

[21] Die Spezifizierung der Begriffe Simulation und Planspiel ist auch in der Literatur nicht komplett trennscharf und der Autor verwendet daher keine weitere Ausdifferenzierung im Sinne von analoger und digitaler Verwendung.

praktisches Kapitel zurückgreifen können. Seit Oktober 2013 findet einmal jährlich eine recht ungewöhnliche Lehrveranstaltung mit dem deutschen Namen (Arbeitssprache ist allerdings Englisch) „Wandel durch Verhandlung – Verständnis durch Erleben: Simulation einer internationalen Konferenz zu nachhaltiger Entwicklung mit all ihren Aspekten" statt. Diese wird von zwei Universitäten in Wien (Universität für Bodenkultur Wien und Universität Wien) in englischer Sprache angeboten und soll ein sehr heterogenes Zielpublikum in Form von Studierenden ansprechen. Beide Universitäten entsenden neben ihren regulären Studierenden ein etwa jeweils gleich großes Kontingent an ERASMUS-Studierenden, woraus dann ein recht bunter Mix an universitären Hintergründen entsteht (von Studierenden aus Neuseeland, über Thailand bis in die USA). Diese sprachliche Vielfalt dient in weiterer Folge durch eine Kooperation mit dem Institut für Translationswissenschaften dazu, während der zweitägigen Simulation praktische Erfahrungen im Dolmetschen zu gewinnen. Insgesamt ist die Lehrveranstaltung aktuell für 60 Studierende konzipiert, wobei hier durchaus noch Weiterentwicklungspotential besteht – was im weiteren Verlauf ebenfalls aufgezeigt wird. Inhaltlich haben sich die bisherigen Durchläufe mit globalen Themen wie Klimamigration und der Formulierung von nachhaltigen Entwicklungszielen beschäftigt. Die Themenwahl entstand einerseits in Anlehnung an aktuelle gesellschaftspolitische Kurse, anderseits aus dem erwünschten Learning Outcome, dass die Studierenden durch das praktische Tun ein tieferes Verständnis für die komplexen Zusammenhänge und Abläufe internationaler Verhandlungen entwickeln können. Die Studierenden können sich zu Beginn des Semesters bestimmten Stakeholdern zuordnen lassen und haben dann in der Zeit zwischen Oktober und Jänner einmal pro Woche eine zweistündige Vorbereitung. Neben einem hohen Maß an Eigenverantwortlichkeit für die Recherche und Darstellung der Stakeholderposition, wo unter anderem angeregt wird, die Botschaften der betroffenen staatlichen Akteure selber zu besuchen, ist es den Organisatoren wichtig, vielfältige Möglichkeiten zu individuellen Vertiefungen von Rhetoriktrainings bis hin zu interkultureller Sensibilisierung abhängig vom eigenen Lern- und Wissensstand zu ermöglichen. Ebenso wichtig erscheint der Lehrveranstaltungsleitung ein enger Kontakt mit ExpertInnen aus dem Feld (VertreterInnen aus Regierungen, NGOs und anderen Institutionen, die auf internationalen Verhandlungen, zumindest vor Ort eine beobachtende Rolle eingenommen haben), mit denen die Studierenden in sogenannten „Reality Checks" ihren Verhandlungsstil im Sinne größtmöglicher Realitätsdichte weiterentwickeln können. Die verschiedenen KooperationspartnerInnen können bei der abschließenden zweitägigen Simulation im Vienna International Center, also einem der vier UN-Sitze der Welt, im Sinne einer Realitätsdichte die gesellschaftspolitische Relevanz weiter untermauern. Nach zwei Tagen intensiver Verhandlungen, in denen die Studierenden ihre Rollen leben und ihr „Seminarraum" ein öffentlicher Raum ist, der verschiedensten VertreterInnen der UN, der Presse, NGOs und anderen interessierten Menschen offensteht, fällt den Studierenden der Ausstieg aus ihrer Rolle meist schwer. Eine zweistufige Nachbesprechung (*Debriefing* genannt) hilft, diesen Prozess gut zu managen und ihn in eine Lernerfahrung zu verwandeln, da gerade im zweiten Teil (inhaltliches Debriefing) konkret über die Realitätsnähe des Planspiels gesprochen wird (ergänzend ist auch noch eine schriftliche Komponente als Gruppenarbeit abzugeben). Als Lehrveranstaltungsleiter ist dem Autor und seinem Kollegen an einer beständigen Weiterentwicklung des Planspiels gelegen, die unter anderem unter Einbeziehung des studentischen Feedbacks und der freiwilligen Mitarbeit von ehemaligen Studierenden im Vorfeld (Rainer, 2013) und bei der tatsächlichen Durchführung des Planspiels vonstatten geht. Die zweimalige Nominierung der Lehrveranstaltung für den Lehrpreis Teaching Award an der BOKU, wo beide Male der 4. Platz erzielt wurde, können auch als institutionelle Qualitätsgaranten dienlich sein.

3.1.3. Chancen und Grenzen von Simulationen

Grundsätzlich setzen Simulationen auf die Anwendung von erlerntem Wissen in einer praxisorientierten Situation (Hellmer & Smetschka 2009). Der Grad der Vorbereitung kann dabei erheblich variieren, was sich auch darin ausdrücken kann, auf welche Art und Weise die TeilnehmerInnen der Simulation das nötige Wissen zur Darstellung des Stakeholders erwerben. Als Lehrveranstaltungsleiter ist dem Autor und seinem Kollegen dies bewusst und daher werden absichtlich unterschiedliche Lernpfade kreiert. Ein virtueller Blick auf den Lehrveranstaltungsplan lässt die Vielzahl an zusätzlichen Möglichkeiten (etwa ein Drittel sind optionale Termine) neben den klassischen Präsenzterminen klar ersichtlich werden. Als ebenfalls sehr wichtiges Feature erscheint der Lehrveranstaltungsleitung das Zusammenbringen der Studierenden mit ExpertInnen, die tatsächlich schon in realen internationalen Verhandlungssituationen zumindest teilgenommen haben oder idealerweise als aktive VerhandlerInnen aufgetreten sind. Dieses in-Kontakt Treten ist in einer speziellen Art und Weise organisiert, da auf Interaktivität Wert gelegt wird und die ExpertInnen nicht nur einen kurzen Frontalinput geben sollen. Damit die Studierenden den größtmöglichen potentiellen Nutzen aus dem Kontakt mit den ExpertInnen ziehen können, werden kleine Gesprächsrunden an runden Tischen organisiert. Typischerweise werden fünf bis sechs ExpertInnen eingeladen, die in parallelen Sessions innerhalb von zwei Stunden vier Durchläufe absolvieren können. Der Vorteil dieser Methode liegt darin, dass die Studierenden bewusst auswählen müssen, welche ExpertInnen gerade wichtig für sie sind und natürlich, dass immer wieder neue Situationen kreiert werden, aus denen auch die ExpertInnen ihren Nutzen ziehen können.

Das Lernen der Studierenden findet jedoch keineswegs beschränkt auf den Seminarraum statt. Die Lehrveranstaltungsleitenden ermuntern sie auch aktiv, mit verschiedenen internationalen Organisationen und Botschaften/Konsulaten in Kontakt zu treten, die in vielen Fällen über einen Sitz in Wien verfügen und somit für die Studierenden tatsächlich gut erreichbar sind. Dieses Kontaktknüpfen soll einerseits die Selbstrecherche-Fähigkeiten der Studierenden verstärken und andererseits auch eine höhere Realitätsdichte des Planspiels erzeugen. Abgesehen von den ExpertInnen lernen die Studierenden natürlich im Sinne des Peer Learnings auch viel von den KollegInnen im Seminar (Topping, 2005), schon alleine dadurch bedingt, dass die Zusammensetzung der einzelnen Stakeholdergruppen zumindest Studierende von zwei Universitäten einschließt, was in weiterer Folge auch unterschiedliche Recherche- und Ressourcenzugänge, aber auch größere Kulturunterschiede primär im Sinne von Wissenschaftskultur, bedeutet.

Die Chancen von Simulationen sollten somit klar auf der Hand liegen (vgl. Schwägele, Zürn, Bartschat & Trautwein, 2014). Einerseits geht es darum, dass Studierende möglichst selbstständig die gewählte Stakeholderposition realitätsgetreu recherchieren und in weiterer Folge vertreten sollen und dabei auf die Hilfe ihres gesamten wissenschaftlichen und professionellen Umfelds zurückgreifen sollen. Aufgrund der Notwendigkeit bzw. des klar formulierten Ziels einer realitätsnahen Simulation, sind die Studierenden zu einem hohen Grad auch mitverantwortlich für deren Gelingen. Gerade diese Verantwortung ist erfahrungsgemäß ein ausschlaggebender Punkt für eine gelungene Simulation. Andererseits ist das „voneinander Lernen" und das „sich Austauschen" eine gute Gelegenheit, eine komplexe Situation auch im Sinne eines kompetenzorientierten Zugangs optimal zu lösen. Studierende können in Simulationen in gewisser Art unter Beweis stellen, was sie gelernt haben, und das auf allen vorhandenen Kompetenzebenen (Selbstkompetenz, Methodenkompetenz, Fachkompetenz, …). Simulationen können also auch als eine Überprüfungsmöglichkeit im Sinne einer Modulprüfung verwendet werden (OdASanté, 2016; Cursio, 2015).

Es wäre jedoch illusorisch zu behaupten, es gäbe keine Grenzen für eine Simulation. Eine der Hauptherausforderungen beim Einsatz von Simulationen betrifft den Umgang mit der Zeit (Kriz, 2011), sowohl die Durchführung, als auch Vorbereitung und Debriefing betreffend. Für die umfangreich definierten Ziele der allermeisten Planspiele bleibt in der Realität immer genug Zeit. Daher kann es eine Option sein zu sagen, weniger ist mehr, doch muss nicht zwangsweise so verfahren werden. Simulationen wollen eine möglichst realitätsnahe Anwendungsmöglichkeit erzeugen. Dies kann in weiterer Folge natürlich auch bedeuten, dass gerade die Zeitabläufe in den Durchführungsphasen bewusst stressig und emotional aufgeladen werden. Solange alles, was in der Durchführungsphase für die späteren Learning Outcomes wichtig ist, auch im Debriefing besprochen und „aufgelöst" wird, stellt dies kein Problem dar. Herausfordernd ist es, das Zeitausmaß für die Selbstrecherche einigermaßen zufriedenstellend abzuschätzen, wobei auch hier die Heterogenität der Studierenden und ihr Vorwissen zugleich Stärke und Schwäche sein können. Da die Studierenden stark voneinander abhängig sind und die Gruppendynamik einen nicht zu unterschätzenden Faktor im Gelingen einer Simulation darstellt, stellt dieses einen Kernaspekt dar. Des Weiteren ist die ausschließliche Beurteilung der Leistung von Studierenden in einer Simulation tatsächlich schwierig (Birgmayer, 2011). Als Lehrveranstaltungsleitenden erscheinen dem Autor und seinem Kollegen folgende Prinzipien dazu besonders wichtig: Die Bewertung des Planspiels erfolgt einerseits aus der Selbsteinschätzung der/s jeweiligen Studierenden und der beiden Einschätzungen der Lehrveranstaltungsleitenden, wobei der Mittelwert daraus gezogen wird (Gruber & Probst, 2014, S. 143f.). Weiters wird auf eine größere Anzahl von BeobachterInnen gesetzt, welche die Konferenz nach Gesichtspunkten optischem Auftreten, inhaltlichem Engagement, Sicherheit bei den zu verhandelnden Agenden, Vertrautheit mit der Thematik, verbalem und non verbalem Auftreten oder besonders hervorzuhebenden Wortmeldungen begleiten. Sie dienen als zusätzliche Augen und Ohren der Lehrveranstaltungsleitung und haben folgerichtig einen gewichtigen Anteil in der Bewertung. Letztlich sollte auch nicht vergessen werden, dass Simulationen, egal wie komplex sie gestaltet sind, doch nur einen Teil der Wirklichkeit wiedergeben können und auch die TeilnehmerInnen in der Simulation kaum die Tiefe der Vorbereitung erreichen können, wie dies im realen Leben möglich ist. Ergänzend dazu ein recht plakatives Beispiel: Die Teilnahme der USA an Klimaverhandlungsprozessen ist nicht alleine durch deren ChefverhandlerInnen, sondern vielmehr durch einen mehr als hundertköpfigen Stab an Personen gewährleistet. Eine Simulation muss sich wie im geschilderten Fall damit begnügen, für die USA eine Gruppe von vier Personen zur Verfügung zu haben. Zusätzlich stehen der Lehrveranstaltungsleitung neben dem Bewertungsschema für die Simulation noch eine Reihe anderer Bewertungsgrundlagen, wie mehrere schriftliche Arbeiten, ein Learning Blog und eine Peer Review Aufgabe zur Verfügung.

3.1.4. Die Kernbotschaften für den Einsatz von Simulationen

In weiterer Folge geht es um die Besprechung konkreter Punkte in Hinblick auf Chancen und Grenzen (vgl. Gruber, 2014):

- Die Abbildung der Realität: Das Bemühen um eine möglichst realistische Annäherung hat in jedem Fall seine Grenzen. Denn auch eine zweitägige Simulation im realistischen Rahmen der UN, mit DolmetscherInnen, entsprechendem Outfit, externen Gästen und vielen weiteren Features kann unmöglich einen Prozess 1:1 wiedergeben, der in der Realität Jahre dauert und tausende Menschen einschließt. Dies muss bei der Konzeption immer mitbedacht werden und letzten Endes muss sich die Konzeption von den Learning Outcomes leiten lassen, wobei es in vielen Fällen Ausbaupotenzial gibt. Es muss daher bereits zu Beginn mitbedacht werden, welche Elemente der Realität überhaupt abbildbar sind und vor allem mit welchem Aufwand. Dies mag sich banal anhören, ist es jedoch nicht, da gerade in der Konzeptionsphase einer Simulation viele scheinbar schwer überbrückbare Barrieren auftauchen. Die Entscheidung für bestimmte Elemente sollte bewusst getroffen werden und den Studierenden spätestens beim Debriefing – in vielen Fällen bietet sich jedoch schon eine Besprechung vor der eigentlichen Durchführungsphase an – erläutert werden.
- Debriefing – Schlüssel zum Lernen: Oft übersehen, da immer nach der eigentlichen Durchführungsphase angesiedelt, birgt das sogenannte *Debriefing*, also die Nachbesprechung, das wahre große Lernpotential von Simulationen. Dieses genannte Potential kann in vielen Fällen noch ausgebaut und optimiert werden (Kriz & Nöbauer, 2003). Abhängig vom tatsächlichen Umfang der Durchführungsphase (im besprochenen Fall sind es knapp 18 Stunden Simulation) ist es angemessen, das Debriefing in ein direkt anschließendes emotionales Debriefing, primär dem Abschließen mit der Stakeholderposition, und ein mit gewissem zeitlichen Abstand folgendes inhaltliches Debriefing zu teilen. Ergänzend dazu kann es auch sinnvoll sein, die TeilnehmerInnen zu bitten, in einem gewissen zeitlichen Abstand schriftlich ihre Erfahrungen zu Papier bringen. Im inhaltlichen

Debriefing wird unter anderem verstärkt auf die Wahrnehmungen der
BeobachterInnen Bezug genommen. Der Spielverlauf wird analysiert
und es findet eine Reflexion über die Modellhaftigkeit statt.

- Interdisziplinäres Arbeiten praktisch erlebbar: Schon bei der
  Beschreibung der Lehrveranstaltung im zweiten Subkapitel dürfte den
  LeserInnen aufgefallen sein, dass die Herausforderung Diversität und
  Heterogenität, unter anderem im Bereich des inhaltlichen Vorwissens,
  als etwas sehr Positives wahrgenommen wird (Szczyrba, von Treeck &
  Wergen, 2016). Das Grundprinzip zumindest Zweierteams von
  Studierenden von zwei Universitäten herzustellen, wird dann oft durch
  viele ERASMUS Studierende in diesen Gruppen erweitert und daher
  sind in Wahrheit noch mehr unterschiedliche Studienrichtungen und
  Universitäten aktiv dabei. Die Lehrveranstaltungsleiter sehen ihre Rolle
  unter anderem auch darin, eine produktive und gute
  Arbeitsatmosphäre zu schaffen und den Studierenden vor Augen zu
  führen, welche Vorteile es ihnen bringen kann, eng miteinander
  zusammenzuarbeiten und sich auf unterschiedliche Rechercheansätze
  und Ressourcennutzung einzulassen. Was in den besprochenen
  Simulationen tatsächlich gelebt wird, ist durch enges interdisziplinäres
  Arbeiten zuvor miteinander entstanden. Das Ziel ist es dabei in erster
  Linie nicht, den Landschaftsökologen zum Historiker „mutieren zu
  lassen" und vice versa, sondern die Studierenden beide spezifischen
  Arbeitsweisen kennen und schätzen lernen zu lassen. In weiterer Folge
  können durch diesen Austausch ihre gemeinsamen Aufgaben
  effizienter erfüllt werden.

- Der Seminarraum und die reale Welt: Letzten Endes soll die
  Wissenschaft nicht in ihrem Elfenbeinturm sitzen, sondern der
  „normalen Welt" draußen vermitteln können, was sie eigentlich tut
  (Yossinger, 2013). Als Lehrveranstaltungsleitende verstehen der Autor
  und sein Kollege ihre Aufgaben auch darin, den Seminarraum zu
  öffnen. Dies hat zwei Seiten: Einerseits wird die Kontaktaufnahme von
  ExpertInnen außerhalb der Lehrveranstaltung mit den Studierenden
  gefördert, andererseits ist es ein großes Anliegen, dass die Studierenden
  ihr erworbenes Wissen auch tatsächlich gut vermitteln können. Daher
  ist den Lehrveranstaltungsleitenden beispielsweise in der Vorbereitung
  zu Simulationen wichtig, wie die Studierenden Inhalte präsentieren,
  wozu idealerweise ein didaktisches Vermittlungskonzept eingefordert
  wird. Die Präsentation des passenden Inhalts ist dem Autor und
  seinem Kollegen dabei ebenso wichtig, wie die Wahl der
  Vermittlungsmethode und die tatsächliche Vermittlung. Zusätzlich
  betrachten sie die Lehrveranstaltung ebenso wenig wie das Planspiel als

ein in sich geschlossenes „Ökosystem", und ermutigen eine breite Anzahl von Personen je nach zeitlichen Ressourcen und fachlicher Befähigung zur Teilnahme als Gäste oder BeobachterInnen. Insbesondere ist den Lehrveranstaltungsleitern dabei wichtig, den Kontakt zu ehemaligen Studierenden der Lehrveranstaltungen durch die Funktion der BeobachterInnen weiterhin aufrecht zu erhalten und zu pflegen. Für ein Planspiel ist es daher überaus bedeutsam, gut in den gesellschaftspolitischen Kontext eingebettet zu sein, sowohl was den Inhalt angeht, als auch die tatsächliche physische Beteiligung relevanter Akteure. In Befragungen geben Studierende es als frustrierend an, wenn sie viel Zeit und Energie in ein bestimmtes Projekt gesteckt haben, dieses Projekt jedoch nach der unmittelbaren Durchführung kaum mehr eine weitere Relevanz aufweist. Durch den Einsatz der ExpertInnen und der vielen anderen Gäste und BeobachterInnen haben die Studierenden jedoch das Gefühl „gesehen und geschätzt" zu werden. Für den aktiven Unterricht ist aus diesem Grunde eine solche Motivationskomponente nicht von der Hand zu weisen. Weiter ist dem Autor und seinem Kollegen wichtig, dass in der Simulationsatmosphäre die Realitätsdichte beständig weiter zunimmt, sei dies durch den bereits erfolgten Einbau von Simulationsübersetzung in mehreren Sprachen oder die Übernahme von Stakeholderpositionen durch Studierende aus anderen Studienrichtungen, die schon tiefer mit bestimmten Inhalten vertraut sind (beispielsweise „Weltbank" durch Studierende der Witschaftswissenschaften).

- Vertrauen in die Studierenden setzen: Die Rolle der Lehrveranstaltungsleitung ist bei Planspielen vor allem im Bereich der Konzeption und Vorbereitung zu sehen. In der Durchführung selber sollte ihre Rolle ausschließlich in der Supervision bestehen. Auch wenn das Planspiel situativ beeinflusste Komponenten besitzt (beispielsweise können bestimmte Aktionen und Ereignisse vorbereitet werden, auf welche die Studierenden dann reagieren sollen), sollte darauf geachtet werden, dass diese Situationen nicht unmittelbar mit der Lehrveranstaltungsleitung in Verbindung gebracht werden. Dies geschieht durch dritte Personen, die extra für diese Rollen hinzugebeten wurden.

- Alles wird gut – Planspiele als singuläre Methode? Nach mehreren Jahren Erfahrung in diesem Sektor kann interessierten Lehrenden und WissensvermittlerInnen vor allem eine Erfahrung weitergegeben werden: In den allerwenigsten Fällen reicht es, eine Methode oder einen Ansatz als ursächlichen Problemlöser einzusetzen. Ein Bündel

von Maßnahmen – und genau darin besteht auch die Stärke der
Methode Planspiel – ist in der Lage, die positive Aktivierung und
Wissensentwicklung bei Studierenden nachhaltig zu beeinflussen (vgl.
Schwägele, 2012; Karl, 2012). Ein Planspiel eingebettet in eine
Lehrveranstaltung, wobei die Lehrveranstaltung als Vorbereitung für
Selbstrecherche der Studierenden dient, bietet ein optimales
Einsatzszenario. Für Lehrende sind vor allem die Konzeptions- und
die Vorbereitungsphase und danach Debriefing und Evaluationsphase
anstrengend. Die eigentliche Durchführungsphase, die meistens für die
Studierenden recht herausfordernd ist, sollten
LehrveranstaltungsleiterInnen jedoch als SupervisorInnen beobachten.
- Wie ein Planspiel organisiert werden kann: Im Folgenden noch
  abschließend eine kurze „Bauanleitung" für ein Planspiel, die gerne
  durch Anfrage beim Autor oder durch empfohlene Texte (vgl. Fischer,
  2012;) bei Interesse weiter vertieft werden kann:

-

Konzeptionsphase:

- Was sind die Learning Outcomes der Studierenden nach Beendigung
  der Simulation/ Lehrveranstaltung? Wie setze ich die Simulation
  optimal dafür ein? Wie viel Zeit habe ich in Form von ECTS dafür zur
  Verfügung?
- Planspiele sind im Allgemeinen angeleitete Rollenspiele, in denen
  fiktive oder reale Ereignisse mit einer Zielsetzung simuliert werden. Es
  sollte auch entschieden werden, ob eine verhandlungsorientierte oder
  eine aktionsorientierte (hier kommt zusätzlich Input von außen
  während der Simulation) Variante bevorzugt wird.
- Komplexitätsreduktion ist ein Muss bei Planspielen. Allerdings sollte es
  immer im Spannungsfeld von zu starker Vereinfachung und
  Akzentuierung gesehen und dementsprechend geplant werden.
- Realistische Atmosphäre und externe PartnerInnen erfordern oft ein
  großes Maß an vorhergehender Kommunikation. Dies sollte bereits im
  Vorfeld bedacht werden.

Vorbereitungsphase:

- Das Hinführen der TeilnehmerInnen zur Simulation sollte einem Plan
  folgen, der früh die Kontaktaufnahme mit ExpertInnen vorsieht und
  die Selbstrecherchekompetenzen möglichst stark fördert.

- Spielregeln, Zeitplan, Raumplan, möglicherweise auch Rollenbeschreibungen und Ablaufszenarien können erstellt und geprobt werden.

Durchführung:

- Spielphasen sollten in Form eines Zeitplans und genauer Spielregeln gut auf einander abgestimmt sein.
- *Meinungsbildungsphasen und verschiedene Arten von Interaktionsphasen sollten in den Spielregeln enthalten sein. Ebenso sollten Handlungsspielräume durch Spielregeln klar eingegrenzt sein.

Debriefing:

- Aufteilung in verschiedene Phasen – emotionales, inhaltliches und schriftliches Debriefing – ist ebenso wichtig wie eine Systematisierung des Reflexionsprozesses und eine genügend lange Zeitspanne (Kriz & Nöbauer, 2003).

Evaluation:

- Als Lehrende kann die Prämisse gelten, dass Bestehendes verbessert werden sollte. Darum ist die Auswertung von schriftlichem und mündlichem Feedback eine der Kernaufgaben für eine nachhaltige Qualitätssteigerung. Es sollten daher Motivationspotential, didaktische Qualität der Spielmaterialien und der vorbereitenden Einheiten, das Ausmaß der Interaktion, das Anforderungsniveau sowie das Verhältnis von Durchführungsphase zu Debriefingphase empirisch beleuchtet und ausgewertet werden (Bender-Szymanski, 2010).

3.1.5. Conclusio

Die obigen Ausführungen sollten aufzeigen, warum der Autor genau wie viele andere KollegInnen den Einsatz von Planspielen zu schätzen gelernt haben (Gray, Brown & Macanufo, 2011). Die Methode hat ein vielversprechendes Potential, um Wissensaneignung zu beschleunigen, wenn sie gut in ihr weiteres Umfeld eingebettet ist. Verschwiegen sollte jedoch keineswegs werden, dass es oft einige Zeit dauern kann, bis ein Planspiel erfolgreich implementiert ist. Sofern die grundsätzliche Bereitschaft Lehrender besteht, diese Methode in ihren Unterricht einzubauen, kann jedoch ein Großteil möglicher Schwierigkeiten gut überwunden werden. Planspiele sind aufgrund einer gewissen Reduktion in der Komplexität, um die Spielbarkeit nicht zu gefährden, das Mittel der

Wahl, um verschiedenste Situationen in vielen Bereichen dieser Welt in einem größeren Kontext verständlich zu machen. Das Hineinbegeben in eine Stakeholderposition und das Argumentieren aus dieser Position heraus ist dabei der Katalysator für das Verständnis. Da Papier bekanntermaßen jedoch geduldig ist und das Erleben von Prozessen als aktives Tun demgegenüber Bände spricht, sind die LeserInnen an dieser Stelle dazu aufgerufen, Teil eines Planspiels zu werden und sich reale persönliche Eindrücke zu verschaffen[22]. Nicht zuletzt die Rückmeldungen der Studierenden beweisen, dass durch den Einsatz von Planspielen eine bleibende Lernerfahrung geschaffen werden kann.

Literatur

Bender-Szymanski, D. (2010). Wie effektiv ist ein Planspiel? Eine Evaluation aus der Sicht von Pädagogen. München: Staatsinstitut für Schulqualität und Bildungsforschung.

Birgmayer, R., (2011). Planspielleistungen beurteilen – ein Widerspruch? In: Hitzler, S., Zürn, B., Trautwein F. (Hrsg.), Planspiele – Qualität und Innovation. Neue Ansätze aus Theorie und Praxis (S.39-56). ZMS-Schriftenreihe Band 2, Norderstedt: Book on Demand GmbH.

Cursio, M. (2015). Kompetenzorientiertes Prüfen. Ein Leitfaden zur Qualitätssicherung. Schriften zur Hochschuldidaktik. Beiträge und Empfehlungen des Fortbildungszentrums Hochschullehre der Friedrich-Alexander-Universität Erlangen-Nürnberg. Abgerufen von https://www.nat.fau.de/files/2014/07/Leitfaden_FBZHL_6_2015_Pr%C3%BCfen1.pdf

Gray, D., Brown, S., Macanufo, J. (2011). Gamestorming. Ein Praxisbuch für Querdenker, Moderatoren und Innovatoren. Heidelberg: O´Reilly.

Gruber, W. (2016). Game Based Learning – Aufbruch an neue Ufer: ein Baukasten für die Umsetzung an der Fachhochschule St. Pölten. In: Haag, J., Weißenböck, J., Gruber, W., Freisleben-Teutscher, C. (Hrsg.), Game Based Learning. Dialogorientierung & spielerisches Lernen analog und digital. Beiträge zum 4. Tag der Lehre an der FH St. Pölten am 15. 10. 2015. St. Pölten: Ikon Verlags GesmbH.

---

[22] Eine Gelegenheit dafür bietet ihnen der Autor mit der Teilnahme an der nächsten Abhaltung der Lehrveranstaltung „Negotiating Change" im Herbst 2016 an.

Gruber, W., Probst, L. (2014). Wandel durch Verhandlung – Verständnis durch Erleben: Simulation einer internationalen Konferenz zu nachhaltiger Entwicklung mit all ihren Aspekten . In: Schwägele, S., Zürn, B., Trautwein, F. (Hrsg.), Erleben was kommt (S.135-150). ZMS-Schriftenreihe Band 5, Norderstedt: Book on Demand GmbH.

Gruber, W. (2014). Offenes Lernszenario Planspiel: Möglichkeiten von Planspielen bei der Praxisumsetzung von aktivem (Er)lernen interdisziplinärer Inhalte in der Lehre. In: Pauschenwein, J. (Hg.), Tagungsband zum 13. E-Learning Tag 2014 – Evaluierung offener Lernszenarien. Graz: FH JOANNEUM.

Gruber, W, Köhler, S. (2014). Aktives (Er)lernen interdisziplinärer Inhalte und Praxisumsetzung im Rahmen eines Planspiels. Online-Zeitschrift des Zentrums für Hochschul- und Weiterbildung „ZHW-Almanach" der Universität Hamburg. Abgerufen von http://www.zhw.uni-hamburg.de/almanach/wp-content/files/ZHW-Almanach-2014-1-Gruber-Planspiel.pdf

Fischer, C. (2012), Von der Idee zum Planspiel. In: Schwägele, S., Zürn, B., Trautwein, F. (Hrsg.), Planspiele – Trends in der Forschung (S.13-30). ZMS-Schriftenreihe Band 3, Norderstedt: Book on Demand GmbH.

Hellmer, S., Smetschka B. (2009). Prozesskompetenz entwickeln, Veränderung gestalten. Prozessorientiertes Lernen in Unternehmen und Universitäten. Heidelberg: Verlag für Systemische Forschung im Carl-Auer Verlag.

Karl, C.K. (2012). Integration einer Lern-/ Lehrmethodenauswahl in Planspielen. In: Schwägele, S., Zürn, B., Trautwein, F. (Hrsg.), Planspiele – Lernen im Methoden-Mix. Integrative Lehrkonzepte in der Diskussion (S.95-112). ZMS-Schriftenreihe Band 4, Norderstedt: Book on Demand GmbH.

Kriz, W.C., Nöbauer, B. (2003). Den Lernerfolg mit Debriefing von Planspielen sichern. Bundesinstitut für Berufsbildung. Abgerufen von https://www.bibb.de/dokumente/pdf/1_08a.pdf

Kriz, W. (2011). Qualitätskriterien von Planspielanwendungen. In: Hitzler, S., Zürn, B., Trautwein F. (Hrsg.), Planspiele – Qualität und Innovation. Neue Ansätze aus Theorie und Praxis (S.11-38). ZMS-Schriftenreihe Band 2, Norderstedt: Book on Demand GmbH.

Szczyrba, B., von Treeck, T. & Wergen, J. (2016). Forschung, Intervention und Vernetzung – Auf dem Weg zu einer gelebten Diversitätskultur in Studium und Lehre. Merkt, M. Wetzel, C. & Schaper, N. (Hrsg.). Professionalisierung der Hochschuldidaktik (S.292-301).

OdASanté (2016). Handbuch Kompetenzorientiert prüfen und bewerten. Abgerufen von
https://www.odasante.ch/fileadmin/odasante.ch/docs/Eidg._Pruefungen_Pflege/Kompetenzorientiert_pru__fen_und_bewerten-2016-02-25_d.pdf

Rainer, J. (2013). Ein Tag als Delegierte der Vereinten Nationen. In: Medienportal der Universität Wien. Abgerufen von
https://medienportal.univie.ac.at/uniview/uniblicke/detailansicht/artikel/ein-tag-als-delegierte-der-vereinten-nationen/

Schwägele, S. (2012). Integriertes Lernen mit Planspielen. In: Schwägele, S., Zürn, B., Trautwein, F. (Hrsg.), Planspiele – Lernen im Methoden-Mix. Integrative Lehrkonzepte in der Diskussion (S.27-48). ZMS-Schriftenreihe Band 4, Norderstedt: Book on Demand GmbH.

Schwägele, S., Zürn, B., Bartschat, D., Trautwein, F. (Hrsg.). (2014). Planspiele – Ideen und Konzepte. Rückblick auf den Deutschen Planspielpreis 2013. ZMS-Schriftenreihe Band 6. Norderstedt: Book on Demand GmbH.

Topping, K.J. (2005). Trends in Peer Learning. In: Educational Psychology. Vo.25, No.6 (S.631-645). Dundee: Routledge.

United Nations Information Service (2016). Students discuss climate and migration at Model UN Conference in Vienna. Abgerufen von

http://www.unis.unvienna.org/unis/en/events/2016/mun_2016-01-14.html

Yossinger, S.N. (2013). „What is Model UN? And why you should care." Abgerufen von

http://iipdigital.usembassy.gov/st/english/publication/2012/07/20120731426
14.html#axzz2lSH4DnI0

3.2. **Runtastic into a SuperBetter Life!**
Spiele, Apps und Werte für Veränderung und Wandel

Isabella Andric

Power-ups, Bad Guys, Allies und Future Boosts! Seit über 40 Jahren sind Videospiele erfolgreich, wie in der Frankfurter Allgemeinen Zeitung im Artikel „Computerspiele mit Mission – Wer redet hier von Zeitverschwendung?" vom 16.08.2012 geschrieben wird:

„In Europa spielen hundert Millionen Menschen Computerspiele. Zehn Millionen Menschen in Deutschland, Frankreich und England verbringen damit mindestens zwanzig Stunden pro Woche. In Amerika sind 72 Prozent aller Haushalte mit dem nötigen Gerät ausgestattet, 99 Prozent aller Jungen und 94 Prozent aller Mädchen spielen Computerspiele. Im Alter von 21 Jahren wird jeder einzelne von ihnen zehntausend Stunden, also zusammengerechnet weit über ein Lebensjahr, damit verbracht haben.

Doch ist es kein reines Jugendphänomen: Bei einer Umfrage unter amerikanischen Führungskräften haben 61 Prozent der Befragten angegeben, ihre Arbeit täglich zu unterbrechen, um eine Runde am Computer zu spielen. Und diese Daten stammen aus den vergangenen fünf Jahren, bevor Spiele auf Facebook von mehr als zweihundert Millionen Nutzern im Monat gespielt und mit Smartphones und Tablets ideale Spielgeräte überaus populär wurden, die den Markt auf den Kopf stellen." (Küchemann, 2012)

Online-Spiele gibt es für unterschiedliche Zielgruppen und Geräte, vom PC bis hin zu Smartphone und Tablet. Spiele sind Systeme, in denen wir fern der Realität, in einem dritten Raum auf einer neutralen Ebene, interagieren, Entscheidungen treffen und Herausforderungen meistern. Mitunter wird das Spiel schwierig und zeitaufwendig, doch der Spielverlauf ist kurzweilig. Spiele sollen Spaß und Unterhaltung bieten.

Bereits vor tausenden von Jahren gab es das Spiel als Zeitvertreib. Beispielsweise das indische Brettspiel *Moksha Patamu* – ein Vorgänger des Spiels *Snakes and Ladders* – hat einen religiösen Charakter. Auf dem kürzesten Weg soll das heilige Nirvana erreicht werden. Nach dem Zufallsprinzip werden unterschiedliche Felder erreicht: ein Feld mit Leiter verkürzt den Weg zum Ziel, eines mit Schlangen erschwert ihn. Symbolisch dient die Leiter für Tugenden wie Glaube und Großzügigkeit, während Schlangen unterschiedliche Laster symbolisieren, zum Beispiel Eitelkeit und Gemeinheit. *Moksha Patamu* vermittelt spielerisch wichtige soziale Normen, Regeln und Werte der indischen Gesellschaft. Es ist ein Spiel zwischen „Gut" und „Böse" und leistet zusätzlich einen Beitrag zur Entwicklung der Gesellschaft.

Die Olympischen Spiele – im Ursprung ein Sportfest zwischen den Stadtstaaten des antiken Griechenlands – hatten damals bereits eine hohe Bedeutung. VertreterInnen aus allen Teilen der griechischen Welt nutzten dieses Format als kulturelles und politisches Forum sowie als Orakel und Heiligtum für das Volk, zu Ehren des griechischen Gottes Zeus.

Das Orakel ist heute eine App! Apps helfen uns, effektiv zu sein, kreativ zu gestalten, Zeit sinnvoll zu nutzen, Entscheidungen überlegt zu treffen. Wurden früher Tagebücher oder Protokolle geschrieben, werden Informationen heute digital schnell und einfach verarbeitet. Daten aus externen Geräten, wie z.B. Pulsuhren und Blutzuckermessgeräte, werden bereits automatisiert in unterschiedlichen Anwendungen dokumentiert. Es entstehen unzählige Datensätze, die analysiert werden können, um etwa einen Blutzuckerabfall vorherzusehen.

Daten zu sammeln und zu verarbeiten ist die Aufgabe einer Self-Tracking-App, wie zum Beispiel *Runtastic* (runtastic GmbH). Fitnessaktivitäten, wie Laufen oder Radfahren werden via GPS aufgezeichnet. Distanz, Zeit, durchschnittliche Geschwindigkeit und Kalorienverbrauch werden gemessen und in einem Trainingshandbuch gespeichert. *Runtastic* bietet weitere Funktionen, unter anderem auch die Möglichkeit, Aktivitäten über Social Media zu teilen. So werden zusätzlich soziale Erfahrungen gestaltet, denn der Austausch im sozialen Netzwerk kann zu Höchstleistungen motivieren, ebenso wie die regelmäßige Dokumentation und Kontrolle der eigenen Leistung.

Die App *SuperBetter* (SuperBetter, LLC) hat das Ziel, Resilienz aufzubauen. Es können Herausforderungen auf gesundheitlicher, emotionaler oder psychologischer Ebene in Angriff genommen werden –

von der Linderung chronischer Schmerzen und Depressionen bis hin zur Gewichtsabnahme. *SuperBetter* stärkt NutzerInnen mit Power-ups, bekämpft Schwächen (Bad Guys) mit Support von außen (Allies – die Community). Zu Beginn wird der Avatar gewählt, zum Beispiel der Superheld Batman. Robin und Catwoman begleiten durch den Spielverlauf. Diese App wird auch in Rehabilitationen nach Unfällen oder schweren Krankheiten eingesetzt.

Runtastic und *SuperBetter* nutzen Elemente aus der Welt der Videospiele. Die Apps übernehmen eine Coaching- und Motivationsfunktion für den User. Durch die Gamifizierung wird bei *runtastic* das Führen eines Lauftagebuchs eine unterhaltsame Erfahrung. *SuperBetter* bietet mehr. Es ist ein ARG (Alternate Reality Game): Die reale Welt wird durch Spielelemente und Spielmechaniken neu organisiert. Ob Gamifizierung oder Alternate Reality Game – die digitale Welt wird zum Spielplatz der Realität.

Der Wert des Spiels ist hoch. Laut dem Statistikportal Statista waren im Jänner 2016 die beliebtesten Kategorien im App Store Spiele, Business, Bildung, Lifestyle und Unterhaltung. Diese 5 Kategorien besetzen zusammen einen Marktanteil von 57,46 Prozent, wobei Spiele den größten Anteil mit 22,63 Prozent aufzeigen. Spiele unterhalten und motivieren. Apps haben, vor allem im Bereich Bildung und Lifestyle durch ein durchdachtes Gamification-Konzept höhere Erfolgschancen.

Gamifizierung nutzt unterschiedliche Belohnungsstrategien bei der Gestaltung von Motivation. Mit PBLs (Points, Badges, Leaderboards) und SAPS (Status, Access, Power, Stuff) werden Challenges und Level gestaltet. Nach Richard Bartle (vgl. Gilbert 2016, S. 78 - 79) werden im Spielverlauf vier unterschiedliche Spieler-Charaktere mit den passenden Spielprinzipien angesprochen: der Killer (Wettkampf), der Explorer (Erforschen), der Socializer (Netzwerken) und der Achiever (Leistung). KillerInnen und AchieverInnen bevorzugen Motivation von außen. Sie wollen mit Rankings in Leaderboards punkten sowie Ziele und Status erreichen. SocializerInnen und ExplorerInnen hingegen werden von innen angetrieben: durch das Bedürfnis nach Kommunikation und sozialer Nähe bzw. die Neugier, die Welt mit ihren Geheimnissen und Rätseln zu erforschen. SpielerInnen sind Mischungen aus diesen vier Typen mit Tendenzen in eine bestimmte Richtung. Bei der Entwicklung einer Gamifizierungs-Strategie ist es wichtig, Motivationsstrategien dementsprechend intrinsisch und extrinsisch zu gestalten.

SuperBetter setzt verstärkt auf intrinsische Werte, die stark im Selbst und der Community verankert sind, wie z.B. die persönliche Verbindung zur Community als unterstützendes Instrument in der Erreichung der Ziele. *Runtastic* hingegen nutzt extrinsische Werte, die in direktem Zusammenhang mit der Wahrnehmung durch andere wirken. Ziele sind Anerkennung, Bewunderung und Neid der anderen. Gamifizierung ist hochgradig emotional! Mit Hilfe von Werten und Emotionen wird ein System gestaltet, das NutzerInnen motiviert, Ziele zu erreichen. Im Spielverlauf sind es Autonomie, Zugehörigkeit, Macht, Freude, Anerkennung, Fortschritt und Wachstum, die einen partizipierenden Spielprozess sowie die freiwillige Teilnahme aus einem eigenen inneren lustvollen Antrieb heraus fördern.

Die Universität von Washington nutzt Gamifizierung in Wissenschaft und Forschung. Das Online-Puzzle *FoldIt* (Center for Game Science, Universität Washington) hilft, komplexe Forschungsprozesse zu beschleunigen. Im Rahmen des Spiels werden, wie bei einem Puzzle, Eiweiß-Strukturen zusammengefügt. Um das AIDS-Virus zu entschlüsseln hat es 15 Jahre benötigt. Die SpielerInnen von *FoldIt* reduzieren diesen Forschungsprozess auf zehn Tage. Durch die Gamifizierung können unterschiedlichste Herausforderungen der Realität spielerisch und rasch gelöst werden. Die TeilnehmerInnen sind höchst motiviert, effektiv, produktiver und kooperativer als im realen Leben.

Bei komplexen Aufgaben, die in Balance zwischen Überforderung (Angst) und Unterforderung (Langeweile) stehen, entsteht ein Gefühl des Schaffensrausches – ein „Flow". Spielverläufe nutzen die Prinzipien des Flow-Modells, entwickelt von Mihály Csíkszentmihályi (1975): Ziele werden transparent und klar kommuniziert; der Fokus liegt auf der Kompetenzentwicklung, um die Herausforderungen im Spielverlauf zu meistern; Feedback erfolgt sofort, direkt und deutlich. Positive Psychologie ist wesentlich, um im Spiel Wohlbefinden zu gestalten. Spiele fördern aktiv das Selbstwertgefühl und führen damit zu Zufriedenheit und Glück. Entsprechend dem PERMA Modell von Martin Seligman sind positive Gefühle wie Dankbarkeit und Zuneigung wesentlich, zusätzlich Engagement, positives Feedback aus sozialen Netzwerken (Relationship), Sinn (Meaning) und Ziele (Achievements). Gamifizierung arbeitet zentral mit diesen Elementen (vgl. Gilbert, 2016, S. 59 - 78).

Das Streben nach Glück motiviert zu Höchstleistungen. Gamifizierung zielt auf diesen inneren Antrieb, um die Produktivität und Effektivität im realen Leben zu steigern. Ziele zu erreichen ist ein Weg, um Glück zu erfahren. Das Spiel gestaltet dazu Sinn und Werte, sodass die Motivation der Anwendung steigt. *SuperBetter* ist ein Multiplayer-Game, in dem der/die UserIn eine Superheldenrolle übernimmt. *Runtastic* ist ein digitaler Fitness-Coach, der die Leistung des Nutzers/ der Nutzerin analysiert. Beide Apps dokumentieren Aktivitäten rund um Gesundheit und Lifestyle, unterscheiden sich jedoch im Charakter und den Werten wesentlich: Gesundheit vs. Leistung!

Um Wandel und Veränderung bzw. aktive Lernprozesse zu gestalten, ist es notwendig, Werte zu identifizieren und zu hinterfragen. Werte entwickeln sich von Generation zu Generation, relativ und im kulturellen Kontext. Der Einsatz neuer Technologien und Anwendungen kann auf Widerstand im realen Leben stoßen. – Ist das Gefühl der Sicherheit während einer Autofahrt mit oder ohne BeifahrerIn stärker, oder doch mit oder ohne Airbag? Digitale Produkte und Services stehen vor der Herausforderung, den situativen Kontext der Realität als auch den kulturellen so zu integrieren, dass die User Experience steigt.

Um die „kulturelle Blackbox" von NutzerInnen zu verstehen, benötigt es eine zentrale Eigenschaft der emotionalen Intelligenz – Empathie. Dies ist die Fähigkeit, Dinge aus der Sicht des Anderen zu sehen und den Kontext abzuleiten. Je ähnlicher wir uns und unseren kulturellen Orientierungsmustern sind, desto stärker ist die Fähigkeit zur Empathie. Jede App ist von jenen Frauen und Männern, die zur Entwicklung und Realisierung beitragen, kulturell geprägt. Apps können scheitern, wenn die kulturelle Blackbox des Nutzers/ der Nutzerin ignoriert wird oder auch dann, wenn auf gesellschaftlicher Ebene noch die Akzeptanz zur Nutzung der Technologie fehlt. (vgl. Kolko, 2014, S. 48 - 50)

Kulturelle Gegebenheiten und Unterschiede zu berücksichtigen, ist für den Erfolg einer digitalen Anwendung wesentlich. Aktuelle Forschungen im Bereich Cultural Adaptivity und Human Computer Interaction belegen die Effektivität von User Interfaces bei Anpassung an kulturelle Gegebenheiten (vgl. Reinecke 2010, S. 182). Ziel ist eine Verbindung von Technologie und Emotion – eine schrittweise Annäherung an die NutzerInnen und ihr Verhalten im Alltag, um die Vorteile der digitalen Welt mit den kulturellen Werten der Realität zu vereinbaren.

Es gibt innerhalb einer Gesellschaft oder Gruppe eine Vielzahl an Kulturdefinitionen und Modellen: von Standards (Traditionen, Symbole und Werte) über Artefakte (Sprache, Literatur, Medien und Architektur) hin zu Kommunikation und Kommunikationsstil (Sprache, Gestik, Mimik). Edward T. Hall definiert Kultur als „Silent Language", das Eigene in Bezug zu Raum, Zeit und Kommunikation – Verhalten und Werte, die für uns selbstverständlich sind. Gert Hofstede spricht zusätzlich die Wichtigkeit des Individuums und das Maß an Freiheit und Regelorientierung an (vgl. Layes, 2003, S. 60 - 73).

Im Spiel können Zielgruppen angesprochen werden, die traditionell nicht erreicht werden. Durch das Spiel werden formale und starre Inhalte auf kreative Weise unterhaltsam vermittelt. Spiel ist Entertainment! Durch Spielelemente und Spielmechanismen werden Anreizsysteme gestaltet, um zum Beispiel den Umsatz eines Unternehmens zu steigern bzw. die Partizipation in Projekten zu fördern. Spielerische Konzepte sind in unterschiedlichen Systemen zu finden, wirtschaftlich in Sales und Marketing als auch gesellschaftlich in der Bildung und Gestaltung von nachhaltigen Verhaltensänderungen. Über eine spielerische Ebene sollen existierende Probleme gelöst werden. Durch die Gestaltung von Entwicklungspfaden, Interaktionen und Feedbacksystemen sowie den Einsatz entsprechender Technologien der Datenverarbeitung entstehen gamifizierte Systeme (vgl. Gilbert, 2016, S. 13).

Gamifizierte Systeme haben den Anspruch, Probleme der realen Welt zu lösen. Auch, um die Welt besser verstehen zu lernen, wird das Spiel bereits seit tausenden von Jahren genutzt. Die Entwicklung von effektiven Konzepten ist komplex. Systeme, die Spielelemente und Spielmechanismen nutzen, um Social Impact zu gestalten, haben – im Gegensatz zu beispielsweise einem Brettspiel – kein Ende. Das Potential der Gamifizierung liegt in der spielerischen Verbindung von Individuen, Plätzen, Ideen und Aufgaben des täglichen Lebens, sozusagen in den digitalisierten Interaktionen im Kontext des Alltags.

2010 hat Kevin Richardson den Fun Theory Award für das Konzept der „*Speed Camera Lottery*" (DDB, NTF National Society for Road Safety Schweden) gewonnen. Ziel war es, AutofahrerInnen zu motivieren, Geschwindigkeitsgrenzen einzuhalten. FahrerInnen, die sich nicht an die vorgegebenen Geschwindigkeitslimits hielten, wurden nach der gültigen Rechtslage mit einem Strafmandat bestraft. Wer sich an die vorgegebene Maximalgeschwindigkeit hielt, erhielt ein Lotterielos. Das Lotterielos wurde mit den Einnahmen aus den Strafmandaten finanziert. Das Gewinnspiel sowie die Umverteilung der Strafmandate zielen direkt auf die gewünschte Verhaltensänderung im Straßenverkehr ab.

Mit *ChoreWars* (Kevin Davis) wird Hausarbeit zu einem Fantasy-Helden-Wettstreit. In *ChoreWars* wird der Haushalt zu einem Abenteuer und zu einer Party. Arbeiten und Aufgaben werden individuell samt Monstern, Schätzen und Aktionspunkten konfiguriert. Staubsaugen und Müll entsorgen wird zu einem unterhaltsamen Wettkampf, der gemeinsam gestaltet werden kann. Der/die Spieler/in stimmt bereits am Beginn zu, sich auf eine bestimmte Weise im Rahmen von Zielen, Aufgaben und Regeln zu engagieren. Durch Belohnungen und unterhaltsame Erfahrungen wird der Zusammenhalt in der Gruppe gestärkt.

Wie würde sich das Leben durch eine Ölkrise verändern? – Gamifizierte Systeme können auch zu Simulationen oder Experimentierräumen von globalen, sozialen, politischen oder wirtschaftlichen Systemen werden. In *World without Oil* (Electric Shadows, ITVS Inc.) werden die ersten 32 Wochen nach einer globalen Energiekrise simuliert. Es ist ein Lernspiel rund um die Veränderung der Lebensumstände, gesellschaftlich und politisch eine virtuelle Katastrophenübung.

Um sozialen Wandel zu gestalten, ist es notwendig, eine Common-Interest-Community zu bilden. *SuperBetter* nutzt die Kraft des Netzwerks als Unterstützung zur Erreichung von gesundheitlichen Zielen. Soziale Innovationen und Business Modelle, die sich aufgrund bürokratischer oder gesetzlicher Regelungen in einem Graubereich befinden, wie etwa die Anwendung *Uber* (Uber Technologies Inc., ein Online-Vermittlungsdienst für Fahrdienstleistungen), könnten mit einer entsprechend starken Community auf politischer Ebene sogar Gesetzesänderungen bewirken. Schließlich sind die NutzerInnen potentielle WählerInnen. (vgl. Kolko, 2014)

Digitale Technologien und Social Media bieten die technische Infrastruktur, um soziale Innovationen zu gestalten. Apps mit einer Social Impact Strategy benötigen eine starke Community, um beispielsweise Veränderungen auf politischer oder gesellschaftlicher Ebene zu bewirken. Die sozialen Werte und Ideologien der Nutzenden stehen im Zentrum des Spielverlaufs. Gamifizierung ist die Methode, mit der wir ihnen spielerisch die Möglichkeit bieten können, Verantwortung zu übernehmen. So, know your users! Consider values! Ensure motivation! Create experiences and have fun!

Literatur

Center for Research on Environmental Decisions. (2009). The Psychology of Climate Change Communication. A Guide for Scientists, Journalists, Educators, Political Aides, and the Interested Public. New York. Zugriff am

29. Februar 2016 unter
http://guide.cred.columbia.edu/pdfs/CREDguide_full-res.pdf

Csíkszentmihályi, M. (1975): Beyond Boredom and Anxiety. The
Experience of Play in Work and Games. San Francisco, Washington,
London: Jossey-Bass Publishers.

Crompton, T. (2010). Common Cause. The Case for Working with our
Cultural Values. Zugriff am 29. Februar 2016 unter
https://www.foe.co.uk/sites/default/files/downloads/common_cause_rep
ort.pdf

Gilbert, S. (2016). Designing gamified systems: meaningful play in
interactive entertainment, marketing and education. The Foundation (S. 1 –
132). Burlington, MA: Focal Press.

Kolko, J. (2014). Well-designed: how to use empathy to create products
people love. Behavioural Insights: Identifying Latent Needs and Desires (S.
71 – 111). Boston, MA: Harvard Business Review Press.

Kolko, J. (2014). Well-designed: how to use empathy to create products
people love. Product Strategy: Sketching a Playbook of Emotional Value (S.
113 – 129). Boston, MA: Harvard Business Review Press.

Küchemann, F. (2012). Computerspiele mit Mission – Wer redet hier von
Zeitverschwendung? Zugriff am 29. Februar 2016 unter

http://www.faz.net/aktuell/feuilleton/medien/computerspiele-mit-
mission-wer-redet-hier-von-zeitverschwendung-11856884.html

McGonigal, J. (2011). Reality is Broken. The Benefits of Alternate Realities
(S. 119 – 145). New York, NY: Penguin Press HC.

Müller S., Gelbrich K. (2014). Interkulturelle Kommunikation. Hofstede-
Kulturdimensionen (S. 59 – 70). München, DE: Franz Vahlen.

Österreichisches Olympiamuseum (2016). Religiöse Mythen. Zugriff am 29.
Februar 2016 unter
http://www.oeoc.at/museum/main.asp?kat1=11&kat2=132&kat3=237&vi
d=1

Reinecke, K. (2010). Culturally Adaptive User Interfaces (Dissertation,
Universität Zürich). Zugriff am 29. Februar 2014 über
http://www.zora.uzh.ch/44838/1/KatharinaReinecke_dissertation.pdf

Schreiner, K. (2013). Würde, Respekt, Ehre – Werte als Schlüssel zum Verständnis von anderen Kulturen. Bern, CH: Verlag Hans Huber.

Siu, K., Zook, A., Riedl, Mark O. (2014). Collaboration versus Competition: Design and Evaluation of Mechanics for Games with a Purpose. Georgia Institute of Technology. Zugriff am 29. Februar 2016 unter http://www.cc.gatech.edu/~riedl/pubs/siu-fdg14.pdf

statista (2016). Beliebteste Kategorien im App Store im Januar 2016. Zugriff am 29. Februar 2016 unter http://de.statista.com/statistik/daten/studie/166976/umfrage/beliebteste-kategorien-im-app-store/

Thomas A., Kinast E., Schroll-Machl S. (2003), Handbuch Interkulturelle Kommunikation und Kooperation Band 1: Grundlagen und Praxisfelder. Kulturdimensionen (Layes G., S. 60 -73). Göttingen, DE: Vandenhoeck & Ruprecht.

Werbach, K., Hunter, D. (2015). The Gamification Toolkit – Dynamics, Mechanics and Components for the Win. Pennsylvania, PA: Wharton Digital Press.

Wikipedia (2015). Moksha Patamu. Zugriff am 29. Februar 2016 unter https://de.wikipedia.org/wiki/Moksha_Patamu

3.3. (Serious) Digital Games für politische Bildung

Sonja Gabriel

Die Bedeutung von digitalen Spielen vor allem (aber nicht nur) für Kinder und Jugendliche ist schon seit einigen Jahren nicht mehr zu ignorieren. Jährlich zeigen Studien wie die KIM (Kinder, Internet & Medien) oder JIM (Jugend, Internet & Medien) oder auch die oberösterreichische Medienstudie, dass sich Games – egal ob online oder offline, auf PC, Konsole oder Smartphone gespielt – immer stärkerer Beliebtheit erfreuen. Dabei kann davon ausgegangen werden, dass auch diese Medien bewusst oder unbewusst die SpielerInnen in ihrer Meinungsbildung, ihren Haltungen und Einstellungen beeinflussen. Dieser Beitrag verfolgt das Ziel aufzuzeigen, in welchen Bereichen in digitalen Spielen politische Bildung[23] ermöglicht wird, welchen Zweck manche Spiele verfolgen und welche gesellschaftspolitischen Fragestellungen, insbesondere in Serious Games, thematisiert werden.

3.3.1. Politische Bildung in und durch Games?

Politische Bildung und die Vermittlung von Werten geschieht schon längst nicht mehr nur im schulischen Kontext oder durch Familie und Peer-Groups, sondern ist immer stärker auch durch Medien – und darunter auch von Inhalten und Diskussion rund um digitale Games – geprägt.

---

[23] Unter politischer Bildung wird hierbei nicht nur das Faktenwissen über Politik verstanden, sondern auch über Organisation von Demokratie, Regierung, Justiz, Parteien, Wahlen und Massenmedien. Zudem fallen darunter auch Wissen über Grund- und Menschenrechte. Allerdings trägt politische Bildung zur Bildung von Meinungen und Einstellungen bei, fördert die Partizipationsfähigkeit und soll geistige und soziale Fähigkeiten ausbilden, die es ermöglichen, gelerntes Wissen anzuwenden.

Um politische Bildung zu vermitteln, wird es als nützlich angesehen, Simulationen von komplexen sozialen und politischen Geschehnissen und Prozessen einzusetzen – das zeigen die vielen Planspiele, die es in diesem Bereich gibt[24]. Zudem werden häufig die Diskussion kontroverser Themen und die Teilnahme an Gruppen, die gleiche Interessen verfolgen, als für Schulen gangbare Wege gesehen, um Kinder und Jugendliche an politische Partizipation heranzuführen. Viele digitale Spiele inkludieren dies alles ebenfalls und bieten zudem oft auch noch Narration oder Hintergrundgeschichten, die höchst politisch sind. Squire (2004) zeigt in seiner Forschung auf, dass Jugendliche, die *Civilization III* (Infogrames, 2001) in einem kontrollierten pädagogischen Setting spielen, tatsächlich einen Zugewinn an politischem und sozialgesellschaftlichem Wissen aufweisen. Besonders geeignet für den Einsatz an Schulen scheinen Serious Games, worunter man jene digitalen Spiele versteht, deren primäres Ziel nicht in der Unterhaltung der Spielenden zu sehen ist, sondern in der Änderung von Verhalten oder Einstellungen. Serious Games nehmen sich häufig Themen an, die in kommerziellen Spielen als wenig populär gelten, wie Kritik an Menschenrechtsverletzungen oder Krieg aus Sicht von Zivilisten. In dieser Richtung ist auch die „Games for Change"- Bewegung zu sehen, die sich der Sammlung und Erstellung von digitalen Spielen verschrieben haben, die zu einem sozialen Umdenken führen sollen. Flanagan (2009) nennt diese Spiele „Activist Games" und subsumiert darunter jene Spiele, die sie als „characterized by their emphasis on social issues, education, and, occasionally, intervention" beschreibt (ebd. S. 13). Die wissenschaftliche Beschäftigung mit moralischen und ethischen Werten in digitalen Spielen hat in den letzten Jahren jedoch zugenommen, Spiele werden als Anstoß für moralische und ethische Reflexion wahrgenommen (Sicart, 2013) und bieten vor allem durch ihre Interaktivität Möglichkeiten für SpielerInnen, sich mit den Figuren zu identifizieren und Empathie zu empfinden (Heron & Bedford, 2014; Belman & Flanagan, 2010). Dies zeigt sich insbesondere in Spielen wie *Papers Please* (Pope, 2013) oder *This War of Mine* (11 Vit Studies, 2014), die in der Handlungsverzweigung und im Spielausgang sehr stark auf den Entscheidungen, die Spielende machen bzw. gemacht haben, basieren. Auf diese Weise integrieren sie die Spielenden stärker in die Rolle von den gezeigten Personengruppen und lassen Empathie für deren Situation empfinden.

---

[24] Vergleiche hierzu beispielsweise die Planspiel-Datenbank der Bundeszentrale für politische Bildung unter www.bpb.de.

Erste Versuche, Computerspiele für (politische) Bildungsprozesse zu nutzen, gab es bereits gegen Ende der 1980er Jahre. Das 1985 erschienene *Balance of Power* (Chris Crawford, 1985) gilt als eines der ersten politischen Spiele, in dem Diplomatie gegenüber brutaler Gewalt siegt. In der Rolle des US-amerikanischen Präsidenten oder des Generalsekretärs der Sowjetunion ist es die Aufgabe der SpielerInnen, die Position des eigenen Landes im Vergleich zum anderen zu verbessern. Das Spiel wurde von vielen Magazinen als Neuheit in Gamedesign und Gameplay gefeiert. Allerdings gab es auch kritische Stimmen dazu. Wie Bogost (2007) feststellt, hat der Designer Chris Crawford den SpielerInnen seine eigene Sichtweise aufgezwungen (ebd. S. 101).

Aufgrund der geringen Verbreitung digitaler Endgeräte waren diese ersten Bemühungen SpielerInnen politisch zu bilden allerdings nur begrenzt wirksam. Heute sieht das anders aus – durch die hohe Verfügbarkeit von Smartphones und anderen mobilen Endgeräten kann beinahe jederzeit und von überall auf Games zugegriffen werden. Eine bedeutsame Rolle spielt ab 2007 die Serie an Serious Games von *Global Conflicts* (dtp Entertainment) wie z.B. *Global Conflicts: Palestine* oder *Global Conflicts: Latin America*. Diese wollen mit dem Spielkonzept, in dem verschiedene Rollen und damit Sichtweisen von Parteien eingenommen werden können, über verschiedene Konflikt(parteien) weltweit sowie über Menschenrechtsverletzungen aufklären. So schlüpfen SpielerInnen beispielsweise in *Global Conflicts: Palestine* in die Rolle eines Journalisten, der für seine Story in und rund um Jerusalem recherchiert. Dabei kann für jede der Newsstories entschieden werden, ob man für eine israelische, eine palästinensische oder eine europäische Zeitung schreiben möchte. Aufgrund dieser Auswahl sowie der Dialogoptionen, die man im Verlauf des Spiels trifft, wird der eigene Status im Konflikt verändert und so verändern sich auch die Zugänge zu Quellen und Informationen. Am Ende jedes Kapitels stellt der/die Spielende aus den gesammelten Informationen und Aussagen eine Geschichte zusammen, die im Anschluss analysiert wird, ob sie als lesenswert und neutral beurteilt werden kann. Auf diese Weise sollen die Spielenden lernen, dass es immer davon abhängt, auf welcher Seite eines Konflikts man steht und wie stark die Medienberichterstattung Außenstehende beeinflussen kann.

Digitale Spiele sind vor allem gut darin, Situationen zu simulieren, aber wie Schrier (2016) feststellt „Games can authentically situate and simulate a problem within a dynamic system, though this has its limits" (ebd. S. 69). Schrier spielt darauf an, dass Designer jedem Game ihre eigene Sichtweise geben. Durch Inkludieren bestimmter Informationen beziehungsweise das Weglassen anderer oder durch das Stellen bestimmter Tasks und Quests können die SpielerInnen in gewisser Weise manipuliert werden. Dies trifft allerdings auch auf andere Medien wie Bücher, Filme usw. zu. Die Einschränkungen von Games als Simulationen der realen Welt sind auch darin zu sehen, dass Simulationen immer nur Vereinfachungen eines komplexen Vorgangs sein können – aber gerade dies kann im Bereich des Lernens ein großer Vorteil sein. Es ist das, was Gee (2007) das „Fish-tank" Prinzip genannt hat: Um ein komplexes System verstehen zu können, muss zuerst einfach begonnen werden, um dann nach und nach mehr Komponenten und Variablen hinzuzufügen. Shaffer (2006) argumentiert, dass Spiele dann am effektivsten zum Lernzuwachs beitragen, wenn Spielende an realweltlichen Aufgabenstellungen arbeiten können. Als Beispiel nennt Shaffer *Citizen Science* (Filament Games, 2011), ein flashbasiertes Browsergame, das Spielende in die Rolle eines Jugendlichen versetzt, der das ökologische System eines lokalen Sees wiederherstellen soll. Um dieses Spielziel erreichen zu können, müssen die Umwelt erkundet, Argumente gesammelt und Leute überzeugt werden. Zusätzlich werden die SpielerInnen angehalten, mit Hilfe von wissenschaftlichen Methoden unterschiedliche Daten zu sammeln, die für den Spielverlauf von Bedeutung sind. Auf diese Weise sollen Handlungen im Spiel mit Geschehnissen außerhalb des Spiels verknüpft werden. Barthel (2013) sieht ebenfalls hohes Potential in digitalen Spielen, wenn es darum geht, besonders Kindern und Jugendlichen politisches Engagement und Einstellungen näher zu bringen. „Games represent a bounded space in which players can come to greater understanding about the world. At the same time, the use of narratives and the interactive nature of video games place an emphasis on what could happen, a key element of procedural understanding" (ebd. S. 31). Neben prozeduralem Verständnis können Spiele auch prozedurale Rhetorik fördern, womit Wissen über Prozesse vermittelt werden kann. Auf andere Weise wäre dies in der politischen Bildung nur schwierig möglich. Barthel nennt hier das Beispiel des *McDonald's Videogames*, wo SpielerInnen die Fastfood-Kette managen, dabei den Regenwald zerstören müssen, um genügend Soja anbauen zu können, Kühe töten, die aufgrund von ungesundem Futter krank wurden oder Aktivisten und Wissenschaftler bestechen müssen, um das Weiterbestehen des Konzerns zu sichern. „Conveying this as a simulation rather than an essay is more effective as an argument because it allows players to experience just how productive this economic model can be. By winning, players see both the reasons for and the consequences of rampant consumerism" (Barthel 2013, S. 32). Das bedeutet also, dass durch das Spielen Denkprozesse angestoßen werden können, die tiefgreifender sind als es durch einfache – im Unterricht der politischen Bildung übliche – Modelle und Erklärungen möglich ist.

Diskussionen können angestoßen werden, so dass die SpielerInnen kausale Zusammenhänge dadurch erkennen und auch verstehen können.

3.3.2. Kritische Verarbeitung von sozialen und politischen Themen in Games

Gesellschaftspolitische Themen spielen immer wieder eine Rolle in digitalen Games – entweder direkt durch die Narration oder indirekt durch beispielsweise das Setting oder die Charaktere. Computerspiele werden aber auch als Werbemedien für politische Positionen genutzt. So sorgte etwa das Spiel *Ukik* (SWD, 2014) für Aufregung, da in diesem Spiel auf parodistische Art und Weise die rechte euroskeptische britische Partei Ukip und deren Parteichef Nigel Farage aufs Korn genommen werden: Die Spielenden kontrollieren dabei den Charakter Nicholas Fromage, der ImmigrantInnen von den White Cliffs in Dover mittels Fußtritt möglichst weit aus dem Land befördern soll. Gelingt dies nicht, fällt die Wirtschaft des Landes um ein Prozent. Natürlich müssen SpielerInnen den Hintergrund und die Absicht der EntwicklerInnen kennen, um den Inhalt des Spiels richtig interpretieren zu können. Abgesehen von Spielen, die aktuelle gesellschaftliche Situationen, politische Akteure oder Parteien parodistisch verarbeiten, werden Games auch in den Dienst von Parteien gestellt. So gab es in Österreich ein unrühmliches Beispiel, als die Freiheitliche Partei Österreichs das Spiel *Moschee baba* (Alexander Segert, 2010) im Rahmen einer Wahlkampagne auf ihrer Webseite zum Download bereitstellte. In diesem Spiel mussten die Spielenden Minarette, Moscheen und Muezzins, die auf dem Bildschirm erschienen, so schnell wie möglich abschießen. Nach einem großen öffentlichen Aufschrei wegen diesem Spiel musste es nach einigen Tagen wieder offline genommen werden.

Dass Spiele sehr häufig aufgrund ihrer enthaltenen politischen Aussage heiß diskutiert werden, zeigen auch jene Spiele, die aus dem Apples App-Store wegen ihrer Inhalte verbannt wurden. *Smuggle Truck* (Owlchemy Labs, 2012) ist von der Spielmechanik her ein reines Physik-Spiel, das Spielende allerdings auf das Thema Immigration aufmerksam machen möchte. Gesteuert wird ein Lastwagen mit illegalen ImmigrantInnen, die in Sicherheit gebracht werden sollen. Dazu müssen SpielerInnen Hindernisse auf der Straße in möglichst kurzer Zeit überwinden. Wie auf der Webseite der Entwickler http://smuggletruck.com zu lesen ist, beruht die Idee für das Spiel auf der persönlichen Erfahrung mit Freunden der Designer, die selbst die Mühsal der Immigration in die USA miterleben mussten. Das Spiel, das sowohl für Android als auch für iOS entwickelt wurde, wurde von Apple mit einem allgemeinen Hinweis auf den unpassenden Inhalt abgelehnt. Auch in den Medien wurde das Spiel von US-Politikern stark kritisiert, da es deren Meinung nach illegale Immigration unterstützt. Owlchemy Labs hat daraufhin die ImmigrantInnen im Spiel durch Plüschtiere ersetzt, die von der Wildnis in die Sicherheit eines Zoos gebracht werden müssen, wo sie Unterschlupf, Futter und medizinische Versorgung finden, benannten das Spiel um in *Snuggle Truck* und durften es somit über den App Store anbieten. Forumsdiskussion und Medienberichte (sowie die Reaktionen auf diese Medienberichte) zeigen, dass die EntwicklerInnen mit diesem Spiel auf jeden Fall eines geschafft haben: Das Thema Immigration und wie man damit umgehen soll wurde den Leuten in Erinnerung gerufen. SpielerInnen, die *Snuggle Truck* spielen, werden vielleicht auch auf das eigentliche Original *Smuggle Truck* aufmerksam und wollen es spielen (unter Android bzw. als Online-Version steht das Spiel zur Verfügung). Das Spiel kann natürlich nicht nur grundsätzlich wegen der leichtherzigen Art mit Immigration umzugehen, kritisiert werden[25]. Die Personen, die dargestellt werden, sind stark stereotyp und es ist unschwer zu erkennen, dass sie mexikanischer Abstammung sind. Im schlimmsten Fall könnte das Spiel sogar die Abneigung gegen Immigranten schüren, da die Satire im Spiel nicht vordergründig zu erkennen ist. Obwohl das Originalspiel mit fröhlicher Musik unterlegt ist, Cartoon-Charakter verwendet und keine Verweise auf Immigration in einem größeren Kontext zu finden sind, zeigen dieses Beispiel und all die Diskussionen rund um das Spiel, dass es eine nicht unbedeutende Zahl an Personen gibt, die denkt, dass Spiele in der Lage sind, die Werte und Einstellungen der Spielenden zu beeinflussen. Ursprünglich war *Smuggle Truck* als Satire gedacht, die den Leuten nicht vorschreiben will, ob sie positiv oder negativ über legale bzw. illegale Immigration denken sollen (Riendeau, 2011). Abgesehen von *Smuggle Truck* gibt es noch eine Reihe an Apps, die nicht über Apples App-Store vertrieben werden dürfen. Einige davon behandeln ebenfalls politische Themen wie die Ausbeutung bei der Herstellung von Smartphones oder die Arbeitsbedingungen in sogenannten Sweatshops (vgl. beispielsweise Hoffman, 2013).

September 12th (Newsgaming, 2003) ist ein Newsgame, das aufzeigen möchte, dass Gewalt erneut Gewalt hervorruft. Eine Verknüpfung zwischen Spielmechanik und den zu vermittelnden Werten gelingt hier durch eine simple Narration, die den Spielenden zur Reflexion anregt.

---

[25] Vgl. hierzu Forumseinträge unter
http://forums.steampowered.com/forums/archive/index.php/t-2523981.html

Bereits vor Spieleinstieg werden SpielerInnen auf die einzig geltende Regel hingewiesen: „You can shoot. Or not." Das Spiel kann im Grunde nicht gewonnen werden. Zu Beginn wird die Zielerfassung nur durch ein Fadenkreuz dargestellt, sodass man irrtümlicherweise annehmen könnte, es wäre möglich, zielgerichtet zu schießen. Allerdings wird bei Mausklick eine Rakete auf die Terroristen abgefeuert, was dazu führt, dass ein ganzer Häuserblock zerstört wird. Dadurch sterben auch zahlreiche Zivilisten, was wiederum dazu führt, dass weitere nicht spielbare Charaktere zu Terroristen werden. Dieser ewige Kreislauf aus Rache und Vergeltung kann nur aufgebrochen werden, wenn die SpielerInnen nicht schießen, also inaktiv bleiben (vgl. Ehrentraut, 2013). Gerade diese Inaktivität, der Mangel an Entscheidungsfreiheit durch die SpielerInnen, zeigt in diesem Fall die Ausweglosigkeit aus der Situation. Die Kritik am Verhalten der USA in diesem War on Terror wird durch die Spielmechanik evident und unterstreicht dadurch die Narration des Games, die im Prinzip nur aus der Darstellung eines Marktplatzes in einem arabischen Land besteht und einer kurzen Einführung vor dem Spiel, wo Figuren abgebildet sind, die als Terroristen (schwarz gekleidet und vermummt) bzw. Zivilisten gekennzeichnet werden. Der Standpunkt des spielbaren Charakters, der nie in Erscheinung tritt, soll in Frage gestellt werden. SpielerInnen werden angeregt, sich selbst über die Auswirkungen der Handlungen Gedanken zu machen und diese auch über das Spiel hinaus auf lebensweltliche Situationen zu übertragen.

Das Beispiel von *September 12th* zeigt, dass eine gute Verknüpfung zwischen dem, was das Spiel erzählen möchte und dem, wie die SpielerInnen agieren können, einen wesentlichen Einfluss auf die Gesamtwahrnehmung des Spiels und damit auch auf die Vermittlung von Werten hat. Auch hier ist allerdings wieder, wie von mehreren Studien belegt (vgl. beispielsweise Miller & Hegelheimer, 2006, Rossiou & Papadakis, 2007), die Notwendigkeit gegeben, über das eigene Spielerleben zu reflektieren und mit anderen darüber zu diskutieren.

Auch in kommerziellen Spielen gibt es immer stärker sozialkritische und politische Themen, die das Spielerleben mitprägen.

3.3.3. Können Games Verhalten oder Einstellungen ändern?

Eine interessante Studie dazu, welche Rolle Serious Games beim Verlernen gewisser Verhaltensweisen spielen, wurde von Scheiner et al. (2013) durchgeführt. Mittels eines „Online Ideation Games", darunter versteht man ein Serious Game, das abgesehen von dem Ziel zu unterhalten, vor allem „auch der Generierung, Entwicklung und Bewertung von Ideen für reale Probleme dient" (ebd. S. 2390), wurden Studierende untersucht. In dem Game *EVOKE* (Natron Baxter Applied Gaming, 2011), das durch die Weltbank beauftragt und von Jane McGonical und Kiyash Monsef gestaltet wurde, sollten die Teilnehmenden über 10 Wochen lang Lösungsvorschläge für verschiedene soziale und gesellschaftliche Probleme finden. Durch eine Game-begleitete Fragebogenstudie fanden Scheiner et al. heraus, dass sich die Spielenden durch die Teilnahme an *EVOKE* über die jeweiligen Themen informiert, spielerisch Lösungen entwickelt sowie mit anderen Mitspielenden kommuniziert haben. Genau diese Aspekte sind notwendig, um Verlernen von bereits verinnerlichten Handlungsweisen (wie zum Beispiel das Verschwenden von Ressourcen) einzuleiten. Die Autoren kommen zum Schluss, dass derartige Online Ideation Games durchaus zum Einsatz in der politischen Bildung geeignet sind.

Barthel (2013) führte eine Studie durch, in der er herausfinden wollte, ob Jugendliche, die ein Computerspiel spielen, das politische Prozesse simuliert, größeres Vertrauen in die Politik haben verglichen mit Jugendlichen, die ein derartiges Spiel nicht spielten. 42 TeilnehmerInnen zwischen 18 und 21 Jahren spielten ein Spiel, das speziell für diese Studie entwickelt wurde. Es simuliert den Budgetverabschiedungsprozess im Kongress und soll aufzeigen, wie Budgetentscheidungen durch eingeschränkte Ressourcen und politischen Druck beeinflusst werden. SpielerInnen müssen ihre Präferenzen für einige Programme wählen, sehen dann die Auswirkungen auf das Budget und müssen ihre Entscheidungen verfeinern, sodass der Budgetvorschlag von den Kongressabgeordneten akzeptiert wird. Verglichen mit einer Kontrollgruppe, die das Spiel nicht spielte, konnte beobachtet werden, dass es einen signifikanten Unterschied bezüglich der unterbewussten demokratischen Einstellungen bei den Jugendlichen gab. Da das Sample zu gering ist, ist diese Studie jedoch nicht auf die breite Masse übertragbar. Es wurde dennoch festgestellt: „participants should be able to discuss their experience playing the game either through open-ended questionnaire items or through interviews, where it might be investigated to what extent they felt like they learned from the game or perceived a point of view about a particular process" (Barthel, 2013, S. 39).

Weniger komplex in der Story, doch genauso auf SpielerInnenentscheidung basierend, ist *Spent* (McKinney 2011). Dieses Spiel stellt die Spielenden vor die Aufgabe, einen Monat lang mit $ 1.000,- zu überleben. Dazu müssen in diesem textbasierten Game Alltagsentscheidungen getroffen werden, die nicht nur finanzielle

Auswirkungen beinhalten, sondern durchaus auch soziale und moralische Überlegungen betreffen. So müssen SpielerInnen beispielsweise wählen, ob sie Schmerzen in der Herzgegend ernst nehmen und zum Arzt gehen (der bezahlt werden muss), dabei aber riskieren, ihren Arbeitsplatz zu verlieren oder aber ihre Gesundheit aufs Spiel setzen. Einige der Dilemmata betreffen auch eine sehr persönliche Ebene, wie das folgende Beispiel illustriert: Soll das kranke, geliebte Haustier der Familie teuer behandelt bzw. eingeschläfert werden (beides mit hohen Kosten verbunden) oder soll es weiterhin leiden, damit keine finanzielle Belastung entsteht? Obwohl das Spiel grafisch mit wenig Aufwand realisiert wurde, bietet es durch die Verzweigungen, die durch die SpielerInnenentscheidungen entstehen, eine gute Wiederspielbarkeit. Dadurch werden SpielerInnen angeregt, sich immer wieder auf die Herausforderung einzulassen und Auswirkungen von Entscheidungen in einem sicheren Raum zu erleben und diese auch gleichzeitig zu reflektieren. Da *Spent* ausschließlich Alltagssituationen aus dem US-amerikanischen Leben thematisiert, ist ein Umlegen auf das eigene Umfeld entsprechend simpel. In einer quantitativ angelegten Großstudie stellte Ruggiero (2014) sogar fest, dass Jugendliche, die *Spent* spielten, einen wesentlich höheren Zugewinn im affektiven Lernen aufwiesen als jene Gruppe, die mit einem Text über eine obdachlose Person arbeitete. Diese Ergebnisse zeigen, dass Serious Games durchaus einen Einfluss auf die Einstellungen der Spielenden haben können. Dabei sind nicht ästhetische Merkmale und Grafik für diese Wirkung ausschlaggebend, sondern die Möglichkeit, das eigene Spielschicksal zu beeinflussen.

3.3.4. Politik spielend lernen

Die Zahl der Games, die sich zum Ziel setzen, Kinder und Jugendliche, aber auch Erwachsene mit politischen Themen vertraut zu machen, wächst ständig. So gibt es mit *Ars Regendi* (Redmaze, 2007-2014) ein browserbasiertes Simulationsspiel, bei dem die Spielenden einen Staat übernehmen und dort für das Wohlergehen der virtuellen Bevölkerung sorgen müssen. Die Daten, die dabei manipuliert werden, beruhen auf echten Daten und realistischen Schätzungen, sodass SpielerInnen mit verschiedenen Reformen experimentieren sowie Bündnisse mit anderen SpielerInnen eingehen können, die auf wirtschaftliche oder militärische Ziele ausgerichtet sind. Im Laufe des Games tauchen immer wieder Entscheidungen auf, denen sich auch PolitikerInnen in der realen Welt gegenübersehen, wie z.B. der Umgang mit Migration oder Steuerreformen. Getroffene Entscheidungen zeigen kurz-, mittel- oder langfristige Konsequenzen für die wirtschaftliche Lage des Landes und der

Zufriedenheit der Bevölkerung. Neben dem Spiel selbst sind die Forumsdiskussionen besonders interessant, die sich nicht nur um Spielinhalte und fiktive politische Ereignisse drehen, sondern auch um reale politische Geschehnisse, deren Ursachen und Konsequenzen. So enthält der Thread zum BREXIT im Sommer 2016 55 Postings im deutschsprachigen Forum, zum Thema Putsch in der Türkei 46 Postings. Diese Zahlen zeigen, dass das Interesse der SpielerInnen weit über In-Game-Inhalte hinausgeht.

Besonders im US-amerikanischen Raum gibt es zahlreiche Spiele, die sich mit dem Thema Politik, vor allem im Bereich Wahlen und Grundrechte, befassen. Die Webseite www.icivics.org bietet zahlreiche Games in diesem Bereich. Das neueste beschäftigt sich mit dem US-Präsidentschaftswahlkampf und zeigt in mehreren Schwierigkeitsstufen – geeignet für die Primarstufe über die Sekundarstufe I bis hin zur Sekundarstufe II – welche Themen im Wahlkampf wichtig sind und wie argumentiert werden kann. Zudem können zu Beginn des Spiels der Avatar angepasst und der Heimatstaat sowie ein Slogan gewählt werden. Neben dem Wählen von passenden Argumenten zum Überzeugen der WählerInnen geht es auch um Fundraising für den Wahlkampf und das Erstellen erfolgreicher Medienkampagnen. Das Spiel möchte aufzeigen, welche Themen und welche Argumente von den beiden Parteien (Republikaner und Demokraten) verwendet werden und Kinder und Jugendliche dazu anleiten, die richtigen Argumente zu identifizieren. Die Spiele der Webseite wurden für den schulischen Einsatz entwickelt und können in den meisten Fällen in 30 Minuten oder darunter durchgespielt werden. Zudem finden sich auch Stundenplanungen. Wenn man sich auf der Webseite registriert, erhält man auch Zugang zu den Leaderboards und kann so in Konkurrenz zu anderen SpielerInnen treten und verschiedene Badges erspielen. Somit sollen die Motivation aufrechterhalten und die BesucherInnen angeregt werden, verschiedene Spiele auszuprobieren. Der Hintergrund von *iCivics* liegt eben darin, Kindern und Jugendlichen in US-amerikanischen Schulen eine bessere politische Bildung zu ermöglichen. Studien, die auf der Webseite zu finden sind, belegen, dass mehr als die Hälfte der SchülerInnen, die einige der Spiele in der Schule spielten, diese sogar freiwillig zu Hause nochmals spielten. Durch die Ergänzung durch zusätzliches Material wird der Bogen von der virtuellen Welt in die Realität gespannt. Dies deckt sich mit dem von Dunwell, deFreitas & Jarvis (2011) weiterentwickelten Modell von Kolbs „Learning Cycle", das besagt, dass Hypothesen durchaus auch in einem virtuellen Raum ausgetestet werden können und es nicht immer ein realer Raum sein muss. Auch Gee (2007) argumentiert ähnlich, wenn er sagt, dass digitale Spiele die SpielerInnen einen Zyklus an Hypothesenbildung und Hypothesenüberprüfung durchlaufen lassen: Aufgrund der (im Spiel) gemachten Erfahrungen werden Hypothesen gebildet, die dann wieder ausgetestet und überdacht werden. Das Feedback, das vom System auf diese Hypothesenüberprüfung gegeben wird, führt zu einer Neugenerierung von Hypothesen, die dann ebenfalls wieder überprüft werden. Dies ist gerade im Bereich der politischen Bildung relevant, da viele Entscheidungen komplexe Systeme betreffen und selbst kleine Änderungen große Auswirkungen haben können. Dass es von Bedeutung ist, dass Games durch pädagogisches Personal oder Material begleitet werden, um einen Lernerfolg zu erzielen, haben bereits einige Studien – wenn auch nicht für den Bereich politische Bildung – belegt. Auch im deutschsprachigen Bereich gibt es einige Simulationen, die vor allem Jugendlichen ermöglichen sollen, in die Schuhe von PolitikerInnen zu schlüpfen. So ermöglicht der *Kanzlersimulator* (http://www.planet-schule.de/demokratie/kanzlersimulator/docs/index.html) herauszufinden, mit welchen Problemen und Entscheidungen sich deutsche BundeskanzlerInnen herumschlagen müssen. Über eine komplette Legislaturperiode – also vier Jahre – müssen die Regierungsgeschäfte übernommen werden, PR-Kampagnen geplant und TV-Auftritte absolviert werden.

Während icivics.org darauf abzielt, SpielerInnen politische Bildung mit Fakten in Games verpackt näher zu bringen, gibt es Games, die gerade zu Zeiten von US-Präsidentschaftswahlkämpfen stärker auf Satire und Humor setzen. Auf der Webseite www.thegoparcade.com werden bis zur US-Präsidentschaftswahl 2016 ständig neue Spiele veröffentlicht, die in Pixel-Grafik auf aktuelle Geschehnisse rund um die PräsidentschaftskandidatInnen eingehen. Im Vergleich zu den vorher diskutierten Spielen verlangen allerdings diese satirischen Games relativ starkes Hintergrundwissen, um den Humor und die Anspielungen zu verstehen. So können SpielerInnen im Game *Thoughts & Prayers* entweder beten oder nachdenken, um weitere Todesopfer in Massen-Shootings zu vermeiden. Egal jedoch, wie häufig man auf „Think" oder „Pray" drückt, es können keine Opfer vermieden werden. In der Hälfte des Spiels taucht noch eine dritte Option auf: das Verbot von Waffenverkauf. Doch diese Option kann nicht gewählt werden – bei Klick darauf, poppt eine Nachricht auf, dass diese Handlungsweise unamerikanisch wäre bzw. man auf die Gelder der Waffenlobby angewiesen sei. Das Game spielt auf diverse Politikeraussagen nach dem Massen-Shooting in Orlando an, in denen die PolitikerInnen ihre Gedanken und Gebete für die Opfer des Amoklaufs und deren Angehörige offerierten. Das Spiel kritisiert die mangelnde Handlungsbereitschaft der PolitikerInnen. Dies ist allerdings nur dann erkennbar, wenn man über die notwendigen Hintergrundinformationen verfügt.

3.3.5. Fazit

Politische Bildung – in ihren zahlreichen Facetten – ist für Kinder und Jugendliche in einer Zeit, die von Migrationsströmen, Pluralität, Interkulturalität, Globalisierung und ähnlichen Begriffen geprägt ist, von immenser Bedeutung. Digitale Spiele finden durch ihre fast permanente Präsenz im Leben von jungen (und auch älteren) Menschen sowie durch ihre Interaktivität und Immersion die Möglichkeit, Themen anzusprechen und bis zu einem gewissen Grad politische Bildung zu vermitteln. Dass dies auch bereits von vielen Organisationen und Game-Designern erkannt wird, zeigt die Vielzahl an (Serious) Games, die sich mit Themen beschäftigen, die weit über reinen Unterhaltungswert hinausgehen. Um einen Transfer der digitalen Inhalte in die Realität zu erreichen, ist es allerdings unerlässlich, dass diese Inhalte diskutiert und reflektiert werden. Dies kann entweder in einem pädagogischen Setting – begleitet durch Lehrpersonen und/oder TrainerInnen – oder aber in Online-Communities geschehen. Ein Einbezug von digitalen Games in die schulische politische Bildung kann aus den in diesem Beitrag genannten Gründen durchaus bereichernd und vorteilhaft sein.

Literatur

Barthel, M. L. (2013). President for a day. In: Information, Communication & Society 16/1, S. 28-42.

Belman, J. & Flanagan, M. (2010). Designing Games to Foster Empathy. In: Cognitive Technology 14/2, S. 5-15.

Bogost, I. (2007). Persuasive Games. The Expressive Power of Videogames. Cambridge, MA: MIT Press.

Ehrentraut, J (2013). Meaningful Play. Anti-Immersive Aesthetics in Serious Videogames. In: First Person Scholar. Zugriff am 20.07.2016 unter http://www.firstpersonscholar.com/meaningful-play/

Dunwell, I., de Freitas, S. & Jarvis, S. (2011). Four-dimensional consideration of feedback in serious games in de Freitas, In: S. de Freitas &

P. Maharg, P. (Ed.), Digital Games and Learning (S. 42-62). Continuum Publishing: London.

Flanagan, M. (2009). Critical Play. Radical Game Design. Cambridge, MA: MIT Press.

Gee, J. P. (2007). What Video Games have to Teach us about Learning and Literacy. New York: Macmillan.

Heron, M. & Belford, P. (2014). 'It's only a game' – ethics, empathy and identification in game morality systems. In: The Computer Games Journal 3(1), S. 34-52.

Hoffman, C. (2013). 6 Games Banned From iOS That You Can Play on Android or the Web. Zugriff am 2.10.2015 unter http://www.howtogeek.com/161546/6-games-banned-from-ios-that-you-can-play-on-android-or-the-web/

Miller, M. & Hegelheimer, V. (2006). The SIMs meet ESL Incorporating authentic computer simulation games into the language classroom. In: Interactive Technology and Smart Education 3/4, S. 311-328.

Rossiou, E. & Papadakis, S. (2007). Educational games in Higher Education: A case study in teaching recursive algorithms. In: C. Roberts (Ed.), Online Proceedings of the 4th Education in a Changing environment Conference, S. 149-157.

Riendeau, D. (2011). Moral Goods. Zugriff am 2.6.2015 unter http://killscreendaily.com/articles/moral-goods/

Ruggiero, D. N. (2014). Spent: changing students' affective learning toward homelessness through persuasive video game play. In: CHI '14 Proceedings of the SIGCHI Conference on Human Factors in Computing Systems. (S. 3423-3432). ACM: New York, 2014.

Scheiner, C. W., Witt, M., Krämer, K. & Renken, U. (2013). Zur Rolle von Serious Games in Verlernprozessen politischer Bildung. Zugriff am 12.07.2016 unter https://www.semanticscholar.org/paper/Zur-Rolle-von-Serious-Games-in-Verlernprozessen-Scheiner-Witt/fed08988d065808a7d17ef24b117d96b765fe002/pdf

Schrier, K. (2016). Knowledge Games. Baltimore: John Hopkins University Press.

Shaffer, D. W. (2006). How Computer Games Help Children Learn. New York: Macmillan.

Sicart, M. (2013). Beyond Choices. The Design of Ethical Gameplay. Cambridge, MA: MIT Press.

Squire, K. (2004). Replaying History: Learning World History through playing Civilization III. Zugriff am 14.07.2016 unter website.education.wisc.edu/~kdsquire/REPLAYING_HISTORY.doc

3.4. Games and Citizen Engagement
Towards Democracy 3.0

Vanessa Camilleri, Alexiei Dingli, Matthew Montebello

Abstract

The 21st century society is characterized by new and emerging power relationships resulting in a struggle between those who govern and those who make use of different media to make their voices heard. Historically games (both digital and non digital) have been used to engage citizens in community projects, in a bid to move from the non-participatory culture to one driven by tokenism, to one that aims to achieve more citizen power. In this book chapter, we shall be looking at how present day public engagement is emerging through online networks and the role, which past and current games may take in view of civic participation and action. Games have been attributed features that have a degree of influence on people's decisions and actions. In this chapter we propose a model for designing games as media that can support citizen engagement as a continuous process whilst facilitating tangible actions entwined in the real and the game worlds.

3.4.1. Introduction

Social ties within different communities and cultures have in many ways acted as the conduits through which citizens could relate together and engage in a number of initiatives with a social flavor. For example in the US, a program called Cities United aims to help interrupt violence on the streets through the strengthening of social ties within neighborhoods that are at the highest risk of homicide-related crimes. The way these programs work is by enlisting the help and support of community members which were victims of crime and their families so that they can break together the vicious circle of violence and thus prevent further crime. This is one of the many ways that citizens seek to become engaged in community activities. In other instances we see how people self organize in the face of tragedies or particular crises involving relations to provide help and support. In Malta in 2015, a terrible event occurred in which 26 people got severely injured when a racing car crashed into the spectators. Through the use of social media, not only did the news travel fast, but many people somehow or other knew or were related to the victims who got injured. The result had a cascading effect whereby around 100 people rushed to donate blood, so much so that the authorities issued a statement to the effect that there was no more need for people to donate blood that day and to encourage them to visit in the following days.

The era of accessible technologies has seen a surge in the ways people act. Although the digital era has exposed and at times augmented citizen involvement at all levels of society, we have also witnessed the emergence of different forms of citizen engagement through different civic activities. The Internet, used as a network to connect people, media and information provides the opportunity and the space for citizens to broadcast and publish their thoughts and opinions to a global audience. A few decades ago, citizens would gather around small village squares or local social clubs and discuss what they would have read via newspapers or television. People would construct and deconstruct political and societal issues with peers inhabiting their social sphere through more traditional forms of communication. Communication that before was restricted to the immediate communities has now been extended to the networks of people connected through relationships, friends of friends and unrelated persons sharing the same interests.

However we do question how game design may provoke civic action whilst giving participants the space to make meaningful choices, and empowering them with enough of a voice to participate fully in societal issues. The recent emergence of citizen activism has shown that citizens do express themselves online. However we do ask if the voices we are hearing are indeed those of citizens that are not driven by political agendas. We question, what social dynamics triggered during online interactions present in social media can be re-invented in game design? Historically, how did media exploit games to engage citizens in social and political issues? Was it an exemplary use of media to support democracy or was it an amplification of the strongest voice in the pack? Can games repackage reality to actively involve citizens in societal issues by empowering them with skills that can enhance democratic actions?

In this chapter, we answer the questions above by discussing the issues of citizen engagement and how games have historically exploited their dynamics to engage citizens. In addition, we also propose ways in which we can harness the potential of game design, to propose new ways in which citizen engagement can be expressed in terms of a new democracy founded on the basis of a participatory culture, where crowd sourcing is driven by an apolitical intelligent system.

3.4.2. Citizen Engagement and Discourse

The advent of the World-Wide Web (WWW) in the 1990s and the unprecedented global connectedness brought citizens closer to each other not only at an international level but also at a national and local dimension. This was not enough to conceive a truly two-way communication network but merely for server-bearing entities to publish text, hyperlinks, audio, pictures, animations, and eventually video to be consumed by web users at the receiving end. As the evolution of the WWW progressed from the basic TCP/IP technology to HTML, XML and eventually Web 2.0, the browsing citizen could eventually contribute to the content as social networks took over. In parallel with the budding role of the Internet from a simple medium of connectivity, to presentation, programmability, and eventually authorship, the games scenario grew exponentially from its basic standalone pixelated beginnings to real-life graphics on the cloud. This dualism, seemingly non- related, has deep connotations as the innovative web technologies influenced the online behavior of web users and the gamer experience as the maturing game industry ensured to keep abreast while at the same time harnessing the pervasiveness of the web and its advantageous delivery platforms.

A common factor that highlights this dualism is the social aspect that both domains embraced as they flourished and matured. Web technologies and game industries sensibly converged towards the compelling power of the citizen and harnessed the collective potency of the crowd. The widespread popularity of the web and the staggering ease of its adoption by all ages and the heterogeneous strata of society automatically generated a phenomenon ripple effect whereby citizen participation was not only just possible, but actually desirable. The astounding fact turned out to be that the citizens out of their own free will, coupled with their social nature inundated the online social places and communities through wikis, blogs, forums, and discussion arenas. Social networks took off at an astounding tempo gaining rapid momentum never witnessed before and an adoption rate that surpasses that of the introduction of the radio, television, telephone, Internet service and mobile phones. The impetus of this new wave of user-generated content was overwhelmingly powerful and interesting as much as misunderstood and un- investigated. This brought about new levels of public participation even though within a social online context. The reasons behind such an endorsement together with the analysis of the massive corpus of accumulated discourse is of academic interest and worth investigating. The outcome potentially sheds light not only on a similar technological adoption of citizen involvement within urban communities, but also to citizen engagement at a community and political level, and eventually to social innovation. What is even more interesting is the fact about the previously discussed parallelism whereby once again the game industry followed suit and adopted these same concepts and trends to its advantage. It stands to reason that the gaming domain will stick to this natural partner and will eventually con- tribute to the evolution of how citizens can further engage and how society can better embrace innovation. In this respect, emerging technologies play an important and crucial factor in both domains as they characterize their significance from simply getting people together or forming teams in a game environment, to collecting information and eventually ensuring the overall success. Locating and forming teams of people cannot be easier as over a network that the now established Internet has made possible. Purposely developed apps and social networks allow such social environments even over local networks or within contained environments like trains, planes and buildings where people are constrained to be in due to their need to travel or otherwise. Similar technologies are obviously taken advantage of within the game industry to locate and gather teams, opponents, as well as re- sources to supplement the tasks at hand. Such resources are made available and are instrumental for the same citizens to utilize and employ to perform specific tasks. Typical examples include visualization of data provided by crowd-sourced applications that geo-locate other participating citizens, contributing images from different locations, and providing status updates of traffic. Same scenarios can easily be transposed onto different gaming genres that have seen context-aware over social networks games rise in popularity, as well as ARGs that involve crowd sourced information to form coherent narratives to resolve real-world problems. In this way the technologies are able to engage connected citizens as well as networked gamers, incentivize them to contribute and engage others, assist in the authoring of valid information and form part, more than ever, of their community or user-group.

The political scene was no exception of this elevated citizen engagement that served both parties on either side of this convenient and easily accessible communication medium. Politicians were quickly to take advantage and employ the widespread web accessibility and the strategic expediency by which they could flexibly and conveniently reach out to their constituents and potential followers. On the other hand, citizens now had the effortless flexibility to communicate, express themselves and eventually make a difference. This was evidenced most blatantly during the American general elections in 2008 when it emerged that the winning candidate made the most extensive use of social networks for mobilization, canvassing and fundraising. An overwhelming three million Facebook followers, a hundred thousand Twitter followers, and over a billion electronic messages sent to thirteen million sup- porters. Even more recent and of a much vaster intensity is the adoption of electronic engagement and communication that a candidate for the mayor of the Seoul metropolitan government based his campaign on as he embraced citizen engagement and open dialogue as part of his electoral promotion. After two successful elections and sporting the motto citizens are Mayors the extent of the innovative technologies reflect the overwhelming success of his now established political approach that sported six blogging accounts, sixteen Facebook accounts, and thirty-three Twitter accounts.

Policy makers have realized that intensified citizen engagement through online media is the way forward and that political success depends heavily on latest web technologies. The gaming industry once again followed suit and banked on this aspect as web-based government simulation games flourished and gained mainstream popularity. Some of these quasi-realistic games were specifically designed to simulate political scenarios using fictional politicians with real networked citizens featuring political debates, media activities and running fully-fledged elections. The similarities between citizen engagement in our society and game dynamics especially within a political context is astounding as the analysis of the online discourse and within a gaming environment reveals an interesting reality. From the gaming point of view, this comes as no surprise as politicians even as early as the 1930s employed entertainment as a form of propaganda. Humor, songs and later on movies are some of the most popular vehicles that have been exploited as a political instrument. Games are an additional influential political discourse that simply aligns much of government priorities even if not directly produced by the state. Similarly the discourse, both social and political, that emerges from social participation especially within social networks is characterizing and typifying our modern society and eventually a new form of democracy will emerge.

3.4.3. Citizen Open Online Networks

Citizen engagement has been shown that apart from being highly desirable, it simply developed as a natural consequence of Web 2.0 developments, which enabled and empowered citizens to transform their online role from simple passive consumers to contributing authors and dynamic agents. The open online networks that emerged following this technological wave of user- centered opportunities, brought citizens in contact within a social and cultural context that was not easily available before. New learning theories like connectivism also emerged as a result of this new digital-age game changer that focused on the role of an open online network as a knowledge structure whereby learners employed pattern recognition and contact as a learning process to connect their work experiences to their interactions and knowledge. Such open online networks also promote much-sought concepts like inclusiveness and transparency where accountability rates high among responsive citizens. The dynamicity of the processes occurring within these networks is part of the success behind the escalation in citizen engagement as the efficiency of the feedback loop plays an imperative role. Citizen will be empowered and encouraged to further engage and contribute once they realize that their role and their involvement has been instrumental and had an interjecting impact on the overall outcome. The success of citizen open online networks will ultimately depend on the efficiency of this feedback loop that effectively demonstrates to the same citizens that their involvement had a direct and perceptible effect on their lives, the decision-making and the governance of their society. In this respect technology enabled citizen engagement, which is focused on results, and gauged to be context specific is far more accountable as transparency through public participation makes it possible and achievable. Similar to citizen participation programs open online networks still require some kind of planning to ensure that the citizens expectations of what they believe their role and involvement will eventually contribute. This could be as simple and intrinsic as in the sole act of only doing something and being engaged, or even instrumental as in engaged within the decision making process. The citizen open online network transforms the real and physical society we live in with its intricacies, rules and regulations, into a similar creature, which even though it is virtual, it manifests itself within the citizens in the same objective and emotional way. Whether this is the new and correct way of looking at a new democracy is debatable as a tradeoff between citizens who engage in open online networks and others who detach themselves either from the technology or from participating within these same networks needs to be found. The possibility of having citizens who opt not to participate or engage in any politically related matter whatever the medium will always exist, but the fact that, as discussed earlier, the online mode offers an easy medium to use with an elevated efficiency of delivery, rendering a democracy that is highly effective and realistic.

An essential part of a democracy is the policymaking process. It has already been argued that citizen engagement improves such a process but realistically different kind of engagements will have an impact on the overall success. Some good intentioned citizens might have no idea of how to offer beneficial contributions while other antagonistic citizens who might have good communication skills would purposely impede the successful process of democracy. Even good communicative citizens with good societal intentions could offer what is referred to as thin engagement as they offer atomic and individual contributions, in contrast to thick engagements where a group of well-meaning citizens collectively offer a fair and unbiased evaluation and solution to a common issue or problem. These compound contributions are model examples of how the new democracy should manifest itself as citizens share experiences, expertise and skills to discuss and present policy options as well as concrete plans and solutions. Crowd sourced resources and open innovation are the key to a successful and fruitful new democracy based on the power of the single citizen when brought together to form a significant force to be reckoned with. Such a methodology tends to be proper and fitting simply because it is not forced or obligatory in any way but a natural choice or outcome free from any personal financial aspirations or benefits. Citizen are regarded as active agents within a healthy society who deliberately and rationally out of civic duty opt to engage, participate and collaborate with other fellow citizens to the new democracy.

3.4.4. Games for Civic Engagement

The story of games that have been designed specifically to connect with citizens and engage them actively in societal issues starts with Clark C. Abt who founded Abt Associates in 1965. The company, which was then described as a mild-mannered social reform organization[26] was formed as a response to social and economic challenges by bringing together various disciplines in research and entrepreneurship. During the cold war era, democracy was viewed as a phenomenon of non-participation. Media generally served to inform and to manipulate peoples ideas and thoughts in a way which benefited those who were in power.

[Arnstein, 1969] published a paper to this intent, entitled A Ladder of Citizen Participation. In this paper, Arnstein argues that true democracy is only achieved when citizens become active participants in the decision making process, in a way that their decisions are further developed to become tangible outcomes. In her ladder of citizen participation, Arnstein focuses on 8 rungs in the ladder, which move from the citizen non-participation (when policy makers use media to manipulate or as therapeutic means to calm peoples fears), to tokenism (most often taking the form of information or consultative sessions). Even in this state, information or consultation does not mean that citizens become active participants but they are merely let on to what the decision makers intend to do. The higher rungs are dedicated to citizen power that comes about through partnership, delegated power and finally citizen control. In order to achieve a true democracy, peoples voice had to truly be heard and this could only be achieved when citizens became actively engaged in their communities. This notion of democracy, even then, was embodied in a systems thinking approach whereby complex decisions were taken as a result of thinking that is rule based and follows logical argumentation.

This was the spirit, which Abt Associates adopted to start proposing solutions for social reforms during that era. One of the methods, which they adopted, included the use of games that involved a substantial amount of citizens in the community. One of these games dealt with urban planning, whilst the other game dealt with more political and international issues, such as the Korean Crisis.

In his book Serious Games [Abt, 1987], Abt views games as an authentic playing field, that offers the player the possibility to make meaningful choices in order to solve social problems. In fact in 1970 Abt Associates

---

[26] http://abtassociates.com/About-Us/50th-Anniversary/Presidents/Clark-C–Abt.aspx

produced the first simulation game of its kind that explicitly targeted citizen engagement through a decision-taking model for urban planning and regeneration. The game, which was called Fair City, was designed and developed as a response to a request for proposal issued by the Department of Housing and Urban Development for a program that involved around 150 cities across the US. However implementing this game met with a number of challenges amongst which was the resistance towards the use of game-based media towards serious purposes. Eventually Abt Associates abandoned their US project and moved towards European countries that showed more of a predisposition to using games for societal problem solving.

The game itself, Fair City enlisted 36 players, each assuming different roles and responsibilities ranging from elected officials to city government, to board of education members and residents. The aim of this simulation game was that of understanding, planning and managing urban regeneration. Each player is given a card detailing their character interests and their expected responsibilities. The game is far from simple, and the players need to unravel complex planning issues to propose realistic solutions. The complexity of the decisions that need to be taken together with the different roles of the players, lend authenticity to the design of the game. Fair city is not the only game of its kind. More recently, in 2008 Dr Ekim Tan founded a company based in Netherlands called Play the City[27], targeting complex urban challenges in large scale projects in a number of countries including Istanbul and Cape Town. This simulation game, as its predecessor Fair City, immerses players in a number of roles of key stakeholders in the project. One important difference between Play the City and Fair City is the customization of the game according to the needs of the city being targeted. This is important due to the largely different nature of societal needs and challenges especially in urban planning and regeneration. One key skill, which players need to possess, and which reflects the notion of a participatory culture, is that of negotiation.

Interestingly we can also observe, how even before the era of Internet technologies and media that made participation more pervasive, Abt Associates had the foresight of using what Pierre Lvy [Levy, 1997] has defined as the collective intelligence, or rather the phenomenon of collectively bringing together information from the various sources,

---

[27] http://www.playthecity.nl

manipulating it and creating new solutions to existing challenges. Although the history of participatory cultures can be traced back to 1985 pre-dating the era of the Internet, we can still draw parallels to the work, which Abt Associates were already doing back in the 70s. Participatory cultures manifested themselves as a response to popular media representations and to subvert and recode stereotypical images portrayed publicly ([Delwiche and Henderson, 2013]).

This notion of a semiotic democracy as defined by Fiske [Fiske, 2002] was also exploited yet again in another game produced and developed by Abt Associates. According to Fiske, members in a semiotic democracy are already equipped with the discursive competencies to make meanings and motivated by pleasure to want to participate in the process. Fiske was at that moment referring to popular television culture. In 1967, Abt Associates were once again at the forefront of game design and development, by taking into consideration a different aspect of citizen engagement. Abt associates hooked on to the notion of semiotic democracy by involving citizens in another simulation game called The Most Dangerous Game [Schirra, 2013]. The late 1960s were characterized by political turmoil across a number of countries including Cuba, India and Russia. In this simulation game players were asked first to review information about a particular historic period, take on a role and take a decision that could potentially provide solutions to specific historical crises. The innovative aspect of this game was the producer's decision to incorporate the television as a medium for the game implementation.

The final prototype of the Most Dangerous Game aired on TV between October-December 1967 and it involved groups of people role-playing the key actors in the 1950 Korean Crisis. The in-studio players themselves would not know which real historical crisis they were meant to resolve and recode because countries would be given pseudonyms. The at-home television audience would be able to communicate with only one of the in-studio teams that represented one of the countries involved in the political saga. Because of the nature of the game that was based on decision making and negotiations, audience at home could phone in to the program and help the players make decisions, or alternatively send their proposed decision by post in advance of the subsequent weeks televised program. The interesting aspect of this particular game was to note how the game evolved in pretty much the same way as reality, thus giving it a more authentic flair. However it was also observed how the at-home audience as well as the in-studio players would inevitably decide towards nuclear attacks as a solution even though in real life this would not make much sense. This seemed to indicate that the game dynamics could lead to the trivialization of issues that are of a more serious nature.

One of the more interesting outcomes of the game was the observation of how people chose to play socially even though the extent of their decisions were limited by the games simple voting system. One of the pioneers who has experimented with social evocation through the development of al- ternate reality games is Jane McGonigal. According to McGonigal, ARGs are represented by an interactive drama played online and in real world spaces, taking place over several weeks or months, in which dozens, hundreds, thousands of players come together online, form collaborative social networks, and work together to solve a mystery or a problem, that would be absolutely impossible to solve alone [Kim et al., 2009]. McGonigal has also contributed to one of the more popular ARGs, that has been launched in 2010 as a response to African University needs by the World Bank. The ARG EVOKE, can be seen as a tool for citizenship education according to [WADDINGTON, 2013] in which the game outcomes directly affect and reflect the individuals roles within society.

Although the mode of transmission of Evoke, did not use television like The Most Dangerous Game it uses the same overlay structure of real world problems on to a virtual representation constructed within a game. During Evoke, citizens are enrolled on a mission to solve issues afflicting the planet and the players identity becomes transformed into that of a superhero that enlists the other players help to reach solutions that can also be implemented in the real world. [WADDINGTON, 2013] describes in great detail one of the first episodes in Evoke, where the player is first introduced to a story, and then asked to get more acquainted with its details. The most important requirement of this game, is that it asks the players, that in order to undertake each mission, each one of them has to become a social innovator who not only brainstorms possible solutions, but acts upon his/her imagination. Such imagination prospects are required to be listed within a personal blog and forum board. This would help the player, complete his mission, and progress towards the final Evoke. The ultimate evocation took the form of a social innovation project, as a product of 10 weeks of solving missions for Evoke. In all, it was considered that the challenge for the players to complete this final mission was not as world changing, as the game itself professed to be. Ultimately the project, which started in 2010, had some impact, but not the expected impact.

When drawing parallels between the outcomes of the Most Dangerous Game and Evoke, one cannot but reflect on the fact that even though these games target sensitive and critical societal issues, the game environment might at times trivialize the functions of citizen actions and engagement rather than help overcome the challenges identified for the current society.

3.4.5. From Activism to Civic Engagement using Games

If we have a look at governments, we realize that the roots of modern democracy date back to around 500 BC, when the ruling oligarchies[28] [Beck, 2013] became unsustainable and democracy[29] was eventually adopted. In the past 2 millennia, democracy too underwent various changes. According to [DuBois, 1998], women in most western countries earned the right to vote some time in the late 19th Century, more than 2000 years later. Changes were obviously much slower back then, but the situation is very different today.

Mobile devices, social media and other recent advancements changed completely the meaning of active citizenship. These new technologies have created direct channels through which the electorate can converse with the people at the top. However we have to be careful when adopting these channels since they might not be representative enough. [Mitchell and Hitlin, 2013] claims that posts on Twitter are not representative of public opinion. A study of the demographics shows that users tend to be younger and selective. [Metaxas et al., 2011] and [Bhutta, 2012] seems to have reached a similar conclusion when they analyzed Facebook. Not withstanding these teething problems, we should not underestimate the power of social media. When [Howard et al., 2011] [Stepanova, 2011] [Khondker, 2011] [Huang, 2011] [Gerbaudo, 2012] analyzed the Arab Spring[30], the following patterns were identified:

- Politics were debated online using social media platforms.
- There was a spike in discussions before major events.

---

[28] A small group of people governing a state.

[29] The rule of the people.

[30] A pro-democracy uprising which started in the Middle East and North Africa towards the end of 2010.

- Ideologies and aspirations quickly spread amongst communities.
- The role of the Internet is without doubt fundamental but on the other hand [Saletan, 2011] identifies the following considerations to keep in mind:
- The mix of poverty and technology does not guarantee a revolution. Other countries have both, yet they don't have an ongoing revolution.

- Bloggers can post a message online but it is the Internet crowd that amplifies it into a global message.
- The online crowd simply reflects the offline one. Sentiment against the regime grew gradually over the years but the tipping point happened when people realized that others where of the same opinion as they were.
- Control and repression also happens online [Clayton et al., 2006]. In countries such as Tunisia and Egypt, [Saletan, 2011] reports that IP address were collected and used to identify and harass activists.
- Notwithstanding these censorships mechanisms, surveillance was circumvented using alternative means.
- Neighboring countries also play an important part in all this. If we have a look at Syria, most of the news is being conveyed via Turkish and Jordanian systems.

A huge infrastructure is not necessary. In fact when the Egyptian government switched off the mobile phone network, backpack transmitters were being used to reconnect the phones. In essence, we can conclude that some governments are afraid of the Internet because it tends to expose their failures. To counteract this, rather than censoring the net, they should embrace it and get government officials to read the posts and answer legitimate grievances. After all, governments are there to serve people and not to restrain them. In the past decade, we have seen some Governments adapting themselves to technological innovations. With the adoption of Web 1.0, governments started publishing online information, communicating via email, etc. How- ever with the rise of Web 2.0, governments seem to have lagged behind. Even though Wikis, Blogs, Instant Messaging, VOIP and Social Media have been around since 2005 in one form or another (according to [OReilly, 2012]), governments are still finding it hard to adapt and service their citizens. However there has been various gaming initiatives which appeal to the civic sense of people and these have been extensively used to teach young adults. [Egenfeldt-Nielsen, 2007] mentions games like SimCity within this contest but there are others such as Civilization, Europa Universalis II and Democracy 3. Apart from big budget games, [Neys and Jansz, 2010] mentions simple online political simulations which have received their fair share of attention in the past years. With regards to Massively Multiplayer Online Role Playing Games (MMORPGs), there has been a shift towards simulators of civic processes. [Curry, 2010] looks at the use of Warcraft to teach civic education. [Jang and Ryu, 2011] explores the elements of collaboration and leadership within such context.

Through these games, citizens are more open to participate in governance but governments still need to realize that citizens are both the government's owners and customers so it is imperative that they are involved in the decision making. These citizens are accustomed to using technology to amplify and aggregate their message. The time of letters to the editors is long gone and citizens have got the publishing power in their own hands thanks to social media. That is why we are proposing a gaming framework made up of three Levels aimed at increasing the participation of citizens. The following are the three Levels of the framework.

3.4.5.1. Level 1: Triggering Change

Triggering change is about being reactive and alerting the local administration when something is not going well. Administrators cannot be allover the place, however we can utilize the same principle behind Linus's Law (as quoted in [Raymond, 1999]) which states that (within the context of soft- ware development), "Given enough eyeballs, all bugs are shallow". So if every citizen reports any issue, which might exist in their neighborhood, they would be opening a communication channel with their own government. It's about changing from spectators to participants in the running of their country. Not just once every five years when the elections are held, but all year long. The interesting thing about this approach is that people can decide how much they would like to get involved. In this case, we are simply relying on the basic civic sense, which dictates that if something is not going well, they should at least report it. Eventually, since this is a social application and we are relying on crowd sourcing, others will join as well.

There already exist city services apps according to [Kitchin, 2014] [Clarke, 2013] which allow people to report graffiti, potholes, excessive garbage, street lighting, etc. However they do not add any gamification elements to these apps   and thus, they solely rely on the civic sense of the individuals. However we

are proposing an app which also assigns points, badges, leaderboards, etc. to the users.[Coronado Escobar and Vasquez Urriago, 2014] showed that such measures are effective to promote civic engagement and thus generate trust.

3.4.5.2. Level 2: Partners in Change

Being part of a change is mainly about being active in the political life of a community. Let's keep in mind that Local Administrators need to take a lot of important decisions. They do not have an expertise on every topic under the sun, yet they normally consult with experts. However experts tend to provide politicians with textbook information and sometimes refer to alien case studies, which might not fit exactly the particular needs of a community. So administrators would normally publish a project, which would be shot down by the local community because it might not make sense for them. This is normally achieved through posts in social media websites. However the reality is that these posts do not always reach the decision makers be- cause of the way in which social media works. Further-still, they might get tangled into other arguments which have nothing to do with the issue under discussion, simply because it is influenced by people with different agendas.

Thus, in this section we are proposing a structured way in which people can give their feedback and help our elected representatives take the right decision.

Legislators, in various countries, are already adopting online discussions to derive a fair and unbiased summary of the views being raised. Iceland [Landemore, 2015] decided to crowd source its own constitution. Finland [Firth, 2015] allowed its citizens to crowd source its laws. The list of similar initiatives keeps on increasing by the day.

An initiative, which also has gaming elements, is Community PlanIt[31]. The idea is rather simple since initially, it asks people to select their top priorities for their community. Every time they interact with the system, they are given virtual coins as a reward. These virtual coins can be then used to support real projects which are available on the website. The projects with the most coins get funded for real. In this case, people have a say in the projects proposed by the administration, however they can also post specific issues (such as noise, pollution, etc.). These issues can be pegged to a geo-location and people can discuss them freely. The more the user interacts with the site, the more points they get which are then reinvested in the city.

Another initiative, which takes this idea a step, further is Play the City[32], a physical game which gets the various stakeholders together. The game is based around a large board game which features the map of the city together with 3D blocks representing the various buildings. Participants are invited to participate to a Play the City event whereby they can discuss, move blocks around and try to reach a common understanding through dialogue. The idea is to make use of collective intelligence to create a city model which satisfies the needs of the various stakeholders.

3.4.5.3. Level 3: Being Change

The final component deals with bringing forth change and is urging people to be pro-active. Essentially, it is inviting them to be the first to change things. The services offered will help people to get organized by facilitating things such as car pooling, sharing of parking slots, alerting drivers about accidents or traffic congestion, etc. With that info in their hand, people can take smart decisions and thus make their locality a better place.

Games such as Urgent: Evoke[33] which is an alternate reality game, made substantial use of Web 2.0 tools in order to get people to activate themselves and push global change. The idea behind it was to place users in different scenarios (such as a water crisis, food shortages, etc.) and get them to first of all learn about the real issues, take action and get them to imagine

---

[31] https://communityplanit.org
[32] http://www.playthecity.nl
[33] http://www.urgentevoke.com

the future. By doing so, users are actively taking action in order to tackle the challenges around them.

3.4.6. Conclusion

In this chapter, we have seen how citizens engage together and with their governments. We have looked at the importance of online networks and we also examined the various games available, which promote civic engagement. Finally, we have experienced the transformation from activism to civic engagement with the help of games. This has been characterized by the fact that the world we live in today is very different than the past decades. More than ever, we are experiencing the struggle between those who govern and those who make use of different media to make their voices heard. As we've seen in this chapter, we believe that games have and can be used to engage citizens in order to act as the change agents within their own communities. We have shown how games have features, which influence people's decisions and actions.

There is currently a drive away from non-participatory culture towards tokenism but we believe we should aim for more. Through games, we have shown how citizens can be empowered to do more in their communities. In this chapter we have proposed a model for designing games as media that can support citizen engagement as a continuous process whilst facilitating tangible actions entwined in the real and virtual game world.

References

[Abt, 1987] Abt, C. C. (1987). Serious games. University Press of America.
[Arnstein, 1969] Arnstein, S. R. (1969). A ladder of citizen participation.

Journal of the American Institute of planners, 35(4):216–224. [Beck, 2013] Beck, H. (2013). A companion to ancient Greek government.

John Wiley & Sons. [Bhutta, 2012] Bhutta, C. B. (2012). Not by the book: Facebook as a sam-

pling frame. Sociological Methods & Research, page 0049124112440795. 16

[Clarke, 2013] Clarke, R. Y. (2013). Smart cities and the internet of everything: The foundation for delivering next-generation citizen services. Alexandria, VA, Tech. Rep.

[Clayton et al., 2006] Clayton, R., Murdoch, S. J., and Watson, R. N. (2006). Ignoring the great firewall of china. In Privacy Enhancing Tech- nologies, pages 20–35. Springer.

[Coronado Escobar and Vasquez Urriago, 2014] Coronado Escobar, J. E. and Vasquez Urriago, A. R. (2014). Gamification: an effective mecha- nism to promote civic engagement and generate trust? In Proceedings of the 8th International Conference on Theory and Practice of Electronic Governance, pages 514–515. ACM.

[Curry, 2010] Curry, K. (2010). Warcraft and civic education: Mmorpgs as participatory cultures and how teachers can use them to improve civic education. The Social Studies, 101(6):250–253.

[Delwiche and Henderson, 2013] Delwiche, A. and Henderson, J. J. (2013). Introduction: What is participatory culture. The participatory cultures handbook, pages 3–9.

[DuBois, 1998] DuBois, E. C. (1998). Woman suffrage and womens rights. NYU Press.

[Egenfeldt-Nielsen, 2007] Egenfeldt-Nielsen, S. (2007). Educational poten- tial of computer games. Continuum.

[Firth, 2015] Firth, N. (2015). We the people. New Scientist, 226(3018):38–41.

[Fiske, 2002] Fiske, J. (2002). Television culture. Routledge.   [Gerbaudo, 2012] Gerbaudo, P. (2012). Tweets and the streets: Social media and contemporary activism. Pluto Press.

[Howard et al., 2011] Howard, P. N., Duffy, A., Freelon, D., Hussain, M. M., Mari, W., and Mazaid, M. (2011). Opening closed regimes: what was the role of social media during the arab spring? Available at SSRN 2595096.

[Huang, 2011] Huang, C. (2011). Facebook and twitter key to arab spring uprisings: report. In The National, volume 6.

[Jang and Ryu, 2011] Jang, Y. and Ryu, S. (2011). Exploring game expe- riences and game leadership in massively multiplayer online role-playing games. British Journal of Educational Technology, 42(4):616–623.

[Khondker, 2011] Khondker, H. H. (2011). Role of the new media in the arab spring. Globalizations, 8(5):675–679.

[Kim et al., 2009] Kim, J., Lee, E., Thomas, T., and Dombrowski, C. (2009). Storytelling in new media: The case of alternate reality games, 2001–2009. First Monday, 14(6).

[Kitchin, 2014] Kitchin, R. (2014). The real-time city? big data and smart urbanism. GeoJournal, 79(1):1–14.

[Landemore, 2015] Landemore, H. (2015). Inclusive constitution-making: The icelandic experiment. Journal of Political Philosophy, 23(2):166–191.

[L □ evy, 1997] L □ evy, P. (1997). Collective intelligence. Plenum/Harper Collins.

[Metaxas et al., 2011] Metaxas, P. T., Mustafaraj, E., and Gayo-Avello, D. (2011). How (not) to predict elections. In Privacy, Security, Risk and Trust (PASSAT) and 2011 IEEE Third Inernational Conference on Social Computing (SocialCom), 2011 IEEE Third International Conference on, pages 165–171. IEEE.

[Mitchell and Hitlin, 2013] Mitchell, A. and Hitlin, P. (2013). Twitter reaction to events often at odds with overall public opinion. Pew Research Center, 4.

[Neys and Jansz, 2010] Neys, J. and Jansz, J. (2010). Political internet games: Engaging an audience. European Journal of Communication, 25(3):227–241.

[OReilly, 2012] OReilly, T. (2012). What is web 2.0. 2005. See http://www. oreillynet. com/pub/a/oreilly/tim/news/2005/09/30/what- is-web-20. html.

[Raymond, 1999] Raymond, E. (1999). The cathedral and the bazaar. Knowledge, Technology & Policy, 12(3):23–49.

[Saletan, 2011] Saletan, W. (2011). Springtime for twitter: Is the internet driving the revolutions of the arab spring. Fu- ture Tense, Slate. com, online available at: http://www.slate.com/articles/technology/future tense/2011/07/springtime for twitter. html. Sarikakis, K.

[Schirra, 2013] Schirra, S. M. (2013). Playing for impact: the design of civic games for community engagement and social action. PhD thesis, Massachusetts Institute of Technology.

[Stepanova, 2011] Stepanova, E. (2011). The role of information communication technologies in the arab spring. Ponars Eurasia, 15:1–6.

[WADDINGTON, 2013] WADDINGTON, D. I. (2013). A parallel world for the world bank: A case study of urgent: Evoke, an educational alternate reality game. Revue internationale des technologies en p □ edagogie universitaire, 10(3).

3.5.   Urheberrecht – Let's Play zulässig?

Johannes Öhlböck

„Let's Play" ist das Vorführen und Kommentieren des Spielens eines Computerspiels. Spieler filmen, wie sie ein Computerspiel spielen. Wie aber sieht das mit dem Urheberrecht aus? Ist Let's Play nach dem Urheberrecht zulässig?

3.5.1.   Let's Play – was ist das?

Am 5. Jänner 2007 hat Michael Sawyer, Nutzer des Forums auf somethingawful.com erstmals unter seinem Benutzernamen „slowbeef" ein Video hochgeladen, in dem er das Computerspiel I Have No Mouth, and I Must Scream (night dive studios) spielt und kommentiert. Die Kommentare sind dabei oft Ratschläge zur Spielweise oder aber in vielen Fällen schlicht auch Comedy. Die Let's PlayerInnen selbst unterscheiden noch zwischen "Let's Play", "Let's Show", "Let's Test". Let's Play erfreut sich seit 2007 extremer Beliebtheit. Die 10 beliebtesten Let's Play Spiele sind nach einem Test von lets-plays.de[34]:

-   League of Legends
-   Minecraft
-   Counter-Strike
-   World of Tanks
-   World of Warcraft
-   Guild Wars
-   Grand Theft Auto (GTA)
-   Hearthstone

---

[34] http://www.lets-plays.de/die-20-beliebtesten-games-auf-youtube-april-2015-151057

- ArmA 3 (Armed Assault)
- Diablo III

3.5.2. Geld verdienen mit Let's Play?

Die gedrehten Let's Play Videos werden in der Regel auf Videoportale via YouTube hochgeladen. Die Let's PlayerInnen betreiben dort eigene Kanäle und monetarisieren diese. Dazu wird neben den Videos Werbung angezeigt, an der der Kanalbetreiber mitverdient. Einzelne KanalbetreiberInnen, wie etwa Erik Range (alias Gronkh) oder ein Team von mehreren Let's Playern mit dem Namen PietSmiet oder Valentin Rahmel (Sarazar) und Simon Wiefels (Unge), bringen es dabei auf bis zu 3,8 Millionen Abonnenten und bis zu 1,5 Milliarden Videoaufrufe. Für Erik Range bedeutete das 2014 Einnahmen aus Let's Play Videos aus Youtube von EUR 560,00 bis EUR 4.700,00 pro Tag, was im Bestcase Einnahmen von über einer Million Euro im Jahr bedeutet[35].

3.5.3. Let's Play und Urheberrecht

Nach der Rechtsprechung des Obersten Gerichtshofes zum Urheberrecht sind sowohl der filmische Ablauf als auch die bildlichen Darstellungen eines Computerspiels unabhängig vom zugrundeliegenden Programm schutzfähig und die für ein Computerspiel verwendeten bildlichen Darstellungen (Avatare und sonstige Grafiken) können als Gebrauchsgrafik geschützt sein. Die Computerspiele selbst können zudem als Filmwerk geschützt sein (4 Ob 133/04v, 06.07.2004). Der Umstand, dass Computerspiele urheberrechtlich geschützt sind, ist nach der vorliegenden Rechtsprechung, aber auch nach der juristischen Literatur eindeutig. Offen sind allenfalls noch einige Fragen der urheberrechtlichen Einordnung.

Wenn in einem Let's-Play-Video Teile aus einem Computerspiel gezeigt werden, wird in die Rechte des Spieleherstellers eingegriffen. Dies betrifft insbesondere das dem Urheber / Spielehersteller zukommende ausschließliche Recht auf Zurverfügungstellung (§ 18a UrhG) sowie begleitend Vervielfältigung (§ 15 UrhG) und Verbreitung (§ 16 UrhG). Achtung ist übrigens auch geboten, wenn Musik zum Let's Play gespielt wird, die ebenfalls urheberrechtlichen Schutz genießt.

---

[35] Vgl. vgl http://lets-plays.de/reiche-youtuber-das-verdienen-sie-142621

3.5.4. Let´s Play Abmahnung

Abmahnungen für Let´s Play wurden zuletzt etwa 2013 von YouTube verschickt. Dies führte zu einem Aufschrei in der Szene und die großen Videospielehersteller schlugen sich auf die Seite der GamerInnen. So forderten etwa Blizzard (World of Warcraft), Ubisoft (Assassin's Creed), Capcom (Resident Evil) oder Deep Silver (Risen) die Abgemahnten auf, die Videos nicht zu löschen und die Abmahnungen an sie weiterzuleiten[36]. Anders verhielt sich etwa Nintendo (Super Mario) im Jahr 2015. Das Unternehmen will an den Werbeeinnahmen mitverdienen[37]. Abmahnungen sind jedenfalls ernst zu nehmen und sollten juristischer Prüfung zugeführt werden.

3.5.5. Einwilligung des Urhebers / Spielehersteller für Let´s Play notwendig

Will ein Let´s Player/ eine Let's Playerin auf der sicheren Seite sein, sollte er/ sie sicherstellen, dass der Urheber / Spielehersteller ihm eine Einwilligung zur Nutzung des Spiels für Let´s Play einräumt. Um eine Einwilligung kann etwa via Mail angesucht werden oder diese könnte auch in den AGB des Spieleherstellers ersichtlich sein. Allein aus dem Umstand, dass der Spielehersteller / Urheber bereits anderen NutzerInnen eine Genehmigung eingeräumt hat, darf nicht geschlossen werden, dass diese Genehmigung für jedermann gilt. Gleiches gilt übrigens auch für den Umstand, dass Konsolenhersteller, wie etwa für die PS 4 oder Xbox One ermöglichen, Spielszenen ins Internet hochzuladen, da die einfache technische Machbarkeit noch keine Einwilligung des Spieleherstellers generiert. Der klare anwaltliche Rat lautet daher, die Rechtefrage zu klären, bevor man ein Let´s Play Video erstellt und/oder hoch lädt.

3.5.6. Eigene Rechte des Let´s Players am Video

Zu beachten ist, dass auch der Let´s Player/ die Let's Playerin selbst Rechte an seinem/ ihrem Video – vor allem hinsichtlich der Kommentare – erwirbt. Dritte dürfen das Video damit nicht ohne seine/ihre Einwilligung verwenden. Dies bedeutet freilich im Gegenzug nicht, dass er/sie dabei nicht möglicherweise selbst die Rechte des Spieleherstellers verletzt. Wer

---

[36] vgl. www.welt.de/wirtschaft/webwelt/article122870364/YouTube-blamiert-sich-mit-Kreuzzug-gegen-Gamer.html

[37] vgl. www.zeit.de/digital/games/2015-02/nintendo-youtube-lets-play-werbeeinnahmen

damit ein Let´s Play Video verwenden will, das er/sie nicht selbst generiert hat, sollte im Zweifelsfall beim Spielehersteller und Videohersteller Nachfrage halten.

3.5.7. Muss man für Einnahmen aus Let´s Play Steuer zahlen?

Das Einkommensteuergesetz regelt in § 23 Einkünfte aus Gewerbebetrieb. Es sind dies Einkünfte aus einer selbständigen, nachhaltigen Betätigung, die mit Gewinnabsicht unternommen wird und sich als Beteiligung am allgemeinen wirtschaftlichen Verkehr darstellt. Einnahmen von Let´s Play Videos via YouTube sind damit ebenso wie Einnahmen über Google Adsense oder Facebook grundsätzlich im Rahmen der Einkommensteuer steuerbar. Wer also regelmäßig Einnahmen aus Let´s Play Videos generiert, hat Einnahmen aus gewerblicher Tätigkeit und muss Steuer zahlen, eine Steuernummer beantragen und auch ein Gewerbe anmelden.

4. Spiel & Kultur

4.1. Videospiele – Eskapismus für Alle!

Martin Fischer

4.1.1. Spiele als Freizeitgestaltung

Die Gründe, seine Zeit Videospielen zu widmen, sind vielfältig. Die wohl klassischste Motivation ist Eskapismus – einfach mal raus aus dem Alltag und rein in die Spielerealität. Spielen ist eine populäre Freizeitgestaltung für die Massen und erreicht stetig eine breitere Schnittmenge der Gesellschaft (Interactive Software Federation of Europe, 2012). In immer diverseren Darreichungsformen sind Videospiele verfügbar, am Computer, auf Konsolen, Handhelds, am Mobiltelefon und in naher Zukunft auch voll immersiv per Virtual Reality Headset im eigenen Haushalt. Immersion ist dabei auch ein wichtiger Faktor. Wie stark zieht uns ein Spiel in den Bann und in seine fiktive Wirklichkeit? Wie schnell erlaubt es uns, aus dem Alltag zu entfliehen?

Immersion hängt von vielen Faktoren ab. Dabei spielt der SpielerInnentyp eine wichtige Rolle. In Bartle's Konzept der Spielertypen (Bartle, 1998) werden 4 Typen unterschieden: Achievers, Explorers, Killers und Socializers. *Achievers* sind die Sammler in der Gemeinschaft, jeder Erfolg soll errungen, jeder Gegenstand eingesammelt und jedes Abzeichen an die Brust geheftet werden. *Explorers* hingegen ziehen in die weite Welt hinaus. Anstatt planhaft einem gewünschten Endszenario entgegenzufiebern, lassen sie sich treiben und zelebrieren das Erlebnis selbst. Eine versteckte Oase im Spiel oder ein Easter Egg[38] erhellen ihr Herz. *Killers* sind die kompetitiven SpielerInnen der Runde. Ihr Spielspaß entspringt aus dem Wettbewerb mit anderen, im Rausch der Dominanz

---

[38] Versteckte Inhalte in Videospielen, zumeist lustige Verweise

über die MitspielerInnen. Im Mittelpunkt sollen nun jedoch die *Socializers* stehen, deren Empfinden aus der sozialen Interaktion hervorgeht und somit direkt vom Verhalten der anderen Spielenden abhängt.

AAA Games, also Titel, die für den breiten Markt entwickelt werden und möglichst viele SpielerInnen ansprechen sollen, sind zumeist erfolgreich durch ihre Multiplayermodi. In den meisten Fällen können sich SpielerInnen direkt über das Internet mit tausenden anderen SpielerInnen verbinden. Dadurch bilden sich zunehmend Spielegemeinschaften, welche auch durch Community ManagerInnen und Services der SpielebetreiberInnen gefördert werden, etwa durch bereitgestellte Foren, Wikis, Youtube Kanäle, etc. Dadurch findet eine umfassende Vermischung der einzelnen SpielerInnengruppen statt. Unabhängig von Wohnort, finanziellem Status, Hautfarbe, Geschlecht oder Religion finden sich EnthusiastInnen im Spiel zusammen und stürzen sich auf dieselben Nachrichtenquellen.

4.1.2. Die Problemstellung

Oftmals enden hier allerdings bereits die Gemeinsamkeiten, sind doch Spielerlebnisse der verschiedenen Gruppen sehr unterschiedlich, wie die Kurzstudie vom MIT für die PAX East 2012 eindrucksvoll bewies (The Singapore-MIT GAMBIT Game Lab, 2011). Darin spielten die ProbandInnen den Ego-Shooter Halo (Bungie) im Mehrspielermodus, ohne sich aktiv an der Gruppekonversation im Sprachchat zu beteiligen. Einziger Anknüpfungspunkt abseits ihrer Spielleistungen waren die Namen ihrer Avatare PROUD_2B_MUSLIM und GayPride90. In kurzer Spielzeit ergossen sich islamophobe und homophobe Kommentare auf die beiden Spieler. Dieses Verhalten lässt sich bei nicht stigmatisierten Nutzernamen nicht in diesem Rahmen beobachten. Es lässt jedoch den Schluss zu, dass gesellschaftliche Gruppen, welche offline Diskriminierung erfahren, auch in digitalen Spielewelten Ziel von Aggression werden.

Besonders sticht auch Misogynie hervor, die in vielfältigsten Formen auftritt. Betrachtet man etwa die Hasskampagne gegen die Videospielkritikerin Anita Sarkeesian (TEDx Talks, 2012) und ihr Projekt Feminist Frequency (Sarkeesian, 2009), kann man fast die volle Bandbreite, in welcher dieser Hass in Erscheinung tritt, erfassen. Besonders auffällig ist dabei ein Übermaß an sexualisierter Gewalt. Oftmals sind diese Sprachattacken bereits tief in der Spielkultur verwachsen.

Insbesondere der Term „rape", zu Deutsch „vergewaltigen", wird pauschalisiert und in den sprachlichen Alltagsgebrauch überführt. „Rape" bedeutet in Spielegemeinschaften selten sexuellen Missbrauch, sondern drückt die Dominanz eines Teams oder eines/einer SpielerIn aus. Die Parallelen zwischen diesen beiden Nutzungen werden ignoriert und abgelehnt. Gleichsam erfahren offene Kritikerinnen wie Sarkeesian physische Gewaltdrohungen und sehr explizite Vergewaltigungsdrohungen. Was die Nutzung zur Darstellung eigener Dominanz wieder in ein anderes Licht rückt. Insbesondere warf 2013 die Kampagne #gamergate ihren Schatten auf die Spielecommunities.

Unter dem Vorwand, sich für Ethik in Videospieljournalismus einzusetzen, wurde die größte, sexistische Hasskampagne geführt, welche die Videospielcommunities je gesehen hatten. Mit Doxxing (erschleichen und publizieren persönlicher Daten), Vergewaltigungs-, Mord- und Bombendrohungen wurde ausgedrückt, dass auch Videospiele dem gesellschaftlichen Wandel unterworfen sind.

Neben solchen großen Kampagnen finden sich allerdings auch im Alltag zahlreiche Diskriminierungsformen. Beispielsweise dokumentieren die Webseiten „Fat, Ugly or Slutty" („GTZ", 2016) und „Not in the kitchen anymore" (Haniver, 2010) den Alltagssexismus in Screenshots und Tonaufnahmen. Namensgebend sind für die Webseiten die kruden Umgangsformen, welche Frauen zurück in die Küche schicken wollen oder so genanntes „Slutshamen". Slut Shaming ist ein Stigma für Frauen, welches auf deren Sexualität abzielt. Dabei müssen diese nicht promiskuitiv agieren, um dem Stigma ausgesetzt zu werden. In der analogen Welt kann bereits aufreizende Kleidung zu solchen Vorwürfen führen, in Videospielen bereits die bloße Präsenz via Mikrofon, Profilbild oder Nutzernamen.

4.1.3. Die Rolle der Developer

Mit dem Zuwachs an Onlinespielen kommt den Gamestudios auch in Bezug auf die Onlinekommunikation mehr Verantwortung zu. Gleichsam wird Community Management nur bedingt in eine Richtung entwickelt, welche dazu dient, diskriminierenden Praktiken Einhalt zu gebieten. Ursprünglich stellten Unternehmen für ihre Onlinepräsenz ModeratorInnen an, welche dafür sorgen sollten, dass in den Communities ein freundlicher Umgangston herrschte und die Regeln eingehalten wurden.

In den letzten Jahren geht der Trend allerdings hin zum Community Management. Community ManagerInnen bilden einen Schnittpunkt zwischen den SpielerInnen und den EntwicklerInnen, sie sind erster Anlaufpunkt für Information und Feedback. Zudem sind diese ModeratorInnen in der Marketingabteilung angesiedelt. Dies bringt diverse Schwierigkeiten, welche die klassischen ModeratorInnen nicht beachten mussten. Es bedarf eines größeren Vertrauens durch die Community. Verliert der/die Community ManagerIn dieses, funktioniert die Kommunikation von Neuerungen und Feedback nicht mehr. Zusätzlich sitzen sie zwischen den Stühlen, einerseits sollen sie destruktiven Elementen aus der Community entgegenwirken, gleichzeitig müssen sie dafür sorgen, dass die SpielerInnen unterhalten werden und dem Spiel treu bleiben. Community ManagerInnen sind also nicht mehr in der Moderationsfunktion, sondern koordinieren viel mehr die SpielerInnenschaft und stellen positives Engagement in den Vordergrund.

Dabei gibt es einige Vorreiter, welche für ihr einschlägiges Community Management berühmt sind. Insbesondere Riot Games und ArenaNet haben sich in den letzten Jahren hervorgetan.

ArenaNet unterhält die MMORPGs *Guild Wars 1* und *2* und entgegnet problematischem Verhalten mit Public Shaming[39]. Schon zum Start von *Guild Wars 2* wurde bei der Namensgebung für die SpielerInnencharaktere hart durchgegriffen. SpielerInnen, die ihren Avataren Namen gaben, welche gegen die Nutzerrichtlinien verstießen, wurden sofort gesperrt. Sie konnten öffentlich auf *Reddit* widersprechen und bekamen dort vom Community Management Antwort und Feedback (ArenaNet Support Team, 2012). Zuletzt erregte das Team von ArenaNet Aufsehen, als sie den Charakter eines überführten Cheaters öffentlich entblößten, in der Hauptstadt in den Tod stürzten, alle Charaktere löschten, den Account blockten und per Videobeweis in ihr Forum posteten (Tach, 2015).

Die bekanntesten Erfolge im Community Management kommen aber von Riot Games, die mit *League of Legends* das erfolgreichste Multiplayer Spiel der Welt mit ca. 27 Millionen aktiven SpielerInnen pro Tag führen. Riot Games hat sich zum Ziel gesetzt, das beste Spielerlebnis für seine Community bereitzustellen und dies umfasst auch das Player-to-Player-Verhalten. Geleitet werden diese Bestrebungen von Researcher Jeffery Lin, welcher psychologische Effekte in der Breite der Millionen Matches täglich testen kann. Einer dieser Mechanismen soll hier näher beschrieben werden:

---

[39] Öffentliche Ächtung des Verhaltens, an den Pranger stellen

4.1.4. Das League of Legends Tribunal

Das Tribunal (Riot Games, 2011) war ein SpielerInnengericht im MOBA *League of Legends* (Riot Games), welches bisher einzigartiges Community Feedback auf das individuelle Spielverhalten erlaubte. *League of Legends* spielt man im Team 5 gegen 5 und versucht, die Basis des gegnerischen Teams zu zerstören. Mit mehr als 100 verschiedenen Spielfiguren kommt es einerseits auf individuelle Fertigkeiten, andererseits auf Teamwork an. Während des Spiels kann bereits reportet[40] werden, jedoch spätestens am Spielende wird man dazu aufgefordert, die MitspielerInnen zu bewerten. Dabei kann man keine, positive oder negative Bewertungen abgeben. Kommt es gehäuft zu Negativbewertungen, werden die unterschiedlichen Reports dem Tribunal vorgelegt.

Das Tribunal wurde eingeführt, um abzuschätzen, welche Gewichtung die SpielerInnen dem ingame Verhalten zuweisen. Eine Tribunalssitzung bestand ursprünglich aus jeweils 5 aktiven SpielerInnen. Jede/r SpielerIn musste mindestens Level 30 erreicht haben, wofür man eine gewisse Zahl an Spielen absolviert haben muss. Nach eigenem Ermessen sollten die SpielerInnen die Verstöße bewerten und Empfehlungen abgeben, ob die Person mit einer Rüge davonkam oder ein Strafmaß vorschlagen. Bei einer Mehrheit für eine Strafe wurde eine Sperre ausgesprochen, welche von wenigen Tagen, bis hin zu einem lifetime ban (einer Sperre auf Lebenszeit) reichen kann.

Dabei wurde das Community Management direkt in die Hände der SpielerInnen gelegt – nicht nur als Instrument der Umsetzung der Community Guidelines – sie hatten auch weitreichende Rechte in der Auslegung dieser. Dies bringt einerseits den Summoners Code[41] näher an die SpielerInnen, andererseits die SpielerInnen auch näher an den Summoners Code. Durch solche Verfahren kann Ownership mit den Guidelines kreiert werden und mehr Rückhalt in der Community für die Umsetzung dieser geschaffen werden.

Mittlerweile werden SpielerInnen für positives Verhalten belohnt und das Tribunal wurde durch Maschinenlernen automatisiert (Lin, 2013). Dies beschleunigt den Prozess, nimmt allerdings die SpielerInnen wieder aus der

---

[40] Reporting – Ein Negativverhalten melden
[41] Summoners Code – Code of Conduct von League of Legends

Verantwortung und gliedert sie aus dem Community Management wieder aus.

4.1.5. Wer, wenn nicht wir?

Die Developer sollten nicht die alleinige Verantwortung für das Verhalten der Community tragen. Nehmen sie diese Veränderungen am Spiel vor, um mehr Inklusivität zu schaffen oder besser ihre diverse Community anzusprechen, werden schnell Rufe von „Zensur" breit. Zudem ist der Aufwand mit einem limitierten Budget kaum zu bewältigen.

Eine selbstverwaltete Community, also eine Gemeinschaft, die selbst die Regeln setzt und durchsetzt, wäre hier eine Möglichkeit, diesen Problemen zu entrinnen und der Diversität in den Communities gerecht zu werden. Dazu müssen allerdings ein paar Dinge erfüllt sein:

Ownership: Dabei handelt es sich um eine frühzeitige Eingebundenheit der Gemeinschaft. Wer mitgestaltet und seine Ideen einbringen kann, nimmt stärker am Gemeinschaftsleben teil und identifiziert sich besser mit den Ergebnissen. Daher sollten die NutzerInnen bereits vom Start weg in die Gestaltung eines „Code of Conduct" eingebunden werden und gemeinsam festlegen, welche Regeln innerhalb der Community gelten sollen, was akzeptables Verhalten ist und was nicht. Dies soll nicht den/die Developer außen vor lassen, sondern die SpielerInnen auf Augenhöhe einbinden.

Inklusivität: Die Gemeinschaft sollte alle SpielerInnen ansprechen und ihnen das Wort geben. Wird beim Setzen der Community Guidelines nicht die gesamte SpielerInnenschaft abgebildet, verzerrt sich das Bild der Gemeinschaft und lässt kaum Raum für Minderheiten. Kombiniert mit statistischen Erhebungen lassen sich klare Vorstellungen der Zielgruppe entwickeln. Beispielsweise haben ArtCraft Entertainment, die EntwicklerInnen vom bald erscheinenden MMO *Crowfall*, vor dem Betatest des Spiels eine Befragung unter allen registrierten BetaspielerInnen durchgeführt und veröffentlicht, wodurch man sich leicht über die Zielgruppe des Spiels und deren potentielle InteressentInnen informieren kann (Walton, 2015).

Agency: In Videospielen wird Agency oft als Handlungsfreiheit oder Handlungsfähigkeit genutzt, insbesondere in Rollenspielen, bei denen der/die SpielerIn direkten Einfluss auf die Handlung ausüben kann. Es ist ein Element, welches die Spielenden ermächtigt und tiefer ins Spiel hineinzieht. Dieser Ansatz sollte auch auf das Community Management übertragen werden. Wie beim *League of Legends-* Tribunal können SpielerInnen aktiv eingebunden werden, insbesondere um Präzedenzfälle zu setzen. Activision hat spezielle Badges für hilfreiche NutzerInnen eingeführt, welche sich nur durch besonders instruktive Posts und Empfehlung durch die Community Manager freischalten lassen (Gypsy816, 2014). Doch SpielerInnen brauchen auch Handlungsmöglichkeiten, um gegenzulenken, wenn die Community aus dem Ruder läuft. Der reine Fokus auf die positiven „Community Spotlights" versucht zumeist, die problematischen Aspekte der Community zu verdecken.

Selbstorganisation: Es gibt bereits viele Formen von Selbstorganisation in Spielen. Insbesondere Gilden und Clans sind sehr verbreitet und bringen Gleichgesinnte zusammen. Dadurch bilden sich Safe Spaces[42] für den gemeinsamen Umgang und Austausch. Ebenfalls bieten Video-Streaming-Plattformen wie Twitch.tv neue Anknüpfungspunkte und bedienen das Let's Play Klientel. Allerdings haben diese Strukturen auch Schattenseiten – es können sich genauso Hassgruppen zusammenfinden und koordinieren und die Community wird zunehmend fragmentiert. Es gibt hingegen auch Ansätze, eine übergeordnete Struktur zu schaffen, welche die SpielerInnen wieder zusammenführt. Im MMORPG *TERA* (Gameforge) gab es beispielsweise ein Politiksystem, in welchem sich GildenleiterInnen auf den Posten des Vanarchen bewerben konnten. Der Vanarch steuerte verschiedene Aspekte des Spiels, beispielsweise konnte er den Status eines Player-versus-Player Kampfplatzes bestimmter Gebiete auflösen und sie somit „sicher" machen. Ebenfalls konnte der Vanarch Steuern auf verschiedene in-game Services wie z.B. Teleportation erheben (Nerdpony, 2012). Am erfolgreichsten ist wohl die Umsetzung dieses Konzeptes in *EVE Online*, welches einen gewählten SpielerInnenrat hat, die *Council of Stellar Management* (CCP Games, 2016). Die gewählten SpielerInnen machen Kampagnen im EVE Universum, um genügend Unterstützung zu bekommen. Als Teil der Council haben sie exklusive Feedbackmöglichkeiten an CCP Games, an die Developer von EVE Online sowie auf bald erscheinenden Content. Dazu werden sie sogar nach Island eingeflogen um direkte Gespräche zu ermöglichen.

---

[42] Orte, wo sich SpielerInnen sicher fühlen können und Rückhalt finden

4.1.6. Conclusio

Die Zersplitterung der Spielegemeinschaften sollte an den Wurzeln gepackt werden. Frühzeitige Einbindung und kontinuierliche Integration steigern soziale Verantwortung und Identifikation mit den Werten der Gemeinschaft. Kontinuierliche Partizipations- und Interventionsmöglichkeiten können schwerwiegenden Konflikten vorbeugen und das Gesamtklima in den Communities verbessern. Unterstützungsstrukturen, welche die SpielerInnen gemeinsame Ziele verfolgen lassen, bieten zusätzliche Anknüpfungspunkte für Gemeinsamkeiten. Developer und SpielerInnen sind beide gefragt, um die Communities inklusiver zu machen und sollten erfolgreiche Maßnahmen zur Bekämpfung von Hass und Diskriminierung aufgreifen. „Eskapismus für alle" bedeutet Community- Strukturen, welche allen die Möglichkeit bieten, dem Alltag zu entfliehen und sicher in die virtuellen Welten abzutauchen.

Literaturverzeichnis

"GTZ", G. (2016). Fat, Ugly or Slutty. Abgerufen am 30. 03 2016 von Fat, Ugly or Slutty: https://www.fatuglyorslutty.com

ArenaNet Support Team. (28. 08 2012). Reddit. Abgerufen am 30. 03 2016 von Suspensions for Offensive Names and Inappropriate Behavior: https://www.reddit.com/r/Guildwars2/comments/yxx3m/suspensions_for_offensive_names_and_inappropriate

Bartle, R. A. (28. 08 1998). Players Who Suit MUDs . Abgerufen am 30. 03 2016 von HEARTS, CLUBS, DIAMONDS, SPADES: PLAYERS WHO SUIT MUDS : http://mud.co.uk/richard/hcds.htm

CCP Games. (2016). EVE Community. Abgerufen am 30. 03 2016 von CSM White Paper: http://cdn1.eveonline.com/community/csm/CSM-WHITEPAPER.pdf

Gypsy816. (22. 02 2014). Call of Duty Ghosts. Abgerufen am 30. 03 2016 von NEW - Activision Rewards Earned Badges: https://community.callofduty.com/t5/Call-of-Duty-Ghosts-General/NEW-Activision-Rewards-Earned-Badges/td-p/9312077

Haniver, J. (2010). Not in the kitchen anymore. Abgerufen am 30. 03 2016 von Not in the kitchen anymore: https://www.notinthekitchenanymore.com

Interactive Software Federation of Europe. (11 2012). Abgerufen am 30. 03 2016 von http://www.isfe.eu/sites/isfe.eu/files/attachments/austria_-_isfe_consumer_study.pdf

Lin, J. (2013). GDC Vault. Abgerufen am 30. 03 2016 von The Science Behind Shaping Player Behavior in Online Games: http://gdcvault.com/play/1017940/The-Science-Behind-Shaping-Player

Nerdpony. (16. 05 2012). buffed.de. Abgerufen am 30. 03 2016 von Tera: Auftakt zum Politik-System: http://www.buffed.de/Tera-Spiel-44122/News/Tera-Politik-System-Vanarch-884154/

Riot Games. (12. 04 2011). League of Legends. Abgerufen am 30. 03 2016 von Tribunal Policy: http://euw.leagueoflegends.com/de/legal/tribunal

Sarkeesian, A. (2009). Feminist Frequency. Abgerufen am 30. 03 2016 von Feminist Frequency: https://www.feministfrequency.com

Tach, D. (06. 05 2015). Polygon. Abgerufen am 30. 03 2016 von Guild Wars 2 cheater stripped, shamed, killed and banned — here's video proof: http://www.polygon.com/2015/5/6/8559503/guild-wars-2-cheater-banned-video

TEDx Talks. (04. 12 2012). Youtube. Abgerufen am 30. 03 2016 von Anita Sarkeesian at TEDxWomen 2012: https://www.youtube.com/watch?v=GZAxwsg9J9Q

The Singapore-MIT GAMBIT Game Lab. (14. 03 2011). Youtube. Abgerufen am 30. 03 2016 von The Singapore-MIT GAMBIT Game Lab Hate Speech Video: https://www.youtube.com/watch?v=6A52sGTUhXU

Walton, G. (03. 12 2015). Crowfall. Abgerufen am 30. 03 2016 von Who are these people: 2015 survey results, pt. 2: https://crowfall.com/en/news/surveyresultspt2/

4.2. Wenn die Pflichterfüllung zur Freizeitbeschäftigung wird

Eine religions-soziologische Betrachtung des Computerspiels World of Warcraft und dessen soziokulturelle Einbettung

Étienne Rembold

4.2.1. Einleitung

Als der Religions-Soziologe Max Weber 1904/1905 sein Konzept des ‚kapitalistischen Geistes' vorstellte, ahnte er wohl kaum, dass über 100 Jahre später seine damaligen Überlegungen zur Untersuchung eines Computerspiels dienen würden.

Geld bzw. Gold verdienen, gewissenhaft Aufträge ausführen, Befehle befolgen – und das scheinbar zur Erholung. Was bringt Millionen von SpielerInnen dazu, ihre Freizeit in einer virtuellen Welt zu verbringen, in der sie, ähnlich wie im realen Leben, verschiedenen Berufen nachgehen und Befehlen „von oben" folgend ihre Pflicht erfüllen, stets besorgt, genug Spielwährung zu verdienen, um neue nützliche Gegenstände, bessere Waffen und Rüstungen erwerben zu können?

In *World of Warcraft* (*WoW*, Blizzard Entertainment) befinden sich SpielerInnen in einer „als-ob"-Haltung, die es ihnen ermöglicht, „gespannt ein Computerspiel zu spielen, aber gleichzeitig Entspannung nach einem anstrengenden Arbeitstag" zu empfinden (Plundrich, 2010, S. 52). Richard A. Bartle fragte als einer der Ersten, warum Menschen in virtuellen Welten spielen: „Isn't it obvious? To have fun!" (Bartle, 2004, S. 129).

Betrachtet man die Spielmotivation jedoch aus religions- und kultursoziologischer Perspektive – nämlich anhand Max Webers protestantischer Ethik (Weber, 1920) und deren Hauptmotiven ‚Gnadenwahl', ‚Berufspflicht' und ‚innerweltliche Askese' – so erscheint das

Moment des Spaßempfindens weniger offensichtlich. Vielmehr scheinen die SpielerInnen ihre Befriedigung aus dem Moment der Pflichterfüllung zu beziehen. Vor diesem Hintergrund befasst sich dieser Artikel mit der Frage, ob und in welcher Form sich Max Webers protestantische Ethik in der Spielwelt von *WoW* manifestiert.

4.2.2. Ein Einblick in den Untersuchungsgegenstand: *World of Warcraft*

World of Warcraft[43] von Blizzard Entertainment erschien im November 2004 als Anknüpfung an die Geschichte des 2003 veröffentlichten Titels ‚*Warcraft III: The Frozen Throne*‘ und zieht seitdem weltweit jährlich mehrere Millionen SpielerInnen in seinen Bann. Das Spiel ist sowohl mit Windows-, als auch Mac-Systemen kompatibel, wird via CD oder Download-Client installiert, erhält regelmäßige Updates und benötigt für die Spielerfahrung Zugang zum Internet sowie kostenpflichtige Spielzeitabonnements.

2007 erschien die erste Erweiterung namens ‚*The Burning Crusade*‘, darauf folgte im Jahr 2008 ‚*Wrath of the Lich King*‘ und 2010 ‚*Cataclysm*‘, auf dessen Spielstand sich die zugrundeliegende Untersuchung bezieht. Im Jahr 2012 kam ‚*Mists of Pandaria*‘ hinzu und wurde 2014 durch die vorübergehend letzte Erweiterung ‚*Warlords of Draenor*‘ abgelöst. Für die Analyse bringen die Neuerungen durch die letzten Erweiterungen jedoch keine grundlegenden Änderungen, da das Spielprinzip in den relevanten Bereichen gleichgeblieben ist.

WoW bietet durch den nahezu ununterbrochenen Zugang zur Spielwelt (abgesehen von Wartungsarbeiten, Patches und technischen Problemen) und deren Persistenz ideale Voraussetzungen für das Entstehen von komplexen sozialen Strukturen, Reputationssystemen und Ökonomien, wie Chan und Vorderer (2006) dies als typisches Merkmal für MMOGs beschreiben.

Die SpielerInnen werden in eine von Krieg zerrüttete Welt geführt, wo sie sich einer der beiden verfeindeten Parteien (‚Horde‘ oder ‚Allianz‘) anschließen und fortan dort ihre Pflichten als KämpferInnen erfüllen. Die Ausbildung zum immer stärkeren Kämpfer bzw. zur Kämpferin erfordert zum Zeitpunkt der Untersuchung insgesamt 85 Level-Schritte, welche mittels Erfahrungspunkten erreicht werden können. Levelaufstiege erzielen

---

[43] vgl. http://de.wikipedia.org/wiki/World_of_Warcraft sowie http://eu.battle.net/wow/de

die KämpferInnen dabei durch das Erfüllen von Aufgaben (sog. Quests), die ihnen von NPCs (Nicht-Spieler-Charakteren) gestellt werden und für deren Erledigung man Erfahrungspunkte sowie Geld, Waffen, Rüstungen oder sonstige hilfreiche Gegenstände erhält. Auch das Töten von feindlich gesinnten Lebewesen aller Art gewährt Erfahrungspunkte.

WoW stellt eine virtuelle Gesellschaft dar, welche sowohl über ein Geld- und Banksystem, als auch über Berufsstände und hierarchische Gliederungen verfügt, die Teil eines kapitalistischen Systems innerhalb der Spielwelt sind. Dieses Wertesystem innerhalb von *WoW* richtet sich, angelehnt an die reale Marktwirtschaft, nach Angebot und Nachfrage und ähnelt somit stark der realen Welt. Dies schafft zudem auch einen Übergang vom virtuellen Handelsmarkt innerhalb des Spiels hin zum Geldverkehr in der realen Welt, indem beispielsweise virtuelle Güter im Spiel gegen reale Währung im Online-Auktionshaus Ebay gehandelt werden können (Plundrich, 2010, S. 45).

4.2.3. Zentrale Motive der ‚kapitalistischen Geisteshaltung' bei Max Weber

Mit der zugrundeliegenden Untersuchung soll nun gezeigt werden, dass *WoW* im Zuge der Ausbreitung der ‚kapitalistischen Geisteshaltung' nicht zufällig so erfolgreich ist. Diese kultur- und religionssoziologische Perspektive führt von der Betrachtung der einzelnen Akteure und Akteurinnen weg und stellt diese in ein gesellschaftliches Gebilde (z.B. aus Normen und Verhaltensweisen), welches ihre Geisteshaltung und Handlungsmotivation maßgeblich prägt. Von Interesse ist daher weniger, weshalb der einzelne Spieler bzw. die einzelne Spielerin gerne *WoW* spielt, sondern weshalb *WoW* in einer (kapitalistisch geprägten) Gesellschaft besonders beliebt ist.

WoW partizipiert an einer Kultur, die nicht zuletzt mit Hilfe von Max Webers protestantischer Ethik beschrieben werden kann. Diese protestantische Ethik verlangt sowohl im Spiel als auch im Leben die Einhaltung einer bestimmten Lebens- bzw. Spielweise und Geisteshaltung. Mit Max Weber lässt sich dabei die These vertreten, dass die kapitalistische Realität mitsamt ihren Pflichten durch eine virtuelle Welt mit ebensolchen Pflichten zur Freizeitgestaltung ersetzt wird.

Die Handlungsmotivation des Einzelnen bzw. der Einzelnen und deren gesellschaftliche Wurzeln werden nun im Folgenden anhand von Max Webers Theorie und dem Geist des Kapitalismus näher betrachtet. Webers Interesse für soziale Gruppen und deren Handlungsmotivationen sowie Prozesse der subjektiven Sinnbildung und die daraus hervorgehende Verfestigung dieser Handlungen zu verbindlichen sozialen Normen des (ökonomischen) Alltags (Weber, 1920, S. 31) bilden hierfür die Grundlage. Dabei werden die sozio-kulturellen Mechanismen und Gegebenheiten innerhalb einer kapitalistischen Gesellschaft analysiert, welche sich auf die Motivation bzw. Präferenz der Spieler auswirken. In diesem Sinn werden Parallelen gesucht zwischen eben diesen Mechanismen und Gegebenheiten in realen kapitalistisch geprägten Gesellschaften und der ebenfalls kapitalistisch geprägten Spielwelt *WoW*.

Aus Webers Konzept der ‚kapitalistischen Geisteshaltung' lassen sich für die Untersuchung von *WoW* drei Grundmotive festhalten: die ‚Gnadenwahl' bzw. der ‚Gnadenstand', die ‚Berufspflicht' und die ‚innerweltliche Askese'. Aus deren Zusammenwirken ergibt sich ein gesellschaftliches Normengebilde und eine Geisteshaltung, in welcher sich die fleißige Berufsarbeit als zentrale Aufgabe des Lebens etablieren und durchsetzen konnte. Sie bilden gemäß Weber die Grundlage dafür, dass der Mensch auf das Erwerben als Zweck seines Lebens und nicht mehr aufs Erwerben als Mittel und Zweck der Befriedigung seiner materiellen Lebensbedürfnisse bezogen ist (Weber, 1920 S. 3/78). Diese drei grundlegenden Motive werden nun im Folgenden näher vorgestellt.

4.2.3.1. Das Motiv der Gnadenwahl bzw. des Gnadenstandes

Entscheidend für dieses Motiv ist die Suche jedes und jeder Einzelnen nach Anzeichen für seine bzw. ihre Auserwähltheit von Gott. Diese Suche treibt die Menschen stets voran, da sie sich ihres Gnadenstandes niemals endgültig sicher sein können. Beruflicher Erfolg gilt dabei als Indiz für Gottes Gnade (vgl. Weber, 1920, S. 148).

4.2.3.2. Das Motiv der Berufspflicht

Die Berufspflicht hat ihre Wurzeln in der Suche nach Bestätigung des Gnadenstandes. Permanente fleißige Berufsarbeit und damit verbundener Erfolg gibt jedem bzw. jeder Hinweise auf seine/ihre Auserwähltheit. Ziel ist es dabei nicht, so wenig wie möglich zu arbeiten, um einen Gewinn zu erzielen, der zur Deckung menschlicher Bedürfnisse ausreicht, sondern so viel Zeit wie möglich aufzuwenden, um dabei so viel Ertrag wie möglich zu erwirtschaften, um dadurch Gottes Ruhm auf Erden zu vermehren. Zudem gilt die Berufsarbeit auch als Form der Nächstenliebe, da sie nicht nur dem Wohl des/der Einzelnen dient, sondern auch zum Wohl und der Wirtschaftlichkeit der Gemeinschaft beiträgt. Müßiggang und Genuss gilt es daher strikt zu vermeiden, da jegliche Form von Zeitverschwendung einen finanziellen Verlust nicht nur für jede und jeden selbst, sondern auch für die Gemeinschaft bedeutet. Somit hat jeder und jede – unabhängig vom persönlichen Reichtum – die Pflicht, einem Beruf nachzugehen (Berufspflicht) und seine/ ihre Fähigkeiten auf diesem Gebiet stetig zu erweitern (vgl. Weber, 1920, S. 182).

Denn gemäß Baxter führt die Spezialisierung der Berufe und die damit einhergehende Übung (,skills') zu einer quantitativen und qualitativen Steigerung der Arbeitsleistung, welche dem Wohl aller dient (Baxter in Weber, 1920, S. 182).

4.2.3.3. Das Motiv der innerweltlichen Askese

Die innerweltliche Askese ist eng verbunden mit der Berufspflicht und beschreibt eine durchwegs rationale und sittliche Lebensführung. Jeder und jede Einzelne befindet sich Zeit seines bzw. ihres Lebens in einem Zustand permanenter Selbstkontrolle, da sich ein begangener Fehltritt nicht durch Buße oder andere ausgleichende Leistungen wieder gut machen ließe.

Die strikte Vermeidung von Müßiggang und Genuss zu Gunsten der Berufsarbeit ist ein zentraler Aspekt der innerweltlichen Askese. Dies führt gemäß Weber dazu, dass das unbefangene Genießen des Daseins und dessen, was es an Freuden zu bieten hat, gesellschaftlich nicht mehr akzeptiert wird und als verwerflich gilt (Weber, 1920, S. 190).

Daher entbindet auch Reichtum nicht von der Pflicht, einem Beruf nachzugehen. Es ergibt sich eine enge Bindung zwischen Glaube und Sittlichkeit (Weber, 1920, S. 161).

4.2.4. Max Webers Motive in der *World of Warcraft*

Im Folgenden wird nun aufgezeigt, wo und in welcher Form sich die vorgestellten Motive auch im Spiel *WoW* finden lassen.

4.2.4.1. Die Gnadenwahl bzw. der Gnadenstand

Auch im Spiel *WoW* gibt es ein Wetteifern darum, zu den Auserwählten – also zu denjenigen Spielern und Spielerinnen, die sich besonders schweren GegnerInnen und Herausforderungen stellen dürfen oder besondere Waffen und Rüstungen besitzen – zu gehören. Auch hier ist das zentrale

Element das permanente Streben nach Erfolgen. Man beginnt mit einfachen Aufgaben und steigert sich immer weiter, bis man eines Tages auch die schwersten Herausforderungen bestehen kann. Es ist also kein Spiel, bei dem grundsätzlich jede/r alle Herausforderungen bewältigen kann. Man muss es durchaus auch aktiv wollen und etwas dafür tun.

Es werden jedoch laufend neue Herausforderungen in Form von Patches und Erweiterungen in das Spiel eingefügt, so dass ein Endboss oder eine Herausforderung immer nur temporär einen anspruchsvollsten Endpunkt darstellt. Daher ist es auch in *WoW* nicht möglich, sich lange auf seinen Lorbeeren auszuruhen und seinen Heldenruhm zu genießen, da mit Sicherheit schon bald eine neue Herausforderung erscheinen wird.

Ähnlich verhält es sich auch mit Waffen und Rüstungen. Kaum hat man die bestmöglichen Ausrüstungsgegenstände gesammelt oder erbeutet, dauert es nicht lange, bis ein neuer Patch oder eine Erweiterung für noch bessere Waffen und Rüstungen sorgt. Wer möglichst viel vom Spielinhalt erleben möchte, kommt also nicht umhin, immer wieder neue und bessere Ausrüstungsgegenstände zu erwerben oder zu erbeuten.

Diese Erfahrung steht bereits gleich zu Beginn des Spiels, wenn man mit seiner Spielfigur auf Stufe 1 die Spielwelt betritt und mit den ersten Aufgaben auch erste Ausrüstungsgegenstände erhält. Der Versuch, mit schlechter Ausrüstung und einer niedrigen Stufe in ein Spielgebiet vorzudringen, in welchem höherstufige GegnerInnen lauern, führt oftmals zum raschen Tod. Um sich in der Spielwelt weiterbewegen zu können, sind daher laufend bessere Ausrüstung sowie ein stetiger Stufenaufstieg (Level) unentbehrlich. Das Spiel ist also auch durch ein unablässiges Voranstreben geprägt. Dieses fleißige Voranstreben führt direkt zum nächsten Punkt – der Berufspflicht.

4.2.4.2. Die Berufspflicht

Im Spiel herrscht schon allein dadurch eine Berufspflicht, dass es dem Spieler bzw. der Spielerin nicht möglich ist, die Spielwelt zu betreten, ohne zuvor eine Spielfigur zu erstellen. Diese Spielfigur muss einer bestimmten Klasse zugeordnet werden – beispielsweise den JägerInnen, KriegerInnen, MagierInnen, PriesterInnen etc. Diese Klassenwahl gleicht einer Berufswahl, da sie darüber entscheidet, über welche Fähigkeiten die Spielfigur verfügt und welche Rolle sie im Zusammenspiel mit anderen einnehmen kann. Ein Priester bzw. eine Priesterin kann z.B. Verbündete heilen, während ein Magier oder eine Magierin mit mächtigen Zaubern Schaden bei GegnerInnen verursacht.

Diese verschiedenen Rollen sind von Bedeutung, wenn sich mehrere SpielerInnen gemeinsam Herausforderungen stellen. Jede/r trägt dann entsprechend ihrer/seiner Rolle und den damit verbundenen Fähigkeiten ihren/seinen Teil zum Gelingen bei. Damit gehen z.B. Aspekte wie die Pflichterfüllung und Verantwortung gegenüber den anderen Gruppenmitgliedern einher.

Zusätzlich zu dieser Klassenwahl können im Spiel auch noch verschiedene Berufe wie beispielsweise Schmiedekunst, Schneiderei, Kräuterkunde und vieles mehr erlernt werden. Diese Berufe dienen der Herstellung von nützlichen Gegenständen und sind für den spielinternen Handel essenziell. So lassen sich z.B. Rüstungsverbesserungen herstellen, die auf keinem anderen Weg erhältlich sind. Es ist also nicht nur für den Einzelnen bzw. die Einzelne vorteilhaft, einen solchen Beruf zu erlernen, sondern auch für die Gemeinschaft, da auch andere davon profitieren, wenn sie untereinander solche Dinge austauschen oder käuflich erwerben können. Auch hier ist man angehalten, seine beruflichen Fertigkeiten immer weiter zu verbessern und fleißig Güter zu produzieren, um den Handel zu ermöglichen.

4.2.4.3. Die innerweltliche Askese

Für das Vorankommen im Spiel braucht es darüber hinaus auch eine gewissermaßen „asketische" Haltung. Es ist für SpielerInnen vorteilhaft, möglichst fleißig und effizient Aufgaben zu erledigen, Ausrüstungsgegenstände zu sammeln und Berufe auszuüben. Dafür müssen sie vorausschauend planen und ihre Zeit möglichst effizient nutzen.

Der Zugang zur Spielwelt ist nämlich auch kostenpflichtig – das bedeutet den Einsatz von realem Geld, um im Gegenzug für einen bestimmten Zeitraum Zugang zur Spielwelt zu erhalten. Diese Spielzeit wird jedoch nicht nur dann verbraucht, wenn man tatsächlich im Spiel online ist, sondern gilt pauschal für einen bestimmten Zeitraum z.B. für 60 Tage. Wurde diese Spielzeit gekauft und aktiviert, läuft sie genau 60 Tage später ab und man muss neue Spielzeit erwerben.

Wer im Spiel langsam und gemütlich durch die Gegend spaziert, ohne Aufgaben zu erledigen, seine Stufe zu verbessern oder neue Gegenstände usw. zu erwerben, betreibt in diesem Sinn sowohl Zeit- als auch Geldverschwendung. Beides wäre aus kapitalistischer Sicht zu vermeiden. Der Spieler bzw. die Spielerin wird daher angehalten, in der verfügbaren Zeit möglichst viel zu erreichen.

Hinzu kommt dann noch die Verantwortung gegenüber anderen MitspielerInnen, die z.B. auf die beruflich hergestellten Güter angewiesen sind, oder auch die Verpflichtung gegenüber einer Gruppe, mit der man sich gemeinsam schweren Herausforderungen stellen will. In solchen Gruppen wird von jedem und jeder erwartet und vorausgesetzt, dass er/sie ein bestimmtes Minimum an Ausrüstung und Können mitbringt. Da der Schwierigkeitsgrad schließlich kontinuierlich gesteigert wird und auch immer wieder bessere Ausrüstungsgegenstände hinzukommen, ist jede/r verpflichtet, mit dieser Entwicklung schrittzuhalten. Vernachlässigt jemand die Verpflichtung gegenüber der Gruppe und behindert dadurch deren Erfolg, muss er oder sie damit rechnen, dass er oder sie in der Gruppe nicht mehr willkommen ist.

Somit wird von den SpielerInnen eine kontrollierte, rationale Spielweise erwartet, in der Verschwendung und Faulheit keinen Platz finden.

4.2.5. Fazit

Wie die Analyse zeigt, lassen sich deutliche Parallelen zwischen den der Spielmotivation zugrundeliegenden soziokulturellen Mechanismen innerhalb der *WoW* und Max Webers Motiven des ‚kapitalistischen Geistes' erkennen.

Die Berufspflicht, wie auch eine gewisse „asketische und sittliche Lebensweise" (bzw. Spielweise), sind klar im Spielprinzip und in der Spielmotivation verankert (z.B. Verantwortung gegenüber der Gemeinschaft). Das Motiv der Gnadenwahl äußert sich darin, dass es nur mit „fleißiger Arbeit" und einer disziplinierten (asketischen) Spielweise möglich ist, zu den Besten bzw. Erfolgreichsten und somit quasi zu den „Auserwählten" zu gehören, welche die bestmöglichen Rüstungen und Waffen verdient haben, die wiederum für besonders anspruchsvolle Herausforderungen erforderlich sind. Zusätzlich existieren sehr seltene Gegenstände im Spiel, die nur mit geringer Wahrscheinlichkeit und unter großem Aufwand zu finden sind. Somit sind auch nur wenige „auserwählte" Spieler im Besitz solcher Gegenstände.

Die Frage, ob die Spielstruktur dem Spieler eine Spielmotivation nach den von Weber formulierten Prinzipien des ‚kapitalistischen Geistes' aufzwingt oder zumindest voraussetzt, kann somit aufgrund der gesammelten Erkenntnisse größtenteils mit Ja beantwortet werden.

Hier lässt sich nun ein Bezug zu der von Fritz und Fehr (1997, S. 67) erwähnten ‚Strukturellen Kopplung' herstellen, wonach SpielerInnen ihre Spiele lebenstypisch auswählen und sich dabei an bekannten Aspekten und Situationen ihres Lebens sowie persönlichen Erfahrungen und Eigenschaften orientieren.

Unter Berücksichtigung der Weber'schen Motive bedeutet dies für *WoW*, dass Spieler sowohl an ihr alltägliches reales Leben, geprägt von Erfolgsstreben und Erwerbsarbeit, anknüpfen können als auch mangelnden Erfolg im realen Alltag durch Erfolg in der *WoW* kompensieren können.

Wie auch der Mensch in Webers Szenario in eine kapitalistisch funktionierende Welt geboren wird, so findet sich auch der Spieler in *WoW* in einem System mit zahlreichen kapitalistischen Zügen wieder und muss sein Handeln an den Richtlinien dieser Welt ausrichten. An diesem Beispiel zeigt sich auch, wie Computerspiele den NutzerInnen Normen und Werte sowie Einstellungen und Handlungsweisen offerieren, welche von den SpielentwicklerInnen im Spiel angelegt wurden (Krotz, 2008, S. 25 u. 37).

Man kann darin einen zirkulären Prozess erkennen, in welchem Werte und Normengebilde aus der realen Welt, sowohl seitens der Spiele-EntwicklerInnen als auch der SpielerInnen selbst, ins Spiel übernommen und gleichzeitig auch durch das Einüben im Spiel wieder in die reale Welt mitgenommen werden. Computer- und Videospiele, wie auch deren EntwicklerInnen und SpielerInnen sind dabei immer auch in einen soziokulturellen Kontext eingebunden und können nicht losgelöst von diesem betrachtet werden. Spiele entstehen nicht in einem neutralen, Werte- und normfreien Vakuum, sondern werden von Menschen mit bestimmten Weltanschauungen, Sozialisierungen etc. erschaffen und ebenso von Menschen mit ihren Weltanschauungen, Sozialisierungen etc. spielerisch genutzt.

Das zeigt: Untersuchungen, die nur Spiele und deren strukturelle Aspekte zur Erklärung der Spielmotivation berücksichtigen, greifen daher ebenso zu kurz wie Untersuchungen, welche sich lediglich auf die Motivation seitens der SpielerInnen fokussieren. Möchte man die Faszination, die von Spielen – oder spezifisch von digitalen Spielen – ausgeht, erfassen und beschreiben, so müssen alle Komponenten (EntwicklerInnen, SpielerInnen und Spiele) auch als Teile in einem größeren Ganzen verstanden und kontextualisiert werden.

Literatur

Bartle, R.A (2004). Designing Virtual Worlds, Indianapolis: New Riders, S. 129.

Baxter, R. (1920). A Christian Directory, in: Kaesler, D. (Hg). Weber. M. Die protestantische Ethik und der Geist des Kapitalismus, Vollständige Ausgabe. München: Verlag C.H. Beck, 3. Auflage, 2010.

Chan, E. / Vorderer, P. (2006). Massively Multiplayer Online Games. in: Vorderer, E. / Jennings, B. (2006): Playing Computergames: Motives, Responses and Consequences. Mahwah, New Jersey, S. 77-90.

Fritz, J. / Fehr, W. (1997). Computerspieler wählen lebenstypisch. Präferenzen als Ausdruck Struktureller Kopplungen. in: Fritz, J. (Hg.): Handbuch Medien: Computerspiele. Bonn: Bundeszentrale für politische Bildung. S. 67 -76.

Krotz, F. (2008). Computerspiele als neuer Kommunikationstypus. Interaktive Kommunikation als Zugang zu komplexen Welten. in: Quandt et al., Wolling, J. (Hg.): Die Computerspieler. Studien zur Nutzung von Computergames, Wiesbaden: VS Verlag für Sozialwissenschaften.

Plundrich, A. (2010). Warum spielen Menschen World of Warcraft? Theoretische Überlegungen aus kulturwissenschaftlicher Perspektive. München, Ravensburg: GRIN Verlag.

Weber. M. (1920) Die protestantische Ethik und der Geist des Kapitalismus, Vollständige Ausgabe. In: Kaesler, D. (Hg.), München: Verlag C.H. Beck, 3. Auflage 2010.

Internetquellen:

Blizzard Entertainment (2004): Vivendi (Hg.): Offizielle Webseite zu „World of Warcraft", 2008, http://eu.battle.net/wow/de (Stand vom 30.8.2012)

Wikipedia-Weblink: http://de.wikipedia.org/wiki/World_of_Warcraft (Stand vom 30.8.2012)

4.3. Auf den Spuren der digitalen Zwerge

Tom Hildgen

4.3.1. Einleitung

Um die Zwerge in Computerspielen[44] zu untersuchen, sind die Genres, in denen sie auftreten, aussagend. Zwerge kommen fast nur in Rollenspielen vor, während sie in anderen Genres weiter nicht anzutreffen sind. Diese Einsicht wurde erlangt, indem die Verkaufscharts der 100 meistverkauften Videospiele (PC und Konsole) für Europa über einen Zeitraum von fünf Jahren (2009-2013[45]) auf „zwergischen" Inhalt untersucht wurden. Das einzige Spiel in diesen fünf Jahren, welches Zwerge als spielbare Rasse anbietet und es unter die Top 100 geschafft hat, ist *World of Warcraft,* kurz *WoW,* (Blizzard Entertainment, 2004). Dieses *Massive Multiplayer Online Roleplaying Game* (im folgenden MMORPG genannt) spielt in einem Fantasysetting, welches sich an ein klischeehaftes, fantastisches Mittelalter anlehnt.

Der Zwerg scheint schwer auffindbar zu sein in den Computerspielen. *„At the very core of their essence lies not presence but absence"* (Jakobsson, 2006, S. 69). Dieses Zitat von Liberman, auf die Sagazwerge bezogen, scheint auch Jahrhunderte später noch Bestand zu haben. Um einen Blick auf die Unterirdischen werfen zu können, muss tiefer in der Spielhistorie gegraben werden. Das Genre, in dem die Zwerge fast ausschließlich auftauchen, ist das Rollenspiel, sowohl in Solorollenspielen als auch in den MMORPGs. Der Fokus liegt deshalb auf dieser Form des Computerspiels.

---

[44] Die Bezeichnung „Computerspiel" wird in dieser Arbeit für jegliche Form des digitalen Spiels verwendet.
[45] http://www.vgchartz.com/ (zuletzt verifiziert am 08.07.2016)

Die verschiedenen literarischen Gattungen und Epochen, welche der Untersuchung dienlich waren, ziehen sich über das Frühmittelalter bis in die Postmoderne. Die skandinavischen Länder gelten als Wiege der mythologischen Zwerge. Die Snorra-Edda – benannt nach deren Verfasser Snorri Sturluson – wurde um 1220 n.Chr. geschrieben, die Lieder-Edda um 1270 n. Chr. Die Sagaliteratur hat ihre Anfänge im 11. Jahrhundert, ein Jahrhundert nach der Christianisierung von Island und reicht bis Ende des 13. Jahrhunderts. Die mittelhochdeutsche Dichtung und die altfranzösische Dichtung befinden sich zeitlich um die Mitte des 11. Jahrhunderts bis zur Mitte des 13. Jahrhunderts. Sagen und Märchen sind in verschiedenen Schriften vom Mittelalter bis ins 20. Jahrhundert zu finden.

Im Folgenden werden vermeintliche „zwergische" Merkmale und Wesenszüge untersucht. Aufgeteilt werden diese in Körperbau und Aussehen, physische Eigenschaften und Wesensmerkmale sowie ihre Behausungen und ihre Umgebung, wobei auch ihr soziales Umfeld analysiert wird. Weitere Merkmale sind die Magiebegabtheit der Zwerge sowie ihre Berufe und handwerklichen Fähigkeiten. Als letztes werden die Namen der Zwerge untersucht, in der Hoffnung, diesen wichtige Merkmale zu entlocken oder sonstige Sinnzusammenhänge zu erörtern.

4.3.2. Merkmale der Zwerge

4.3.2.1. Körperbau und Aussehen

In den Computerspielen ist ein zentrales, immer wiederkehrendes Merkmal die Größe. Die digitalen Fantasyzwerge sind klein, aber in einem natürlichen Rahmen. *Neverwinter Nights*(BioWare, 2002) ist eines der wenigen Spiele, in denen die Größe angegeben wird, mit vier bis viereinhalb Fuß.

"They stand just 4 to 4 1/2 feet tall, but are broad and compactly built, almost as wide as they are tall. Dwarven skin varies from deep tan to light brown, and their hair is black, gray [sic.], or brown. Dwarven men value their beards highly. " [46]

Dies ist anders in den Volkssagen. Hier haben die Zwerge zwar unterschiedliche Größen, jedoch sind sie immer klein bis sehr klein. Gemein ist ihnen auch noch ihre Hässlichkeit und Disproportioniertheit. Sie haben

---

[46] http://nwn.wikia.com/wiki/Dwarf (zuletzt überprüft 11.07.2016)

meist einen dicken Kopf und missgestaltete Füße. Diese friesische Sage schildert es sehr ansehnlich:

„Die Unterirdischen sehen aus wie kleine Menschen, aber haben einen ungewöhnlich großen bärtigen Kopf, lange Arme, dünne und krumme Beine und sind trotz dieser Mißgestalt [sic.] von großer Körperkraft." (Hässler, 1957, S. 13)

Anders als im Märchen wird hier oft eine Maßangabe gemacht. In Spielen wird die Kleinheit immer wieder in Relation zu ihrer Robustheit genannt. Die Zwerge sind muskulös und stämmig, welches ihnen teilweise ein dickes Aussehen verschafft. Dieses Merkmal finden wir in der Sagaliteratur wieder. In den altnordischen Sagas sind die Zwerge, wenn ihr Aussehen denn thematisiert wird, anthropomorphe, disproportionierte Wesen von kleinem Wuchs. Auch ihre Körperkraft scheint ihrer Größe angepasst. Die Gliedmaßen sind deformiert, sie sind dick und hässlich. Als Beispiel soll der Zwerg *Dimus* dienen. Er wird am ausführlichsten porträtiert in der *Viktors saga ok Blávus* (Schäfke W. , 2010, S. 208).

„Er hatte kurze Beine und einen kurzen Rücken. Er war beleibt und hatte sehr weit vorstehende Schultern, lange Arme und einen großen Kopf." (Schäfke W. , 2010, S. 208)

In der Edda ist die Größe der Zwerge noch nicht definiert. Entweder waren eddische Zwerge nicht sonderlich groß oder klein, oder alleine die Beschreibung Zwerg war für die ZuhörerInnen oder LeserInnen Indiz genug, um sich eine klare Vorstellung dieses Wesens zu machen. In der „Sigurdarkvida Fafnisbana önnur" (Das andere [zweite] Lied von Sigurd dem Fafnirstöter; Sturluson, 2010) begegnen wir einem Zwerg, dessen Umschreibung einen möglichen Hinweis auf die Größe der Zwerge zulässt. Über *Reginn* steht in der Snorra-Edda:

„Er war über alle Männer kunstreich, dabei ein Zwerg von Wuchs. Er war weise, grimm und zauberkundig."(Sturluson, 2010, S. 180-185)

Reginn könnte ein Zwerg sein oder aber nur ein Mann von zwerghaftem Wuchs. Dies würde aber implizieren, dass eine feste Vorstellung von „zwerghaftem Wuchs" vorhanden war.

Wenn in der mittelhochdeutschen Dichtung die Rede ist von einem Zwerg, dann definiert dieser sich vornehmlich über seine Größe. *„Die geringe Körpergröße ist das auffallendste Merkmal des Zwerges"* (Lütjens, 1977, S. 74). Inwieweit diese Kleinheit beschrieben wird ist variabel, dies kann zwischen drei und viereinhalb Spannen liegen, drei Schuhe hoch, eine Elle oder „der Mensch besitzt das dreifache an Größe", er reicht dem Menschen bis an die Knie oder bis unter den Gürtel (Lütjens, 1977, S. 74-75).

Der romanische Zwerg ist auch klein, wie bisher alle Zwerge. Auch wenn seine Größe in der altfranzösischen Dichtung nur selten explizit hervorgehoben wird, so wird sie oft mit „klein", „sehr klein" oder „extrem klein" beschrieben. Zwischen drei und fünf Fuß hoch soll er sein, welches einer Körpergröße von 75 cm bis 1,25 m entspricht. Er ist also nicht übernatürlich klein, alles ist noch im Rahmen des Vorstellbaren. Der Zwerg der altfranzösischen mittelalterlichen Dichtung ist dick. Nur fünf werden als schlank und wohlproportioniert wiedergegeben. Unglaublich leicht scheinen sie alle zu sein, denn ihre Bestrafung ist oft, dass sie aufgehoben und zu Boden geschmettert werden, auch von den Hofdamen. Der „Chevalier Petit"[47] sieht aus wie ein „*siebenjähriges Kind*" (Martineau, 2003, S. 31).

Jedenfalls sind in allen untersuchten Literaturgattungen und Epochen Zwerge klein und dies ist ihre Hauptcharakteristik.

Während Zwerge primär mit heller Hautfarbe dargestellt oder beschrieben werden, gibt es auch seltene Fälle, wo Zwerge als dunkelhäutig bzw. mit schwarzer Hautfarbe beschrieben werden. So kann in einigen Computerspielen die Hautfarbe schwarz sein. Diese Exzeption finden wir schon bei den Dunkelalben der Edda, die schwarz wie Pech waren. Hier werden die Dunkelalben den Zwergen gleichgesetzt.

„[...] *aber die Dunkelalben sind schwärzer als Pech.*" (Sturluson, 2010, S. 31-32)

In der Sagaliteratur ist *Möndull*, der Zwerg aus der *Göngu-Hrólfs saga*, als einziger Zwerg, der auch als solcher genannt wird (*dvergr,* das altnordische Wort für Zwerg), schwarz.

In der altfranzösischen Literatur kommen auch einige wenige schwarze Zwerge vor und die deutsche Sage kennt diese Zwerge aus dem Schwabenland und der Schweiz. Die schweizerischen Sagenzwerge geben ein einheitliches Bild ab, fast alle haben „*kraushaarige, wollige Köpfe von schwarzer Farbe*" (Hässler, 1957, S. 15). Hässler führt dies auf den Einfluss der französischen und italienischen Gebiete zurück. In Schwaben sind sie nackt und „*ihre Hautfarbe war schwarz wie die eines Mohres*" (Hässler, 1957, S.

---

[47] „kleiner Ritter".

15). In der französischen Sage sind es die *Korrigans*, die eine schwarze Hautfarbe haben.

Das Motiv der schwarzen Zwerge ist somit nicht neu, sondern ist schon vor 800 Jahren Teil der Zwerge gewesen. In den frühen Computerspielen sind die Zwerge hellhäutig und erst in den letzten Jahren kam die Möglichkeit hinzu, seine Zwerge dunkelhäutig zu gestalten. Dies ist aber auch darauf zurückzuführen, dass die EntwicklerInnen eine höchst mögliche Anzahl an SpielerInnen einbinden wollen. Alle möglichen Ethnien miteinzubeziehen ist hier auch marketingtechnisch bedingt. Die Figur muss allerdings noch als realistisch für das Setting gelten, sonst leidet der Realismus der fiktiven Welt. Da schwarze Zwerge bereits im Mittelalter vorkamen, sind sie keine Neuerfindung des Computerspiels.

Der weibliche Zwerg kommt in der Edda noch nicht vor. In der Sagaliteratur sind es nur drei, wobei eine auch kämpft und sich in einen Greif verwandeln kann. *„Zwergenfrauen sind also eine späte und wenig um sich greifende Innovation der Saga-Literatur"* (Schäfke W. , 2010, S. 270). In der Literatur des deutschen Mittelalters haben weibliche Zwerge einen Platz gefunden. Die Zwerginnen sind hübsch in der mittelhochdeutschen Dichtung und reich bekleidet. Dies ist aber darauf zurückzuführen, dass sie in Erzählungen auftreten, in denen der Rittertypus dominiert und somit wurden sie assimiliert. *„Der Typus des Zwergenritters ist ohne weiteres als verhältnismäßig junge Bildung zu erkennen [...] Mit dem Erlöschen des Rittertums hat auch er sein Ende gefunden."* (Lütjens, 1977, S. 70). Der Rittertypus „findet sich in einer Vielzahl von Texten, darunter *Laurin*, *Walberan*, *Antelan*, *Virginal*, *Demantin*, *Wolfdietrich B* und Stickers *Daniel vom blühenden Tal*" (Schäfke W. u., 2011, S. 201). Auch wenn dieser Typus der herausragende in der mittelochdeutschen Dichtung ist und verschwindet, so ist es doch dieser Zwerg, der sich über die fantastische Literatur hin ins Computerspiel gerettet hat. Die Zwerginnen sind klein und werden mit der Größe von Kindern angegeben (Lütjens, 1977, S. 73). Sie sind rar, aber existent. Auch in der altfranzösischen Dichtung treten sie auf, aber nur sehr selten. Sechs der hundertsechzig genannten Zwerge sind weiblich und es wird sehr wenig über sie berichtet. In der Sage sind sie anwesend, welches schon alleine mit dem erwünschten Wahrheitsgehalt der Sage einhergeht, nur im Märchen sind keine weiblichen Zwerge anzutreffen. Es existieren Spiele, in denen keine Zwerginnen anzutreffen sind, wie in *The Witcher*(CD ProjketRED, 2007), aber in den allermeisten Spielen finden wir sie. Auch bei der Charaktergestaltung können wir meistens auch einen weiblichen Zwerg verkörpern. Dies ist aber auch mit dem immer größer werdenden Anteil an Spielerinnen verbunden. Um diese Zielgruppe zu erreichen, ist das Element des weiblichen Zwerges erwünscht. Darauf dürfte auch zurückzuführen sein, dass wir dem weiblichen Zwerg mit Bart nur in *EverQuest*(Sony Online Entertainment, 1999) begegnen. Dies sieht jedoch reichlich grotesk aus, weshalb es wohl von den EntwicklerInnen in weiteren Spielen nicht mehr aufgegriffen wurde. Auch sind uns Zwerginnen mit Bart in keiner anderen Epoche begegnet.

Bärte sind eine typische Symbolik der Zwerge im Computerspiel. Dieses Merkmal zieht sich weitgehend durch alle untersuchten Epochen. In der mittelhochdeutschen Heldendichtung ist es vor allem der Nibelungenzwerg, der als graubärtiger Alter dargestellt wird. In der altfranzösischen Dichtung tragen die Zwerge oft sehr lange Bärte, die bis ins Groteske führen. Auch ihr Alter spiegelt sich hier in ihren grauen oder weißen Haaren sowie in ihren langen Bärten wieder. Ihre faltigen Gesichter unterstreichen dies noch. Der Bart des Zwerges reicht von „über den Gürtel" bis „zu den Füßen". Meist sind sie weiß oder grau. In der Sage ist der Bart vom Zwerg nicht mehr wegzudenken, so wenig wie im Märchen. Spielt sich die Sage in Waldgebieten ab, dann kann der Bart auch grünlich sein und der Zwerg erinnert vom Aussehen her an einen alten knorrigen Baumstamm.

Das Computerspiel resultiert in dieser Evolution, dass der Bart ein unverzichtbares Merkmal der Zwerge ist. Wohl können die Zwerge teilweise auch ohne Bart erstellt werden, doch die Anzahl an möglichen Bärten für Zwerge in den Spielen deutet auf deren Wichtigkeit hin. Dass die Haarfarben meistens dunkel sind und überwiegend Grau- und Weißtöne auftreten, untermauert das Alter der Zwerge.

Die Zwerge sind rein historisch gesehen sehr alt. Sowie die Eddazwerge der Erde entstammen und in enger Relation zu den Steinen stehen, verläuft dieser Zusammenhang durch die Meilensteine der Evolutionsgeschichte der Zwergenfigur. Die Steine haben auch eine Bedeutung beim Alter. Einige Zwerge sind „steinalt". In den Literaturgattungen variierte ihr Alter aber stark. Die deutschen Zwerge sind teilweise älter als 500 Jahre, wie diese Sage aus Böhmen überliefert:

„Ich bin so alt,
Wie der Böhmerwald,
Und ich hab' in mein Leben
Solchen Brauch nit gesehen" (Hässler, 1957, S. 17).

„Obwohl die Zwerge nicht dem Prozeß [sic.] des Alterns unterliegen – es gibt niemals junge Zwerge oder überhaupt Altersunterschiede bei ihnen – sind sie dem Kreislauf von Leben und Tod eingegliedert" (Hässler, 1957, S. 17).

Bisweilen sind die uns begegneten Zwerge selten gestorben und wenn, dann im Kampf oder auf unnatürliche Weise. Die Sagenzwerge sterben, aber auch hier wird es nicht zurückgeführt auf das hohe Alter. Wenn das Alter angegeben wird, dann erfahren wir von jungen Zwergen von 22 Jahren, bis hin zu uralten Zwergen von 900 Jahren. Dieser älteste Zwerg ist *Tronc*. Der altfranzösischen Arthusliteratur nach, soll sein Vater immerhin schon Julius Caesar und die Mutter Cleopatra gewesen sein (Martineau, 2003, S. 23-24).

Die Märchenzwerge, in deren Literaturgattungen die Zeit keine Rolle spielt, sind auch immer alt. Es konnten aber keine Altersangaben ausgemacht werden, weil dies auch dem Märchen als solches widerspricht. Im Märchen ist die Funktion des Zwerges immer die, die Handlung als Nebenfigur voranzutreiben, entweder als Freund und Helfer oder als Gegner, er ist niemals Protagonist, dies ist dem Helden vorbehalten.

Im Computerspiel wird die Rasse der Zwerge als sehr alt dargestellt. Oft sind sie vom Aussterben bedroht oder gar schon vom Erdboden verschwunden wie in der *Elder Scrolls* Serie(Bethesda Game Studios, 1994-2014). Das eigentliche Alter wird aber in den Spielen meistens nicht angegeben. Es scheint aber keine relevanten Altersunterschiede zwischen den anderen Rassen im Spiel zu geben.

Eine sehr interessante Evolution hat die Zwergenfigur in ihrem Aussehen durchlaufen. Die Edda lässt einige schwarz wie Pech aussehen. Das könnte hässlich sein, ist aber nicht näher erläutert. In der Sagaliteratur hingegen sind die Zwerge als grundtief hässlich beschrieben. Auch ihr Körperbau ist disproportioniert und sie leiden an Obesität. In der altfranzösischen Dichtung sind sie dann so grotesk, dass dies ihr Haupterkennungsmerkmal ist. Riesige gelbe Zähne ragen aus ihrem großen Mund, sie haben spitze Buckel und ihre Ohren sind breit (Martineau, 2003, S. 29-36). Doch ist dies nur der Fall beim Typus des „dienenden Zwerges", der jedoch in dieser Literaturgattung der dominante Typus ist (Lütjens, 1977, S. 3). Der französische Ritterzwerg ist schön und wohlgestaltet und stellt damit eine Ausnahme dar.

Hingegen ist in der mittelhochdeutschen Dichtung ein vornehmer, ansehnlicher und wohlproportionierter Typus die Regel. In der deutschen und französischen Sage ist der Zwerg meistens hässlich bis auf einige Ausnahmen, welche aber auf eine Vermischung mit den Elfen zurückgeführt werden (Martineau, 2003, S. 84-91). Im Märchen ist er jedenfalls nicht missgestaltet und abstoßend. Beim Computerspiel haben die Zwerge zwar meist ein Wiedererkennungsmerkmal in ihrer Rasse, wie eine große Nase, sind aber nicht hässlich. Außer in *Dragon Age Origins*(BioWare Edmonton, 2009), wo es möglich ist, den Zwerg reichlich hässlich zu gestalten, wenn dies denn vom Spieler bzw. der Spielerin erwünscht ist. Aber das genaue Gegenteil ist auch möglich.

Zwerge sind im Computerspiel in der Regel robust und kräftig. Damit machen sie ihre geringe Höhe wett. Dies haben sie mit dem Ritterzwergtypus des Mittelalters sowie einigen Sagenzwergen gemein. In den Bildschirmspielen wird dies auch oft in ihren Werten widergespiegelt, sie bekommen Boni auf die Konstitution und die Stärke und eignen sich somit vornehmlich für Klassen die viel *Damage* (Schaden) machen oder als *Tanks* (Klasse, die viel Schaden aushalten kann).

4.3.2.2. Physische Eigenschaften und Wesenszüge

Der Zwerg im Computerspiel ist meist grimmig und humorlos. Diese Wesenszüge haben die Zeit überlebt, denn schon die Zwerge der altfranzösischen höfischen Dichtung vom Typus „dienender Zwerg" sind sehr verhalten. Sie wollen nicht reden und dürfen es wahrscheinlich auch nicht, angesichts ihrer Stellung. Wenn sie dazu gezwungen werden, dann werden sie ungestüm und beleidigend (Martineau, 2003, S. 61-67). Menschenscheu sind vor allem die Sagenzwerge. Das Motiv des „dienenden Zwerges" ist in der deutschen Sage ein ausgeprägtes. Oft helfen die Zwerge den Menschen auf dem Feld indem sie entweder mit ihnen dort arbeiten oder des Nachts liegengebliebene Arbeiten verrichten. Ganze Dörfer profitieren somit von den kleinen Helfern. Aber man sollte die Arbeit eines Zwerges nicht verschmähen, wie es dieser Bauer aus Hessen-Nassau gemacht hatte:

> *„Einmal, als ein Bauer aus der Gegend von Wolfhagen sein Korn einfuhr, sah er, wie einer von der guten Hollen eifrig mithelfen wollte, aber er trug nur Ähre um Ähre zur Scheune und keuchte dabei doch unter der Last. Da machte sich der Bauer über ihn lustig und zeigte auf seine Knechte, die ganze Garben auf ihre Schultern luden. Darauf sagte der Kleine: ‚Das hättest du denken, aber nicht sagen sollen.' Und von nun an stahl er ihm Ähre um Ähre aus der Scheuer und machte den Mann arm."*
> *(Hässler, 1957, S. 132)*

Die genau gleiche Sage findet sich auch im Französischen, nur, dass die Knechte fehlen. Hier ist es ein *nuton*, der dem Bauern hilft und verspottet wird. Seine Antwort lautet:

„*Epi par épi, je t'ai enrichi, / gerbe par gerbe, je te ruinerai*[48] " (Martineau, 2003, S. 103).

In diesem kleinen Auszug kommen einige Wesensmerkmale zu Tage. Der Zwerg ist hilfsbereit und dies uneigennützig, doch seine Laune kann umschlagen und er wird rachsüchtig und bösartig. Dieser Zwerg ist schwach, er bricht schon fast unter der Last einer Ähre zusammen. Dies macht er aber durch seine Effizienz wieder wett, indem er (wahrscheinlich) unaufhörlich arbeitet. Er verträgt es aber nicht, wenn jemand ihn wegen seiner Physis verspottet.

Dieses Element finden wir im Computerspiel immer wieder. Die Zwerge leben zurückgezogen und treiben höchstens Handel mit den anderen Völkern. Nur bei drohender Gefahr für ihr Volk verbünden sie sich mit anderen Völkern. Auch die Bösartigkeit einiger Zwerge, wie die *Dunkelzwerge* in *World of Warcraft (WoW)*, finden wir sowohl in den Sagen als auch im mittelalterlichen Frankreich. In der Edda sind die Met brauenden Zwerge *Sintri* und *Brock* gar Mörder. Alle Zwerge der Eddaliteratur, welche sich auf nur sieben beschränken, die Liste der Zwergennamen ausgenommen, verbindet noch ein weiteres Element: es sind durchaus negative Züge, die sie ausmachen. Sie lassen sich schnell reinlegen, sind unterlegen, töten oder werden getötet. "*All facts about dwarfs tend to be negative*"(Jakobsson, 2006, S. 61). Dies passt auch zu den immer wieder auftretenden diebischen Zwergen.

Zwerge in Spielen sind kampflustig, kriegerisch, äußerst mutig und unerschrocken. Diese Charakteristika finden wir auch bei den romanischen Zwergen. Sie gehen in den Tod für ihre Loyalität und fürchten nichts. Nur, wenn sie dem Tod ins Auge sehen, geben sie auf und auch hier gibt es einige, welche lieber sterben wollen, als aufzugeben. Diese Zähigkeit im Kampf ist auch für des Zwergen Gegner beängstigend. So *Desier le Fier* im *Laurin*:

---

[48] Ähre um Ähre habe ich dich bereichert, Garbe um Garbe werde ich dich ruinieren (übersetzt vom Autor).

"Par Dieu, dit Laurin, je te tuerai Satan! si tu ne te reconnais pas vaincu. – Jamais, répondit Desier, je ne me rendrai vivant. Fais donc de moi ce que tu veux"[49] (Martineau, 2003, S. 38)

Daraufhin köpft der Held den Zwerg.

Computerspielzwergen geht es nicht anders. Sie sind gefürchtete Kämpfer und werden auch von der Spielmechanik für diese Klassen prädestiniert, indem sie Boni auf Kraft und Konstitution erhalten.

Die Sagazwerge sind zudem exzellente Bogenschützen. Der Zwerg *Sindri* in der *Porsteins saga Víkingssonar* verschießt Pfeile im Kampf. Dabei tötet jeder der Pfeile einen Mann (Schäfke W. , 2010, S. 218). Auch der Zwerg *Litr* in der *Bósa saga* und *Möndull* aus der *Göngu-Hrólfs saga*, der Zwerg *Asper* in der *Gibbons saga* und *Gustr* aus der *Sigrgards saga ok Valbrands* sowie *Nipr* in der *Sugrdar saga Pögla* sind begnadete Schützen, obwohl dies eher der Kampfmagie zugeschrieben werden kann (vgl. Schäfke W., 2010, S. 218). Diese Exzellenz im Umgang mit Pfeil und Bogen wird in der neuzeitlichen Fantasy-Literatur und den Computerspielen meist den Elfen zugesprochen. Aber das Motiv des Schützen finden wir in einigen Spielen. *WoW* baut diese Fähigkeit auf Schusswaffen aus. Der Zwerg erhält einen Bonus auf diese Waffen.

Auch die Loyalität der Zwerge ist ein wichtiger Bestandteil in Spielen. Sie sind sehr ehrenhaft. Sie gehen in den Tod für die Ehre und dies macht sie zu gefürchteten Gegnern. Diese Loyalität haben sie vor allem von den altfranzösischen und mittelhochdeutschen Zwergen geerbt. Vornehmlich vom Ritterzwergtypus, aber auch vom „dienenden Zwerg". Der eine ist treu, weil es eine ritterliche Tugend ist, der andere, weil es zu seinem Stand passt und er auch nicht wirklich viele Optionen hat.

In vielen digitalen Spielen ist das Zwergenvolk ein hart arbeitendes Volk. Dies scheint ein Erbe der Zwerge der Edda sowie der altfranzösischen Dichtkunst zu sein. Aber auch die Sagenzwerge sind hilfreiche, schnelle und produktive Wesen. Dem Zwerg wird dieses Wesensmerkmal seit Hunderten von Jahren nachgesagt und im Computerspiel verhält es sich nicht anders.

---

[49] „Bei Gott, sagt Laurin, ich töte dich, Satan! wenn du deine Niederlage nicht anerkennst. – Niemals, antwortet Desier, ergebe ich mich lebend. Mach doch mit mir was du willst" (übersetzt vom Autor).

Doch aus den unfreiwilligen Helfern, zu denen sie zum Teil degradiert wurden, haben sie sich emanzipiert. Sie sind selbstständig und entscheiden, mit wem sie handeln wollen und wem sie helfen werden. Eine erledigte Quest im Spiel bleibt auch nie ohne Belohnung, der Zwerg würde sie sonst nicht annehmen, so wenig wie der Spieler/die Spielerin selbst.

Die Zwerge sind auch in *WoW* eine Gattung, die nicht den größten Zulauf hat. Nur 4,4 Prozent der Spieler, die 2016 auf europäischen Servern angemeldet waren, spielen Zwerge[50]. Als Klassen liegen die Krieger bei 9,5 Prozent und die Schurken bei 8,4 Prozent[51]. Wollte man einen historisch korrekten Zwerg spielen, dann sind es diese zwei Klassen, die vor allem in Frage kommen. Der Schurke kann sich großzügig am Vorbild der diebischen Zwerge bedienen. Schon die Sagazwerge konnten sich von einem Ort zum anderen rufen lassen. Dann tauchten sie plötzlich in brenzligen Situationen auf und halfen. Dies ist eine herausstechende Charakteristik der Schurkenklasse. Auch die immer wieder auftauchende Liebe für Gold und Reichtum passt ins Schema der Diebe. Die Spielmechanik der verschiedenen Spiele belohnt diese Historientreue. Die Boni auf Attribute unterstützen diese Klassen.

In *The Bard's Tale* (Interplay Productions, 1985) werden die Zwerge als dumm dargestellt. Damit ist dieses Spiel aber alleine. Die Intelligenz der Zwerge misst sich ansonsten nach der gewählten Klasse und den selbstverteilten Attributen. Das Zwergenvolk hat aber in keinem Spiel einen Malus auf die Intelligenz. Damit kann festgehalten werden, dass die Zwerge zwar nicht mehr die Allwissenheit ihrer Vorväter besitzen, aber jedenfalls sind sie nicht minder intelligent als irgendein anderes fiktives Volk.

Dass die Zwerge oft grimmig sind, wissen wir nun, sie können aber auch feiern und vor allem trinken. Die Trinksucht kann nicht wirklich historisch gedeutet werden. Nur die metbrauenden Eddazwerge und die Erbauer des *perpetuum mobile*, welches Wasser in Wein verwandelt, in der Sagaliteratur, wären ein Indiz. Bei den Sagenzwergen finden sich in Kröten verwandelte Zwerge, die Bier vom Boden lecken. Wenn Tanzfreude und übermäßiger

---

[50] http://de.statista.com/statistik/daten/studie/203853/umfrage/verteilung-der-world-of-warcraft-spielercharaktere-nach-voelkern/ (zuletzt geprüft am 11.07.2016)

[51] http://de.statista.com/statistik/daten/studie/203876/umfrage/verteilung-der-world-of-warcraft-spielercharaktere-nach-klassen/ (zuletzt geprüft am 11.07.2016)

Alkoholkonsum mit Zwergen zusammenhängen, dann wäre ein weiterer Rückblick in die Sagen sinnvoll. Denn hier finden wir feiernde und singende Zwerge. Es scheint aber wahrscheinlicher zu sein, dass eine Vermischung der Vorstellung der Zwerge mit einer idealisierten, klischeebehafteten Wikingervorstellung stattgefunden hat und die Trinksucht ein Resultat davon ist.

Wir finden somit sehr viele, Jahrhunderte alte Wesenszüge und physische Eigenschaften im Computerspiel wieder, welche die Zwerge sich auf ihrer Reise durch die Zeit erhalten konnten.

4.3.2.3. Behausung und Umgebung

Die Zwerge sind chthonische (der Erde angehörende) Wesen. Dies sind sie seit der Eddaliteratur. Interessant ist, zu bemerken, dass in der Snorra-Edda die folgenden Ergänzungen von Snorri Sturluson auftauchen: Nach Vers 12 schreibt er: *„Und diese sind auch Zwerge und sie wohnen in Steinen, die obigen aber in der Erde."*(Sturluson, 2010).

Dies bedeutet, dass eine Unterteilung zwischen den Zwergen existiert. Einige leben oberirdisch und andere unterirdisch. Diese Wesen stehen in einer direkten Relation zu Steinen und der Erde. Ein Wesenszug, der den Zwergentypus seither begleitet. Doch die Edda lässt keine weiteren Einblicke in die Behausungen zu.

„In zweiundzwanzig von neunundzwanzig Fällen wohnen Zwerge in einem Stein, der in den Texten durchgängig als steinn „Stein" bezeichnet wird" (Schäfke W. , 2010, S. 220). In den Sagas ziehen sie sich in Steine zurück, die sich oft auf Waldlichtungen befinden. Hier leben sie aber marginalisiert von dem Rest der Zivilisation. Sie leben mit ihrer Familie in spärlich eingerichteten Steinen, welche häufig auch eine Schmiede beherbergen. In der Edda lebten einige unterirdisch, dieses Motiv trifft jedoch in der Sagaliteratur nicht zu. In der Gibbons saga finden wir auch die einzige Erzählung, die den Innenbereich eines Zwergensteins beschreibt:

„Dort war ein Ehrensitz aufgestellt. Und eine gänzlich durch Tücher abgetrennte Schmiede sowie seine Frau und Kinder waren am anderen Ende des Steins. Aus der Mitte dieses Steins führte eine Tür." (Schäfke W. , 2010, S. 224)

In der mittelhochdeutschen Dichtung dann finden wir monarchische Staatsformen. Der König lebt mit seinem Volk in hohlen Bergen. In seltenen Fällen ist das Oberhaupt ein anderes mythisches Wesen, meistens aber ist es ein Zwergenkönig. Dies steht diametral im Gegensatz zu den Sagazwergen und den Eddazwergen, welche oft marginalisiert und teilweise alleine lebten. *„Belegstellen, die für einsiedlerisches Leben von Zwergen beweisend sein könnten, enthält die mittelhochdeutsche Literatur überhaupt nicht."* (Lütjens, 1977, S. 91).

Einige Beispiele zu den Zwergenkönigen:

> *„ein künec, dem diente diu getwerc." (aus dem Eckenlied, vgl. Lütjens, 1977, S. 92)*
>
> *„Gott gab den Zwergen adel das sie künig waren und herren als wol als die held." (aus der Prosa des gedruckten Heldenbuches, vgl. Lütjens, 1977, S. 92)*

Im *Friederich von Schwaben* herrscht sogar eine Zwergenkönigin, *Jerome* (vgl. Lütjens, 1977, S. 92). Die Literatur der damaligen Zeit wurde beeinflusst durch die Lebensumstände, welche die Menschen umgaben: *„So werden auf den Zwergenstaat und seinen König nunmehr die Verhältnisse und Einrichtungen des mittelalterlichen Lehensstaates übertragen"* (Lütjens, 1977, S. 92). Es gibt im Zwergenstaat nun Knecht und Ritter, Grafen, Fürsten und Herzöge und alle unterstehen sie einem Herrn, der zwergischer oder anderer Natur sein kann. Wie es damals üblich war, erhält der Adel auch hier für seine Dienste ein Lehen. So dass sie Burgen und Berge besaßen, die Teil des Zwergenreiches waren. Auch wurden von ihnen durch Landübernahmen weitere Landstriche einverleibt (Lütjens, 1977, S. 93). Es kam zu Kriegen zwischen Zwergenfürsten und durch *„verwandtschaftliche oder freundschaftliche Beziehungen"* (Lütjens, 1977, S. 94) wurden die Zwergenreiche miteinander verknüpft und vergrößert. Große Reichtümer bergen die Zwerge aus ihrem Lebensraum. Wie sich immer mehr herausstellt, hat der Zwerg der mittelhochdeutschen Dichtung große Influenzen auf die Zwerge der Computerspiele. Somit ist die Monarchie oder konstitutionelle Monarchie die bevorzugte Staatsform und die Königreiche leben mit ihrem Volk unterirdisch in den Bergen.

Die altfranzösischen Zwerge wohnen nicht in hohlen Bergen, sondern an den Höfen der Menschen, denen sie unterstehen. Wenn es sich um den in dieser Literaturgattung wenig bedeutenden Ritterzwergtypus handelt, dann ist er der Monarch eines Volkes, aber es sind keine weiteren Informationen in der arthurischen Literatur zu finden. *„Die arthurischen*

Romane kennen nur zwei Typen von Zwergen: die äußerst Reichen und die Armen." [52] (Martineau, 2003, S. 17). Die reichen Zwerge sind Könige oder Königskinder und alle sind sie Ritterzwerge. Doch dieser Typus, in der mittelhochdeutschen Dichtung noch herausragend, ist verschwindend gering in der französischen höfischen Dichtung. Nur ungefähr zwanzig der hundertsechzig Zwerge weisen dieses Motiv auf. Bei den Ritterzwergen, welche Martineau „die kleinen Ritter"[53] nennt, gibt es nur wenige Unterschiede zu ihren deutschen Verwandten. Sie sehen gut aus, sind reich, kleiden sich schön, haben Bedienstete und leben in großen Herrenhäusern. Vor allem etwas unterscheidet sie vom deutschen Zwerg: sie leben nicht in einem hohlen Berg.

Die Wohnmöglichkeiten der Zwerge in der Sage richten sich stark nach den landschaftlichen Verhältnissen (vgl. Hässler, 1957, S. 41-42). Wenn das Land flach ist, dann sind es die Hünengräber, die als Zwergenwohnung herhalten müssen, oder sie leben gleich in den Häusern und Ställen der Menschen. In den Gräbern fand man auch Scherben, Knochen und Schmuck, dies genügte den Menschen als Beweis, dass sie bewohnt waren. Liegen die Länder in Mittel- und Hochgebirgen, dann haben wir ideale Wohnverhältnisse für die Zwerge. Sie leben in den Bergen und Hügeln, der Eingang ist dann eine Felsschlucht oder ein Loch im Berg. Viele Sagen berichten davon. Im Berg können sich Schlösser und Gärten befinden. Die Beleuchtung kommt dann von den Edelsteinen, welche an den Wänden sind (vgl. Hässler, 1957, S. 44). Der Glaube, dass die Bergbewohner auch über ungeheure Schätze verfügen, liegt auf der Hand. Eine weitere Möglichkeit für den Zwerg ist es, unter der Erde zu wohnen. Wenn der Frühnebel über einem Acker aus den Ackerfurchen emporkroch, dann war dies früher der Beweis, dass dort die Erdmännlein lebten und dabei waren, zu backen. Beim Umgraben der Äcker wurden auch immer wieder Geschirr und verarbeitetes Metall aus der germanischen Zeit gefunden – ein weiteres Indiz für die Bewohner für das Leben der Zwerge unter der Erde. Aus diesen Fundstücken sind Sagen genährt, wie dieser Ausschnitt zeigt:

„*[Man grub in einem Acker] als man da ganz deutlich Gekicher und Geräusch unter dem Boden hörte, und fand nach kurzer Arbeit schön aufgebaute Räume, viel Küchengeschirr und anderes Gerät, das die Wichtlein den Leuten gestohlen haben sollen; die Wichtel waren natürlich fort.*" *(Hässler, 1957, S. 44)*

---

[52] "Les romans arthuriens ne connaissent que deux types de nains: les très riches et les pauvres"
[53] Les «petits chevaliers» (Martineau, 2003, S. 18)

Im Märchen ist der Wald ein bevorzugtes Domizil für den Zwerg, auch wenn es keinerlei genaue Beschreibungen gibt. Es ist nur davon auszugehen, weil der Zwerg meistens im Wald oder am Waldrand auftaucht. Aber auch Steine und Berge dienen ihm als Wohnort. Sogar in Brunnen und Weihern hausen Zwerge. In den Sagen finden wir auch vereinzelte Hinweise auf im Wasser lebende Zwerge. In Thüringen sollen Zwerge in einem tiefen Wasserkessel leben und in Oberösterreich in glanzvollen Wasserpalästen (vgl. Hässler, 1957, S. 47). Es sind aber ganz klar Ausnahmen, der Stein ist und bleibt des Zwerges Element. Auch im Computerspiel ist dies die bevorzugte Behausung der Zwerge. Weil die pseudo-mittelalterlichen Rollenspiele meist epische Geschichten erzählen, sind Zwergenkönigreiche keine Seltenheit. Ganze Völker leben in hohlen Bergen und mehrere Königreiche sind miteinander verbunden, ober- oder unterirdisch. Diesen stehen sich auch manchmal feindlich gegenüber.

Wir begegnen dem Bergmotiv zum Beispiel in *EverQuest* und *EverQuest 2* in dem es heißt:

> *„Dwarves possess an abiding love for stone and earth, having carved their home city of Kaladim deep into the dense rock of the Butcherblock Mountains. Kaladim's architecture showed the pride dwarven artisans take in their work: clean, elaborately carved stones were used to construct the practical yet ornate buildings within the city."* [54]

Das neue Element, welches nur im Computerspiel vorkommt, ist die Lava, welche unter den Städten oder mitten durch läuft. In keiner anderen Epoche wird darauf hingewiesen.

4.3.2.4. Die Magie

Die Zwerge im Computerspiel sind keine magischen Wesen mehr. Die etlichen Zauberfähigkeiten, die sie über die Jahrhunderte beherrschten, sind ihnen verwehrt. Die Zwerge als Gestaltenwandler findet man zum Beispiel in der Edda. Der Zwerg *Andwari* aus dem Eddagedicht *Sigurdarkvida Fafnisbana önnur* kann sich in einen Fisch verwandeln (vgl. Manfred Stange, 2013, S. 181).

Die Zauberfähigkeiten der Zwerge treten in den originalen Rittersagas und den Märchen- und Abenteuersagas stark hervor. Sie subsumieren sich

---

[54] http://eq2.wikia.com/wiki/Category:Dwarf_%28Character_Race%29 (zuletzt geprüft 11.07.2016)

in der Heilkunst, der Herbeirufung, der Gestaltenwandlung, beim Bogenschießen und in der Gedankenkontrolle. Fast die Hälfte der Zwerge besitzt heilende Kräfte, wenn auch nur durch magische Gegenstände bedingt (Schäfke W., 2010, S. 240). Es erlaubt ihnen sogar Gliedmaße wieder an- oder nachwachsen zu lassen. In der *Egils saga einhenda* heilt der Zwerg die Wunde einer abgeschlagenen Hand.

> *„Der Zwerg begann dann den Stumpf zu verbinden und aller Schmerz verschwand und [der Stumpf] war am [folgenden] Morgen verheilt." (Schäfke W., 2010, S. 241)*

Die Zwerge, welche lediglich Heiltränke benutzen oder aufbewahren, sind *Lénardr* aus der *jüngeren Bósa saga* und *Litr* (er ist der Träger eines Fläschchens mit einem Heiltrank aus der *Gibbons saga*).

> *„Und der Prinz fiel in Ohnmacht und kam dadurch wieder zu sich, dass der Zwerg Lénardr dabei war, [etwas] auf ihn zu träufeln". (Schäfke W., 2010, S. 242)*

Die Zwerge der Sagen sind nicht von dieser Welt und dementsprechend besitzen sie Zauberfähigkeiten. Die Gestaltenwandler, welchen wir schon in den Sagas begegnet sind, treten auch in den Sagen auf. Als Kröte lecken sie bei den Bauern die frische Milch auf, erscheinen auch als Frosch oder seltsam geformte Spinne sowie als Schlange, selten auch als Hund oder Huhn. Einige können auch Riesengestalt annehmen (vgl. Hässler, 1957).

Da sie stark mit der Natur verbunden sind, sind die Zwerge auch kräuterkundig. Sie stellen Heiltränke her und geben sie den Menschen. Eine schwäbische Sage soll hier als Beispiel dienen:

> *„Die [Zwerge] lebten in unterirdischen Schlössern und kannten alle Wurzeln und Kräuter. Zu ihnen kamen darum auch die Kranken von nah und fern und ließen sich heilen." (Hässler, 1957, S. 24)*

Die magische Begabung der Zwerge in den Sagen ist so ausgeprägt, dass eine Aufzählung in diesem Umfang der Untersuchung unmöglich ist. Sie können in Backtrögen fahren, Kühe durch die Luft entführen und in Niederösterreich können sie das Wetter bestimmen (vgl. Hässler, 1957, S. 25). Auch der Hexenkünste sind sie mächtig und sie kommen in ihrer Geschichte immer wieder mit der schwarzen Magie in Berührung (vgl. ebd., S. 157-158). Aber eine der wichtigsten Zauberfähigkeiten ist es, sich unsichtbar zu machen. Dieser Glaube ist weitverbreitet (vgl. ebd., S. 26). Zurückzuführen ist die Fähigkeit der Sage nach häufig auf das Käppchen der Zwerge. Diese Tarnkappe, der magische Gegenstand der Zwerge, verleiht ihnen diese und andere Begabungen. Die Unsichtbarkeit ist ein immer wiederkehrendes Merkmal der Zwerge im Laufe der Zeit. Im Computerspiel kehrt es zurück als die Fähigkeit der Schurken, die es vermögen, sich so gut zu tarnen, dass sie fast unsichtbar sind. Die Tarnfähigkeit, die in den Sagen und in der mittelhochdeutschen Dichtung noch ein vordergründiges Merkmal der Kleinwüchsigen war, taucht im Spiel, wenn auch abgeändert, wieder auf. Weil die Zwerge im Computerspiel meist durch ihre Attribute sehr gute Schurken sind, kann diese Fähigkeit als vererbtes Merkmal gelten, es aber zu den magischen Eigenschaften zu zählen ist gewagt.

Im Märchen zaubert der Zwerg wenig. Bei dem grimmschen Märchen *Die goldene Gans* (Grimm, 2004) ist es dennoch ein Zwerg, der sich in einen Mann verwandelt, welcher einen Keller Wein austrinken kann und anschließend in einen anderen Mann, welcher einen Berg Brot essen kann. Damit wird das Gestaltenwandlermotiv bedient.

Der Zwerg, der oft mit der Natur verbunden ist und durch alle Epochen hindurch ein reiches Wissen in der Kräuterkunde aufweist, bleibt ein vorzüglicher Heiler in vielen Spielen. Wenn er eine magiebegabte Klasse wählen darf, dann ist es meist der Priester oder der Paladin. Seit der *WoW* Erweiterung *Mists of Pandaria* (Blizzard Entertainment, 2012) können die Zwerge alle verfügbaren Klassen der Allianz wählen, außer den Druiden. Damit ist der Zwerg in diesem Spiel in keinem Falle von den magiebegabten Klassen ausgeschlossen. Seine Boni machen ihn aber interessant für die kriegerischen Klassen, den Jäger und Schurken.

Ein weiteres Merkmal, welches mit der Heilkunst der Zwerge in Verbindung steht, ist, dass sie oft ihre Heiltränke in den Computerspielen selber herstellen und sie dann auch nutzen können. Ein sehr altes Motiv hat somit im Computerspiel seinen Platz gefunden. Es darf aber festgehalten werden, dass die Zwerge üblicherweise im Computerspiel keine Zauberer sind. Oft stehen sie der Magie feindselig gegenüber und sind sehr effizient gegen zauberkundige Gegner, weil sie Resistenzen in sich tragen gegen jegliche Zauberkunst. In *Baldur's Gate 2* (BioWare, 2000) können sie sogar einen *Wizard Slayer* spielen.

Die magischen Gegenstände, welche die Zwerge herstellen und benutzen, sind einen Blick wert, wenn es auch nicht in direkter Form unter Magiefähigkeiten passt. Im RPG und MMORPG ist das Auffinden von wertvollen Kleidern, Rüstungen und Waffen ein dominantes Feature. Durch die Gegenstände, welche immer die Attribute der Träger verändern (meistens positiv), ihren Rüstungswert erhöhen und ihnen in einigen Fällen besondere Fähigkeiten ermöglichen, entdecken wir ein weiteres Merkmal im digitalen Spiel, welches die Zwerge seit ihren Anfängen begleitet. Auch die Möglichkeit, Edelsteine oder Runen in die Gegenstände einzuarbeiten (*Dragon Age Origins*, *WoW*) finden wir besonders in der mittelhochdeutschen Literatur wieder, wo der Edelsteinglaube stark vertreten war (vgl. Lütjens, 1977, S. 83). Einige Gegenstände werden auch klar dem zwergischen Handwerk zugeschrieben. Ringe, Gürtel und Helme oder Kappen sind gängig in RPGs.

4.3.2.5. Schmiedekunst und andere Berufe

Außer in der altfranzösischen Dichtung begegnen wir dem schmiedenden Zwerg überall. In der Edda ist das Schmieden von magischen Gegenständen für die Götter das herausragende Merkmal der Zwerge. Sie erbauen das Schiff *Skidbladnir*. Alle Götter haben auf diesem Schiff Platz, es hat immer Fahrtwind, ist aber so verwandlungsfähig, dass es auch in eine Tasche passt. Auch der Speer *Odins*, *Gungnir* entsteht bei diesen Schmieden. Er hat die Eigenschaft, dass er niemals sein Ziel verfehlt. *Draupnir*, der Ring des Odin, gehört zu den Kleinoden, die die Zwerge herstellten. Dessen Einzigartigkeit besteht darin, dass in jeder neunten Nacht acht neue kostbare Ringe hinzukommen, welche mit *Draupnir* identisch sind. Einen Eber aus Gold (*Gullinbursti-Goldborste* oder *Slidrugtanni-der mit den schlimmen Zähnen*) bekam *Freyr*. Dieser kann durch die Luft und durch das Wasser rennen und dies schneller als jedes Pferd und seine Borsten leuchten, wenn es dunkel wird. *Thor* bekommt auch von diesen Zwergen seinen Hammer, der unzerstörbar ist und wenn er geworfen wird, immer wieder zurückkehrt. Auch verkleinern kann sich der Hammer. Sie stellen diese Gegenstände aber nicht immer auf freiwilliger Basis her.

In der Saga erhält sich dieses Motiv. Die Zwerge sind in den meisten Fällen Schmiede und haben auch oft eine Schmiede in ihrer Behausung. Insgesamt sind es siebenundzwanzig der neunundzwanzig Sagazwerge, welche magische Gegenstände herstellen oder besitzen, davon zwölf Waffenschmiede, neun, welche besondere Gegenstände herstellen und sechs dieser Zwerge sind sowohl Kunstschmiede als auch Waffenschmiede. Die Tochter des Zwergen *Lénardr* sagt es treffend, wenn sie meint, dass Zwerge „[...] *alles schmieden, was Menschen begehren*" (Schäfke W., 2010, S. 250).

In der mittelhochdeutschen Dichtung sind sie vor allem Waffen- und Rüstungsschmiede (vgl. Lütjens, 1977, S. 86). So hat im *Wigalois* ein Zwerg dreißig Jahre an einem Harnisch gearbeitet und an *Eckes* Helm haben zwölf Zwerge ein Jahr lang geschmiedet. Nicht alle Gegenstände sind aber schon im Besitz des Zwerges, einige muss er sich zuerst besorgen. Hier kommt das Motiv des Zwerges als Dieb wieder zum Vorschein, auch wenn er dazu gezwungen wird. *„In der Grimsage erscheint Zwerg Alfrikr [...] als der Dieb des selbstgeschmiedeten Schwertes Nagelring, das er dem Riesenpaare stiehlt, allerdings nur, weil er von Dietrich dazu gezwungen wird"* (Lütjens, 1977, S. 101). Der diebische Zwerg ist aber ein eher selten vorkommendes Motiv in der deutschen Heldendichtung (vgl. Lütjens, 1977, S. 102).

In der altfranzösischen Dichtung und im Märchen haben die Zwerge das Merkmal des Schmiedes komplett abgelegt. Sie sind mit den alltäglichen Arbeiten am Hof zu beschäftigt, um sich auch noch der Schmiedekunst zu widmen.

In der Sage ist es kein Hauptmerkmal, aber der schmiedende Zwerg ist bekannt und seine Kunstfertigkeit wird nicht hinterfragt. Vor allem im Norden und Westen Deutschlands erscheint das Motiv vielfach, weshalb dies auf einen altgermanischen Ursprung hinweist (Hässler, 1957, S. 105). Bei der Sage *Bleialf* aus der Eifel wird ein guter Eindruck über die Vorstellung der Menschen zu den handwerklichen Fertigkeiten der Zwerge übermittelt:

> *„Es waren genügsame und friedliche Leutchen und dabei Meister von vielen Künsten, schmiedeten die feinsten Arbeiten in Eisen, Gold und Silber, manche schneiderten und schusterten auch. Hatte man etwas zu flicken und trug es ihnen am Abend nebst etwas Geld vor ihre Höhle, so lag es am Morgen sorgfältig ausgebessert wieder vor der Höhle."* (Hässler, 1957, S. 105)

Im Computerspiel lebt dieses Motiv weiter. Viele Zwerge sind Schmiede oder man begegnet Waffen und Rüstungen, die von Zwergen hergestellt wurden. Einige Spiele reduzieren den Zwerg als Schmied auch auf diese Funktion und stellen ihn als Questgeber oder NPC (Nicht-Spieler-Charakter) ins Spiel, um die Handlung voranzutreiben. Damit einhergehend ist der Handel mit den Waren, welche sie kunstreich herstellen. Vor allem im Computerspiel sind handelnde Zwerge omnipräsent. Auch die Materialien, die zur Herstellung ihrer Waren benötigt werden, bauen die Zwerge meist selber ab. Dies steht in enger Relation zu ihren Behausungen, welche immer chthonischer Natur sind. Nicht nur die benötigten Rohmaterialien lassen sich in den Bergen finden, sondern auch kostbare Metalle und Edelsteine. Die Zwerge aus *Ultima*(Origin Systems, 1981-1997) sind hervorragende Kunstschmiede und Bergarbeiter und daher kommt auch ihre Liebe zum Reichtum:

"In addition to the extraordinary fondness that mountain-folk show for precious metals and gems, they also frequently possess an equal zeal for workmanship involving such materials, and are well known for the beautiful and well-made items they produce."[55]

„*In their culture, mining is especially common, and therefore greed for wealth isn't uncommon.*"[56]

Hier verfestigt sich die Hingezogenheit zu Reichtum, die durch alle Epochen den Zwergen zugeschrieben wird. Vor allem das Gold hat es ihnen angetan. Dass sie auch die Verarbeitung dieser Edelmetalle beherrschen, zeigen die zahlreichen Zuschreibungen zu dem Kunsthandwerk. Weit über die Grenzen ihrer fiktiven Königreiche hinaus sind sie dafür bekannt und geschätzt. Eine Evolution dieses Motivs finden wir zum Beispiel bei *The Witcher* (CD ProjketRED, 2007). In diesem Spiel treten die Zwerge auch als fähige Bankiers auf. Aber auch die Schattenseiten der Gelüste auf Reichtum zeigen sich bei den Zwergen, denn sie sind meisterhafte Diebe.

Als Diener treten sie immer wieder auf, auch wenn der Grad des Devotismus in der französischen Arthusliteratur seinen Höhepunkt erreicht hatte. Auch in der Sage ist das Motiv des „dienenden Zwerges" weitverbreitet. Der Kochkunst und Backkunst, der kulinarischen Seite der Zwerge, begegnen wir jedoch nur hier.

Als Architekten treten die Zwerge in der mittelhochdeutschen Dichtung auf, einige Beispiele führt Lütjens an:

„einen berc, den haten gar wildiu getwerc erbuwen und besezzen." (im Goldemar, vgl. Lütjens, 1977, S. 87)

„(die Zwerge) buweten sicherlich die burc und ouch den berc." (im Wolfdietrich, vgl. Lütjens, 1977, S. 87)

Auch dieses Erbe treten die Computerspielzwerge an, denn in den meisten Spielen leben die Zwerge in Bergen und diese sind kunstvoll gestaltet und verziert. Riesige Hallen, nicht nur für zwergische Standards, mit Brücken und in Stein gehauenen Häusern und Statuen, verwundern und

---

[55] http://wiki.ultimacodex.com/wiki/Mountain-Folk (zuletzt geprüft 11.07.2016)
[56] http://ultima.wikia.com/wiki/Mountain-Folk (zuletzt geprüft 11.07.2016)

begeistern auswärtige BesucherInnen. Die Zwerge sind hervorragende Steinmetze.

Abschließend kann festgehalten werden, dass die Zwerge in allen Berufen, die im Entferntesten mit Steinen und Bergen zu tun haben, Meister sind. Die chthonischen Eigenschaften dominieren in den Computerspielen.

4.3.2.6. Zwergennamen und ihre Bedeutungen

Die Zwerge tragen oft sprechende Namen, welche es uns ermöglichen, etwas mehr über sie zu erfahren. Dies ist ein Merkmal, welches sich von den nordischen Zwergen bis ins Computerspiel erhalten hat. Schon alleine der Umstand, dass in der *Völuspa*, „der Seherin Weissagung", welche den bedeutendsten altgermanischen Weltentwurf darstellt (Richlick, 2002, S. 19) eine Aufzählung von knapp 70 Zwergennamen steht, weist auf die Wichtigkeit des Zwergentypus in der altnordischen Literatur hin.

„Alle Zwergennamen der altnordischen Literatur sind sprechende Namen, die relativ leicht zu übersetzen sind und die uns auch etwas über die Vorstellung von Zwergen im Frühmittelalter sagen, da sich die Namen meist auf ihre Tätigkeit oder ihren Lebensraum beziehen" (Simek, 2005, S. 62).

Nur in der höfischen Dichtung des mitteleuropäischen Mittelalters sind die Namen oft nichtssagend. Bei den Franzosen ist es der niedere soziale Status der Zwerge, der ihre Namen überflüssig macht und sie majoritär in einem Anonymat leben lässt.

In der Sage sind die Bezeichnungen für die Kleingestaltigen unglaublich vielseitig. Jede Gegend hat eine ganz spezifische Bezeichnung für „ihre" Zwerge. Dies führt Hässler darauf zurück, dass die Zwerge ein fester Bestandteil der Vorstellungswelt der Menschen sind (vgl. Hässler, 1957, S. 59-69). Auch sagen die vielschichtigen Namen der Zwerge etwas über ihr Wesen oder ihre Wohnungen oder ihr Aussehen aus (z.B. Erdwichtele, Tannenmännle, Rotbuckel, Bergmännchen, etc.). Die Menschen der Vergangenheit gaben den Zwergen Namen, die immer in Relation zu einem herausragenden Merkmal von ihnen standen. Im Märchen verhält es sich ähnlich.

Die Untersuchung der Zwergennamen in der Neuzeit und der Vergangenheit sind grundverschieden. Während die Analyse der alten Namen zu Erkenntnissen des Wesens der Zwerge beiträgt, sind die Namen in den Computerspielen der Versuch, den Zwergen etwas Einheitliches zu geben. Meistens ist die Namensvergabe im Spiel den Spielenden freigestellt und diese können ihren Charakter nennen, wie es ihnen gefällt. Interessant ist es, wenn Namensgeneratoren zur Verfügung stehen, die gezielt versuchen, typische Zwergennamen zu generieren. Dann kommt nämlich die Vorstellung der EntwicklerInnen dieser Programme zur Geltung. Es ist der Versuch der modernen Menschen, einem alten Volk einen Namen zu geben, der kohärent mit der von ihnen erschaffenen Welt ist. Dies sagt etwas über die moderne Vorstellung der Zwerge aus. In *Warcraft 3*(Blizzard Entertainment, 2002), einem der Vorläufer von *World of Warcraft*, finden sich folgende Namen für die *Mountain Kings*:

> *Bor Stonebreaker, Munin Ironcliff, Thorgas Broadaxe, Kelv Sternhammer, Grim Thunderbrew, Buri Frostbeard, Huginn Ironcliff, Thordin Rockbeard, Bandis Forgefire, Gar Doomforge, Beazel Bludstone, Modi Stonesmith, Aggronor the Mighty (vgl. Hässler, 1957, S. 59-69).*

Hier ist ersichtlich, dass es vor allem die Nachnahmen sind, welche den Namen einen einheitlichen Klang geben. In der eddischen Namensauflistung fand sich der Name *Eikinskjaldi* (Eichenschild). J.R.R. Tolkien übernahm diesen als Nachnamen, obwohl alle anderen Namen Vornamen zu sein scheinen und kombinierte ihn mit *Thorin*, den er zu einem der Protagonisten des *Hobbit*(Tolkien, 2004) machte. Damit setzte er einen Meilenstein für moderne Zwergennamen, die in *Warcraft 3* und *WoW* aufgegriffen wurden. Die Vornamen sind kurz und klingen eher aggressiv. Die Nachnamen sind sprechende Namen, welche die Charaktereigenschaften, Motive und Wesenszüge der Zwerge vereinen. Wir finden die englischen Wörter für Eisen (*Iron*), für Schmiede (*Forge*), für Bärte (*Beard*) und Brauen (*Brew*) in den Namen oder eine Beschreibung (*the Mighty – der Mächtige*). Aus der Kombination von jeweils zwei dieser Eigenschaften ergibt sich dann ein „zwergisch" klingender Nachnahme.

4.3.3. Fazit

Ein Aspekt dieser Arbeit liegt auf der Erweiterung der Dwarfology um das Medium des Computerspiels. Dafür wurde der Spielezwerg in Relation zu vorher analysierten Zwergen gesetzt. Der typische Zwerg im Computerspiel ist erkennbar an einigen immer wiederkehrenden Merkmalen. Es ist ersichtlich, dass der Typus des deutschen Ritterzwerges aus der mittelhochdeutschen Dichtung sich im Computerspiel durchgesetzt hat. Dies ist auch darauf zurückzuführen, dass die Spiele, in denen Zwerge vorkommen, fast immer dem Rollenspielgenre angehören. Sei es nun in Solorollenspielen oder in MMORPGs, das Setting dieser Spiele ist immer ein idealisiertes Hochmittelalter und dies erklärt unter anderem warum der Ritterzwergtypus dominant ist.

Der Zwerg hat eine Evolution von über 5000 Jahren hinter sich. Jedes Medium und jede Epoche veränderte ihn und passte ihn den Umständen an. Und doch sind es einige Merkmale, die bis ins Computerspiel überlebt haben und ihm typisch sind.

Nur ein Merkmal des Zwerges ist auffällig und hat sich in seiner Odyssee durch die Zeiten nicht verändert: Er ist von Abwesenheit geprägt, *"[...] the absence is the essence of dwarfs"* (Jakobsson, 2006, S. 67). Nur wenige Zwerge begegneten uns in der Edda, in den Sagas und Sagen, in den Märchen und in der mitteleuropäischen Dichtung. Auch im Computerspiel bekommen wir sie fast nur im Rollenspielgenre zu sehen. Dieses Genre dominiert nur selten – außer im Falle von *WoW* – die Verkaufscharts. Der Zwerg ist schwer zu ergreifen und noch schwerer zu begreifen. Auch wenn wir einige Merkmale isolieren konnten, die eine Typisierung zulassen, so neckte er uns mit anderen Merkmalen, die er immer wieder kurz aufblitzen ließ, um sie dann wieder zu verstecken. Jakobsson hat dies zu einem der auffälligsten Merkmale der Zwerge erklärt:

> *"In the end, dwarfs cannot be grasped because it is their very nature to be hidden"* (Jakobsson, 2006, S. 69).

Literatur

Bethesda Game Studios. (1994-2014). The Elder Scrolls. Rockville, Maryland, USA: Bethesda Softworks.

BioWare. (2000). Baldur's Gate 2 Enhanced Edition.

BioWare. (2002). Neverwinter Nights.

BioWare Edmonton. (2009). Dragon Age Origins.

Blizzard Entertainment. (5. Juli 2002). Warcraft III: Reign of Chaos. Irvine, Kalifornien, USA.

Blizzard Entertainment. (2004). World of Warcraft.

Blizzard Entertainment. (25. Juli 2012). World of Warcraft: Mists of Pandaria.

CD ProjketRED. (26. Oktober 2007). The Witcher.

Grimm, G. (2004). Kinder und Hausmärchen. Frankfurt am Main: Insel Verlag.

Hässler, H. (1957). Zwerge und Riesen in Märchen und Sagen. Karlsruhe: Maschinenschrifltich vervielfältigt mit Genehmigung der Philosophischen Fakultät der Universität Tübingen.

Interplay Productions. (1985). The Bard's Tale. Beverly Hills, Kalifornien, USA.

Jakobsson, À. (2006). The Hole: Problems in Medieval Dwarfology. In ARV Nordic Yearbook of Folklore, Volume 61 (S. 53-67). Almqvist & Wiksell.

Lütjens, A. (1977). Der Zwerg in der deutschen Heldendichtung. Hildesheim: Georg Olms Verlag.

Manfred Stange, (2013). Die Edda, Götterlieder, Heldenlieder und Spruchweisheiten der Germanen. Wiesbaden: marixverlag GmbH.

Martineau, A. (2003). Le nain et le chevalier. Paris: Presses de l'université de Paris-Sorbonne.

Origin Systems. (1981-1997). Ultima. Austin, Texas, USA.

Richlick, E. (2002). Zwerge und Kleingestaltige in der Kinder- und Jugendliteratur vom Beginn des 19. Jahrhunderts bis zur Gegenwart. Frankfurt am Main: Peter Lang.

Schäfke, W. (2010). Was ist eigentlich ein Zwerg? Eine prototypensemantische Figurenanalyse der dvergar in der Sagaliteratur. In P. Dinzelbacher, & A. Classen, Mediaevistik Bd23 (S. 197-299). Frankfurt am Main: Peter Lang.

Schäfke, W. (2011). Deutsche und nordische Zwerge: ein Kulturtransfer? In B. J. (Hg.), Vermitteln-Übersetzen-Begegnen (S. 191-211). V&R unipress.

Simek, R. (2005). Mittelerde: Tolkien und die germanische Mythologie. München: C.H. Beck.

Sony Online Entertainment. (1999). EverQuest.

Sturluson, S. (2010). Die Edda des Snorri Sturluson. Ditzingen: Philipp Reclam jun. GmbH. & CO.

Tolkien, J. R. (2004). The Hobbit. UK: HarperCollins .

Verant Interactive. (8. November 2004). Everquest II. San Diego, Kalifornien, USA.

4.4. Videospiel: Das Kunstwerk der Gegenwart?

Ivan Davidov

In diesem Aufsatz wird der Frage nachgegangen, inwiefern das Videospiel als Gesamtkunstwerk betrachtet werden kann. Sind journalistische oder wissenschaftliche Vergleiche von Computerspielen mit diesem Konzept gerechtfertigt? Ist Richard Wagners „Kunstwerk der Zukunft" aus dem Jahre 1850 in unserer Gegenwart mittlerweile anzutreffen? Kann dies überhaupt realisiert werden? Außer Wagner haben andere KünstlerInnen und DenkerInnen ebenfalls versucht, das totale Kunstwerk zu charakterisieren. In der folgenden Abhandlung wird dargestellt, wie die Spiele des digitalen Zeitalters diesem ästhetischen Ausdruck entsprechen. Es wird skizziert, was das Gesamtkunstwerk ist und wie seine Bestandteile zur Interpretation digitaler Spiele herangezogen werden können. Um eine präzise Vorstellung der Charakteristika des Gesamtkunstwerkes zu gewinnen, werden die Positionen der historisch einflussreichsten Interpreten präsentiert, um mit diesen die Eigenschaften der Videospiele zu analysieren.

Zahlreiche Medien begeistern sich an extravaganten Begriffen, wie etwa „Pentakill", „Killerspiel", „Gamification" und viele andere. Solch ein Begriff ist auch „Gesamtkunstwerk", der durchaus positiv verwendet und insbesondere mit so genannten AAA-Spielen (Computerspiele, die mit großem Aufwand und Budget entwickelt wurden) in Zusammenhang gesetzt wird. Die meist oberflächliche Verwendung des Wortes „Gesamtkunstwerk" lässt die philosophische Dimension, die ihm ursprünglich sein Ansehen und Gewicht verliehen hat, außer Acht. Der Artikel „Videospiele werden ‚Gesamtkunstwerk'" in der österreichischen Tageszeitung *Der Standard* (2011) reduziert den Begriff auf einen Eyecatcher und behandelt ihn wie eine von allen verstandene Selbstverständlichkeit. Sowohl JournalistInnen als auch ForscherInnen scheinen den Terminus so zu verstehen, wie der deutsche Komponist Carl Maria von Weber vor zweihundert Jahren seine Vorstellung über das ideale Kunsterlebnis formulierte:

„[Die Oper,] die der Deutsche will: ein in sich abgeschlossenes Kunstwerk, wo alle Teile und Beiträge der verwandten und benutzten Künste ineinanderschmelzend verschwinden und auf gewisse Weise untergehend - eine neue Welt bilden." (Weber, 1969 [1817], S. 134f.)

Dies ist zwar eine griffige und die historisch erste umfassende Definition, welche durchaus immer noch angemessen ist, aber es wäre ein Missverständnis zu denken, dass eine Verbindung unterschiedlicher Kunstrichtungen allein dem Begriff bereits Genüge leistet. Andere AutorInnen haben weitreichendere Ansprüche ans Gesamtkunstwerk gestellt, weswegen es problematisch ist, den Begriff ohne seine erweiterte philosophische Dimension zu verwenden und sich bestimmter Schlagwörter wie „digitales" oder „zeitgenössisches" Gesamtkunstwerk zu bedienen.

Der Namensgeber des Begriffs ist Karl F. E. Trahndorff (1827), doch der Ideengehalt wurde bereits von anderen Denkern des deutschen Idealismus ausgearbeitet. Odo Marquard schreibt: der „Ursprungsaugenblick der Idee des Gesamtkunstwerks" und „die Kritik an der Idee des Gesamtkunstwerks beginnt mit Hegels Kritik an Schellings Identitätssystem" (2003, [1989], S. 101). Schelling, auf Hölderlin aufbauend, begreift den Zusammenschluss der Künste als Ermächtigung der Illusion. Die schönen Künste und die Wissenschaften stehen für ihn in Wechselwirkung und somit kann z.B. Dichtung der Erkenntnis dienen. Ohne auf den postkantischen transzendentalen Idealismus einzugehen, werden die wichtigsten Bedingungen dargestellt, denen ein Werk genügen muss, um Gesamtkunstwerk zu sein.

Eine ausgezeichnete Definition gibt Odo Marquard:

„Dabei scheint es nützlich, als besonderes Kennzeichen des Gesamtkunstwerks nicht allein die multimediale Verbindung aller Künste in einem einzigen Kunstwerk gelten zu lassen, sondern vor allem auch noch eine andere Verbindung: die Kunst und Wirklichkeit; denn zum Gesamtkunstwerk gehört die Tendenz zur Tilgung der Grenze zwischen ästhetischem Gebilde und Realität." (2003, [1989], S. 100)

Für Marquad wird das Gesamtkunstwerk durch die fundamentale Eigenschaft der Verbindung von Kunst und Wirklichkeit gekennzeichnet. Eine meisterhafte Synthese von verschiedenen Kunstgebilden bewirkt die Auflösung der Wirklichkeit. Die Verschmelzung von Kunst und Realität entsteht dadurch, dass das Kunstwerk die Wahrnehmungsfähigkeit der RezipientInnen übersteigt und dadurch die umgebende Realität nicht mehr bewusst wahrgenommen wird, sodass das Werk den Status der Wirklichkeit gewinnt. Der dänische Historiker Johan Huizinga hat dieses Phänomen als den „magischen Kreis" thematisiert. Der/die Spielende betritt bei Spielbeginn die eigene raumzeitliche Dimension des Spiels und nimmt seine/ihre Umgebung und sich selbst nur mehr als funktionalen Teil der Spielwelt wahr (Huizinga, 2013 [1938], S. 16f.).

Der Gedanke, das Videospiel als Gesamtkunstwerk zu bezeichnen, liegt nahe, da die öffentlichen Medien gerne über das außerordentliche Immersionspotential von Videospielen berichten. Außerdem suggeriert bereits die Produktionsweise eines digitalen Spiels eine Art Kunstkonglomerat – in der Produktion werden die Arbeitsgruppen nach unterschiedlichen Kunstfertigkeiten aufgestellt: Programmierung (Architektur), 3D Modellierung (Bildhauerei), Konzept-Kunst (Malerei), Animation (Tanz), Level-Design (Bühnenbild), Audio-Design (Musik), etc. Das Gesamtprodukt ist nicht einfach die Zusammensetzung der einzelnen Künste, sondern etwas ganz Neues. So ist zum Beispiel Gesang nicht einfach Dichtung plus Musik, sondern eine neue Kunstgattung, die durch die Vermischung der beiden Künste entsteht. Die Reinheit der ursprünglichen Gattungen geht verloren. Dies entspricht dem Aristotelischen Prinzip der Veränderung vom Wesen der Dinge im Fall ihrer Addition:

> „Das, was aus Bestandteilen so zusammengesetzt ist, dass es ein einheitliches Ganzes bildet – nicht nach Art eines Haufens, sondern wie eine Silbe –, das ist offenbar mehr als bloß die Summe seiner Bestandteile." (1041b, 10)

Im Bereich der Computerspiele sinnvolle Gattungen zu identifizieren, ist ein Problem der Spieleforschung, doch die Herausforderung bezüglich des Gesamtkunstwerks geht eine Stufe weiter. Hans Günther (1994) macht dies begreiflich: es handelt sich hier nicht nur um ein Gattungsproblem. Es geht nicht einfach darum, dass die Verschmelzung von Gattungen eine ganz neue Gattung hervorbringt, sondern, dass das entstandene System seinen Werkcharakter verliert. Ab einer bestimmten Anzahl an vermischten unterschiedlichen Kunstgattungen kann man das Resultat nicht mehr mit den üblichen Kategorien der Kunstrichtungen beschreiben. Das Gesamtkunstwerk repräsentiert somit ein Skalierungsproblem, das nicht zu verwechseln ist mit der Schwierigkeit einer taxonomischen Einteilung des neuen Gefüges. Das Gesamtkunstwerk ist im Grunde gar kein Kunstwerk mehr, sondern eine neue Lebenswelt, die nicht mehr mit den Konstanten, mit denen man noch die zu Grunde liegenden Kunstrichtungen beschreiben konnte, aufgefasst werden kann. Es ist eine Illusion, die als Simulation erlebt wird.

Beide Schwierigkeiten betreffen die digitalen Spiele. Für die taxonomische Einteilung stellen erzählungsbasierte Spiele mit vielseitigen Funktionen, wie zum Beispiel *Mass Effect 2* (Bioware), eine Herausforderung dar. Es ist äußerst kompliziert, festzustellen, ob dieses Spiel ein Egoshooter, ein Aktionsabenteuer, ein Rollenspiel oder vielleicht etwas ganz anderes ist, da solche Spiele vielgestaltig sind. Die durch die Quantität der unterschiedlichen Sinneserfahrungen zustande kommende neue Realität bzw. Lebenswelt stellt im Bereich der Computerspiele noch kompliziertere Probleme dar: Unter welchen Bedingungen wird Synästhesie verursacht? Wie ist Immersion möglich? Wann verlässt der/die Spielende das „Flow-Erlebnis"? Hierzu gehören auch die vieldiskutierten Themen Computerspielsucht, reizüberflutungsbedingte Aufmerksamkeitsdefizitstörung und Identifizierung von SpielerInnen mit dem Avatar. Andere spannende Fragen nach der fehlerhaften Selbsteinschätzung des Spielers bzw. der SpielerIn entstehen ebenfalls auf Grund dieses Amalgamierungseffekts: den Spielenden gelingt es nicht, Glück von Fähigkeit bzw. emotionales von rationalem Handeln zu unterscheiden. All diese Probleme entstehen auf Grund synthetischer Erfahrungen.

Dass das „Gesamtkunstwerk" kein herkömmliches Kunstwerk ist, kann man bereits an dem gestellten Anspruch, für die Gesellschaft Gutes zu bewirken, erkennen. Es soll die Kunst als Mittel verwenden, um seine Aufgabe, die Menschen zu bereichern, zu erfüllen. Man erwartet vom Konzept eine überaus positive Umgestaltung – bei Wagner vielleicht schon Erlösung – der Gesellschaft. Die ersten Vertreter der Idee, dass eine gesellschaftliche Umgestaltung durch die Künste vollzogen werden muss, waren Friedrich Schiller, Friedrich Schlegel und Friedrich Hölderlin. Der ästhetische Transformationsgedanke war durch die Aufklärung und durch die Französische Revolution zu einer der Leitideen der Epoche geworden. Religion und Politik wurden umgestaltet, Philosophen, unter anderem Schiller, riefen die Künste zu Hilfe.

Für August Wilhelm Schlegel stellt das Epos die umfassendste Gattung des vor-neuzeitlichen Menschen und das „Nibelungenlied" den neuen Nationalmythos der Deutschen dar (1965 [1802-1803], vgl. S. 113). Sein Bruder Friedrich schrieb über die neue Mythologie, dass

„aus der tiefsten Tiefe des Geistes herausgebildet, [...] das künstlichste aller Kunstwerke [sein soll] [...], denn es soll alle andern umfassen, ein neues Bette und Gefäß für den alten ewigen Urquell der Poesie und selbst das unendliche Gedicht, welches die Keime aller andern Gedichte verhüllt." (1967 [1800], S. 312)

Die alten Werke, Mythen und Geschichten soll das Gesamtkunstwerk in Gegenwärtiges übertragen. Es muss als Brückenschlag zwischen den Generationen fungieren. In diesem Transformationsprozess wird eine neue Mythologie gegründet, die für die Menschen der Zukunft Orientierung bieten soll. Die neue Gesellschaft wird das Gesamtkunstwerk als das größte Werk der Menschheit achten und eine Religion darin sehen. – Es ist fraglich, inwiefern irgendein Werk diese hohen Anforderungen erfüllen kann. Zumeist sind gegenwärtige Geschichten, die als neue Mythologie gelten, wie etwa „Star Wars", multimedial gespalten. Es handelt sich nicht um *ein* großes Werk, sondern um viele kleine Geschichten in unterschiedlichen Medien, also um Transmediadesign. Doch es ist klar, dass der Kult um George Lucas mittlerweile tatsächlich einem Mythos ähnlich geworden ist und als eine Übertragung alter Rittergeschichten interpretiert werden kann. Wagner bewirkte zu seiner Zeit Ähnliches. Er transferierte alte deutsche Mythen ins Medium seiner Zeit, die Oper.

Wagner ist die Schlüsselfigur zum Thema Gesamtkunstwerk, gleichzeitig war der Begriff für ihn nur von untergeordneter Bedeutung. Nicht einmal im Register seiner „Sämtlichen Schriften" wird er aufgeführt (Borchmeyer, 1994, S. 181-184). Es gibt gerade einmal eine Handvoll Stellen, an denen der Begriff vorkommt. Seine Definition lautet: „Das große Gesammtkunstwerk, das alle Gattungen der Kunst zu umfassen hat, um jede einzelne dieser Gattungen als Mittel gewissermaßen zu verbrauchen, zu vernichten zu Gunsten der Erreichung des Gesammtzweckes aller, nämlich der unbedingten, unmittelbaren Darstellung der vollendeten menschlichen Natur, -- dieses große Gesammtkunstwerk erkennt er nicht als die willkürlich mögliche That des Einzelnen, sondern als das nothwendig denkbare gemeinsame Werk des Menschen der Zukunft" (Wagner, 1850, S. 32).

Wagner war Bürger einer Gesellschaft, die einen „Hunger für Ganzheit" (Gay, 1970) hatte. Das Konzept des Gesamtkunstwerks war motiviert von den Missständen, deren Ursache er in der Mode und in der Maschine verkörpert sah. Die Deutschen sollten sich unter dem Namen der Freiheit vereinen und ihre Probleme dadurch überwinden, dass sie eine neue Gemeinschaft zum Nutzen aller bildeten.

„Das Kunstwerk der Zukunft ist ein gemeinsames, und nur aus einem gemeinsamen Verlangen kann es hervorgehen. Dieses Verlangen, das wir bisher nur, als der Wesenheit der einzelnen Kunstarten nothwendig eigen, theoretisch dargestellt haben, ist praktisch nur in der Genossenschaft aller Künstler denkbar, und die Vereinigung aller Künstler nach Zeit und Ort, und zu einem bestimmten Zwecke, bildet diese Genossenschaft." (Wagner, 1850, S. 206)

Die KünstlerInnen müssen dieselbe Vision teilen, um das Gesamtkunstwerk verwirklichen zu können. Diese anscheinend utopische Veränderung der Gesellschaft hat der Film „Hunger Games" dargestellt. Die fiktive Zukunftsgesellschaft im Film veranstaltet ein ästhetisches Gesamtprojekt, das für die Verbesserung der Gesellschaft einmal im Jahr ins Leben gerufen wird.

Für Wagner war das menschenvereinende Element das Drama. Es kann durchaus argumentiert werden, dass für unsere Zeit das Videospiel diese Stellung einnimmt, indem sich alle, also VideospielentwicklerInnen (KünstlerInnen) und Spielergemeinschaft (Volk) vereinigen.

„Das, was Allen ihre Theilnahme ermöglicht, ja was sie nothwendig macht und was ohne diese Theilnahme gar nicht zur Erscheinung gelangen könnte, ist aber der eigentliche Kern des Dramas, die dramatische Handlung." (Wagner, 1850, S. 207)

Dies verbindet das Videospiel mit der Oper: Handlung definiert sowohl die Spielenden als auch die Schauspielenden. Die Handlung übernimmt die Ebene der Geschichte im Spiel und in der Schauspielkunst, somit ist sie auch die mediale Besonderheit des Videospiels (Günzel, 2012, S. 20f.). Für Wagner war die aktive Teilnahme im Kunstwerk der Zukunft unerlässlich.

Dabei stellt er eine im Kontext der Videospiele interessante, rhetorische Frage: „Wer wird demnach aber der Künstler der Zukunft sein? Der Dichter? Der Darsteller? Der Musiker? Der Plastiker? – Sagen wir kurz: das Volk" (Wagner, 1850, S. 220). Er beschreibt gerade jene Entwicklung, die bei Videospielen entdeckt werden kann: die technisch begabten AnhängerInnen eines Spieles bilden Gemeinschaften, so genannte „Modding-Communities", damit sie gemeinsam eine Verbesserung des Spieles erreichen können. Die SpielerInnen beraten sich in Onlineforen, welche Veränderungen durchgeführt werden sollen. Typisch sind Gleichgewicht und Gerechtigkeit betreffende Veränderungen im Spiel, aber auch ästhetische und der Spielbarkeit förderliche Verfeinerungen sind üblich. Das Gesamtkunstwerk kann nach Wagner nur gemeinsam mit dem Volk verwirklicht werden. Dieser Demokratisierungsgedanke ist die

Grundkonzeption der Märzrevolution vor deren Hintergrund „Das Kunstwerk der Zukunft" geschrieben wurde. Für Wagner sind nicht nur die Künste, sondern auch die KünstlerInnen ein Instrument am „Ort der Handlung", also auf der Bühne, wo die ZuschauerInnen als aktive KonsumentInnen den letzten Schritt im Kunstvorgang leisten.

Eine weitere Bedingung für ein Videospiel, Gesamtkunstwerk sein zu können, ist nicht nur sein gemeinschaftskonstituierender Charakter, sondern auch, dass im Spiel die Spielenden mit ihrer Freiheit konfrontiert werden. Auch Joseph Beuys wurde von der Gesamtkunstwerkidee beeinflusst. Er betonte vor allem den Menschen vereinenden und befreienden Aspekt. Die Hauptidee des Gesamtkunstwerks sei, dass „jeder Mensch ein Künstler ist" (Beuys, 1982, Abb.16). Dies ist relevant, da einige VideospielentwicklerInnen dazu tendieren, den/die SpielerIn mit Freiheitsentzug zu bestrafen. Falls er/sie nicht zahlt, kann er/sie die Hindernisse der Spielwelt nur mittels repetitiven Spielhandlungen – so genanntem „Farmen" – überwinden, die ihn zu einer monotonen Maschine machen. In diesen Spielen muss er sich von der Arbeit (Farmen) freikaufen. Dies impliziert, dass diese Videospiele in erster Linie die Interessen von InvestorInnen und nicht von Gemeinschaften erfüllen, weshalb sie nicht als Gesamtkunstwerk verstanden werden können. Nicht alle Videospiele sind so konstruiert: *Minecraft* (Mojang) zum Beispiel, ist nicht nur kostenlos, sondern auch der Spielverlauf kann von Spielenden frei gestaltet werden. In solchen Spielen können die Spielenden ihre Kreativität ausleben. Das von Beuys benützte neue künstlerische Instrumentarium Fett, Eurasienstab, Hase, Filz usw., kann als eine neue Mythologie nach Schelling und Hölderlin begriffen werden (Storch, 2001, S. 787a). Der „Crafting Table" in Minecraft oder sein legendärer Blockaufbau kann ebenfalls als Teil einer neuen Mythologie verstanden werden.

Adolphe Appias Interpretation des Gesamtkunstwerks hebt den performativen Akt anstatt Synästhesie oder Mythologie hervor (1988 [1921], vgl. S. 142). Das Gesamtkunstwerk kann nur dann zustande kommen, wenn die freie Bewegung im Raum des Theaters gesichert ist. Appia revolutioniert das Theater des 20. Jahrhunderts und markiert den Anfang einer Tendenz, welche die Veränderung des Theaterbereichs und der Umwelt vollzieht, um mehr Ungezwungenheit im Werk hervorzurufen.

Nicht nur in der Welt des Theaters, sondern auch in der später aufkommenden Filmkunst versucht man den Anspruch des Gesamtkunstwerks – die Erzeugung einer eigenständigen Welt – zu verwirklichen. Die Illusion der Ausdehnung der Bühne und der Leinwand auf die Welt der Zuschauenden sollte die Lösung für viele KünstlerInnen sein. So versucht Sergej M. Eisenstein die Kluft zwischen ZuschauerInnen und SchauspielerInnen zu überwinden. Es muss erreicht werden, dass die Zuschauenden sich mit den Schauspielenden identifizieren. Das Kunstwerk wird bei ihm als Prozess verstanden, der die ZuschauerInnen in sich absorbiert. Dadurch kommt er auf die verblüffende Konsequenz, dass das sportliche Spiel die höchste Form von Kunst sei, weil es die ZuschauerInnen in den Bereich der SchöpferInnen einbeziehe und sie dadurch am Kunstprozess teilnehmen lasse (Eisenstein, 1960 [1931], S. 107f.). Hierin ist die bedeutendste Überlappung zwischen Gesamtkunstwerk und Videospiel zu beobachten: beide schließen einen passiven Konsum per Definition aus. Der Zuschauerbereich im Theater oder im Fußballstadion eignet sich besser für die Verwirklichung eines Gesamtkunstwerkes als Film oder Videospiel. Für die zwei letzteren gilt „ein zentrales Moment von Film die technisch bedingte Nichtüberwindbarkeit von Objektraum (Leinwand) und Rezipientenraum (Vorführsaal usw.)" (Günther, 1994, S. 185). Theater und Stadion erzeugen keine scharfe Trennung der zwei Bereiche. Wagner gestand seiner Frau Cosima, dass er mit seiner Aufführung von „Der Ring des Nibelungen" nicht zufrieden war und dass er sich ein unsichtbares Theater wünsche. Die verdunkelten Räumlichkeiten des Kinos sind möglicherweise unter anderem jene Gründe, die das Fortbestehen dieses Mediums gesichert haben.

Neue Technologien versuchen diese Abgrenzung von Werk-, und Zuschauerbereich noch weiter zu brechen: Man denke im Bereich des Kinos an den 3D-Film und im Bereich der Videospiele an die Virtual Reality Brille. Das Eintauchen in die Welt des Spiels oder des Filmes ist gleichzeitig der Moment des Abschieds von der Welt. Die Virtual Reality Brille und das Kino versuchen diese Illusionierung dadurch anzukurbeln, dass der Abschied von der Welt noch vor Beginn des eigentlichen Geschehens künstlich hergestellt wird.

In der Sowjetunion war Wagners Idee auch politisch einflussreich. Wsewolod Emiljewitsch Meyerhold hat 1919 das Theater der Revolution eröffnet, das die ZuschauerInnen zur aktiven Teilnahme motivieren und sich selbst auflösen sollte:

„wir wollen heraus aus dem Theatergebäude [...] Wir wollen im Leben selbst spielen, am liebsten in Fabriken oder größeren Maschinenhallen [...]. Das Publikum soll mit in Bewegung sein. [...] Die rechte Verbindung zwischen Schauspieler und Zuschauer kann nur zustande kommen, wenn das Theater in engem Kontakt mit dem Leben steht." (1972, S. 122)

Die Immersionsidee wird umgedreht und nicht mehr die Zuschauer in die Spiel- und Theaterwelt hineingezogen, sondern die ganze Stadt soll Theater werden, im Leben selbst soll gespielt werden. Gegenwärtig werden sogenannte „Alternate Reality Games", die genau diesem Prinzip entsprechen, in den USA vermehrt für Marketingzwecke verwendet. Eine andere Umsetzung dieser Idee sind Spiele für mobile Geräte, die GPS-Ortung nutzen und den Spielenden gewisse Aktionen nur dann erlauben, wenn sie sich an einem bestimmten Ort befinden. Diese digitalen Spiele versuchen, den gleichen Effekt bei den KonsumentInnen zu erreichen wie das Gesamtkunstwerk: Aktivität, Immersion und Einmaligkeit.

Walter Benjamin unterscheidet den Film von klassischen visuellen Künsten dadurch, dass er kein Original hat und überall und beliebig aufgeführt werden kann. Wagner war besessen von der Idee der Einmaligkeit des Gesamtkunstwerks und hat darüber phantasiert, dass sein Werk nur ein einziges Mal aufgeführt würde. Gewisse *Open World-Videospiele* z.B. *No Man's Sky* (Hello Games), die überwiegend mit prozedural generierten Inhalten funktionieren, würden in gewisser Hinsicht dem Anspruch Wagners genügen.

Das Hineintauchen in die Kunstwelt wird auf unterschiedlichste Art und Weise beschrieben. Odo Marquard bedient sich des Ausdrucks der „Identität von Kunst und Leben", der Kunsthistoriker Heinrich Klotz verwendete in Bezug auf das Gesamtkunstwerk den Ausdruck „in Simulation verwandelte Illusionierung" (Klotz, 1991, S. 362). Onlinemedien verwenden am häufigsten den aus dem Englischen stammenden Begriff „Immersion" sowie den vom Psychologen Mihály Csíkszentmihályi (1990) geprägten Ausdruck „Flow".

Beuys hat versucht, die KünstlerInnen für ein gemeinsames Werk zu vereinen, ohne dabei das Konzept des Gesamtkunstwerkes beim Namen zu nennen:

> *„um den Menschen im Ganzen wiederherzustellen, müssen wir eine Bewegung machen und die Sektoren immer größer werden lassen, [...] Wir müssen eine Kathedrale bauen! [...] Die Kathedrale steht hier unter uns. Die alten Kathedralen stehen irgendwo in einer Welt, die noch rund war. Aber dann wurde die Welt durch Materialismus reduziert. Es war eben eine innere Notwendigkeit, sie so zu verengen, denn dadurch wurde das menschliche Bewusstsein geschärft, ganz besonders in seiner analytischen Tätigkeit. Jetzt müssen wir eine Synthese vollziehen mit all unseren Kräften, und das ist die Kathedrale." (Beuys, 1994, S. 157ff.)*

Er wünscht sich eine ästhetische Gesellschaft, einen ästhetischen Staat, weil er denkt, dass die Menschen in der Identität eines Künstlers aufblühen werden.

Der Maler László Moholy-Nagy hatte eine ähnliche Einstellung zum Gesamtkunstwerk:

„Was wir brauchen, ist nicht 'das Gesamtkunstwerk', neben dem das Leben getrennt hinfließt, sondern die sich selbstaufbauende Synthese aller Lebensmomente zu einem alles umfassenden Gesamtwerk (Leben), das jede Isolierung aufhebt, in dem alle individuelle Leistung aus einer biologischen Notwendigkeit entsteht und in eine universelle Notwendigkeit mündet." (Moholy-Nagy, 1967 [1925], S. 187)

Er betont die Rolle und Nachwirkung des Gesamtkunstwerkes im Leben der RezipientInnen. Es geht nicht darum, eine parallele Welt zu schaffen, in der die Menschen sich vereinen können. Die Aufgabe dieser Werke ist vielmehr, die menschlichen Fähigkeiten zu kultivieren, indem sie alle Potentiale der biologischen Leistungsfähigkeit herausfordern. Die moderne Kunstgestalt, welche eine Synthese von Künsten sein soll, wird nach Moholy-Nagy neue Relationen in den menschlichen Funktionsapparaten herstellen und somit dem Aufbau der menschlichen Sinne dienen.

Die Frage, ob das Gesamtkunstwerk bereits umgesetzt worden ist, bleibt nicht für alle offen: Hugo Ball betrachtet das expressionistische Theater als Gesamtkunstwerk (Ball, 1992 [1927], S. 17f.). Wolfgang Lange betrachtet die Popikone Madonna, als „Star eben, der auf allen Kanälen agiert, ein multimediales Gesamtkunstwerk, das sich der Idee einer 'total performance' verschrieben hat" (Lange, 1994, S. 276). Andererseits empfindet er die Bayreuther Festspiele als „musikalischen Dauerstress mit exklusiver Note. Das Gesamtkunstwerk, von Wagner als leuchtendes Inbild und Gipfel einer zukünftigen Kultur konzipiert, ist nicht einmal unter Hitler zum alles umgreifenden Medium der Erlösung geworden. Nüchtern betrachtet ist es wohl nie mehr als ein Musikfestival unter anderen gewesen" (S. 273). Dieser Auffassung nach wird das Konzept also eher in der sonst abschätzig behandelten Popindustrie verwirklicht.

Es gibt zu viele unterschiedliche Auffassungen des Konzepts und deshalb ist seine Realisierbarkeit schwierig zu bestimmen. Zwei Tendenzen sind zu beobachten: einerseits gibt es EnthusiastInnen wie Lange, der ein neues Kunstphänomen zum Gesamtkunstwerk erklärt und andererseits die KulturpessimistInnen wie Schelling, der diese Idee dahinschwinden sieht:

„[...] die vollkommendste Zusammensetzung aller Künste [...] das Drama des Altertums war, wovon uns nur eine Karikatur, die Oper, geblieben ist [...]." (Schelling, 1859 [1802-1803], S. 736)

Heute ist die Versuchung groß, mit der Ankunft der Virtual-Reality-Brille das Gesamtkunstwerk zu erwarten und das schon wegen des Namens des Apparates, da dieser die Erschaffung einer neuen, mit der Wirklichkeit gleichwertigen Welt suggeriert. Allerdings gilt dies für alle digitalen Kunstprojekte, aber vor allem für Computerspiele, die Sabine Fabo folgendermaßen charakterisiert:

„Interaktivität, die im Zentrum multimedialer Anwendungen steht, [...] mit der Idee des multimedialen Kunstwerks verschränkt [wird], was für die Befürwortung des Cyberspace bereits zu einer Wiederaufnahme des Konzepts Gesamtkunstwerk führt." (Fabo, 1995-1996, S. 76-87)

Die Beurteilung dieser Entwicklung sei den Lesenden überlassen. Die unterschiedlichen Konzeptionen des Gesamtkunstwerks sollen als Sinnbild fungieren und KünstlerInnen eine Orientierung bieten. VideospieldesignerInnen würden die Qualität ihrer Erzeugnisse maßgeblich erhöhen, wenn sie sich an den Idealen des Gesamtkunstwerks orientieren würden: Synästhesie durch Verbindung unterschiedlicher Kunstrichtungen, Ermächtigung der Illusion durch die Bildung einer eigenen Welt, Tilgung der Grenze zwischen ästhetischem Gebilde und Realität, Auflösung der Realität indem dem Werk der Status der Wirklichkeit verliehen wird, Illusion als Simulation erleben lassen, Kunst bloß als Mittel zur menschlichen Bereicherung verwenden, Mythen und alte Geschichten für die neue Generation übertragen, die Gesellschaft im Schöpfungsprozess mitwirken lassen, Handlung der Spielgemeinschaft als den Kern des Werkes zu setzen, Auflösung der Grundstruktur des Mediums durch die Vereinigung von Kunst und Leben, Einmaligkeit und Vergänglichkeit des Werkes anstreben, Kultivierung menschlicher Fähigkeiten durch Herausforderung der Sinne.

Literatur

Appia, A. (1988 [1921]). L'Œuvre d'art vivant. In Œuvres complètes. Bd.3. Lausanne: L'Âge d'Homme.

Aristoteles. Metaphysik.

Ball, H. (1992 [1927]). Die Flucht aus der Zeit. Zürich: Limmat.

Beuys, J. (1982). Zur Installation 'Hitschdenkmäler' In C.M. Joachimides (Hrsg.) Zeitgeist. (Ausst.-Kat.), Berlin.

Beuys, J. (Mitverf.), & Burckhardt, J. (Hrsg.). (1994). Ein Gespräch. Zürich: Parkett.

Borchmeyer, D. (1994). Moderne Literatur in Grundbegriffen. Tübingen: Niemeyer.

Csikszentmihályi, M. (1990). Flow: The Psychology of Optimal Experience. New York: Harper and Row.

derstandard.at (2. März, 2011). Videospiele werden "Gesamtkunstwerk" Abgerufen am 30. April, 2016. von http://derstandard.at/1297819260860/GAME-BLOG-Videospiele-werden-Gesamtkunstwerk

Eisenstein, M. S. (1960 [1931]). Der Kinematograph der Begriffe. In Vom Theater zum Film: mit Photos, Schriften und Dokumenten. (M. Pörtner Übers.) Zürich: Arche.

Fabo, S. (1995-1996). Konzepte des Gesamtkunstwerks in den Neuen Medien. In LAB: Jahrbuch 95/96 für Künste und Apparate. Köln: Buchhandlung Walther König.

Gay, P. (1970 [1968]). Weimar Culture: The Outsider as Insider. New York: Norton.

Günther, H. (1994). Gesamtkunstwerk: Zwischen Synästhesie und Mythos. Bielefeld: Aisthesis.

Günzel, S. (2012). Egoshooter. Das Raumbild des Computerspiels. Frankfurt am Main: Campus.

Huizinga, J. (2013 [1938]). Homo Ludens: Vom Ursprung der Kultur im Spiel. Hamburg: Rowohlt.

Klotz, H. (1991). Für ein mediales Gesamtkunstwerk: Heinrich Klotz im Gespräch mit Florian Rötzer. In F. Rötzer (Hrsg.), Digitaler Schein: Ästhetik der elektronischen Medien. Frankfurt am Main: Suhrkamp.

Lange, W. (1994). Gesamtkunstwerk Madonna. In H. Günther (Hrsg.), Gesamtkunstwerk: Zwischen Synästhesie und Mythos. Bielefeld: Aisthesis.

Marquard, O. (2003 [1989]). Aesthetica und Anaesthetica: Philosophische Überlegungen. München: Fink.

Mejerchol'd, V. É. (1972). Das Revolutionstheater: Aus einer Unterredung mit dem dänischen Journalisten Anker Kirkeby. In L. Hoffmann (Hrsg.), Theateroktober. Beiträge zur Entwicklung des Sowjetischen Theaters. (K. Fend Übers.) Leipzig: Reclam.

Moholy-Nagy, L. (1967 [1925]). Malerei, Fotografie, Film. Mainz: Kupferberg.

Schelling, F. W. J. von (1859 [1802-1803]). Philosophie der Kunst. In Schelling Sämtliche Werke. Abt.1, Bd.5. Stuttgart: Cotta.

Schlegel, A. W. (1965 [1802-1803]). Geschichte der romantischen Literatur. In E. Lohner (Hrsg.) Kritische Schriften und Briefe. Bd.4. Stuttgart: Kohlhammer.

Schlegel, F. (1967 [1800]). Gespräch über die Poesie. In Kritische Friedrich-Schlegel-Ausgabe. Abt.1, Bd.2. Berlin: Schöningh.

Storch, W. (2001). Ästhetische Grundbegriffe. K. Barck (Hrsg.) Bd.2. Stuttgart: Metzler.

Trahndorff, K. F. E. (1827). Aesthetik, oder Lehre von der Weltanschauung und Kunst. Berlin: Maurersche Buchhandlung.

Uhlenbruch, B. (1994). Film als Gesamtkunstwerk? In H. Günther (Hrsg.), Gesamtkunstwerk: Zwischen Synästhesie und Mythos. Bielefeld: Aisthesis.

Wagner, R. (1850). Das Kunstwerk der Zukunft. Leipzig: Wigand.

Weber, C. M. von (1969 [1817]). Über die Oper 'Udine'. In K. Laux (Hrsg.) Weber, Kunstansichten: Ausgewählte Schriften. Leipzig: Reclam.

4.5. 20 Jahre Machinima – Das Erbe der Rangers

Thomas Veigl

> *„Nobody knew that a Clan can be a group of people doing something other than playing." (Chris Birke, United Ranger Films)*

Vor genau 20 Jahren formierten sich Spieler[57] des neuen First Person Shooter Spiels (FPS) *Quake* (von *id Software*) in Clans, um in kompetitiven Mehrspielermodi gegeneinander anzutreten und dies mit Demoaufnahmen zu dokumentieren. Der *Ranger Clan* Klassiker *Diary of a Camper* (Herbst 1996) könnte auf den ersten Blick für eine eben solche Aufnahme eines Quake Deathmatches gehalten werden, zeigt bei näherer Betrachtung jedoch eindeutig eine inszenierte Handlung. *Diary of a Camper* steht mit den weiteren Produktionen der *United Ranger Films*, dem Filmableger des *Ranger Clans*, als erstes einer langen Reihe von *Quake Movies*, aus denen um die Jahrtausendwende die ersten Machinimas hervorgingen.

Machinima hat sich als „Produktionsweise des Films mit virtuellen Echtzeit 3D Umgebungen" (Marino, 2004, S. 1; Hancock & Ingram, 2007, S. 10) etabliert, und erfuhr, weit über die engere Spielergemeinschaft hinaus, eine breite gesellschaftliche Ausdifferenzierung. Über spielbezogene Bewerbe (z.B. Make Something Unreal, BlizzCon Movie Contest) und unabhängige Machinima Festivals (z.B. Machinima Film Festival,

---

[57]Im Text wurde eine geschlechtsneutrale Schreibweise angewendet. Die Protagonisten des Ranger Clans werden konsequent als „Spieler" bezeichnet, da diese ausschließlich aus männlichen Protagonisten bestanden. Als „Spieler" wird weiters einheitlich ein bestimmter Handlungsstatus beschrieben der kein konkretes soziales Subjekt benennt, sondern der Beschreibung von Mensch-Technik Interaktionen dient. Die wiederholte Bezeichnung „Akteur" wird von der geschlechtsneutralen Schreibweise ausgeschlossen, da es sich im Rahmen der Akteur-Netzwerk-Theorie um einen Fachterminus handelt.

Machinima Expo) hinaus fanden Machinimas die Beachtung etablierter Filmfestivals (z.B. Miami International Film Festival, Sundance Film Festival) und Medienkunstfestivals (z.B. Ars Electronica Animation Festival, FILE Sao Paulo) sowie renommierter Kulturinstitutionen (New York Museum of the Moving Image, Zentrum für Kunst und Medientechnologie Karlsruhe). Die kommerzielle Bedeutung zeigte sich bislang in der Anpassung von Lizenzverträgen (Blizzard Entertainment, 2007; Microsoft, 2007), der Entwicklung spezieller spielunabhängiger Animationsprogramme (iClone, Movie Storm) und dem Anwachsen des Multi-Channel-Network von Machinima Inc. zum dreistelligen Millionen US Dollar Unternehmen, mit Beteiligung von u.a. Google und Warner Bros. (Veigl, 2013).

Der Übergang von den *United Ranger Films* zum Phänomen der *Quake Movies* und seiner Ausdifferenzierung unter der Bezeichnung *Machinima* ging nicht nahtlos ineinander und kann nicht, wie es der historische Blick gerne nahelegt, als große homogene Entwicklung betrachtet werden. Die Etablierung von Machinima verstellt den Blick auf ein historisch gewachsenes Medium, das im Ursprung unvorhergesehen und ergebnisoffen war und erst im Zusammenwirken heterogener Akteure seine Formatierung fand. Zu Beginn bestand die Zweckentfremdung des Computerspiels in der Anwendung neuer narrativer Strategien und der Hervorbringung einer neuen medialen Ausdrucksform. Zum 20-jährigen Jubiläum der *United Ranger Films* sollen ihre Produktionen erstmals einer inhaltlichen, technischen und ästhetischen Untersuchung unterzogen und für die Entwicklung von Machinima neu beurteilt werden. Der Artikel behandelt den Gegenstandsbereich in drei Aspekten: der Überschreitung von Grenzbereichen des Spiels, dem innovativen Umgang mit Computerspielen sowie Strategien der Zweckentfremdung von Spieltechnologie.

4.5.1. Grenzen des Computerspiels

Computerspiele sind längst nicht mehr auf Orte der Unterhaltung beschränkt und exportieren Prinzipien des Spiels in Bereiche, die lange Zeit als diesem entgegengesetzt gedacht wurden. Die jüngsten Forderungen nach einem „Ludic Turn" (Raessens, 2012, 2014) zielen, im Geiste Huizingas (Huizinga, 1938/2009) darauf ab, die Praktiken des Spiels als Agenten sozialen Wandels in den Mittelpunkt zu stellen. Als ein spezieller Teil der Entgrenzung des Spiels findet die Gamifizierung die überwiegende Aufmerksamkeit der aktuellen Spieleforschung (vgl.: Fuchs, Fizek, Ruffino, & Schrape, 2014; McGonigal, 2012; Walz & Deterding, 2015). Dabei handelt es sich um die Integration von Elementen, Mustern und

Mechaniken von Spielen in Produkte und Services mit dem Ziel, Wahrnehmung, Motivation und Verhalten von Nutzerinnen und Nutzern in intendierter Weise zu fördern und hierfür adäquates Design bereit zu stellen.

Grenzbereiche des Spiels geben aber auch in anderen Feldern maßgebende Impulse für Theorie und Gestaltung interaktiver, digitaler Medientechnologien. Mit Caillois gesprochen, wird bei der Gamifizierung der Bereich des Ludischen, des regelgebundenen und zielorientierten Spiels, fokussiert. In der Frage nach den Ursprüngen von Machinima wird jedoch nach dem paidischen, freien und experimentellen Teil spielerischer Grenzerfahrungen gefragt (Caillois, 2001). Die ersten *Quake Movies* können als emergentes Spielverhalten (Smith, 2001) verstanden werden, das auftreten kann, wenn angeregt wird, nicht in rein formalisierter Weise (Salen & Zimmerman, 2003, S. 301–311) zu spielen, sondern mit dem Spiel erforschend umzugehen (Zimmerman, 2009), außerhalb vom vorgegebenen Design. Dies erlaubt es, Fragen nach dem Innovationspotential von nicht regelgebundenen Zweckentfremdungen von Computerspielen zu formulieren.

4.5.2. Innovatives Spiel

Die aktuelle Entwicklung von Machinima, mit definitiven Produktions-, Distributions- und Konsumationsweisen, beinhaltet als technische Produktionsmittel Spiele mit Machinimafunktionen (z.B. *The Sims 2*, Electronic Arts; *The Movies*, Lionhead Studios), umfassenden Machinimapaketen (z.B. Source Film Maker – Source Engine, Matinee – Unreal Engine) und spezielle Machinimaprogramme (z.B Movie Storm, iClone). Aus Sicht der Akteur-Netzwerk-Theorie (ANT)[58] können diese als Blackbox (Latour, 2000, 2006) beschrieben werden, einem Kollektiv fest miteinander verknüpfter Akteure, das sich durch seine stabile Form und Dauerhaftigkeit auszeichnet. Im Nachhinein werden Prozesse des Aufbaus technischer Objekte verdeckt und kausale Verbindungen, die sich zu stabilisierter Technik etablierten, naturalisiert (Akrich, 2006, S. 427). Die Arbeiten der *United Ranger Films* zeigen erste Prototypen, deren

---

[58] Gründungsfiguren der ANT sind u.a. (Latour, 2010) und (Callon, 2006); Die ANT wird seit einigen Jahren, im deutschen Sprachraum vermehrt diskutiert: (Belliger & Krieger, 2006) und als Rahmen medienwissenschaftlicher Fragestellungen erkannt (Hensel & Schröter, 2012; Thielmann & Schüttpelz, 2013).

letztendlicher Verwendungszweck noch offenstand; Problemlösungsvarianten, deren Bedeutung für die Entwicklung von Machinima beurteilt werden soll.

Den Prozess des Erfindens zu beschreiben, bedeutet danach zu fragen, wie sich eine Black Box gebildet hat, d.h. wann welche Akteure eingebunden und wie ihre Funktionen und Identitäten im Netzwerk stabilisiert wurden. Anstatt einer biographischen Erzählung mit der Figur des Erfinders als autonomem Subjekt, wird die Erfindung hier als unvorhergesehener und ungeplanter Prozess beschrieben, in dem sich menschliche Freiheitsgrade und medientechnische Präskriptionen gegenseitig beeinflussten. Abgeleitet von Latours Konzept der zirkulierenden Referenz wird ein Netzwerk zirkulierender Autorenschaft (Kümmel-Schnur, 2013) beschrieben, das über die Intentionen menschlicher Akteure hinaus, von vielen Einflussgrößen abhängig war. Kausalität wird darin nicht menschlichen, technischen oder sozialen Teilen, sondern dem Zusammentreffen und Stabilisieren heterogener Elemente zugeschrieben. Diese können menschliche und nicht-menschliche Akteure sein, die sich dadurch auszeichnen müssen, einander Handlungsmöglichkeiten anzubieten (Latour, 2002, S. 372), die sich zu einem Handlungsprogramm stabilisieren können. Es wird grundsätzlich nicht von technischer oder sozialer Determinierung, sondern von gegenseitiger Ermöglichung und Beschränkung von Handlungsoptionen ausgegangen (Latour, 2010, S. 123). Harrasser spricht in diesem Zusammenhang einen Parahumanismus an, der die Anwesenheit überindividueller, nicht-menschlicher Wesen sinnvoll begreift und anstatt von einem autonomen Subjekt von „teilsouveränem menschlichen Handeln" ausgeht (Harrasser, 2013, S. 111-131). Intentionen von Akteuren ändern sich durch das Hinzukommen technischen Geräts, das sein eigenes Handlungsprogramm mit sich bringt. Akteure übersetzen sich gegenseitig in jeder konkreten Situation, welche durch das Eintreten weiterer Akteure neu konfiguriert wird. In diesem Sinn wird die ANT auch als „Soziologie der Übersetzung" beschrieben (Callon, 2006).

Nach der Innovation von Machinima zu fragen, bedeutet zu fragen, wie und welche Handlungsmöglichkeiten, entgegen dem vorliegenden Handlungsprogramm des Computerspiels *Quake,* ergriffen und stabilisiert werden konnten. Das Handlungsprogramm des Spiels ist als Skript zu verstehen, welches die Entscheidungen festlegt, die an das technische Gerät delegiert bzw. der Spielerinitiative überlassen werden sollen. Gelungenes Gameplay setzt voraus, dass das inskribierte Setting vom Spieler im Gebrauch skriptgemäß verstanden und demnach erwartungsgemäß gehandelt wird. Die Stabilisierung dieses Handlungsprogramms definiert den Akteur als Spieler. Da der Spieler zwar nicht alle Entscheidungen treffen kann, aber bestimmte treffen muss, kann er sich, wo dies möglich ist, auch immer gegen das Skript entscheiden. Hier wird die Zweckentfremdung des Spiels untersucht und danach gefragt, welche Handlungsmöglichkeiten ergriffen werden konnten, um von den Spielern intendierte Störungen im medialen Vollzug des Spiels (Bojahr, 2012, S. 158) zu Gunsten des medialen Vollzugs des Films herbei zu führen. Es wird die Frage gestellt, welche Formen der Zweckentfremdung die Ausrichtung auf das Netzwerk der Quake-Movies stabilisierten bzw. destabilisierten.

4.5.3. Mediale Zweckentfremdung

In der Literatur zu Machinima werden drei Formen des Umgangs mit Computerspieltechnologie zur Produktion von Machinimas beschrieben, die sich im Grad der technischen Einflussnahme auf die Bildgestaltung unterscheiden und einen guten Ausgangspunkt der Untersuchung von Strategien der Zweckentfremdung bieten.

Lowood (2008) nimmt Anleihe an dem Konzept der „Found Art", welches die Übernahme und Ausstellung von Alltagsgegenständen in einen Kunstkontext bezeichnet, ohne dass diese wesentlich verändert werden. Er beschreibt Computerspiele der Machinimas als „Found Technology", die von den Spielern aufgegriffen und neuen Verwendungszwecken zugeordnet wurden, beispielsweise, wenn unverändertes Leveldesign als Schauplatz der Erzählung diente.

Für die oft umfassenden Phasen der Prä- und Post-Produktion verwendete die Mehrheit der Machinimisten der *Quake Movie* Ära zusätzliche, eigens programmierte, Software. Kirschner (Kirschner, 2012) weist auf das Innovationspotential des Moddings in Machinimas hin, und formuliert dazu das Konzept des „User-generated Process", das die Produktion technischen Geräts sowie die Entwicklung passender Produktionsabläufe seitens der Machinimisten bezeichnet.

Nitsche betont, dass die medienspezifische Form von Machinima nicht bloß dem Ideal des Films folgen kann, sondern insbesondere den Spieleditoren von *id Software*, *Epic Games* oder *Valve* geschuldet sei, die als „kreative Werkzeuge" der Machinimisten Auswirkung auf die mediale Form hatten (Nitsche, 2011, S. 120). Aktive Nutzerinnen und Nutzer gestalteten mit den gegebenen Tools Räume und Figuren und definierten Technologie somit neu, wobei die entscheidenden technischen Entwicklungen und Voraussetzungen der Zweckentfremdung von der Industrie kamen.

4.5.4. Ansatz

Der Beitrag diskutiert wechselnde Einflussnahmen beteiligter menschlicher und technischer Akteure und zeigt intermediale Strategien und ästhetische Charakteristika der *United Ranger Films* Produktionen auf.

Zu den drei Formen der Zweckentfremdung werden technische Akteure identifiziert, die teils zu Zwecken der intendierten Emergenz des Moddings von der Industrie zur Verfügung gestellt und teils von Spielern selbst hinzugefügt wurden. Die „Found Technology" (Lowood) entspricht dem Spiel Quake, wie es den Spielern zur Verfügung gestellt wurde, die Form des „User-generated Process" (Kirschner) externen Editoren und Workflows zur Demobearbeitung und die „Spieltechnolgie als kreatives Werkzeug" (Nitsche) stimmt mit dem Leveleditor *QuakeED* und der Skriptsprache *Quake-C* überein.

Ziel ist es, die Ursprünge der Ausdrucksweisen in spielerischen und filmischen Strategien und Technologien zu benennen und darüber hinaus emergente Innovationsereignisse als Aushandlung von Spielern und Spieltechnologie historisch nachvollziehbar zu machen. Dafür wird die Frage gestellt, in welcher Weise die technischen Akteure Handlungsmöglichkeiten bzw. -beschränkungen für die nicht intendierte Emergenz des Films boten und welche Eigenschaften der Akteure sich stabilisierend bzw. destabilisierend auf die Ausrichtung auf das Quake-Movie Netzwerk auswirkten. Im Rahmen des Beitrags werden exemplarisch Momente der Netzwerkbildung gewählt, die Adaptionen von Mensch-Technik-Konfigurationen und Bildästhetik veranschaulichen sollen. Den Leserinnen und Lesern wird empfohlen, die Filme zu den jeweiligen Abschnitten anzusehen, deren Internetlinks sich im Anhang befinden. Abschließend werden die *United Ranger Films* Produktionen und die drei Formen der Zweckentfremdung in ihrer Bedeutung für die spätere Entwicklung von Machinima beurteilt.

4.5.5. United Ranger Films

Abb.4.5-1 United Ranger Films Logo (Rangers Gone Bad 3)

Heath Brown, Gründer des *Ranger Clans*, verfasste bereits vor Veröffentlichung von *Quake* Geschichten über „Space Marines", die als Vorlage für die Filmproduktionen dienen sollten (Hancock, 2000). Chris Birke, der die Aktivitäten des *Ranger Clans* mit Demoaufnahmen dokumentierte, schlug eines Herbsttages 1996 vor, Browns Geschichten im Spiel *Quake* mit den Clanspielern nachzustellen (Birke, 2010). Dies führte zu insgesamt sieben Kurzfilmen (*Diary of a Camper, Rangers Gone Bad I-III, Rangers Torn Apart I-III*), die unter dem Kollektivnamen *United Ranger Films* (Abb.4.5-1) 1996 und, im Fall von *Rangers Gone Bad III*, bis ins Jahr 2000 produziert wurden (Fowler, 2012). Drei der Filme werden hier in Teilen analysiert und diskutiert.

4.5.6. Diary of a Camper

Am Film *Diary of a Camper* (United Ranger Films, 1996a) lassen sich zwei Effekte der Zweckentfremdung zeigen, die eine Nutzung des Spiels im Sinne einer „Found Technology" erkennen lassen: Die Selektion unterschiedlicher Eigenschaften des Spiels wirkte sich stabilisierend und destabilisierend auf die Einführung des *Quake-Movie* Netzwerks aus. So führte die Selektion von Bildeinstellungen ein filmisches Kamerablickfeld ein, während die fehlenden Möglichkeiten der Postproduktion zu atypischen Szenenwechseln zwang.

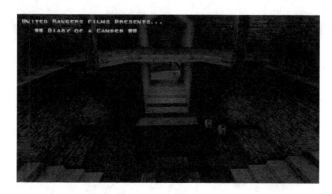

Abb.4.5-2 Screenshot Diary of a Camper, Titelbild (United Ranger Films, 1996)

Ein das Filmbild stabilisierender Effekt war, dass die Spielerperspektive als Kamera neu definiert wurde, indem das Blickfeld des Spielers der aktiven Spielteilnahme entzogen und zu jenem eines Betrachters wurde. Für gewöhnlich wäre in der Bildmitte unten die jeweilige Bewaffnung zu sehen gewesen, welche mit dem Cheat „cg_drawhands 0" unsichtbar gemacht werden konnte (Abb.4.5-2).

Abb.4.5-3 Screenshot Diary of a Camper, Illustration mit Waffe (United Ranger Films, 1996, nachbearbeitet)

Abb.4.5-4 Screenshot Diary of a Camper, Original ohne Waffe (United Ranger Films, 1996)

Die Entfernung der Waffe hatte einen nachhaltigen Effekt auf die Eigenschaften des Bildes. Im dreidimensionalen Computerspielbild aus Egoperspektive fallen der Aktionspunkt und der Blickpunkt in Form der Waffe zusammen (Abb.4.5-3), welche das zentrale visuelle Element der Involvierung der Spieler darstellt (Neitzel, 2012, S. 98–99). Das FPS-Bild besteht aus ludischen Ereignissen, welche die diegetische Welt konstituieren und von den Spielern erspielt werden müssen. Der subjektive Blick des Avatars zeigt den Spielern den erlebten Raum als interaktives Simulationsbild. Eine Hand, oder Waffe als ihre Ausweitung, in der Mitte des Bildvordergrunds unterstellt förmlich, dass sich der dazugehörige Körper vor dem Bild befände, dort von wo der Blickpunkt ausgeht. Es findet eine Verschmelzung von Blickpunkt und Aktionspunkt statt, was ein Kontinuum zwischen virtuellem und materiellem Raum schafft und den diegetischen in den aktuellen Raum ausweitet. Der Avatar, der als Grenzfigur zum virtuellen Bild fungiert (Beil, 2012, S. 181), involviert den Spieler, der seinen Blick zur Verfügung stellt, woraus der spielerseitige Eindruck entsteht, in die Diegese mit einbezogen zu sein.

Der Übergang vom Spiel zum Film zeigt sich in *Diary of a Camper* in der Neuausrichtung des Blickpunkts, der im Spiel noch auf Interaktionsmöglichkeiten gerichtet gewesen war, sich beim Film jedoch rein auf die Kennzeichnung von Bedeutung und Referenz sichtbarer Handlungen konzentrierte. Die Entfernung der Waffe aus dem Blickfeld hob das im FPS errichtete Kontinuum von virtueller und aktueller Welt auf und schloss sie mit der Errichtung einer vierten diegetischen Wand voneinander ab. Hinzu kam, dass der Spieler zu keinem Zeitpunkt in die sichtbaren Aktionen eingriff oder mit der Blickführung Handlungsabsichten innerhalb der Diegese erkennen ließ. Die beobachtende, in die Handlung nicht eingreifende, sie aber inszenierende Haltung des Spielers schuf den konventionellen Blickpunkt einer Kamera (Abb.4.5-4).

Abb.4.5-5 Screenshot Diary of a Camper, Tunnelfahrt (United Ranger Films, 1996)

Ein das Filmbild destabilisierender Effekt der Found Technology war die fehlende Möglichkeit zur Postproduktion, wodurch Bewegungen des Kamerabildes zwischen den beiden Handlungsräumen mitdokumentiert wurden. Die Kamerafahrten zwischen den beiden Handlungsräumen (Abb.4.5-5) besaßen keine erzählerische Funktion, widersprachen vielmehr filmischen Stilmitteln und konnten die Betrachter durch die unkonventionelle Blickführung in die Irre führen.

Die Kamerafahrten wurden mit dem „Fly Mode" Cheat erstellt, der es erlaubte, sich nach allen räumlichen Achsen schwebend zu bewegen, ohne das ansonsten sich leicht auf- und abwärts bewegende, die schreitende Fortbewegung simulierende, Blickfeld zu erhalten. Um den Szenenwechsel durchzuführen, wurde die Kamera räumlich zum nächsten Handlungsort bewegt. Es deutet nichts auf eine nachträgliche Bearbeitung hin, vielmehr scheint es, sich um eine durchgängige Aufnahme zu handeln, wie sie in Computerspieldemos üblich war. Um narrative Ereignisse des Films in Szene zu setzen, werden Handlungen in der Regel in vorbestimmter Weise mittels der Montage multipler Perspektiven zur Schau gestellt. Bei der Verbindung der beiden Handlungsräume in *Diary of a Camper* kamen sich Spieltechnologie und Filmästhetik in die Quere. Die zur Verfügung stehende Technologie gab Sichtweisen vor, die den dramaturgischen Zielen zuwiderliefen, da solche narrativen Handlungsmöglichkeiten in der Game Engine nicht vorgesehen waren.

Es handelt sich bei *Diary of a Camper* um die Inszenierung einer linearen Erzählung mit Ästhetiken aus zeitbasiertem Film und interaktivem Spiel. Über die vom Spiel gegebenen technischen Möglichkeiten hinaus wurde nicht eingegriffen und es gibt keine Spuren einer Postproduktion. Beim Akteur-Netzwerk handelt es sich um die Neudefinition der *Quake* Engine als Werkzeug der Filmproduktion und um die Selektion von Akteuren des neu entstehenden *Quake Movie*-Netzwerks. Spieler und Spiel-Engine bildeten ein neues Akteur-Netzwerk in dem sie gemeinsam Handlungen ausführten. Die Neuausrichtung bestand darin, den vorhandenen Eigenschaften der Spiel-Engine und Spieler, in Relation zu den Kompetenzen der weiteren Akteure des neuen Handlungsprogramms, neue Funktionen zuzuweisen. Avatare nahmen neue Identitäten des Darstellers und der Kamera an, Spieler wurden Puppenspieler, Regisseure und Autoren, die Levelmap wurde Schauplatz und Kulisse.

4.5.7. Rangers Torn Apart 2

Die formale Bildkritik zu *Rangers Torn Apart 2* (United Ranger Films, 1996b) zeigt, dass Einstellungslängen und -größen, Blickwinkel und Dramaturgie im Widerspruch zum gezeigten Inhalt stehen. In 04:52 Minuten werden, inkl. Vor- und Abspann, sechs Einstellungen gezeigt, deren Einstellungsdauer kontinuierlich ansteigt, wobei die Handlungsdichte und Spannung gemäß den Bildinhalten und Dialogen zunimmt. Die Abfolge der Einstellungsgrößen zeigt vornehmlich große Einstellungen, fast ausschließlich aus der Vogelperspektive. Bildschwenks und kurze Fahrten in mehreren Einstellungen scheinen notwendig, um gewünschte Blickpunkte zu erreichen, sind jedoch nicht der Dramaturgie zugehörig. Insgesamt zeigt sich eine distanzierte und zu langsame Bildsprache, die im Rhythmus ihrer Erzählweise nicht dem gezeigten Inhalt eines Action Genres den Boden bieten kann.

Der Erfolg von *Rangers Torn Apart 2* lag vielmehr in der technischen Überwindung der Beschränkungen der ungeschnittenen Einstellung mit der grundsätzlichen Einführung von Audio- und Bildschnitt. *Quake* Spieledemos waren nicht für die Bearbeitung vorgesehen und mussten mit ihrem Herkunftsspiel geladen und wiedergegeben werden. Der Audio- und Bildschnitt musste demnach mittels Demobearbeitung angefertigt werden. Für die weitere Diskussion ist es notwendig, auf die Beschaffenheit der Quake Demodateien und damit zusammenhängend auf die Client-Server-Architektur (Abb.4.5-6) von *Quake* einzugehen.

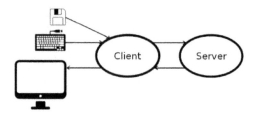

Abb.4.5-6 Quake Client Server Architektur (Thomas Veigl)

In der Spielsituation gehen Spielereingaben vom Client aus an einen zentralen Server, welcher die Zustandsänderungen gemäß der Levelmap und Spiel-Engine errechnet und die geänderten Bildkonfigurationen an den Client retour schickt, der die Daten für die Bildschirmausgabe interpretiert. Bei der Aufnahme einer Spielsituation werden die Spielereingaben in der Demodatei (.dem) gespeichert. Im Unterschied zur Spielsituation in Echtzeit schickt der Client bei einer Demowiedergabe anstatt der Spielereingaben die Positionsänderungen aus der geladenen Demodatei an den Server. Dieser berechnet gemäß den Zeitmarken die chronologischen Zustandsänderungen und der Client interpretiert diese als Bildschirmausgabe. Als Demodateien gespeicherte Quake-Movies benötigen daher immer das Spiel Quake, um geladen und als Bildschirmausgabe zeitbasiert linear wiedergegeben werden zu können.

Nake beschreibt das digitale Bild als „verdoppeltes Bild", das über eine sichtbare und interpretierbare Oberfläche der Zeichen, Formen und Farben und eine bearbeitbare Unterfläche des Codes verfügt, wobei erstere das Interface der Bildinteraktion und -manipulation ist, die an zweiterer stattfindet (Nake, 2006, S. 49). Im Fall der frühen Demobearbeitung war diese Verbindung von Ober- und Unterfläche noch unterbrochen. Die Oberfläche war zwar Ausgangspunkt der Interpretation und vorzunehmenden Änderungen an der Unterfläche, doch konnten diese nicht über die Oberfläche vorgenommen werden, wie bei Editoren mit graphischer Benutzeroberfläche (GUI), sondern nur an der Unterfläche selbst. Um verschiedene Aufnahmen als Montage zusammenzufügen und Audioelemente und angepasste Animationen einzufügen, musste die Demodatei direkt bearbeitet werden. Birke zufolge wurden bei den *United Ranger Films* zu Beginn Hex-Editoren und später das *Little Movie Processing Center* (LMPC) eingesetzt (Salen, 2002a).

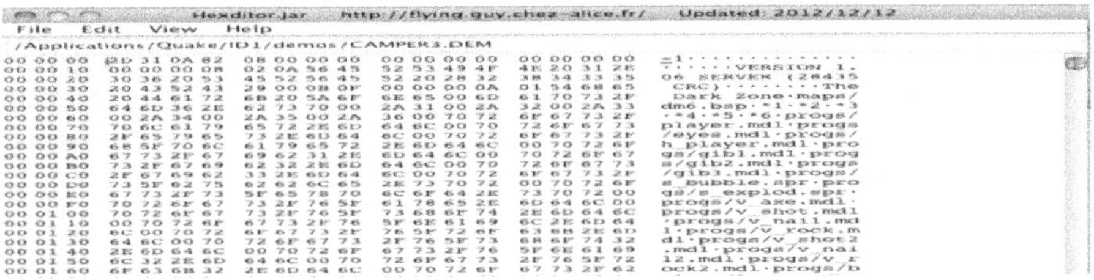

Abb.4.5-7 Hex Editor mit geladener Demodatei von Diary of a Camper (camper.dem)

Mittels Hex-Editoren (Abb.4.5-7) wurden Dateiinformation als Bytes in Hexadezimalzahlen dargestellt und bearbeitbar gemacht. Der eigentliche Verwendungszweck dieser Editoren lag darin, Dateiformate zu analysieren und Beschädigungen der Formatstruktur lesbar und behebbar zu machen. Im Quake-Movie Netzwerk wurde der Hex-Editor nunmehr als Akteur der Postproduktion eingebunden, der es erlaubte, Zustande einzelner Entitäten zu ändern und neue Inhalte hinzuzufügen. Dialoge und Geräuschkulisse wurden der Demodatei als .waf Dateien separat beigelegt und in der Demodatei mit dem entsprechenden Abspielbefehl angegeben. Damit wurde die nachträgliche inszenatorisch intendierte Bearbeitung von Demoaufnahmen möglich.

Grundsätzlich ähnlich, jedoch mit weitreichenderen Eingriffs- und Gestaltungsmöglichkeiten war das LMPC (Girlich, 1999) ausgestattet, das ursprünglich zur Bearbeitung von Gameplay und Speedrun Aufnahmen vorgesehen war. Hier wurde die ausführbare Demodatei in eine bearbeitbare Textdatei de-kompiliert, die mit einem Texteditor modifiziert und anschließend in das Demoformat kompiliert werden konnte. Eine Demodatei konnte so analysiert und geändert werden und zusätzlich konnten via Kommandozeileneingabe Untertitel in die Aufnahme eingefügt und stationäre Kameras simuliert werden. Die Kameraperspektive betreffend ermöglichte das LMPC, dass in der Postproduktion jeder gewünschte Punkt der Demodatei als Blickpunkt der Kamera zugeordnet werden konnte. So konnte man das Problem umgehen, dass der Client die Entität mit dem Blickpunkt bewegen musste.

Trotz der essenziellen Bedeutung User-generierter Werkzeuge und Prozesse für die Demobearbeitung muss vermieden werden, ihre Handlungsmacht über zu bewerten, da sie rigide von der ihnen vorausgesetzten Spieltechnolgie abhängig waren. Dies soll anhand des Vergleichs der Spielarchitekturen von *Quake* und dem Vorgängerspiel *Doom* veranschaulicht werden. Spieler der Doom-Community fertigten bereits

Spielaufnahmen an, ohne jedoch mit den *Quake Movies* vergleichbare *Doom Movies* zum Ergebnis zu haben. Dies verwundert nicht, denn, wie im Weiteren gezeigt wird, war das Format der Doom Aufnahmedateien (.lmp) nicht für die Postproduktion und somit den Audio- und Bildschnitt geeignet.

Abb.4.5-8: Doom, Peer to Peer Multiplayer (Thomas Veigl)

Im Netzwerkverbund von Doom konnten maximal vier Spieler gleichzeitig teilnehmen. In der Peer-to-Peer Architektur (Abb.4.5-8) wurden die Spielereingaben der maximal drei Mitspieler an die Rechner aller Spieler geschickt, mit dem jeweils lokalen Programm errechnet und am Bildschirm ausgegeben. Spielaufnahmen wurden in Form von Eingaben des aufnehmenden Spielers im .lmp Dateiformat, gespeichert, dessen Kodierung zugleich die Zustände der weiteren Entitäten dokumentierte, diese aber nicht beinhaltete. Die Kodierung der Eingaben beinhaltete somit die notwendigen Informationen über die insgesamt vorzufindende und zu reproduzierende Gesamtsituation. – Die Zustandsänderungen aller Entitäten standen also in völliger Abhängigkeit zu der Kodierung der Spielereingaben in der .lmp Datei und wurden während ihrer Ausführung am lokalen Rechner als Bildschirmausgabe interpretiert.

Für die .lmp Modifikation bedeutete dies, dass jede kleine Änderung einer Eingabe in der .lmp Datei den gesamten weiteren Ablauf zur Unkenntlichkeit verändert hätte, sodass Sprünge entstehen oder Figuren in Wände hätten laufen können. Jede Form der Inszenierung von *Doom Movies* wäre somit auf das Gelingen einer einzigen Aufnahme angewiesen gewesen, da jede Form der Postproduktion bei Beibehaltung der Kontrolle über die Inszenierung unmöglich war.

Abb.4.5-9 Quake, Client Server Multiplayer (Thomas Veigl)

Im Gegensatz dazu wurden *Quake* .dem Dateien, gemäß der Client-Server-Architektur (Abb.4.5-9), zentral ausgeführt und mussten, um das Gameplay wiederzugeben, alle Inputs und Bewegungen aller Entitäten beinhalten. Hier lag der Schlüssel für die Ermöglichung der Postproduktion von .dem Dateien. Zustandsänderungen einzelner Entitäten oder das Hinzufügen neuer Inhalte hatten keine determinierende Wirkung auf Zustände anderer Entitäten. Dadurch wurde die nachträgliche inszenatorisch intendierte Bearbeitung von Spielaufnahmen möglich.

Es lässt sich somit schließen, dass die dezentrale Architektur von *Doom* zu dezentral organisierten .lmp Dateien führte, die keine Möglichkeit der Postproduktion zuließen. Die zentrale Architektur von *Quake* andererseits führte zu zentral organisierten .dem Dateien, welche die Möglichkeit der Postproduktion boten. Für das *Quake Movie* Netzwerk bedeutet dies, es war weder den Intentionen der Spielindustrie, noch dem Willen der Spieler, noch den technischen Gegebenheiten alleine, sondern vor allem der speziellen Aktualisierung der medialen Möglichkeiten geschuldet, dass Audio- und Bildschnitt durch Demobearbeitung angefertigt werden konnten. Die .dem Dateien, der Hex-Editor, LMPC und die filmenden Spieler konnten sich gegenseitig jene Handlungsmöglichkeiten bieten, die sie in das *Quake Movie* Netzwerk einschrieben. Dies war nicht zu einem beliebigen Zeitpunkt von beliebigen Protagonisten und mit beliebiger Technologie umsetzbar, sondern es handelte sich um die momentane Aktualisierung von Handlungsmöglichkeiten menschlicher und technischer Akteure, mit emergenten und nicht generalisierbaren Ereignissen.

4.5.8. Rangers Gone Bad 3

Rangers Gone Bad 3 (United Ranger Films, 2000) sollte das erste ausgereifte *Quake-Movie* werden (van Sickler & Brown, 2000). Die Montagen dienten im Gegensatz zu den vorherigen Produktionen konsequenter dem Aufbau von Bildinhalten und einer Blickführung, die auf Handlungs- und Referenzpunkte ausgerichtet war. Ansätze einer kontinuierlichen Raumkonstruktion, über Schnitte hinweg und ohne vehemente Vogelperspektive sind ebenso erkennbar, wie Intentionen, die Ton- und Bildebenen auf die Blickführung zu Handlungspunkten zielend zu montieren. Dialogsituationen wurden, wenn auch mit gelegentlichen Achsensprüngen, in Schuss-Gegenschuss Einstellungen dargestellt. Die Einstellungslängen entsprachen in den meisten Fällen dem Erzählrhythmus. Insgesamt lässt die filmbildliche Umsetzung es zu, den erzählten Inhalt adäquat zu erfassen.

Bei der Produktion von *Rangers Gone Bad 3* sollten alle Erkenntnisse der vorherigen technischen Experimente und Materialstudien, insbesondere Geräuschkulissen, Sprachsynchronisierung, Bildschnitt und Figurendesign, umgesetzt werden (Fowler, 2012). Kurz nach Produktionsbeginn wurden jedoch Hindernisse in der Umsetzung der beabsichtigten Narration durch das im Spiel enthaltene Level Design sichtbar: „We were writing the story around the map, instead of making the map to fit the story." (van Sickler & Brown, 2000). Um diese Beschränkungen zu überwinden, musste die Levelarchitektur überarbeitet und ein neues Drehbuch geschrieben werden. Mit neuen Spielorten, Dialogen und Aufnahmen kam es zu einem völligen Neustart des Projekts.

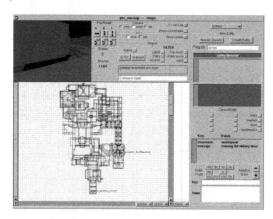

Abb.4.5-10 QuakeED, Level Editor (id Software 1996)

Id Software veröffentlichte gemeinsam mit dem Spiel *Quake* den Level Editor *QuakeED* (Abb.4.5-10) sowie den Quellcode von *Quake-C*, eine auf der Programmiersprache C aufbauende, stark limitierte Skriptsprache (Kapiszewski, 1996), mit der Teile von *Quake* bearbeitet werden konnten.

Abb.4.5-11 Screenshot, Rangers Gone Bad 3, Hauptquartier (United Ranger Films, 1997)

Abb.4.5-12 Screenshot, Rangers Gone Bad 3, Besprechungsraum (United Ranger Films, 1997)

Abb.4.5-13 Screenshot, Rangers Gone Bad 3, Figur Judas (United Ranger Films, 1997)

Als Basis-Level Map der neuen Raumgestaltung diente die Level Modifikation „Slavery", die Matt van Sickler gemeinsam mit *Doom-* und *Quake*-Designer American McGee (id Software) und John Guthrie zum Hauptquartier und zum Besprechungsraum der Rangers überarbeitete. Das Hauptquartier wurde u.a. mit einer Anzeigentafel, die das Ranger Logo „2nd Battalion" zeigte (Abb.4.5-11) und einem aufwendig modifizierten Besprechungsraum mit aus dem Boden hochfahrenden Terminals und einer Videowand mit Bildeinspielungen ausgestattet (Abb.4.5-12). Weiters bearbeiteten Brian Cozzen und Matt Sheridan Texturen von Figuren, wie jene des Judas (Abb.4.5-13). Die Aufnahmen wurden mit dem eigens von

Steve Bond und John Guthrie programmierten Programm *RangerCam* angefertigt.

Mit dem *QuakeED*, der Freigabe des *Quake-C* Codes und dem Demodateiformat, gab *id Software* den Spielern weitreichende Möglichkeiten des freien Spiels, die zur intendierten Emergenz des Moddings und der nicht intendierten Emergenz der *Quake Movies* führten. *Rangers Gone Bad 3* konnte jedoch, nicht zuletzt aufgrund des hohen angestrebten Grades der Annäherung an eine Filmästhetik, nie vollständig fertig gestellt werden (Hancock, 2000). Von 1997 bis 2000 wurden mehrere neue Anläufe unternommen, das Rohmaterial zu bearbeiten, doch die komplizierte und zeitaufwändige Postproduktion war mit dem der Filmproduktion schlecht angepassten Werkzeug zu aufwändig gewesen, um die Arbeiten in absehbarer Zeit abzuschließen (van Sickler & Brown, 2000). Die hohen technischen Herausforderungen, die an die Spieler gestellt wurden, förderten im konkreten Fall der *United Ranger Films* stärker Fertigkeiten des Moddings als jene des Filmemachens. Die Akteure der *Quake Engine, Quake-C* und *QuakeED*, definierten, durch die Auferlegung der Beherrschung des technischen Designs die Spieler als *Quake* Programmierer und Designspezialisten.

Dies mag erklären, warum die Protagonisten der *United Ranger Films*, im Gegensatz zu einer Vielzahl späterer Machinimisten, zuvor keine Filmemacher, sondern Spieler, Modder und Programmierer waren (Lowood, 2007). Nicht verwunderlich ist es ebenso, dass die Filmprojekte für eine beachtliche Anzahl der etwa 25 Mitglieder Ausgangspunkt einer Karriere in der Computerspielindustrie waren. Brian Cozzen und Matt Sheridan wurden 1996 von John Romero, der soeben *id Software* verlassen hatte, für sein neues Unternehmen *Ion Storm* (*Daikatana, Anachronox*) engagiert. Gabe Newell, der im Sommer 1996 *Valve* gegründet und die Quake Engine als Basis für die *GoldSrc* Engine für *Half Life!* unter Lizenz nahm, engagierte auf Empfehlung von John Carmack (*id Software*) John Guthrie und Steve Bond, die bereits mit dem Quake-C Code Erfahrung hatten (Guthrie & Bond, 2000). *Id Software* engagierte David Kirsch, der sich mit seiner Quake Modifikation *Capture The Flag* einen Namen gemacht hatte. Die ausgebildeten technischen Fertigkeiten prädestinierten die Spieler des Ranger Clans für Aufgaben in Unternehmen wie *Valve, id Software* und *Ion Storm*, die gezielt Quake Modder suchten, da diese die besten Erfahrungen mit der Quake Engine hatten.

Das emergente Spiel des Moddings und Filmes muss neben allen gebotenen Freiheiten von Beginn an auch als eine Form unbezahlter Arbeit betrachtet werden, die, als neues Verhältnis von Arbeit und Spiel, auch als *playbour* beschrieben wurde (Kücklich, 2005). Quake Modding diente der Spielindustrie der späten 1990er Jahre als Rekrutierungspool für auf das eigene Arbeitswerkzeug hochspezialisierte und autodidaktisch trainierte Programmierer und Designer. Die Spieler wurden im Handlungsprogramm der Quake Movies als Spezialisten der Computerspielindustrie definiert.

4.5.9. Conclusio

Wie dargestellt wurde, boten die von der Spielindustrie gegebenen und von Spielern produzierten Technologien Möglichkeiten und Beschränkungen des Aufbaus eines Quake Movie Netzwerks. In Abhängigkeit von der jeweiligen Art der medialen Zweckentfremdung wurden die Filmsprache stabilisierende und destabilisierende Eigenschaften der technischen Akteure selektiert. Im Fall von *Diary of a Camper* hat sich gezeigt, dass die in Quake vorgesehene Aufnahmefunktion und die Selektionsmöglichkeit bestimmter Bildelemente (Found Technology) stabilisierend, die fehlende Möglichkeit des Audio- und Bildschnitts jedoch destabilisierend auf das Kamerablickfeld wirkten. Die Demobearbeitung mit externen, auch spielerseitig entwickelten Werkzeugen (User-generated Process) bei der Produktion von *Rangers Torn Apart 2* wirkte sich einerseits stabilisierend aus, da Montagen ermöglicht wurden, andererseits destabilisierend, da – obgleich der hohen technischen Anstrengungen – formal nur bedingt eine Ästhetik des Films hergestellt werden konnte. Bei *Rangers Gone Bad 3* wirken der Leveleditor *QuakeEd* und die Skriptsprache *Quake-C* (Spieltechnologie als kreatives Werkzeug) stabilisierend, da eine, auf die Narration ausgerichtete Gestaltung des Sets ermöglicht wurde und destabilisierend, da letztendlich keine Filmemacher, sondern Quake Spezialisten, Programmierer und Designer definiert wurden. Die technischen Herausforderungen des Erlernens der Spielprogrammierung zogen insgesamt den größeren Teil der Aufmerksamkeit auf sich und führten die Protagonisten der *United Ranger Films* letztlich zum weiteren Engagement in die Spielindustrie.

Die *United Ranger Films* Produktionen waren faktisch dennoch Vorbild für die ihnen direkt folgenden Meilensteine der *Quake Movies*. Mit direktem Bezug zu den *United Ranger Films* produzierte Erik Bakutis (Clan Phantasm) beispielsweise „*Devil's Covenant*" (Kelland, Lloyd, & Morris, 2005, S. 38), das erste *Quake-Movie* in Spielfilmlänge, der *Ill Clan* „*Apartment Huntin'*" (Marino, 2009) und Tom Mustaine (Clan Undead) „*Operation Bayshield*" (Moss, 2001). Diese wiederum waren Inspirationen für „*Blahbalicious*" (Salen, 2002b) von Mackey McCandlish und Brian Hess (Avatar & Wendigo), die weiteren

Arbeiten des Ill Clan (Wilonsky, 2002) sowie der *Strange Company* (Salen, 2002b; Wilonsky, 2002).

Weiters setzten die *United Ranger Films* mit ihren Experimenten der Zweckentfremdung von Computerspielen den produktionstechnischen Grundstein für das kommende Quake-Movie Netzwerk. Der sich als *Found Technology* ausdrückende Konflikt zwischen Narration, Game-Engine und Design blieb bei den kommenden Machinimas bis in die Gegenwart bestehen und entwickelte sich zum Merkmal einer selbstständigen Machinima Ästhetik. In der kommerziell erfolgreichen Serie „*Red vs. Blue*" der *Rooster Teeth Productions* beispielsweise waren die Protagonisten des Computerspiels *Halo* ausschließlich mit Helmen zu sehen. Obwohl angenommen werden könnte, dass sich die fehlende Gesichtsanimation hemmend auf die dialogkonzentrierte Handlung auswirkte, wurde die Beschränkung zum Vorteil für Komik und Plot der Narration genutzt, indem die Protagonisten stetig humorvoll über ihre inneren Konflikte und ihre Reduktion auf Figuren in einem Shooter Setting philosophierten. Die hochwertigen *Half Life 2* Machinimas, als ein anderes Beispiel, müssen sich, da der Import neuer Assets kaum möglich ist, mit einer überschaubaren Zahl an Protagonisten, bestehend aus Charakteren aus dem Spiel, begnügen. Dies hat den unbeabsichtigten Effekt, dass der Wiedererkennungswert der Figuren, selbst derer, die im Spiel nur Passanten darstellten, über verschiedene Half Life 2 Machinimas hinweg erhalten blieb und diese den Status individueller Darsteller erlangten. Die materiellen Gegebenheiten der Spiele ermöglichen und beschränken sozusagen die ästhetische Gestaltung der *Machinimas*, wie die Regeln der Sprache die Literatur und die Regeln der Optik die Fotografie. Spielspezifische ästhetische Eigenarten sind daher essenziell für die Eigenständigkeit der Machinimas, da sie ansonsten, angesichts der Leistungssteigerung der Grafik Engines, kaum Unterschiede zu herkömmlichen Animationsfilmen aufweisen.

Techniken des *User-generated Process* blieben in den Gründungsjahren von großer Bedeutung. Auf kleinere Patches und Cheats folgten bald verschiedene Quake Demo Editoren, die das manuelle Bearbeiten der Demo Dateien durch graphische Benutzeroberflächen (GUI) ersetzten. *Film At 11* von Eric Stern (1997), ursprünglich für die *Deathmatch* Demobearbeitung vorgesehen, ermöglichte das Landen und Speichern von Demo Dateien sowie das Entfernen und Hinzufügen von Audio- und Videoelementen (Heaslip, 1997). David Wrights *KeyGrip* (1997) erlaubte es erstmals, neue Aufnahmen direkt aus dem laufenden Demo anzufertigen. Der Anteil User-generierter Werkzeuge nahm über die Jahre zwar ab, sie verloren jedoch nie ihre Bedeutung. Heute nach wie vor im Einsatz sind beispielsweise *Garry's Mod* und *Source Film Maker* für *Half Life 2*, *Free Far Sight*, *ModelViewer* und *Fraps* für *World of Warcraft* oder *Minecamera* und *Mine-Imator* für *Minecraft*.

Wie dargestellt wurde, lagen ohne eine der Produktionsweise des Films angepasste Arbeitsumgebung die Hauptaufgaben in den Bereichen der Programmierung und des Moddings, was vornehmlich technische Affinitäten ansprach und narrative Aspekte in den Hintergrund drängte. Den Übergang zur Professionalisierung läutete Hugh Hancock (*Strange Company*) 1999 in Kooperation mit *Monolith Productions Inc.* ein. Mit dem *Lithtech Film Producer* (LFP) wurde erstmals ein Interface zur Demobearbeitung geboten, das ähnlich dem eines nicht-linearen Videobearbeitungsprogramms gestaltet war (Bailey, 2001). Obwohl der LFP keinen langfristigen Erfolg verzeichnen konnte, orientierte sich die Spieltechnolgie als kreatives Werkzeug in diese Richtung und Hersteller statteten ihre Produkte zunehmend mit Machinimafunktionen wie Level- oder Figureneditoren und Kameratools aus (*The Sims 2*, *The Movies*, *Halo 3*, *Second Life*, *GTA 5*), oder gaben sie mit umfangreichen Machinimapaketen aus (Source Film Maker – Valve, Matinee – Unreal Tournament, Machinimation – Doom 3). Darüber hinaus erschienen dezidierte Animationsprogramme, wie Movie Storm und iClone, ohne direkte Spielanbindung.

4.5.10. Schluss

Formalästhetisch betrachtet handelt es sich bei den *United Ranger Films* Produktionen um amateurhafte Filme mit Schwächen in der Erfüllung wesentlicher filmischer Bildkonventionen, die mit dem .dem Format und der Abhängigkeit von der Spiele Engine medial nicht-interaktiven Modifikationen eher entsprechen als Filmen. Die Behauptung *Diary of a Camper* als erstes Machinima anzunehmen, muss demnach mit Vorsicht beurteilt werden und kann zumindest nicht im Sinne der eingangs zitierten Definition gelten: „Machinima is the technique of making films inside virtual realities" (Hancock & Ingram, 2007, S. 10).

Die Entwicklung von Machinima auf Ebene der Einbindung und Stabilisierung von Assoziationen heterogener Akteure ermöglicht es, eine Mediengeschichte der Mensch-Technik Verbindungen nachzuzeichnen. Die erzielten intermedialen Formen der *United Ranger Films* führten selber zu keiner Stabilisierung in der Ausrichtung von Bildformen und Produktionstechniken und sind besser zu beschreiben als emergente Formen des Spiels, die Spieltechnologien und -praktiken mit zweckentfremdeten und User-generierten Werkzeugen in neuer strategischer Ausrichtung kombinierten. Das Innovationspotential des offenen Designs von *Quake* zeigt sich in der Änderung des Handlungsprogramms des FPS, ohne dass die Grenzüberschreitungen des Spiels unmittelbar einen Wechsel vom Spiel zum Machinima herbeiführten. Die *United Ranger Films* waren Inspiration einer Entwicklung, für die sie grundsätzliche medientechnische Strategien der Zweckentfremdung und Innovation von Computerspielen einführten, die sich im Weiteren zu Black Boxes mit stabilisierten Handlungsprogrammen entwickeln konnten und bis heute als Gestaltungsweisen von Machinima Einsatz finden.

Literatur

Akrich, M. (2006). Die De-Skription technischer Objekte. In A. Belliger & D. J. Krieger (Hrsg.), *ANThology: ein einführendes Handbuch zur Akteur-Netzwerk-Theorie* (S. 407–428). Bielefeld: Transcript.

Bailey, A. (2001, November 27). A Reader's Take on Lithtech Film Producer. Abgerufen von http://www.creativemac.com/article/A-Readers-Take-on-Lithtech-Film-Producer-6469

Beil, B. (2012). Avatarbilder: Zur Bildlichkeit des zeitgenössischen Computerspiels (Auflage: 1., Aufl.). Bielefeld: Transcript.

Belliger, A., & Krieger, D. J. (2006). *ANThology: Ein einführendes Handbuch zur Akteur-Netzwerk-Theorie* (1., Aufl.). Transcript.

Birke, C. (2010). Talking with Caboos15: Chris Birke.

Blizzard Entertainment. (2007). Letter to the Machinimators of the World. Abgerufen von /www.worldofwarcraft.com/community/machinima/letter.html.

Bojahr, P. (2012). Störungen des Computerspielens. In Games Coop (Hrsg.), *Theorien des Computerspiels* (S. 147–178). Hamburg: Junius.

Caillois, R. (2001). *Man, Play and Games* (Auflage: Reprint). Urbana: Combined Academic Publishers.

Callon, M. (2006). Einige Elemente einer Soziologie der Übersetzung: Die Domestikation der Kammmuscheln und der Fischer der St. Brieuc-Bucht. In A. Belliger & D. J. Krieger (Hrsg.), *ANThology: Ein einführendes Handbuch zur Akteur-Netzwerk-Theorie* (1., Aufl., S. 135–174). Bielefeld: Transcript.

Fowler, E. „ArchV". (2012, April 13). Tales From The Past. Abgerufen von http://www.clan-rangers.com/forum/m/2898961/viewthread/2791834-tales-from-past/filter/most-views

Fuchs, M., Fizek, S., Ruffino, P., & Schrape, N. (Hrsg.). (2014). *Rethinking Gamification*. Lüneburg, Germany: meson press by Hybrid Publishing Lab.

Girlich, U. (1999, Jänner 8). The unofficial DEM format description. Abgerufen 26. Jänner 2016, von http://www.quakewiki.net/archives/demospecs/dem/dem.html

Guthrie, J., & Bond, S. (2000, März 4). Wedge and Choryoth's page, dangit. Abgerufen 19. Jänner 2016, von http://web.archive.org/web/20000304223921/http://www.valvesoftware.com/hocopus/061697.htm

Hancock, H. (2000). Ranger Gone AWOL. Abgerufen von http://web.archive.org/web/20060315010918/http://www.machinima.com/article.php?article=336

Hancock, H., & Ingram, J. (2007). *Machinima for dummies*. Hoboken, N.J.: Wiley.

Harrasser, K. (2013). Körper 2.0: über die technische Erweiterbarkeit des Menschen. Bielefeld: Transcript-Verl.

Heaslip, S. (1997, März 25). Demo Editor. Abgerufen von http://www.bluesnews.com/archives/march97-4.html

Hensel, T., & Schröter, J. (2012). Die Akteur-Netzwerk-Theorie als Herausforderung der Kunstwissenschaft. *Zeitschrift für Ästhetik und allgemeine Kunstwissenschaft (ZÄK)*, *57*(1). Abgerufen von http://www.academia.edu/4366392/Die_Akteur-Netzwerk-Theorie_als_Herausforderung_der_Kunstwissenschaft_zusammen_mit_Thomas_Hensel_

Huizinga, J. (2009). *Homo Ludens: Vom Ursprung der Kultur im Spiel* (Auflage: 21 (Original 1938/1956)). Reinbek bei Hamburg: Rowohlt Verlag.

Kapiszewski, P. (1996). Inoffizielle QuakeC- Spezifikationen. Abgerufen von http://www.gamers.org/dEngine/quake/spec/quake-spec34/qc-menu.htm

Kelland, M., Lloyd, D., & Morris, D. (2005). *Machinima. making animated movies in 3D virtual environments.* Boston, MA: Muska & Lipman Pub.

Kirschner, F. (2012). From Games to Movies: Machinima and Modifications. In E. Champion (Hrsg.), *Game Mods: Design, Theory and Criticism* (S. 149–166). Pittsburgh, PA: lulu.com.

Kücklich, J. (2005). Precarious Playbour: Modders and the Digital Games Industry. *The Fibreculture Journal,* (5). Abgerufen von http://five.fibreculturejournal.org/fcj-025-precarious-playbour-modders-and-the-digital-games-industry/

Kümmel-Schnur, A. (2013). Zirkulierende Autorschaft. Ein Urheberrechtsstreit aus dem Jahre 1850. In T. Thielmann & E. Schüttpelz (Hrsg.), *Akteur-Medien-Theorie* (S. 201–263). Bielefeld: transcript.

Latour, B. (2000). Ein Kollektiv von Menschen und nichtmenschlichen Wesen. Auf dem Weg durch Dädalus'Labyrinth. In *Die Hoffnung der Pandora: Untersuchungen zur Wirklichkeit der Wissenschaft* (S. 211–264). Frankfurt am Main: Suhrkamp.

Latour, B. (2002). Die Hoffnung der Pandora: Untersuchungen zur Wirklichkeit der Wissenschaft (4. Aufl.). Suhrkamp Verlag.

Latour, B. (2006). Technik ist stabilisierte Gesellschaft. In A. Belliger & D. J. Krieger (Hrsg.), *ANThology: ein einführendes Handbuch zur Akteur-Netzwerk-Theorie* (S. 369–405). Bielefeld: Transcript.

Latour, B. (2010). Eine neue Soziologie für eine neue Gesellschaft: Einführung in die Akteur-Netzwerk-Theorie (2. Aufl.). Suhrkamp Verlag.

Lowood, H. (2007). High-Performance Play: The Making of Machinima. In A. Clarke & G. Mitchell (Hrsg.), *Videogames and art* (S. 59–79). Bristol; Chicago: Intellect.

Lowood, H. (2008). Found Technology: Players as Innovators in the Making of Machinima. In T. McPherson (Hrsg.), *Digital Youth, Innovation, and the Unexpected* (New, S. 165–196). Cambridge, Mass: MIT Press.

Marino, P. (2004). *3D game-based filmmaking: the art of machinima.* Scottsdale, Ariz.: Paraglyph Press.

Marino, P. (2009). Interview with Paul Marino. Abgerufen von
http://journal.transformativeworks.org/index.php/twc/article/view/111/7
0

McGonigal, J. (2012). Reality is Broken: Why Games Make Us Better and
How They Can Change the World. UK: Vintage.

Microsoft. (2007). Microsoft's Game Content Usage Rules. Abgerufen von
http://xbox.com/en-US/community/developer/rules.html

Moss, B. (2001, März 28). Showcase: Operation Bayshield. Abgerufen von
https://www.machinima.com/article/view&id=63

Nake, F. (2006). Das doppelte Bild. In H. Bredekamp, M. Bruhn, & G.
Werner (Hrsg.), *Bildwelten des Wissens: Digitale Form: Digitale Form.
Kunsthistorisches Jahrbuch für Bildkritik: 3,2* (S. 40–50). Oldenbourg
Akademieverlag.

Neitzel, B. (2012). Involvierungsstrategie des Computerspiels. In Games
Coop (Hrsg.), *Theorien des Computerspiels zur Einführung* (S. 75–103).
Hamburg: Junius.

Nitsche, M. (2011). Machinima as Media. In H. Lowood & M. Nitsche
(Hrsg.), *The Machinima Reader* (S. 113–125). Cambridge: MIT Press

Raessens, J. (2012). Homo Ludens 2.0 The Ludic Turn in Media Theory,
Utrecht University Repository (Lecture), S. 1–35.

Raessens, J. (2014, August). *Inaugural address at the Summer School „Identity and
Interdisciplinarity in Games and Play Research" Utrecht, 2014.* Keynote gehalten
auf der Identity and Interdisciplinarity in Games and Play Research,
Summer School, University Utrecht.

Salen, K. (2002a). Ranger Gone Bad II: Assault On Gloom Keep, 1996.
Gehalten auf der „Quake! Doom! Sims! Transforming Play: Family Albums
and Monster Movies", Walker Art Center, Minneapolis.

Salen, K. (2002b, Oktober 19). Blahbalicious. Walker Art Center. Abgerufen
von
http://www.walkerart.org/archive/4/A4736DBBFE5FDA57616C.htm

Salen, K., & Zimmerman, E. (2003). *Rules of Play: Game Design Fundamentals*
(Auflage: New.). Cambridge, Mass: MIT Press

Smith, H. (2001). The Future of Game Design: Moving Beyond Deus Ex and Other Dated Paradigms | witchboy.net. Abgerufen von http://www.witchboy.net/articles/the-future-of-game-design-moving-beyond-deus-ex-and-other-dated-paradigms/

Thielmann, T., & Schüttpelz, E. (Hrsg.) (2013). *Akteur-Medien-Theorie*. Bielefeld: transcript.

United Ranger Films. (1996a). *Diary of a Camper*. Matthew van Sickler, Heath Brown.

United Ranger Films. (1996b). *Rangers Torn Apart 2*. Matthew van Sickler, Heath Brown.

United Ranger Films. (2000). *Rangers Gone Bad 3*. Matthew van Sickler, Heath Brown.

van Sickler, M., & Brown, H. (2000). Director's note in „Rangers Gone Bad 3".

Veigl, T. (2013). Machinima. Invention and Innovation of a new visual Media Technology. In O. Grau & T. Veigl (Hrsg.), *Imagery in the 21st Century* (S. 81–96). Cambrigde: MIT Press.

Walz, S. P., & Deterding, S. (Hrsg.). (2015). *Gameful World*. Cambridge, Massachusetts: MIT Press.

Wilonsky, R. (2002). Joystick Cinema. It's man vs. machinima when video games become, ahem, movies. *Huston Press*. Abgerufen von http://www.houstonpress.com/2002-08-15/culture/joystick-cinema/

Zimmerman, E. (2009). Gaming Literacy. Game Design as a Model for Literacy in the Twenty-First Century. In B. Perron & M. J. P. Wolf (Hrsg.), *The Video Game Theory Reader 2* (1. Aufl., S. 23–32). New York: Routledge.

5. Autorinnen und Autoren

Isabella Andric

Isabella Andric, MA, ist ausgebildete Kulturwissenschaftlerin und Expertin für Gamification, Digitalisierung und Neue Medien. Sie setzt sich tiefgehend mit User Experience und Social Computing sowie der Wertefrage auf kultureller und gesellschaftlicher Ebene auseinander. Bereits seit 1998 ist sie beruflich im Bereich der Informations- und Kommunikationstechnologie tätig. Als selbstständige Unternehmerin bietet sie Beratungen bei Entwicklung von gamifizierten Konzepten und digitalen Anwendungen an, die auf Bildung und nachhaltige Verhaltensänderungen zielen.

www.xing.com/profile/Isabella_Andric
www.linkedin.com/in/iandric

Vanessa Camilleri

Vanessa Camilleri, a member of the academic staff at the Faculty of Education, University of Malta, will lead the University of Malta partner consortium and will manage the GBL scenarios guidebook project output. She has particular expertise in the use and impact of games for learning, virtual worlds and educational technologies. Her main publications are in the areas of eLearning and the use of innovative and emerging technologies for learning. She also has worked on a number of EU funded projects in the areas of learning by distance, virtual reality and more recently teacher resilience.

Ivan Davidov

Ivan Davidov, gebürtig in Ungarn, studierte Game Studies an der Donau-Universität Krems und Philosophie an der Universität Wien. Seine Forschungsinteressen sind unter anderem Play Studies, Spieltherapie, kognitive Theorie des Spielens, Deutscher Idealismus, Ästhetik des Spielens, digitaler Kitsch und E-Sport.

ivan.davidov87@gmail.com

Martin Fischer

Martin Fischer ist passionierter Spieler und Jugendarbeiter. Er leitet die Initiative gameoverhate und setzt sich gegen Hass und Diskriminierung in

Videospielgemeinschaften ein. Stets auf der Suche nach innovativen Ansätzen zu kollaborativem Spielen und digitalen Lernformen beschäftigt er sich derzeit verstärkt mit dem Thema digitaler Jugendarbeit über seinen Verein Network of EuRopean Digital Youth.

www.gameoverhate.org
www.digitalyouth.at
martin.fischer.eu@gmail.com

Sonja Gabriel

Sonja Gabriel ist Leiterin des Instituts Forschung & Entwicklung an der Kirchlichen Pädagogischen Hochschule Wien/Krems sowie Medienpädagogin und Vortragende an der Donau Universität Krems. Ihre Forschungsschwerpunkte liegen in der Verwendung von digitalen Medien für Lehren und Lernen und hier vor allem im Digital Game Based Learning und der Verwendung von Serious Games für Bildungs- und Lernprozesse. In ihren letzten Projekten untersuchte sie die Rolle von Serious Games für die Menschenrechtsbildung und die Auswirkungen von digitalen Spielen, die SpielerInnen mit ethischen Entscheidungen konfrontieren.

sonja.gabriel@kphvie.ac.at

Katharina Gollonitsch

Katharina Gollonitsch holds a master´s degree from the Center for Applied Game Studies/ Donauuniversität Krems. Her research interests include play in animal cultures, playful human-animal interaction and co-developing processes with animals.

katharina.gollonitsch@outlook.com

Michelle Westerlaken

Michelle Westerlaken is a PhD candidate in interaction/game design at Malmö University (Sweden). Her research explores how animals can be included in design processes, with the aim to research playful technologically mediated artefacts that invite animals to participate as players.

michelle.westerlaken@mah.se

Wolfgang Gruber

Wolfgang Gruber hat 2005 das Diplomstudium Geschichte abgeschlossen. Zur Zeit arbeitet er als Fachverantwortlicher für den Bereich Game Based Learning an der FH St. Pölten, Lehrender im Fach Geschichte an der Universität Wien und der Universität für Bodenkultur Wien sowie als freiberuflicher Trainer an verschiedenen Hochschulen Österreichs. Seine Arbeitsschwerpunkte in Publikationen, Lehre, Forschung und Praktischem Tun umfassen einerseits Hochschuldidaktik und hier im Speziellen Planspiele und verschiedenste Bereiche von Game Based Learning, andererseits Globalgeschichte, Umweltgeschichte und Akkulturationsgeschichte.

Tom Hildgen

Tom Hildgen, Jahrgang 1977, ist ein Luxemburger, der in Belgien an der pädagogischen Hochschule eine Ausbildung zum Grundschullehrer absolvierte. – Ein Job, den er seit 2001 in Luxemburg ausübt, wobei er drei Jahre lang als Lehrerberater tätig war. Darauf folgte im Jahr 2014 ein „Master of Arts" Abschluss in der MedienSpielPädagogik an der Donauuniversität Krems in Österreich. Seit 2015 ist er auch Lehrgangsleiter dieses Masterlehrgangs in Luxemburg als Zweigstelle der Donauuniversität. Momentan schreibt er noch an seiner Masterarbeit des Msc Lehrgangs „Game based Media & Education". Als Medienpädagoge setzt er sich für das luxemburger Bildungsministerium in diversen Arbeitsgruppen hauptsächlich für Grundschulen ein. Im Besonderen liegt ihm das Verbreiten der Konzepte der „classroom gamification" und des „(digital) game-based learning" am Herzen.

Karina Kaiser-Fallent

Mag. Karina Kaiser-Fallent, Projektleiterin der BuPP.at „Bundesstelle – Information zu digitalen Spielen" des Bundesministeriums für Familien und Jugend; dort seit 2002 tätig. Vorsitzende der Bewertungskommission zur Beurteilung digitaler Spiele; Vortrags- und Workshoptätigkeit. Expertin für medienpädagogische Fragestellungen im Zusammenhang mit digitalen Spielen.

Psychologin, spezialisiert auf Kinder (Entwicklung und Diagnostik) sowie Eltern-Kind-Interaktion. Titel der Diplomarbeit (2015): „Anwendbarkeit des INTAKT-Verhaltensbeobachtungsinstruments bei einer gemeinsamen Computerspielsituation sowie Unterschiede im Interaktionsverhalten von Mutter und Kind zwischen Bastel-, Freispiel- und Computerspielsituation".

karina.kaiser-fallent@bmfj.gv.at

Thomas Kockmann

Thomas Kockmann, Jahrgang 1985, ist seit 2012 als Schulsozialarbeiter und Medienpädagoge an der Gutenbergschule, Förderschule der Stadt Sankt Augustin (Deutschland) für die Jugendfarm Bonn e.V. tätig.

Aktuelle Schwerpunkte in der medienpädagogischen Arbeit sind die Anleitung der Medienscouts und des Videospielprojekts „Let's Play".

Im Jahr 2015 schloss Thomas Kockmann sein Masterstudium der Handlungsorientierten Medienpädagogik an der Donau-Universität Krems in Kooperation mit der Fachhochschule Köln ab. Der Titel der Masterthesis lautet „Datenschutz post Snowden – Konzept zur Medienkompetenzvermittlung an Förderschulen für Schüler ab dem 14. Lebensjahr unter Berücksichtigung der Enthüllungen von Edward Snowden".

thomas.kockmann@jugendfarm-bonn.de

Sieglinde Landauer

Dipl. Päd. Sieglinde Landauer, BEd BA, MA

- Diplom Pädagogin für Englisch, Kunst und Technik
- Bildungswissenschaftlerin (BABW)
- Akademische Medienspielpädagogin (MA)
- Referentin für spielerische soziale Lernprozesse (DUK/ Zentrum für Angewandte Spieleforschung)

Arbeits- und Interessensschwerpunkte

- Bildung – Spiel – Schule: Erforschung und Hinterfragung des Mehrwerts und der Implementierung alternativer Lehr- und Lernformen (z.B. Spiele) in den schulischen Unterricht (http://www.neuebildung.at/)

- Entwicklung, Umsetzung, Evaluierung und Erforschung spielerischer sozialer Lernprojekte (SoLeSpie – Soziales Lernen mit Spielen/
- https://siela1.wordpress.com/category/9-projektarbeit-solespie/)
- Adaptierung kommerzieller Computerspiele für den schulischen Unterricht https://siela1.wordpress.com/category/9m-f-r-o-g-2012-conference-future-and-reality-of-gaming-2012/
- Verknüpfung von Spiel und Kunst – Das Spiel als Objet trouvé im Spannungsfeld von Zweckrationalität und erlebbarer Kunst (https://siela1.wordpress.com/category/9l-neue-schul-projekte/)
- Digiloges Techniklernen – Zusammenführung analoger und digitaler Techniklernprozesse (https://digilog1.wordpress.com/)

landauersieglinde@sbg.at

Gerda Liska

Gerda Liska, MA wurde 1958 in Wien geboren. Sie ist ausgebildete Volksschullehrerin und war jahrzehntelang als Lehrerin in der Polytechnischen Schule in 1030 Wien tätig. Dort unterrichtete sie besonders schwierige Jugendliche in einer Kooperationsklasse. Seit einigen Jahren ist sie ehrenamtliche Mitarbeiterin im Circus-& Clownmuseum Wien. Das hat sie inspiriert, eine Masterthesis mit dem Thema „ Ein Circus & Clownmuseum als pädagogisches Konzept" an der der Donau- Uni Krems zum Master of Arts zu verfassen. Zurzeit ist sie freie Medienpädagogin und Studentin des Lehrganges Game Based Media & Education mit dem Abschluss Master of Science.

gerda.liska@aon.at

Ralph J. Möller

Ralph J. Möller lebt und arbeitet in Wien. Schon während seines Studium der angewandten Linguistik an der Universität Wien (Abschluss 1999) widmete er sich der damals noch jungen IT und gründete 1996 das Software- und Dienstleistungsunternehmen a.n.t., welches er bis heute führt. Neben der Tätigkeit als Softwareentwickler für Kunden aus dem Industrie- und Gewerbebereich war er immer schon ein begeisterter Computerspieler. 2015 schloss er den Lehrgang *Game Studies* an der Donau Universität Krems ab und beschäftigt sich seitdem auch professionell mit Spielen.

Ralph J. ist verheiratet, dient einer Katze und ist begeisterter Lego- und Schallplattensammler. Literatur - gerne auch in Comicform – ist ein Thema dem er sich ebenfalls mit Freude widmet, sofern nicht gerade irgendwo ein Halbmarathon ansteht.

ralph@ant.at

Manuel Ninaus

Mag. Dr. rer. nat. Manuel Ninaus ist Neurowissenschaftler und Psychologe. Er ist am Leibniz-Institut für Wissensmedien, als Postdoktorand und an der Exzellenz-Graduiertenschule LEAD Tübingen als assoziierter Wissenschaftler beschäftigt. Im Jahr 2015 promovierter er im Bereich Neuropsychologie an der Karl-Franzens-Universität Graz. Thematisch beschäftigt er sich mit kognitivem Training, Neurofeedback, neuronaler Plastizität, spiel-basiertem Lernen und virtueller Realität. Er hat langjährige Erfahrung mit der Verwendung von physiologischen und neurophysiologischen Messverfahren. Dr. Ninaus ist in mehreren nationalen und internationalen wissenschaftlichen Projekten involviert und ist eines der Gründungsmitglieder der Serious Games Society.

m.ninaus@iwm-tuebingen.de

Johannes Öhlböck

Dr. Johannes Öhlböck LL.M. ist seit 2007 als Rechtsanwalt in Wien tätig. Sein Tätigkeitsbereich umfasst IT-Recht, Schadenersatz- und Gewährleistungsrecht, Wirtschaftsrecht sowie Fragen des geistigen Eigentums (Urheberrecht, Markenrecht). Dr. Öhlböck ist Europäischer Marken- und Designanwalt und Lehrbeauftragter der Donau-Universität Krems, des Lehrgangs für Informationsrecht an der Universität Wien sowie der Universität für Bodenkultur. Seit 2016 fungiert er als Rechtsanwaltsprüfer der Rechtsanwaltskammer Wien. Er publiziert laufend in juristischen Medien und wird regelmäßig als Experte zu aktuellen Rechtsfragen hinzugezogen.

office@raoe.at

Suzana Porc

Suzana Porc is a certified teacher in physical education and mathematics in Austria. She has received her Bachelor of Education in 2008 and a Masters Degree in "Media Game Pedagogy" from the Danube University Krems in July 2015. Her research centers on pedagogical applications of digital media and sports. Suzana has been a Synchronized Ice Skater, and has spent two years (2014/15) in Cambridge, Massachusetts where she has worked on her Master Thesis and has worked as a physical education teacher at MIT.

suzanaporc@gmail.com

Étienne Rembold

Étienne Rembold verfügt mit einem Abschluss (BA) in Gesellschaftswissenschaften und Gender Studies mit ergänzenden Studien in Wissenschaftsforschung und Psychologie (Universität Basel) sowie einem Masterabschluss in Game Studies (Donau-Universität Krems) über einen breiten interdisziplinären Hintergrund. Sein Interesse gilt besonders soziokulturellen Einflüssen an den Schnittstellen zwischen Technik, Individuum und Gesellschaft.

Forschungsschwerpunkte: Human Enhancement, Body Modification, Technikfolgenabschätzung, Game Studies

e.rembold@hotmail.com

Regina Romanek

Die Autorin ist diplomierte Elementarpädagogin, leitet eine altershomogene Gruppe von Kindern im letzten Kindergartenjahr und ist pädagogische Leiterin eines Kindergartens. Im Zuge des Studiums der MedienSpielPädagogik konnte sie Praxiserfahrungen im Bereich der Medienpädagogik wissenschaftlich hinterfragen.

Referentin für: Medienpädagogik, Mathematische Frühförderung, spezielle Vorschularbeit, Transition /Übergang Kindergarten -Volksschule und Religionspädagogik.

Weiters ist sie in der Ausbildung von Elementarpädagoginnen und -pädagogen tätig.

Weitere Ausbildungen:

- Montessoripädagogin
- Diplomierte Legasthenie und Dyskalkulietrainerin
- Mathematische Frühförderung nach Prof. Preiss,
- Initiatorin und Leiterin des Projekts „Transition Kindergarten – Volksschule" der Bildungsgemeinschaft St. Marien

regina.romanek@icloud.com

Dominik Steidl

Dominik Steidl unterrichtet derzeit an einer Neuen Mittelschule in Innsbruck. Seine Lehrbefähigung für Englisch und Geschichte erlangte er an der Pädagogischen Hochschule in Tirol. Aufgrund seines persönlichen Interesses an neuen didaktischen Lernszenarien inskribierte er sich für den Masterlehrgang „MedienSpielPädagogik" an der Donau-Universität Krems. Nach Abschluss desselben inskribierte er sich ferner für den Lehrgang „Game-based Media & Education", ebenfalls auf der Donau-Universität Krems, wo in ihm die Verquickung von Lernen und Spiel bewusst wurde. Auch beruflich versucht er, der digitalen Entwicklung Sorge zu tragen und bringt seine Expertise ein.

dominik_st@icloud.com
Twitter: @Dominik_st

Thomas Veigl

Thomas Veigl ist Studiengangsentwickler an der IMC FH Krems. Er war Studienassistent an der Universität Wien und wissenschaftlicher Mitarbeiter an der Donau-Universität Krems, wo er das Masterprogramm „Bildwissenschaft, MA" leitete. Graduierung im Fach Kultur- und Sozialanthropologie und Medienwissenschaften an der Universität Wien zur Evolution des Buchdrucks. Er ist Doktorand am Institut für Kultur und Ästhetik digitaler Medien der Leuphana Universität Lüneburg, mit einer Arbeit zu *Machinima. Medieninnovation und Computerspiel*. Publikationen (u.a.): *Imagery in the 21ˢᵗ Centruy*. (mit Oliver Grau) MIT Press, 2013, „Two steps back and one step forward: Remediation as innovation factor in the case of machinima". In *ISEA 2011 Proceedings*, 2011.

thomas.veigl@fh-krems.ac.at

Claudia Zechmeister

Claudia Zechmeister, MA, ist Sozial-, Theater- und Medienpädagogin. Sie arbeitet in sozialen Institutionen, Bildungseinrichtungen und Kulturorganisationen, wo ihre Tätigkeitsfelder in der Projektentwicklung, der Durchführung und der Prozessbegleitung liegen. Ihre Arbeitsschwerpunkte beziehen sich auf kritische Medienreflexion anhand handlungsorientierter Medienpädagogik, Medienkompetenzförderung durch Peer Education im Jugendbereich, gesellschaftliche und politische Partizipation von Jugendlichen durch kreative Mediengestaltung, Game-Based Learning in realen und virtuellen Welten sowie interkulturelle Bewusstseinsbildung mit spielbasierten Methoden und Medien.

zechmeisterc@gmail.com